Fritz Plasser (Hg.)

Politik in der Medienarena

Schriftenreihe des
Zentrums für Angewandte Politikforschung

Band 31

Fritz Plasser (Hg.)

Politik in der Medienarena

Praxis politischer Kommunikation in Österreich

facultas.wuv

Bibliografische Information Der Deutschen Nationalbibliothek

Die Deutsche Nationalbibliothek verzeichnet diese Publikation
in der Deutschen Nationalbibliografie;
detaillierte bibliografische Daten sind im Internet unter
http://d-nb.de abrufbar.

Umschlaggestaltung: waltergrafik, 3912 Grafenschlag
Satz: Sabine König, 1080 Wien
Druck: Ferdinand Berger & Söhne Ges.m.b.H., 3580 Horn
Printed in Austria

ISBN 978-3-7089-0501-3

Gedruckt mit Förderung des Bundesministeriums
für Wissenschaft und Forschung in Wien.

Inhaltsverzeichnis

Vorwort des Herausgebers

In einer Multimediagesellschaft ist politische Realität zum überwiegenden Teil massenmedial konstruierte und vermittelte Realität. Darstellung und Inszenierung von Politik orientieren sich an den Präsentations- und Aufmerksamkeitsregeln der Medienarena, in der nicht nur politische Eliten um Zustimmung des Publikums werben, Themen setzen, Positionen beziehen und Auseinandersetzungen austragen, sondern auch einzelne einflussreiche Medien wie etwa die Kronen Zeitung mit ihrer Berichterstattung redaktionelle Politik betreiben. Einblicke in Praxis, Spielregeln wie problematische Entwicklungen politischer Kommunikation zu vermitteln, ist das Ziel der im Band versammelten Analysen und Beiträge, die sich aus unterschiedlichen Blickwinkeln ausgewählten Praxis- und Problemfeldern politischer Kommunikation in Österreich zuwenden.

Institutionelle Rahmenbedingungen des Mediensystems definieren in einer multimedialen Öffentlichkeit den Handlungsspielraum massenmedialer Politikvermittlung und Politikdarstellung. Charakteristische Besonderheiten, Schieflagen und aktuelle Entwicklungen des politischen Kommunikationssystems Österreichs werden im einleitenden Beitrag im Überblick herausgearbeitet.

Einen Blick hinter die Kulissen der Medienarena auf Kommunikationsorientierungen und Rollenbilder von Journalisten und Politikern wie die Beziehungen zwischen innenpolitischen Redakteuren und politischen Eliten wirft der Beitrag „Politik vor Redaktionsschluss". Erhöhter medialer Druck auf die Politik wie umgekehrt verstärkter politischer Druck auf die Medien stehen für problematische Entwicklungen der politischen Kommunikationskultur Österreichs.

Wandel und Dynamik der Wahlkommunikation stehen im Fokus des Beitrags „Agenda Building in österreichischen Nationalratswahlkämpfen, 1970–2008", der der Frage nachgeht, wie sich das Verhältnis von Politik und Medien angesichts abnehmender Parteibindungen, erhöhter Bereitschaft zum Parteiwechsel und nachhaltiger Veränderungen der Strukturen des Mediensystems entwickelt hat.

Ein Vergleich der Wahlkampfberichterstattung in Boulevardmedien und Qualitätsmedien bietet Einblicke in höchst unterschiedliche redaktionelle Praktiken der Politikvermittlung. Boulevardisierung der Politikdarstellung, News Bias, implizite Wahlempfehlungen wie verzerrte Präsenzchancen der Wettbewerbsakteure werden durch Inhaltsanalysen der redaktionellen Wahlkampfberichterstattung der Kronen Zeitung wie des Boulevardblatts Österreich empirisch nachgewiesen und eröffnen problematische Einblicke in österreichische Spielarten des Kampagne-journalismus, dessen gebündelte Effekte durch die balancierte Berichterstattung der Qualitätsmedien nur teilweise neutralisiert werden.

Kein Medienformat entspricht der Metapher „Medienarena" besser als live übertragene TV-Duelle zwischen Spitzenkandidaten. Welchen Stellenwert TV-Konfrontationen in österreichischen Wahlkämpfen einnehmen, welche Bedeutung sie für die Entscheidungsfindung noch unentschlossener Wähler tatsächlich haben, mit welchen Themen und Argumenten in den Diskussionen operiert wird und wie diese Medienereignisse in der redaktionellen Nachberichterstattung behandelt werden, ist das Thema des Beitrags „Wahlkampf im TV-Studio".

Analysen politischer Werbekommunikation, Einblicke in Werbestrategien und inhaltliche Akzente der Werbebotschaften und eingesetzten Werbemittel bietet der Beitrag „Politische Werbung in der Wahlkampfarena", der sich auch mit der zunehmenden Kandidatenzentrierung politischer Werbung auseinandersetzt und der Frage nachgeht, ob das „negative campaigning" in österreichischen Wahlkämpfen tatsächlich an Bedeutung gewonnen hat.

Die Kronen Zeitung, News Bias und Medieneffekte auf das Wahlverhalten stehen im Mittelpunkt des Beitrags „Wahlentscheidung in der Boulevard-Demokratie", der Themensetzung und redaktionelle Themenbehandlung der Kronen Zeitung wie ihre Effekte auf die Wahlentscheidung regelmäßiger Leser der Kronen Zeitung empirisch untersucht und zu höchst beunruhigenden Schlussfolgerungen gelangt, was den tatsächlichen Einfluss der Kronen Zeitung auf den Ausgang demokratischer Wahlen betrifft.

Zusammenhänge zwischen EU-skeptischen Stimmungslagen, der redaktionellen Behandlung von Themen der europäischen Integration in der Berichterstattung der Kronen Zeitung wie deren Einfluss auf die Wahlentscheidung stehen auch im Mittelpunkt des abschließenden Beitrags, der nicht nur unmittelbare Effekte der Kronen Zeitung nachweist, sondern darüber hinaus auf die bislang unterschätzte Bedeutung von Einstellungen zur europäischen Integration für nationale Wahlentscheidungen verweist. Ein ausführlicher tabellarischer Anhang bietet interessierten Leserinnen und Lesern zusätzliches dichtes Datenmaterial.

Der vorliegende Band versteht sich als Fortsetzung des 2004 erschienen – mittlerweile im Buchhandel vergriffenen – Bandes „Politische Kommunikation in Österreich. Ein praxisnahes Handbuch". Er nimmt zentrale Fragestellungen des Handbuchs auf, variiert und differenziert sie, widmet sich neuen, aktuellen Problemstellungen und stützt sich auf eine Reihe aktueller Forschungsprojekte der politischen Kommunikationsforschung, die in den letzten Jahren von am Band beteiligten Forschergruppen durchgeführt wurden. Mehrere der im Band versammelten Beiträge stützen sich auf vom FWF geförderte Forschungsprojekte, zu

denen auch das NFN-Projekt AUTNES „The Austrian National Election Study"
mit Netzwerkpartnern an der Universität Innsbruck, der Universität Wien und der
Universität Mannheim zählt, das im Frühjahr 2009 seine Forschungstätigkeit aufgenommen hat und in das mehrere Autorinnen bzw. Autoren von Beiträgen dieses
Bandes wissenschaftlich involviert sind.

„Politik in der Medienarena" bietet Einblicke in Praxis und Probleme, Spielregeln wie Spannungszonen, Potenziale wie problematische Fehlentwicklungen der
politischen Kommunikation in Österreich. Wie sein Vorgänger – das Handbuch politische Kommunikation in Österreich – wendet sich der Band an mehrere Zielgruppen: politische und redaktionelle Eliten als Akteure in der Medienarena, Experten
der politischen Kommunikationsforschung und an politischen Kommunikations-
fragen interessierte Studierende sowie gleichermaßen Mediennutzer, die sich nicht
nur für die politische Berichterstattung in den Massenmedien interessieren, sondern
auch dafür, wie politische Nachrichtenrealität entsteht, wer an der Konstruktion
politischer Medienrealität beteiligt ist und welchen Einfluss bestimmte Varianten
redaktioneller Berichterstattung auf unsere Meinungs- und Urteilsbildung ausüben
können.

Der Herausgeber ist den Autorinnen und Autoren der im Band versammelten
Beiträge für ihre kollegiale Kooperation zu Dank verpflichtet. Zu Dank verpflichtet ist der Herausgeber neuerlich dem langjährigen Geschäftsführer des Zentrums
für Angewandte Politikforschung und Kollegen Mag. Wolfgang Meixner, der alle
bislang in unserer Schriftenreihe erschienenen Bände redaktionell betreut und professionell begleitet hat. Frau Mag. Sabine König ist für ihre professionelle Unterstützung bei der Drucklegung des vorliegenden Bandes zu danken.

Fritz Plasser

Innsbruck und Wien, im Oktober 2009

Verzeichnis der Tabellen und Schaubilder

Die österreichische Medienarena:
Besonderheiten des politischen Kommunikationssystems

Tabellen

Schaubilder

Politik vor Redaktionsschluss: Kommunikationsorientierungen von Macht- und Medieneliten in Österreich

Tabellen

Schaubilder

Agenda Building in österreichischen Nationalratswahlkämpfen, 1970–2008

Wahlkampf am und abseits des journalistischen Boulevards: Redaktionelle Politikvermittlung im Nationalratswahlkampf 2008

Wahlkampf im TV-Studio: Konfrontationen in der Medienarena

Politische Werbung in der Wahlkampfarena: Analysen politischer Werbekommunikation

Tabellen

Schaubilder

Wahlentscheidung in der Boulevard-Demokratie: Die Kronen Zeitung, News Bias und Medieneffekte

Tabellen

Schaubilder

Mehr als ein Auslöser der Neuwahl? Die Europapolitik, die Kronen Zeitung und die Wahlentscheidung 2008

Tabellen

Schaubilder

Die österreichische Medienarena: Besonderheiten des politischen Kommunikationssystems

Fritz Plasser
Günther Lengauer

Gliederung

Strukturen und institutionelle Rahmenbedingungen des Mediensystems definieren den Handlungsspielraum massenmedialer Politikvermittlung und Politikdarstellung. Dieser ist durch die für das österreichische Mediensystem charakteristische Ballung ökonomischer und publizistischer Machtstrukturen auf einem kleinräumigen Wettbewerbsmarkt vergleichsweise eingeschränkt. Problematisches Spezifikum der österreichischen Mediensituation ist eine horizontale und vertikale Pressekonzentration, wie sie sich im europäischen Vergleich nur ansatzweise in Irland oder Belgien nachweisen lässt. Die Konzentration am Medienmarkt beschränkt sich aber nicht nur auf den Pressemarkt, der von der auflagenstärksten Tageszeitung – der Kronen Zeitung – dominiert wird, sondern setzt sich am audio-visuellen Informationssektor fort, auf dem die ORF-Fernseh- und Radionachrichten trotz Quoteneinbußen der Zeit im Bild eine *Quasi*-Monopolstellung am politischen Informationsmarkt besitzen. Komplexe Kapitalverflechtungen sorgen überdies auch am politischen Zeitschriftenmarkt für einen hohen Konzentrationsgrad. In Verbindung mit einer außergewöhnlich hohen Interaktionsdichte zwischen politischen und redaktionellen Eliten, einer hohen politischen Steuerungsanfälligkeit des öffentlich-rechtlichen ORF und einer ausgeprägten Bereitschaft der marktbeherrschenden Kronen Zeitung ihre publizistisch-politische Macht auch auszuspielen, steht das politische Kommunikationssystem Österreichs erkennbar unter *Stress* (Plasser 2004), der durch den medientechnologischen Wandel in Richtung crossmedialer Content-Produktion und verschärften intermedialen Wettbewerbs um Quoten, Auflagen und Werbeeinschaltungen in einer fragmentierten, multimedialen Öffentlichkeit verstärkt wird. Nachhaltige Veränderungen und charakteristische Besonderheiten des politischen Kommunikationssystems stehen im Mittelpunkt der folgenden Abschnitte.

1. Wandel des politischen Kommunikationssystems in Österreich

Als Raster zur Analyse der Transformation politischer Kommunikationssysteme skizzierten Blumler und Kavanagh (1999) ein *Drei-Phasen*-Modell, das sich auch auf die Entwicklung in Österreich übertragen lässt (Norris 2000; Plasser 2002). In den Nachkriegsjahren bis Mitte der 1960er Jahre entsprach die politische Kommunikationspraxis dabei weitgehend den Kriterien der *pre*-modernen Phase und konnte als „parteien- und printdominiert" charakterisiert werden (Plasser 2006: 526). In der ersten Nachkriegsphase waren Medienangebot sowie Mediennutzung print- und radio-orientiert, während ab Mitte der 60er Jahre der Aufstieg des Fernsehens als dominantes Leitmedium politischer Kommunikation einsetzte. Zeitgleich setzte der Niedergang der österreichischen Parteipresse ein. Erreichten Anfang der 1950er Jahre die Parteizeitungen noch einen Anteil von knapp 50 Prozent der Druckauflage der Tageszeitungen, halbierte sich dieser bis zum Jahr 1970 auf ca. 20 Prozent (Plasser und Ulram 2004: 41; Steinmaurer 2009a). Mittlerweile erreichen die zwei verbliebenen Partei-Tageszeitungen (Neues Volksblatt und Neue Kärntner Tageszeitung) weniger als zwei Prozent der österreichischen Bevölkerung. Gleichzeitig erhöhte sich der Anteil von TV-Haushalten zwischen 1965 und 1971 von 33 auf 72 Prozent (Gehmacher 1980: 10). Im Jahr 2008 verfügten 96 Prozent der österreichischen Haushalte über mindestens ein TV-Gerät (ORF Mediaresearch 2009a).

Mitte der 1960er Jahre trat Österreich in die zweite Evolutionsphase der modernen politischen Kommunikation – die *TV*-zentrierte Phase – ein. So verdoppelt sich der Seheranteil der Hauptabendnachrichtensendung des öffentlich-rechtlichen

ORF (Zeit im Bild 1) zwischen 1961 und 1966 von acht auf siebzehn Prozent (Plasser 2006: 526). Vor dem Hintergrund der weiteren Expansion des Fernsehangebotes und des rasanten Aufstiegs des Internets und der Neuen Medien in den letzten Jahren, der Saturierung der TV-Haushalte mit Kabel- und Satellitenanschlüssen und der damit einhergehenden Fragmentierung der Mediennutzung ist Österreich mittlerweile in die multimediale Evolutionsphase politischer Kommunikationssysteme eingetreten (Blumler und Kavanagh 1999; Norris 2000). Österreich entspricht dem Typus einer hochentwickelten Mediendemokratie, in der politische, soziale und mediale Realitäten nicht nur zunehmend verschmelzen, sondern sich überwiegend als von Massenmedien wie Neuen Medien (Social Web, Web 2.0, etc.) konstruierte und vermittelte Realitäten darstellen. In Summe hat sich das politische Kommunikationssystem Österreichs in den letzten Jahrzehnten von einer *parteien*zentrierten Demokratie zu einer an der Aufmerksamkeitslogik (massen)medialer Politikvermittlung orientierten *Medien*demokratie entwickelt (Plasser 2006: 525).

Die durch die Liberalisierung der Märkte intensivierte Konkurrenzsituation auf dem Medienmarkt Österreichs betraf nicht nur das Fernsehen und das Radio, sondern auch die Pressemärkte – insbesondere auf regionaler und lokaler Ebene – sowie das Internet. Technologische und ökonomische Expansionstendenzen sowie gesetzliche Deregulierungen und damit einhergehende Kommerzialisierungstendenzen zeichnen, wenn auch im europäischen Kontext verspätet, eine Multimedia-Informationsgesellschaft aus, in der sich die Konkurrenz um das verknappte Gut „öffentliche Aufmerksamkeit" (Plasser 2006: 526) härter darstellt. Im Jahr 2008 hörte der durchschnittliche Österreicher dreieinhalb Stunden Radio pro Tag, sah zwei Stunden und 40 Minuten fern, surfte 50 Minuten im Internet und widmete sich durchschnittlich eine halbe Stunde der Lektüre von Zeitungen (RTR 2009: 123). Der Durchschnitts-Österreicher verbringt somit kumuliert siebeneinhalb Stunden täglich (jedoch nicht ausschließlich) mit Medienkonsum.

Bedingt durch die Transformation des Medienangebotes und der verschärften Konkurrenz auf den österreichischen Medienmärkten veränderte sich sowohl das Informationsverhalten der politischen und journalistischen Eliten als auch das Rezeptionsverhalten der Bevölkerung. Neben erkennbaren transnationalen Konvergenzprozessen in den technologischen und ökonomischen Strukturen und Handlungslogiken der Mediensysteme ist das österreichische politische Kommunikationssystem aber weiterhin durch strukturelle und institutionelle Spezifika gekennzeichnet, die die politische Kommunikationspraxis mitprägen, ihr eine nationale Note verleihen und sie somit im internationalen Vergleich durchaus unterscheidbar machen.

Unter komparativen Gesichtspunkten differenzieren Hallin und Mancini (2004) zwischen drei Beziehungsmodellen zwischen Politik und Medien, die sich auf westliche und entwickelte Mediendemokratien beziehen. Dabei unterscheiden sie zwischen dem *„Mediterranean or Polarized Pluralist Model"* (Italien, Frankreich, Griechenland, Portugal, Spanien), dem *„Northern European or Democractic Corporatist Model"* (Österreich, Deutschland, Schweiz, Belgien, Niederlande, Dänemark, Finnland, Schweden, Norwegen) sowie dem *„North Atlantic or Liberal*

Model" (USA, Kanada, Großbritannien, Irland). Dabei sind die Struktur der Mediennutzung (TV- vs. Print-Zentrierung), der Grad des politischen Parallelismus (ideologische und relationale Bindung zwischen Politik und Journalismus), die Rolle und der Einfluss des Staates auf das Mediensystem (gesetzlicher Rahmen, politische Repräsentation in den Gremien, Presseförderung), das politische System (Konsens- vs. Konflikt-Kultur) als auch die gesellschaftliche Rolle des Staates (Grad der Wohlfahrtsstaatlichkeit bzw. Staatsquote) die wichtigsten differenzierenden Charakteristika der drei Beziehungsmodelle zwischen Politik und Medien. Österreich reihen Hallin und Mancini ins *„Northern European or Democratic Corporatist Model"*. Sie begründen diese Kategorisierung vor allem mit im internationalen Vergleich hohen Zeitungsreichweiten sowie dem traditionell ausgeprägten, jedoch rückgängigen, politischen Parallelismus mit zunehmender professioneller Autonomie der Medien. Als weitere Merkmale nennen sie substantiellen staatlichen Einfluss auf das Mediensystem im Sinne eines *„politics-in-broadcasting"* Modells, was die Repräsentation von Regierung und Parteien entsandter Vertreter in den Gremien des ORF betrifft, wie die starke Stellung des öffentlich-rechtlichen Rundfunksektors sowie eine staatliche Presseförderung, für die für das Jahr 2009 rund 9 Millionen Euro zur Verfügung stehen.

2. Mediennutzung in Österreich

Im Jahr 2008 hörten mehr als acht von zehn Österreichern täglich Radio. Fast drei Viertel lasen täglich eine Tageszeitung. Daneben sahen knapp zwei Drittel aller Österreicher täglich fern und ein Viertel surfte täglich im *World Wide Web* (siehe Tabelle 1). Neben dem Radio, das vorwiegend als „Begleit"-Medium genutzt wird, sind es somit die Tageszeitungen, die in Österreich am häufigsten auf einer täglichen Basis genutzt werden, wenngleich auch das Fernsehen eine dominante Stellung im Mediennutzungsverhalten der Bevölkerung einnimmt. Diese zentrale Stellung der Printmedien in Österreich wird nicht nur von Hallin und Mancini (2004) in ihrer Kategorisierung betont, sie zeigt sich auch auf dem österreichischen Werbemarkt. Nicht weniger als 46 Prozent des 3,3 Milliarden Euro umfassenden Werbevolumens entfielen 2008 auf Printmedien. Dahinter folgten *Direct Marketing* und das Fernsehen mit je 19 Prozent. Radio und Plakate erreichten jeweils fünf Prozent, Gelbe Seiten und das Internet beanspruchten je drei Prozent des Werbevolumens für sich (VÖZ 2009).

Im Vergleich zu 2001 ist die Mediennutzung in den letzten Jahren insgesamt leicht gestiegen, während die Nutzung der klassischen Massenmedien leicht rückläufig ist. Dies gilt sowohl für das Radio (minus drei Prozentpunkte zwischen 2001 und 2008) als auch für das Fernsehen (minus fünf Prozentpunkte) und die Tageszeitungen (minus zwei Prozentpunkte). Mehr als kompensiert werden diese Rückgänge durch die starke Zunahme der täglichen Internet-Nutzung, die sich seit 2001 verdreifacht hat (Verein Arbeitsgemeinschaft Media-Analysen 2009).

Tabelle 1
Tägliche Mediennutzung in Österreich, 2008

Medien	Reichweite in Prozent der Bevölkerung	Nutzer (in Millionen)
Radio (gesamt)	82,1	5,8
Tageszeitungen	72,9	5,1
Öffentlich-rechtliches Radio (ORF)	71,4	5,0
Fernsehen (gesamt)	63,4	4,3
Öffentlich-rechtliches Fernsehen (ORF)	52,3	3,6
Ausländische TV-Sender	49,8	3,4
Privat-Radio (In- und Ausland)	27,0	1,9
Internet	25,1	1,8
Privates Fernsehen (ATV)	13,5	0,9

Anmerkung: Österreichische Bevölkerung ab 14 Jahren. Netto-Tagesreichweiten in Prozent. Internet: Nutzung an sieben Tagen pro Woche. Mehrfachnutzung möglich.

Quelle: Verein Arbeitsgemeinschaft Media-Analysen (2009).

Deutlich wird bei der Analyse des Mediennutzungsverhaltens die nach wie vor bedeutende Rolle der Tagespresse, aber auch die wichtige Stellung des öffentlich-rechtlichen Radios und Fernsehens wie der zunehmende Stellenwert von ausländischen TV-Angeboten in der Fernsehnutzung der Österreicher. Das Internet hat in den letzten Jahren am stärksten an Nutzungsintensität zugelegt, wenngleich es auch noch 2008 deutlich hinter den klassischen Medienformaten rangiert. Im europäischen Vergleich verbringen die Österreicher weniger Zeit vor dem Fernsehapparat als die Bevölkerung in den meisten anderen europäischen Staaten. Der europäische Durchschnitt der täglichen TV-Nutzung liegt fast eine Stunde über dem österreichischen Schnitt (IP Deutschland 2008). Ähnlich moderate Nutzungszeiten finden sich nur noch in Island, Norwegen, Dänemark, Luxemburg und der deutschsprachigen Schweiz. Europäischer Spitzenreiter ist Serbien mit einer TV-Nutzung von knapp fünf Stunden pro Tag.

In Westeuropa verbringen die Zuseher in Griechenland, Italien und Spanien mit durchschnittlich täglich mindestens vier Stunden die meiste Zeit vor dem Fernsehgerät. Im österreichischen Kontext besonders bemerkenswert ist dabei die im Langzeittrend beobachtbare Entwicklung der Sehdauer pro TV-Sender. Während zu Beginn der 1990er Jahre ORF 1 und ORF 2 durchschnittlich für 98 Minuten pro Tag gesehen wurden, ist dieser Wert bis zum Jahr 2008 auf 65 Minuten gefallen. Die Verweildauer beim österreichischen öffentlich-rechtlichen Fernsehen hat sich in den letzten zwei Dekaden um ein Drittel verringert. Demgegenüber haben die internationalen TV-Sender ihre Sehdauer in Österreich in den letzten zehn Jahren um 40 Prozent auf 85 Minuten gesteigert bzw. seit 1991 mehr als verdreifacht und überflügeln in dieser Hinsicht bereits deutlich das öffentlich-rechtliche Angebot (ORF Mediaresearch 2009a).

Tabelle 2
Tägliche TV-Nutzungszeit in Österreich, 1991–2008

Durchschnittliche Sehdauer in Minuten (Bevölkerung in TV-Haushalten ab 12 Jahren)

Sender	1991	1999	2008
ORF 1	56	35 (30[1])	26 (25)
ORF 2	42	50 (42)	39 (38)
ORF 1 + 2	98	85 (72)	65 (63)
ATV[2]	–	–	4 (4)
Internationale Sender	29 (85)	61 (78)	85 (91)

Anmerkung: [1] In Kabel- und Satelliten-Haushalten. [2] ATV sendet erst seit dem 1. Juni 2003 bundesweit terrestrisch.
Quelle: ORF Mediaresearch (2009a).

Rückblickend hat sich das TV-Angebot über die letzten Jahrzehnte exponential entwickelt. So wurde im ORF erst am 6. März 1995 der *24/7 news cycle*, also das durchgängige 24-Stunden-Programm, eingeführt. Im Vergleich dazu hat der ORF im Jahr 1977 auf beiden Kanälen zusammen nur 20 Stunden pro Tag übertragen. Auch zehn Jahre später, 1987, betrug die kumulierte tägliche Sendezeit auf ORF 1 und ORF 2 mit 23 Stunden nur geringfügig mehr. Während in den sechziger Jahren nur ein terrestrisches TV-Programm mit einer auf wenige Abendstunden beschränkten Sendezeit empfangen werden konnte und ORF 2 am 1. September 1970 den täglichen, eingeschränkten Sendebetrieb aufnahm, verfügen mittlerweile 92 Prozent der Österreicherinnen und Österreicher über Kabel- oder Satelliten-empfang. In Kabel- und Satelliten-Haushalten erhöhte sich die Anzahl verfügbarer Kanäle auf 87. In TV-Haushalten mit Digital-Satelliten-Empfang liegt der Sender-schnitt Mitte 2009 bereits bei 135 Sendern, wovon 94 deutschsprachig sind. Öster-reich verfügt damit europaweit über eines der größten Programmangebote in der eigenen Landessprache (ORF Mediaresearch 2009a). Die Zahlen verdeutlichen die exponentielle Zunahme des Sendeangebotes am österreichischen TV-Markt. Gleichzeitig verliert das öffentlich-rechtliche TV-Segment aber deutlich an Markt-anteilen. Im Jahr 2008 erreichten die Programme des ORF nur noch einen Markt-anteil von 42 Prozent in allen TV-Haushalten, während die ausländischen und pri-vaten Sender rund 57 Prozent (ORF Mediaresearch 2009a) für sich beanspruchen konnten. Die in den 80er Jahren einsetzende Fragmentierung des Fernsehmarktes durch die expansive Ausdehnung des Kabel- und Satellitenfernsehens führte auch in Österreich zur Herausbildung einer „Vielkanal-Öffentlichkeit" (Schulz 1998).

Die expansive Entwicklung des österreichischen Medien- und besonders des TV-Systems verdeutlichen folgende Fakten: Im Jahr 1961 verfügten nur 16 Pro-zent der Wahlberechtigten in den österreichischen Haushalten über ein TV-Gerät. Mitte der 1980er Jahre waren es bereits 97 Prozent (Gehmacher 1980; ORF Mediaresearch 2009a). Während 1987 erst 13 Prozent der TV-Haushalte Österreichs über einen Kabel- oder Satellitenempfang verfügten, waren es 1995 schon 67 und 2008 92 Prozent (siehe Tabelle 3). Auch in den anderen Parametern zeigt sich eine exponentielle Zunahme der Ausstattung der Haushalte mit TV-Equipment.

Tabelle 3
Technische Ausstattung der österreichischen Haushalte, 1986–2008

Prozent der Haushalte	1986/7	1990	1995/6	2000	2008
Fernsehgeräte gesamt	97	97	96	97	96
Farb-Fernsehgeräte mit Teletext[1]	6	20	55	72	95
Videorecorder[1]	13	36	64	76	70
DVD-Player[1]	–	–	–	–	80
Satellitenempfang[1]	–	2	31	43	54
Kabelanschluss[2]	13	22	36	38	38
PC (Desktop/Laptop)[3]	3	7	17	56	78
Internet-Zugang (zuhause)[3]	–	–	4	33	70
Handy[3]	–	–	–	63	88

Anmerkung: [1] In Prozent der TV-Haushalte (ab 1993). [2] Kabel-TV ist in Österreich seit 1984 empfangbar. [3] Persönlicher Besitz und nicht pro Haushalt.
Quellen: IP Deutschland (2008); ORF Mediaresearch (2009a).

Entwicklung und Expansion der massenmedialen Infrastruktur geben den Handlungsrahmen für die aktuelle politische Kommunikationspraxis vor. Deren Analyse erfordert zunächst einen Blick auf die Nutzungsgewohnheiten von politischen Nachrichten- und Informationsangeboten. So sahen im Jahr 2007 in Österreich 71 Prozent der Bevölkerung zumindest einmal täglich eine Nachrichtensendung im Fernsehen. Dieser Wert liegt knapp unter dem EU-27-Durchschnitt von 76 Prozent. Der Anteil der Bevölkerung, der zumindest einmal täglich TV-Nachrichten konsumiert, schwankt dabei zwischen dem Höchstwert von 87 Prozent in Italien und nur 62 Prozent in Frankreich (Europäische Kommission März 2007: 32).

Das Fernsehen ist für die österreichische Bevölkerung nach wie vor die primäre Informationsquelle (siehe Tabelle 4). Jeder zweite Österreicher bezeichnet das TV als seine wichtigste politische Informationsquelle. Rund ein Viertel informiert sich über innenpolitische Ereignisse und Vorgänge primär in Tageszeitungen. Jeder zehnte Österreicher informiert sich vorwiegend über das Radio über das politische Geschehen, nur jeder zwanzigste durch persönliche Gespräche. Bereits 18 Prozent beziehen nach eigenen Angaben politische Informationen aus dem Internet. Vier Prozent bezeichnen mittlerweile das Internet als ihre primäre politische Informationsquelle. Während die klassischen Massenmedien leicht an Bedeutung verlieren, gewinnt das Internet als politisches Informationsmedium an Relevanz.

Tabelle 4
Primäre politische Informationsquellen in Österreich, 1961–2009

Frageversion: „Was ist für Sie die wichtigste politische Informationsquelle?"

	1961	1971	1981	1989	1996	2003	2009
Fernsehen	7	48	62	64	60	56	51
Tageszeitungen	47	33	27	21	22	20	27
Radio	44	20	15	11	13	12	8
Magazine	–	–	2	3	3	4	2
Persönliche Gespräche	17	15	12	11	9	8	5
Internet	–	–	–	–	–	2	4

Quellen: Plasser und Ulram (2004: 74) bzw. GfK Austria, AUTNES-Post-Post-Election Survey 2009.

Die konventionellen Massenmedien, insbesondere das Fernsehen, zählen weiterhin zu den meist-genutzten und wichtigsten politischen Informationsquellen. Gleichzeitig sind es auch jene Quellen, denen die größte Glaubwürdigkeit zugeschrieben wird – auch wenn im Zeitverlauf ein Rückgang der ihnen zugeschriebenen Glaubwürdigkeit zu konstatieren ist. Am glaubwürdigsten wird von den Österreichern das Fernsehen eingestuft, gefolgt von Tageszeitungen und Radio. Dem Internet wird nach wie vor weniger Glaubwürdigkeit zugestanden als konventionellen Medienangeboten.

Tabelle 5
Glaubwürdigkeit der österreichischen politischen Informationsquellen, 1976–2003

Frageversion: „Wenn Sie sich in einer politischen Frage informieren wollen, was ist für Sie da die glaubwürdigste Informationsquelle?

In Prozent der Befragten	1976	1989	1995	1999	2003
Fernsehen	66	56	47	54	51
Tageszeitungen	27	16	20	14	14
Radio	17	9	8	7	8
Magazine	5	5	7	3	2
Persönliche Gespräche	–	5	16	12	–
Internet	–	–	–	–	2

Quelle: Plasser und Ulram (2004: 92).

Im europäischen Vergleich bringt die österreichische Bevölkerung den Medien ihres Landes generell ein überdurchschnittlich hohes Vertrauen entgegen. Bei der Vertrauensbewertung in Presse, Fernsehen und Radio liegt Österreich deutlich über dem Schnitt der EU-27-Länder (siehe Tabelle 6). Den klassischen Massenmedien (TV, Radio und Presse) und deren Berichterstattung wird sowohl österreich- als auch europaweit insgesamt mehr Vertrauen entgegengebracht als den wichtigsten europäischen und nationalen politischen Institutionen. In Österreich liegt das Vertrauensniveau der Bevölkerung gegenüber den Medien und deren Berichterstattung deutlich über dem der Europäischen Union, des Parlaments und der Bundesregierung. Fernsehen und Radio sind grundsätzlich die Medien mit dem größten Vertrauensbonus in der österreichischen Bevölkerung. Mehr als sieben von zehn Österreichern vertrauen diesen Medien. Dahinter folgen die Printmedien, denen mehr als sechs von zehn Österreichern vertrauen, und das Internet, dem vier von zehn Österreichern vertrauen, als das am wenigsten vertrauenswürdige Medium. Aber auch dem *World Wide Web* vertrauen grundsätzlich mehr Österreicher als ihm misstrauen (vertrauen eher nicht – 38 Prozent).

Tabelle 6
Vertrauen in Institutionen im europäischen Vergleich, 2007 bzw. 2008

Frageversion: „Ich möchte nun gerne von Ihnen wissen, wie viel Vertrauen Sie in bestimmte Institutionen haben. Sagen Sie mir bitte für jede der folgenden Institutionen, ob Sie ihr eher vertrauen oder eher nicht vertrauen."

Prozent der Befragten, die „eher vertrauen"	AT	EU-27	FI	DE	IT	CZ
Fernsehen[1]	72	52	73	56	37	68
Printmedien[1]	62	44	60	47	33	54
Radio[1]	71	60	81	65	41	70
Internet[1]	40	33	36	26	37	55
Europäische Union[2]	38	50	52	43	40	59
Nationales Parlament[2]	46	34	66	41	16	16
Nationale Regierung[2]	42	32	61	36	15	21

Anmerkung: [1] Daten beziehen sich auf das Jahr 2007. [2] Daten beziehen sich auf das Jahr 2008. AT = Österreich, FI = Finnland, DE = Deutschland, IT = Italien, CZ = Tschechien.
Quellen: Europäische Kommission (Herbst 2007: 32–35); Europäische Kommission (Juni 2008: 31).

Was das Vertrauen in die Printmedien betrifft, erreicht Österreich mit 62 Prozent (eher vertrauen) den höchsten Vertrauenswert aller EU-Mitgliedsstaaten (der EU-Durchschnitt liegt bei 44 Prozent), während der Vertrauenswert des Fernsehens im gesamten EU-Vergleich an dritter Stelle liegt. Die österreichischen Vertrauenswerte in die Medien liegen damit klar über jenen der Nachbarstaaten Deutschland oder Italien und entsprechen eher einem Niveau, das man etwa in Finnland oder anderen skandinavischen Ländern findet (Europäische Kommission Herbst 2007: 32–35).

Für die Einordnung der politischen Kommunikationskultur und des politischen Kommunikationsverhaltens sind darüber hinaus nicht nur die Nutzung und das entgegengebrachte Vertrauen in politische Nachrichtenquellen von Bedeutung, sondern auch das Interesse an den politischen Informationsangeboten. Im europäischen Vergleich ist das Interesse für politische Nachrichten in Österreich nur als durchschnittlich zu beurteilen. Eine Studie der Europäischen Kommission (Dezember 2007: 4) zeigt, dass sich 37 Prozent der österreichischen Bevölkerung in erster Linie für politische Nachrichten in den Medien interessieren. Im EU-27-Durchschnitt sind es 34 Prozent bei einer Schwankungsbreite zwischen 62 Prozent in Dänemark und 20 Prozent in Portugal. Gleichzeitig zeigt die Studie auch, dass Österreicher im Vergleich der 27 Mitgliedsländer überdurchschnittlich an Nachrichten aus dem Bereich *Entertainment & Celebrities* (53 Prozent der Befragten) und Sport (45 Prozent) interessiert sind. Politik rangiert erst an dritter Stelle des medialen Themeninteresses der österreichischen Bevölkerung, vor Kunst & Kultur (33 Prozent), Wissenschaft (22 Prozent) und Wirtschaft mit 20 Prozent.[1]

3. Der österreichische Fernseh-Markt

Das österreichische Rundfunksystem orientierte sich nach dem Zweiten Weltkrieg vorrangig am britischen *Public Interest*-Modell der BBC, was als Folge der großkoalitionären Politik-Praxis der Nachkriegsjahre in einem „Proporzrundfunk" mündete (Fabris 1995: 651–652). Als Reaktion darauf initiierten 1964 prominente Vertreter der Kultur- und Medienszene das Rundfunk-Volksbegehren. Dieses bewirkte drei Jahre später das Inkrafttreten eines neuen Rundfunkgesetzes, das zu einer Neustrukturierung der Organisationsform führte. In der Folge brachten weitere Reformen des Rundfunkgesetzes (1974 und 1984) wesentliche Veränderungen und im Jahr 2001 wurde der ORF schließlich in eine öffentlich-rechtliche Stiftung übergeführt. 2009 wird neuerlich ein Reform-Entwurf des ORF-Gesetzes, der durch die Umsetzung von EU-Werberichtlinien notwendig wird, kontrovers diskutiert. Der ORF sieht sich gegenwärtig nicht nur von politischer Seite substanzieller Kritik ausgesetzt. Kritikpunkte sind u. a. die Frage, inwieweit der ORF seinem *Public Value*-Auftrag nachkommt, wie sein Rekordverlust im Jahr 2008 von 79 Millionen Euro, der mittelfristig die wirtschaftliche Existenz des öffentlich-rechtlichen

---

1 Frageversion: „Which of the following news related issues [Anmerkung: Sports, Entertainment and Celebrities, Politics, Arts and Culture, Scientific Research, Economy, other] are you most interested in …?" (max. drei Antworten).

Rundfunks bedroht. Gleichzeitig ist der ORF mit substanziellen Rückgängen seiner Reichweiten und Marktanteile konfrontiert. Hintergrund dieses Verlustes sind zum einen die langfristige Durchdringung des österreichischen TV-Marktes durch Satelliten- und Kabel-Empfang von vor allem deutschsprachigen Konkurrenzprogrammen, zum anderen die im internationalen Vergleich verspätete Dualisierung, also die Öffnung des österreichischen TV-Marktes für private Vollprogramm-Anbieter, deren Rechtsgrundlage 2001 gelegt wurde (Steinmaurer 2009b). Aber bereits vor der formalen Dualisierung des österreichischen TV-Marktes musste der ORF sein Publikum mit ausländischen Kabel- und Satelliten-Sendern teilen und Marktanteilsverluste hinnehmen (Zehetner und Weingartner 2007).

Tabelle 7
TV-Marktanteile in Österreich im Zeitverlauf, 1985–2008

In Prozent	TV-Haushalte gesamt			
	ORF	ATV[1]	Puls 4	Ausland
1985	96	–	–	4
1991	77	–	–	23
1995	63	–	–	37
2000	56	–	–	43
2003	52	1	–	47
2008	42	3	1,2	53
Veränderung in Prozentpunkten	–54	–	–	+49

Anmerkung: [1] ATV sendet seit dem 1. Juni 2003 bundesweit terrestrisch.
Quellen: ORF-Medienforschung (2009); RTR (2009: 122); Arbeitsgemeinschaft Teletest (2009).

Der Marktanteil des ORF hat sich in Österreich in den letzten beiden Dekaden von 96 Prozent im Jahr 1985 auf 40,8 Prozent im ersten Halbjahr 2009 mehr als halbiert, während sich die Marktanteile der ausländischen Sender im selben Zeitraum mehr als verzehnfacht haben. Insgesamt zeigt sich vor allem seit den neunziger Jahren eine erdrutschartige Verschiebung der Marktanteile. Ausländische – vorrangig deutsche – Sender überflügelten den ORF im Jahr 2008 mit einem kumulierten Marktanteil von 53 Prozent bereits deutlich. Der österreichische Privat-Sender ATV hält im fünften Jahr seiner Sendetätigkeit zumindest einen Marktanteil von drei Prozent in den österreichischen TV-Haushalten, während Puls 4 als viertes terrestrisches Programm knapp mehr als ein Prozent des Marktanteils erzielt.

Im internationalen Vergleich erreicht der ORF noch immer beachtliche Marktanteile am nationalen TV-Markt. Österreich und der ORF liegen im westeuropäischen Vergleich im Jahr 2007 auf Rang vier, was die Marktanteile des öffentlich-rechtlichen TV-Segments betrifft. Nur in Dänemark (Marktanteil 65 Prozent), Island (Marktanteil 49 Prozent) und Finnland (44 Prozent) erreichen die öffentlich-rechtlichen Sender größere Marktanteile als der ORF in Österreich (IP Deutschland 2008). Österreich liegt in diesem Ranking gleichauf mit Italien, dessen RAI-Sender ebenfalls einen Marktanteil von etwa 43 Prozent erreichen. Schlusslicht des Westeuropa-Rankings ist Griechenland, wo die öffentlich-rechtlichen Sender nur mehr 16 Prozent der TV-Marktanteile für sich beanspruchen können.

Was die Bedeutung des ORF-Fernsehens für die politische Informationsleistung angeht, stellt der ORF noch immer den unumstritten wichtigsten *Content*-Produzenten in Österreich dar. Gleichzeitig hat sich auf dem Publikumsmarkt das Quasi-Informationsmonopol des ORF auf politische Nachrichten trotz aller Quoten- und Reichweitenrückgänge weitgehend erhalten. Zwar hat sich die Dualisierung des TV-Systems durch das Privatfernsehgesetz 2001 verstärkend auf den Wettbewerb auf dem österreichischen TV- und Nachrichten-Markt ausgewirkt, das *Quasi*-Informations-Monopol des ORF – auf der Angebots- und Nutzungsseite – bleibt davon aber bisher weitgehend unbetroffen. Zwar offeriert ATV zweimal täglich Nachrichten und eine Gemeinschaftsredaktion produziert zudem für Puls 4 und die „Österreich-Fenster" von ProSieben und Sat.1 eine tägliche Nachrichtensendung, jedoch pendeln sich diese Informations-Angebote bisher unterhalb der Ein- bis Zwei-Prozentmarke an nationaler Reichweite ein.

Das *Quasi*-Monopol des ORF betrifft nicht nur die Reichweite der politischen Information im Fernsehen, sondern auch das Angebot. So sind laut Programmanalyse 2007 nur 0,5 Prozent des täglichen ATV-Angebots der Informationssparte der politischen Meinungsbildung zuzurechnen, während es in ORF 1 und ORF 2 zusammen dreizehn Prozent sind (Woelke 2008: 79). Auf dem österreichischen TV-Markt bietet der ORF somit das Gros des täglichen politischen Informationsangebots. Ähnliches gilt für die Radio-Information. Auch dort gilt der ORF, was Reichweite und *Content*-Produktion betrifft, als der wesentliche Anbieter und Produzent von politischen Nachrichten. Private Radio-Stationen bieten politische Nachrichten nur in Form rudimentärer Kurznachrichten. Im Vergleich zu den anderen deutschsprachigen öffentlich-rechtlichen Sendern nimmt sich der Anteil politischer Information im ORF allerdings bescheidener aus, da etwa in ARD und ZDF zusammen 29 Prozent des täglichen TV-Angebots politische Informationssendungen betreffen. In Summe hat die ORF-Information ihre öffentliche Forumsfunktion, gemessen an Reichweiten und Marktanteilen, im Wettbewerb mit privaten, unterhaltungsorientierten Angeboten, die via Satellit- bzw. Kabel-Anschluss oder Internet empfangen werden, zunehmend einbüßt. Die gesellschaftliche Forumsfunktion der ORF-Hauptnachrichtensendungen geht deutlich und kontinuierlich zurück.

Das Privatfernsehgesetz 2001 ermöglichte ein bundesweit privates TV-Programm und drei weitere regionale Programme. Am 1. Juni 2003 startete ATV (damals ATVplus) als erstes terrestrisches österreichweites Privat-Fernsehprogramm. Österreich war somit das letzte europäische Land, das seinen Fernsehmarkt für

Privat-TV öffnete. Der zweite terrestrische Privat-Sender Puls 4 ging am 21. Juni 2004 erstmals als Wiener Stadtsender Puls TV auf Sendung. Im August 2007 wurde der Sender von der deutschen ProSiebenSat.1 Media AG übernommen. Als Konsequenz dieser Übernahme wurde aus Puls TV der neue Sender PULS 4. Am 28. Jänner 2008 ging Puls 4 mit den nationalen Puls 4 News um 18:00 das erste Mal auf Sendung. Bereits seit Anfang 2004 strahlt ProSieben in ihrem Österreich-Fenster die Abendnachrichten AustriaNews (damals Austria TopNews) aus und seit 2009 produziert eine Gemeinschaftsredaktion die Sendung AustriaNews für ProSieben, Sat.1 und Puls 4.

Mit dem Start von ATV-aktuell im Jahr 2003 verlor das ORF-Fernsehen sein Monopol auf die *Content*-Produktion von genuinen österreichischen Nachrichtenformaten im Fernsehen, auch wenn in puncto Reichweite die Privaten-Angebote weiter deutlich hinter den ORF-Angeboten liegen. Jedoch entstehen nicht nur auf dem Markt der Abendnachrichten private Gegenangebote für das TV-Publikum in Österreich. Seit dem Nationalratswahlkampf im September 2008 etablieren sich die Privatsender ATV und Puls 4 ebenfalls als Plattformen für Spitzenkandidaten-Konfrontationen und Diskussionsformaten, die von den politischen Akteuren auch genutzt und frequentiert werden und punktuell durchaus beachtliche Reichweiten erzielen.

4. Der Auf- und Abstieg der Zeit im Bild 1

Über Jahrzehnte war die Zeit im Bild 1 des ORF die dominierende TV-Informationsquelle zur österreichischen Politik. Während Ende der 1980er Jahre das Flaggschiff der ORF-Information noch knapp 40 Prozent Reichweite aufwies, waren es im Jahresschnitt 2002 nur mehr knapp 22 Prozent oder 1,5 Millionen Zuseher. Nach der ORF-Reform im Jahr 2007 erzielt die Zeit im Bild um 19:30 Uhr nur mehr eine Reichweite von knapp 14 Prozent oder eine Million Österreicher (Plasser und Ulram 2004: 59; Fidler 2008: 620). Dabei kann das Flaggschiff des ORF auf eine mehr als fünfzigjährige Geschichte zurückblicken. Nach dem Vorbild der BBC startete am 1. August 1955 das Fernsehprogramm des Österreichischen Rundfunks und wenige Monate später auch die erste Nachrichtensendung mit dem Titel „Bild des Tages", die ein halbes Jahr später in „Zeit im Bild" umbenannt wurde. Seit 1957 wird diese Hauptnachrichtensendung täglich ausgestrahlt. War der Zugang zu TV-Geräten zunächst sehr beschränkt und besaßen 1961 nur 16 Prozent der österreichischen Haushalte TV-Geräte, konnten Mitte der 60er Jahre bereits über eine Million Österreicher die Nachrichten im Fernsehen verfolgen (Gehmacher 1980; Plasser und Ulram 2004: 41). Zwischen 1971 und 2007 (ORF-Programm-Reform) wurde die Zeit im Bild 1 zeitgleich auf ORF 1 und ORF 2 ausgestrahlt und wurde somit zu einer Institution der TV-Information in Österreich. Seit April 2007 ist die „Zeit im Bild 19:30 Uhr", wie sie seither offiziell heißt, nur mehr auf ORF 2 zu sehen.

Fragmentierung und Internationalisierung des TV-Angebots wie verstärkte Zuwendung zu unterhaltungsorientierten Angeboten vor allem in der *Primetime* resultierten in veritablen Reichweiten- und Marktanteils-Verlusten der öffentlich-rechtlichen Fernsehnachrichten. Dies betrifft besonders das Aushängeschild der ORF-Information, die Zeit im Bild 1. Während das Flaggschiff der TV-Information Ende der 1990er Jahre noch 1,8 Millionen Zuseher täglich erreichte, waren es im Jahr 2008 nur noch knapp 1 Million (Fidler 2008: 620). Im letzten Jahrzehnt ist es somit fast zu einer *Halbierung* des Publikums der wichtigsten Abendnachrichtensendung im österreichischen Fernsehen gekommen, die nur teilweise durch die auf ORF 1 ausgestrahlte ZiB 20 kompensiert wird. Die Marktanteile der Zeit im Bild 2 verringerten sich in etwas abgeschwächtem Maße. Erreichte die Zeit im Bild noch Ende der neunziger Jahre 68 Prozent aller österreichischen TV-Konsumenten mit Satelliten- oder Kabelempfang, reduzierte sich der Marktanteil der ZiB 1 im Jahr 2008 auf 48 Prozent, d. h. nur mehr jeder zweite Österreicher, der um 19.30 Uhr den Fernsehapparat eingeschaltet hatte, verfolgte die ZiB 1 (Fidler 2008: 620). Zwar bleibt die Zeit im Bild um 19:30 Uhr nach wie vor die reichweitenstärkste österreichische TV-Nachrichtensendung und hinter der Kronen Zeitung die zweitwichtigste Nachrichtenquelle der Österreicher, jedoch geht ihre institutionalisierte Forumsfunktion, die sie noch bis Mitte der achtziger Jahre inne hatte, zunehmend verloren, was sich auch in einer deutlichen Überalterung ihres Stammpublikums ausdrückt (Plasser 2006: 531).

Davon unbeschadet erfüllt die ORF-Information weiterhin eine zentrale Informationsfunktion im politischen Kommunikationssystem. Dies verdeutlichen Nutzungswerte aus dem Wahljahr 2008. In diesem Jahr erreichten alle ORF-Zeit im Bild-Sendungen zusammengenommen eine durchschnittliche Tagesreichweite von knapp 35 Prozent und damit etwa 2,4 Millionen Österreicher ab 12 Jahren (APA-OTS 2. Jänner 2009). Die zehn *live* übertragenen TV-Duelle der Spitzenkandidaten verfolgten im September 2008 rund 4 Millionen Österreicher und am Wahlsonntag sahen knapp 4 Millionen Österreicher die Wahlberichterstattung. Die Wahlberichterstattung am Abend der Europawahl 2009 erreichte fünf Millionen Seher, was rund 70 Prozent des TV-Publikums entspricht. Weitere wichtige Informationsplattformen des ORF sind die regionalen „Bundesland Heute"-Sendungen. Diese erreichten im Jahr 2008 mit einem Durchschnittswert von 58 Prozent beachtliche Marktanteile. Die am wenigsten frequentierte Sendung war dabei „Niederösterreich Heute" mit einem Marktanteil von 47 Prozent, während „Tirol Heute" mit einem Marktanteil von 67 Prozent beim Tiroler Publikum die beliebteste Sendung ist (APA 9. Jänner 2009). Nicht zu unterschätzen ist zudem der Teletext des ORF, der 2008 einen Marktanteil von 71,5 Prozent aufwies (ORF Mediaresearch 2009a). Wöchentlich nutzen ca. 2 Millionen Österreicher das textbasierte TV-Angebot des ORF, was einer Reichweite von 28,5 Prozent entspricht.

Schaubild 1
Reichweiten der Zeit im Bild 1 und Zeit im Bild 2, 1972–2007

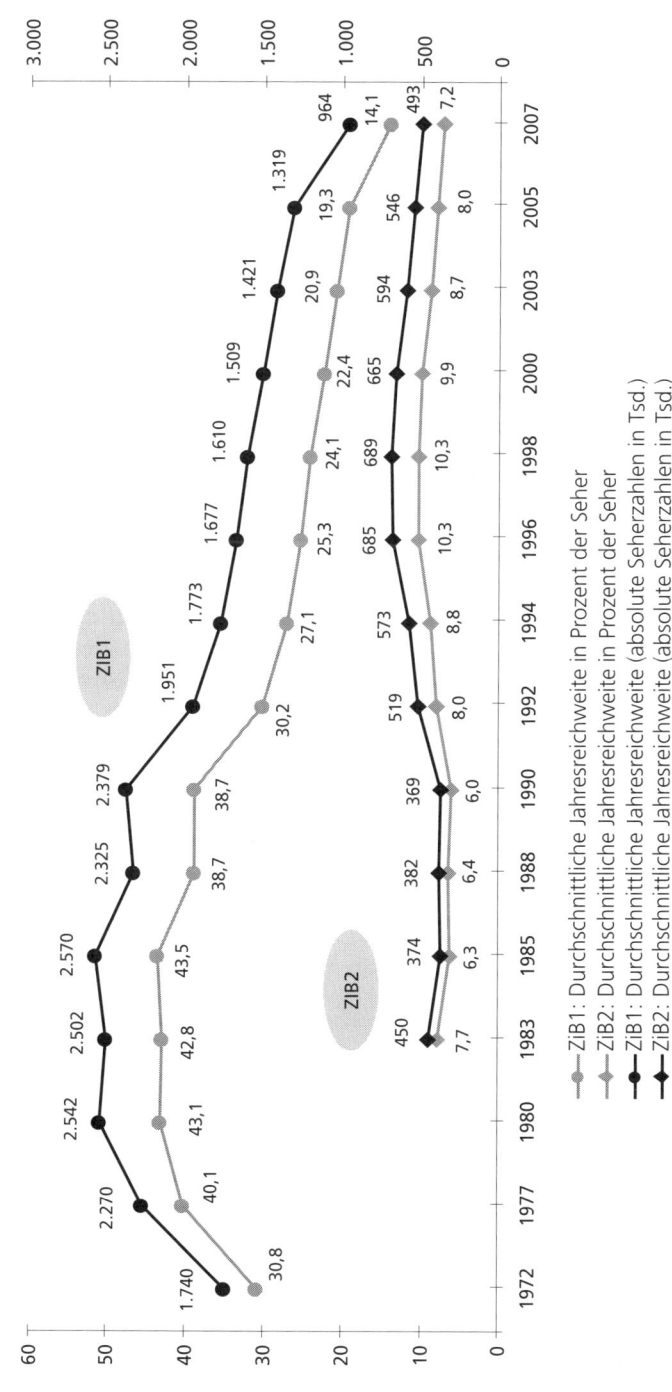

—— ZiB1: Durchschnittliche Jahresreichweite in Prozent der Seher
—— ZiB2: Durchschnittliche Jahresreichweite in Prozent der Seher
—— ZiB1: Durchschnittliche Jahresreichweite (absolute Seherzahlen in Tsd.)
—— ZiB2: Durchschnittliche Jahresreichweite (absolute Seherzahlen in Tsd.)

Anmerkung: Daten aufgrund der Effekte unterschiedlicher Messinstrumente nur tendenziell vergleichbar. 1972, 1977 und 1980 auf Basis repräsentativer Quartalsbefragungen (*Infratest*), 1983 bis 1990 auf Basis Tagebucheintragungen von N=850 Panelmitgliedern (*Kontinuierlicher Infratest*), ab 1991 elektronische Messung (*ORF-Teletest*). Grundgesamtheit: österreichische Fernsehteilnehmer. Vor 1991 ab 14 Jahre, seit 1991 ab 12 Jahre. Daten für 2007 sind eigene Berechnungen auf Basis der Media-Analyse 2008 und nur tendenziell vergleichbar.

Quelle: ORF-Almanach, ORF-Geschäftsberichte und ORF-Medienforschung; Media-Analyse 2008.

5. Der österreichische Radio-Markt

Der österreichische Radio-Markt ist grundsätzlich ähnlichen Trends und Entwicklungstendenzen ausgesetzt wie das österreichische Fernsehen und ebenso von einer im internationalen Vergleich verspäteten Dualisierung gekennzeichnet. Erst im Jahr 1993 beschloss der österreichische Nationalrat ein Regionalradio-Gesetz. In der Folge nahmen 1995 die ersten regionalen Radiostationen den Sendebetrieb in Österreich auf. 1998 folgte schließlich der flächendeckende Start von 42 damals lizenzierten Privatradiostationen. Zu einer weiteren Liberalisierung kam es mit dem neuen Privatradiogesetz, das die Unterscheidung zwischen Lokal- und Regionalradios aufhob und bundesweite Frequenzen zuließ (Steinmaurer 2009a). Seit 2004 gibt es die erste bundesweite private Senderzulassung (Kronehit) in Österreich (Fidler 2008: 496). Für das Jahr 2007 weist die Rundfunk-Regulierungsbehörde RTR 98 Privatradios in Österreich aus (Kaltenbrunner u. a. 2007: 59). Im Jahr 2008 erreicht das Radio in Österreich eine durchschnittliche Tagesreichweite von 82 Prozent. Mehr als acht von zehn Österreichern hören täglich Radio. Die durchschnittliche tägliche Hördauer beträgt dabei drei Stunden und 23 Minuten (ORF Mediaresearch 2009b). In der täglichen Radionutzung liegt Österreich damit im europäischen Mittelfeld mit ähnlichen Werten wie etwa in Finnland oder in Großbritannien. Angeführt wird das europäische Ranking von Tschechien mit einer täglichen Hördauer von knapp fünfeinhalb Stunden. Das Schlusslicht ist Kroatien mit etwas mehr als eineinhalb Stunden Radiokonsum täglich. Von den drei Stunden und 23 Minuten durchschnittlicher Radionutzung in Österreich entfallen etwa eine Stunde auf private TV-Stationen und zwei Stunden und 40 Minuten auf die ORF-Angebote. Die längste tägliche Hördauer erreichen dabei die ORF-Regionalradios mit 75 Minuten und die kürzeste der ORF-Jugendsender FM4 mit fünf Minuten. Vier von zehn Österreichern hören täglich Radionachrichten zur österreichischen Politik.

Tabelle 8
Marktanteile und Reichweiten der österreichischen Radio-Sender, 2009

Prozent der Österreicher ab 14 Jahren	Marktanteil in Prozent	Tagesreichweite in Prozent
Radio gesamt	100	82
ORF gesamt	78	71
ORF Regionalradios gesamt	37	35
Hitradio Ö3	33	38
Privatradios Inland gesamt	20	24
Österreich 1	6	9
FM4	2	4

Quelle: ORF Mediaresearch (2009b) bzw. ORF-Radiotest, 1. Halbjahr 2009.

2008 erreichten die ORF-Radios einen gemeinsamen Marktanteil von 78 Prozent. Regionalradios und vor allem der Musik- und Informationssender Ö3 decken dabei die größten Marktanteile am österreichischen Radio-Markt ab. Wie im Fernsehen sind es auch auf dem Hörfunksektor nicht zuletzt die Regionalangebote, die ein wichtiges Informations- und Nutzungsstandbein des ORF darstellen. Die Regionalradios des ORF erreichten im Jahr 2008 durchschnittlich 2,2 Millionen Österreicher.

Tabelle 9
Tagesreichweiten von Ö3 und privaten Radio-Sendern in Österreich, 2000–2009

Prozent der Hörer ab 10 Jahren	Hitradio Ö3	Privatradio Inland
2000	41,1	22,7
2002	41,0	22,3
2004	39,9	22,2
2006	37,7	22,4
2008	37,7	23,2
2009	38,3	23,2
Veränderung in Prozentpunkten	−2,8	+0,5

Quelle: RTR (2009: 124) bzw. ORF-Radiotest, 1. Halbjahr 2009.

Der größte Privatradioanbieter Kronehit erzielt eine tägliche Reichweite von knapp 6 Prozent oder etwas mehr als fünfhunderttausend Österreicher (Verein Arbeitsgemeinschaft Media-Analysen 2009). Die Privatradios erreichen gebündelt einen Marktanteil von 23 Prozent. Der Radio-Markt in Österreich ist somit im Jahr 2008 noch deutlich stärker vom öffentlich-rechtlichen Segment geprägt als der TV-Markt, auch wenn die Reichweite der privaten Anbieter in den letzten zehn Jahren um mehr als 50 Prozent zugenommen hat. Gleichzeitig ist es dem öffentlich-rechtlichen Direkt-(Werbe)Konkurrenten Ö3 allerdings gelungen, seine Reichweite über das letzte Jahrzehnt stabil zu halten (Tabelle 9).

6. Der österreichische Print-Markt

In den ersten Nachkriegsjahren waren Neugründungen auf dem Tageszeitungsmarkt ähnlich wie in Deutschland vom Einfluss der Besatzungsmächte und der politischen Parteien geprägt. So erschien die erste österreichische Tageszeitung *Neues Österreich* am 23. April 1945 und wurde von SPÖ, ÖVP und KPÖ gemeinsam
herausgegeben (Paupié 1960). Es folgten der von den amerikanischen Besatzern
herausgegebene Wiener Kurier und die von den Briten kontrollierte Weltpresse
neben den Parteizeitungen der SPÖ (Arbeiterzeitung), der ÖVP (Kleines Volksblatt) und der KPÖ (Volksstimme). Im Vergleich zur Entwicklung am Rundfunk-
markt ist der österreichische Tageszeitungsmarkt weniger von Pluralisierungs-
tendenzen, sondern stärker von Konzentrationsprozessen geprägt. Während 1946
noch 36 Tageszeitungen in Österreich im Umlauf waren, waren 2008 nur mehr
sechzehn Kaufzeitungen für das Publikum am Kiosk erhältlich (Fidler 2008: 621;
Steinmaurer 2009a). Die beiden verbliebenen Parteizeitungen Neues Volksblatt in
Oberösterreich (ÖVP) und die Neue Kärntner Tageszeitung (SPÖ) erreichen kumuliert weniger als zwei Prozent der Österreicher. Daneben existieren drei regionale Gratis-Tageszeitungen (Heute, Oberösterreichs Neue und TT kompakt) sowie
das Medien-Branchenblatt medianet. Der österreichische Tageszeitungsmarkt ist
im internationalen Vergleich hoch konzentriert (Melischek, Seethaler und Skodacsek 2005; Seethaler und Melischek 2006). Vor allem das 1988 gegründete Ver-
waltungs-, Produktions- und Vertriebskonglomerat der Mediaprint, das im Kern
aus den Medienhäusern Kronen Zeitung und Kurier gebildet wurde, repräsentiert
den hohen Konzentrationsgrad auf vertikaler und konglomeraler Ebene des österreichischen Printmarktes. Die Konzentration hat sich durch die 2001 eröffnete
Kooperation zwischen der News-Gruppe und dem Nachrichtenmagazin Profil auf
die horizontale Ebene ausgedehnt, da es durch die Kapitalverflechtung zwischen
News- und Mediaprintgruppe zu einer weiteren Konzentration der publizistischen
Markt- und Machtstrukturen kam (Steinmaurer u. a. 2002: 29–30; Plasser und Ulram 2004: 49).

Ökonomische Verflechtungen und Abhängigkeiten von ausländischen – vor
allem deutschen – Kapitalgebern haben in den 1980er und 1990er Jahren die
Konzentrationsprozesse auf dem österreichischen Printmarkt zusätzlich verstärkt.
Zudem herrschen auf einzelnen regionalen Pressemärkten monopolartige Markt-
verhältnisse (Knoche und Siegert 2003). In den letzten Jahren kam es auf der regionalen Ebene zu Konzentrationsprozessen und intensivierten Wettbewerbs- und
Verdrängungskonstellationen auf dem Gratis-Zeitungsmarkt. So vereinbarte etwa
die Tiroler Moser Holding 2009 eine Verflechtung mit der steirischen Styria Medien AG, um daraus den zweitgrößten österreichischen Medien-Konzern *(Media
Group)* entstehen zu lassen.

Im Zuge dieser Entwicklungen kam es in den letzten Jahren zu einer *Re-Austrifizierung* der Beteiligungsstrukturen am Printmarkt in Österreich. Nach einem
Trend der Internationalisierung und vor allem starkem Einfluss deutscher Geld-

geber in den 1980er und 1990er Jahren haben sich ausländische und vor allem deutsche Beteiligungen in den letzten Jahren wieder stark reduziert. Der deutsche Axel-Springer-Verlag engagierte sich beim Standard bis 1995, bei der Tiroler Tageszeitung bis 2002 oder bei News bis 1998. Der Süddeutsche Verlag wiederum hielt zwischen 1998 und 2008 49 Prozent am Standard. Bertelsmann ist über seine Tochter Gruner & Jahr seit 1998 Mehrheitseigentümer der Verlagsgruppe News. Der schwedische Medienkonzern Bonner finanzierte zunächst die Gründung des Wirtschaftsblatts, verkaufte seine Anteile aber 2006 wieder an die Styria Multi Media zurück. Die Verlagsgruppe Passau hielt zwischen 1991 und 2006 die Mehrheit an der Oberösterreichischen Rundschau, die nun der Tiroler Moser Holding gehört. Der Südtiroler Athesia-Verlag übernahm 2003 50 Prozent der Moser Holding, hielt diese aber nur bis 2007. Somit haben sich nach der enormen Expansion über die letzten Jahre deutsche und ausländische Kapitaleigner an österreichischen Medien weitgehend zurückgezogen. Neben Krone, Kurier und News-Verlagsgruppe gibt es nur noch im privaten TV-Markt nennenswerte deutsche Beteiligungen (ATV – Tele München Gruppe; Austria 9 – Burda).

Von den zehn größten Medienunternehmen in Österreich[2] wiesen im Jahr 2008 nur mehr zwei nennenswerte ausländische Beteiligungen auf. Im Mediaprint-Verbund, der Kronen Zeitung und Kurier bündelt, ist die deutsche WAZ-Gruppe am Kurier mit 49,44 Prozent und an der Kronen Zeitung mit 50 Prozent beteiligt. Hier gibt es aber seit einiger Zeit Bestrebungen der WAZ-Gruppe, die Anteile an der Kronen Zeitung abzustoßen. Die zweite namhafte ausländische Beteiligung im Jahr 2008 betrifft die News-Verlagsgruppe, zu der unter anderem die Magazine News, Profil, Format oder Trend gehören. Die deutsche Bertelsmann-Tochter Gruner & Jahr ist in dieser Gruppe Mehrheitseigentümer.

Die zehn größten Medienunternehmungen in Österreich erwirtschafteten im Jahr 2008 einen Gesamtumsatz von ca. 2,6 Milliarden Euro (Der Standard, 25. April 2009: 27). Berechnet man den ausländischen Beteiligungsanteil entlang des Jahresumsatzes, so ergibt sich ein ausländisches Umsatzvolumen der größten österreichischen Medienunternehmen von ca. 12 Prozent oder knapp 325 Millionen Euro. Gemessen an der verkauften Auflage, haben deutsche Beteiligungen im Jahr 2008 einen prozentuellen Anteil von 24,5 Prozent bei den Tageszeitungen. Im Jahr 2000 lag dieser Anteil noch bei mehr als einem Drittel.

Im Jahr 2008 lasen mehr als fünf Millionen Österreicher täglich eine Tageszeitung. Der meistgelesene Titel war dabei die Kronen Zeitung mit einer täglichen Reichweite von fast 42 Prozent. Damit ist die Kronen Zeitung weltweit eine der am meisten gelesenen Tageszeitungen, setzt man die Reichweite in Bezug zur nationalen Bevölkerung. Im Vergleich dazu erreichen die Tageszeitungs-Marktführer

---

2   1. ORF, 2. Styria, 3. Mediaprint, 4. Moser Holding, 5. Verlagsgruppe News, 6. Niederösterreichisches Pressehaus, 7. Vorarlberger Medienhaus, 8. Wimmer Holding, 9. Salzburger Nachrichten Gruppe, 10. Der Standard.

in Deutschland und Großbritannien nur zwischen knapp 18 Prozent (Bild-Zeitung) und knapp 20 Prozent (The Sun) der nationalen Bevölkerung ab 14 Jahren. Knapp drei Millionen Österreicher lesen täglich die Kronen Zeitung. Etwa 17 Prozent der Wahlberechtigten (rund eine Million Österreicher) sind exklusive Krone-Leser. Insgesamt verfolgen täglich rund 24 Prozent, weitere 14 Prozent mehrmals wöchentlich, den Politikteil der Kronen Zeitung. 37 Prozent bezeichnen die Kronen Zeitung als ihr persönliches Leit-Medium (GfK Austria, bundesweite Repräsentativumfragen).

Seit 1. September 2006 konkurriert mit *Österreich* eine weitere Tageszeitung auf dem Boulevard-Markt um Publikum und Werbekunden. Die Tageszeitung Österreich konnte sich 2008/2009 mit einer Reichweite von knapp 10 Prozent hinter der Krone und der Kleinen Zeitung (11,9 Prozent), deren Leserschaft sich im Wesentlichen auf die Steiermark und Kärnten beschränkt, an die dritte Stelle in der Lesergunst setzen. Das Qualitätssegment in der österreichischen Tagespresse wird weitgehend von Der Standard, Die Presse und den Salzburger Nachrichten gebildet. Zusammen erreichen die Qualitätsblätter eine Reichweite von 13,5 Prozent. Im Vergleich dazu erreichen Krone und Österreich nicht weniger als 53 Prozent der Österreicher täglich, also viermal mehr. Der Kurier gilt als Tageszeitung, die von der Aufmachung her als Mischform zwischen Boulevard und Qualität einzuordnen ist (siehe dazu Udris und Lucht 2009: 35).

Zählt man die Kleine Zeitung zu den Regional-Tageszeitungen, erreichen diese 2008/2009 kumuliert etwa jeden vierten Österreicher und bilden somit ein bedeutsames Segment des Leser- und Werbemarktes (Tabelle 10). Für das Jahr 2005 errechneten Seethaler und Melischek für sechs der neun österreichischen Bundesländer Marktanteile des jeweiligen regionalen Tageszeitungs-Marktführers von mehr als 50 Prozent (Seethaler und Melischek 2006: 354). Diese Werte bestätigen eine enorme Konzentration und monopolartige Stellung einzelner Bundesländer-Zeitungen wie Vorarlberger Nachrichten, Tiroler Tageszeitung, Salzburger Nachrichten oder der Kleinen Zeitung.

Der Nachrichtenmagazin-Markt wird eindeutig von der News-Gruppe dominiert, zu der die Wochen- und Monatsmagazine News, Profil, Format und Trend gehören. Sie erreichen ein Viertel aller Österreicher. Die Wochenzeitung Furche der Styria Medien AG und die Wiener/Grazer-Stadtzeitung Falter erreichen zusammen weniger als zwei Prozent Reichweite. Rechnet man zu den Nachrichten- und Wirtschaftsmagazinen auch noch die Monatsmagazine Gewinn und Datum, ergibt sich eine kumulierte Reichweite aller Nachrichtenmagazine von etwa 32 Prozent. Das wiederum bedeutet, dass der News-Verlag mehr als drei Viertel dieser Reichweite kontrolliert und bündelt.[3] Das meistgelesene Wochenmagazin ist dabei News mit 12 Prozent Reichweite, gefolgt vom 1970 gegründeten Profil, dem ältesten investigativen Nachrichtenmagazin Österreichs.

---

3   Eigene Berechnung aus der Media-Analyse 2009 bzw. den von den Verlagen auf Reichweiten hochgerechneten Auflagenzahlen.

Tabelle 10
Reichweiten österreichischer Printmedien, 2008/2009

Tageszeitungen[1]	Reichweite in Prozent	Verkaufte Auflage [2]
Kronen Zeitung	41,3	819.613
Kleine Zeitung	11,9	279.296
Österreich	9,7	143.340
Kurier	8,8	161.772
Der Standard	6,0	76.548
Oberösterreichische Nachrichten	5,0	109.268
Tiroler Tageszeitung	4,6	89.819
Die Presse	3,8	79.020
Salzburger Nachrichten	3,7	70.713
Vorarlberger Nachrichten	3,0	62.954
Wirtschaftsblatt	1,3	23.478
Neue Kärntner Tageszeitung	0,8	–
Neue Vorarlberger Tageszeitung	0,5	8.679
Wochenzeitungen und Nachrichtenmagazine		
News	11,8	191.001
Profil	6,4	74.404
Trend	4,2	53.760
Format	2,4	48.086
Falter	1,4	–
Furche	<1	15.388

Anmerkung: [1] In dieser Auswahl nicht berücksichtigt sind die Wiener Zeitung, Neues Volksblatt, Salzburger Volkszeitung und das Medien-Branchenblatt medianet. [2] 1. Halbjahr 2009.

Quelle: Verein Arbeitsgemeinschaft Media-Analysen (2009) bzw. ÖAK – Österreichische Auflagenkontrolle, erster Halbjahresbericht 2009.

In den letzten Jahrzehnten kam es auf dem Printmarkt wiederholt zu mehr oder weniger erfolgreichen bzw. nachhaltigen Neugründungen. Als nachhaltige Erweiterung des qualitativen Tageszeitungssektors kann etwa die Gründung von Der Standard 1988 bezeichnet werden. Auf dem Boulevard-Sektor wurde im Jahr 1992 von Kurt Falk Täglich Alles gegründet und übte in der Folge Druck auf den Marktführer Kronen Zeitung aus, musste allerdings im Jahr 2000 wieder eingestellt werden. Im Oktober 1995 kam die Wirtschaftstageszeitung Wirtschaftsblatt zum ersten Mal in die österreichischen Kioske. Im September 2006 startete die Bou-

levard-Tageszeitung Österreich. Auf dem Gratis-Tageszeitungsmarkt wurde 2004
Heute und 2006 Oberösterreichs Neue gegründet, im Mai 2008 gefolgt von der
Tiroler Pendlerzeitung TT kompakt der Moser Holding. Heute erreicht als größte
Gratis-Tageszeitung eine nationale Reichweite von acht Prozent (Verband der Regionalmedien Österreichs 2009). Der Anteil von Gratistageszeitungen gemessen
an der Reichweite hat sich seit 2001 fast verfünffacht (Bakker und Seethaler 2009:
70). Die regionalen Gratis-Wochenzeitungen Bezirksblätter, die ebenfalls zur Moser Holding gehören, erreichen zudem 23 Prozent oder 1,6 Millionen Österreicher
regelmäßig (Verband der Regionalmedien Österreichs 2009).

Am Magazin-Markt sorgten Neugründungen wie das illustrierte Nachrichtenmagazin News (1992) und das wirtschafts-politische Magazin Format (1998) in
den neunziger Jahren für eine Intensivierung des Wettbewerbs. Diese Neugründungen konnten allerdings eine Zunahme der Markt- und Machtkonzentrationen
in der österreichischen Printmedien-Landschaft nicht verhindern. Die wirtschaftliche Zusammenarbeit zwischen der News-Gruppe und dem Profil im Jahr 2001
verstärkte ebenfalls die Stellung der Vermarktungs- und Vertriebsgesellschaft der
Mediaprint, wodurch auch die Kronen Zeitung und der Kurier direkt verbunden
sind. Was die publizistische Titelvielfalt und die verlegerische Macht- und Markt-
Bündelung betrifft, weist der österreichische Printmarkt in Europa den höchsten
Grad an Pressekonzentration auf (Seethaler und Melischek 2006). Die zwei größten
Tageszeitungen (Krone und Kleine Zeitung) erreichen täglich mehr als 50 Prozent,
die Top-3 (plus Österreich) mit 63,7 Prozent fast zwei Drittel der Bevölkerung.
Gemessen an der Auflage, erreichten die fünf größten Presseanbieter in Österreich
im Jahr 2006 einen Anteil von 82 Prozent, während die Reichweitenkonzentration
im Jahr 1960 noch bei 44 Prozent, also der Hälfte, lag. In Deutschland entfielen
2008 nur 45 Prozent der verkauften Auflage auf die fünf größten Verlagsgruppen
(Röper 2008). Im Nachbarland ist die Pressekonzentration seit den 1980er Jahren
im Gegensatz zu Österreich sogar leicht rückläufig (Udris und Lucht 2009: 25).

Neben intensivierten Konzentrationsprozessen konstatieren Experten eine verstärkte Boulevardisierung der österreichischen Printlandschaft. In einer Drei-Län-
der-Untersuchung (Österreich, Deutschland, Schweiz) analysierten Udris und Lucht
die dreißig auflagenstärksten Print-Titel jedes Landes und kategorisierten diese in
Qualitäts-, Forum- und Boulevard-Medien.[4] Die Autoren diagnostizieren dabei im
Langzeitvergleich eine deutliche Boulevardisierung der österreichischen Printlandschaft gemessen an der Summe der Titel-Auflagen. Entsprachen im Jahr 1960 nur
16 Prozent der Auflagensumme der wichtigsten Pressetitel der Kategorie Boulevardmedien, waren es 2006 bereits 66 Prozent. Der Anteil der Auflage der Forummedien

---

4 Als Qualitätsmedien wurden dabei für Österreich etwa Die Presse und Der Standard
   kategorisiert. Als Forum-Medium (Mischform) wurde etwa der Kurier eingeordnet. Zu
   den Boulevardmedien zählen etwa Kronen Zeitung oder Österreich. Daneben wurden
   auch Magazine dementsprechend kategorisiert. Die detaillierten Kategorisierungskri-
   terien finden sich in Udris und Lucht (2009: 35).

(z. B. Kurier) hat im selben Zeitraum von 82 auf 30 Prozent abgenommen (Udris und Lucht 2009: 27). Der Anteil der Qualitätszeitungen und -magazine hat sich von zwei auf drei Prozent erhöht und bleibt somit randständig. Im Vergleich zu Deutschland weist das österreichische Print-Angebot einen fast doppelt so hohen Boulevardisierungsgrad auf (36 Prozent), obwohl auch in Deutschland mit der Bild-Zeitung eine Boulevardtageszeitung Marktführer ist. Ähnliches gilt im Vergleich zur Schweiz, wo der Boulevard-Anteil 41 Prozent ausmacht, obwohl auch in der Schweiz mit dem Blick ein Boulevard-Titel Marktführer bei den Kaufzeitungen ist.

Ein weiterer wichtiger Akteur politischer Nachrichtenproduktion soll nicht unerwähnt bleiben. Die nationale Nachrichtenagentur, Austria Presse Agentur, produzierte und publizierte im Wahljahr 2008 in Summe 20.823 innenpolitische Meldungen und stellt diese den Nachrichtenredaktionen zur Verfügung. Das entspricht einer durchschnittlichen Anzahl von Nachrichtenagentur-Meldungen zur österreichischen Innenpolitik von 57 pro Tag.[5] Die APA ist genossenschaftlich organisiert. Eigentümer sind der ORF und fünfzehn österreichische Kauf-Tageszeitungen. Die größte Tageszeitung, die Kronen Zeitung, gehört nicht zu den APA-Genossenschaftern. Die APA liefert nicht nur Text zur Innenpolitik, sondern auch Bilder und andere multimediale Nachrichtenformate. Zur APA-Gruppe gehört seit 2008 etwa die international renommierte Bild-Agentur Keystone.

7. Das Internet und seine Nutzung in Österreich

Neben der exponentiellen Zunahme an exogenen TV- und Radio-Sendern, die per Satellit oder Kabel in den österreichischen Haushalten empfangbar sind, und neben der endogenen gesetzlichen Dualisierung des TV- und Radiomarktes läutete in den letzten Jahren vor allem die enorme Zunahme der *Internet User* in Österreich den Eintritt in die dritte und *post*moderne Phase der politischen Kommunikation ein. Seit den neunziger Jahren ergänzt das Internet das multimediale Informationsangebot und entwickelt sich zunehmend zu einem Ergänzungs- und Konkurrenzmedium zu den traditionellen Massenmedien. Im Jahr 1996 hatten rund neun Prozent aller Österreicher Zugang zum *World Wide Web*, im Jahr 2009 sind es bereits fünf Millionen bzw. 73 Prozent (Integral Markt- und Meinungsforschung 2009). Davon sind knapp 4,2 Millionen als intensive Internet-Nutzer kategorisiert, die mehrmals pro Woche im *World Wide Web* surfen. Seit 2000 hat sich der Anteil der intensiven Internet-User verdoppelt. Verdoppelt hat sich auch der Anteil derer, die regelmäßig das Internet für politische Informationszwecke nutzen. Rund zehn Prozent der Internetnutzer suchen täglich politische Informations- und Nachrichtenportale auf. Rund 350.000 Österreicher nutzten im Jahr 2008 das Internet nie und können somit als „*Offliner*" bezeichnet werden.

---

5   Eigene Recherche im APA-Online-Manager.

Tabelle 11
Internet-Nutzung in Österreich, 1996–2009

Prozent der Haushalte	1996	2000	2004	2009
Nutzer gesamt	9	40	58	73
Intensiv-Nutzer (mehrmals wöchentlich)	4	31	46	62
Offliner (nutzen das Internet nie)	5	6	6	5

Quelle: Integral Markt- und Meinungsforschung (2009).

Österreich belegt, was die Nutzung des Internets betrifft, im internationalen Vergleich eine Spitzenposition. Im europäischen Vergleich rangiert Österreich mit einem User-Anteil von 72 Prozent hinter der Schweiz und vor Großbritannien an neunter Stelle im Jahresranking 2008. Angeführt wird die Europa-Rangliste von Island mit einer Nutzungsrate von 91 Prozent. Das Schlusslicht bildet die Ukraine mit 15 Prozent. Österreichs Internet-Nutzungsrate 2008 gleicht jener der USA oder Japan. Der weltweite Durchschnitt liegt bei einem Anteil von 24 Prozent der Bevölkerung (Integral Markt- und Meinungsforschung 2009). Was das politische Nachrichten-Angebot und die Nachrichten-Nutzung im Internet betrifft, zeigt sich allerdings, dass es vor allem die Plattformen der *klassischen* Massenmedien sind, die politische Information anbieten und auch am häufigsten genutzt werden.

Das Angebot von orf.at erreichte als führende österreichische News Site im Jahresschnitt 2008 etwas mehr als 3,6 Millionen Unique Clients (Computer, Mobiltelefone etc., von denen auf die Website zugegriffen wird). Die durchschnittliche Verweildauer beträgt dabei knapp neuneinhalb Minuten. Hinter dem Online-Angebot des ORF folgen die Webauftritte der Tageszeitungen Österreich, Der Standard und Kronen Zeitung mit mehr als einer Million Unique Clients. In Sachen Verweildauer erreicht derstandard.at mit fast zehn Minuten den Höchstwert, während auf oe24.at durchschnittlich nur drei Minuten und 43 Sekunden zugegriffen wird. Durchschnittlich erreichen 2008 die zehn größten News Sites in Österreich 1,15 Millionen Unique Clients bei einer durchschnittlichen Verweildauer von knapp über sieben Minuten. Das Internet etablierte sich somit in Österreich als wichtige Nachrichten- und Informationsquelle über Politik. Das *World Wide Web* hat als primäre politische Informationsquelle bereits Magazine und persönliche Gespräche überholt, wenngleich es bei Glaubwürdigkeitszuschreibungen der Mediennutzer gegenüber den konventionellen Massenmedien noch Defizite aufweist.

Tabelle 12
Österreichische Nachrichten-Nutzung im Internet, 2008

Österreichische News Sites	Unique Clients[1]	Usertime (durchschnittliche Visitdauer)
orf.at (ORF)	3,644.410	9 min. 24 s.
oe24.at (Österreich)	1,426.107	3 min. 43 s.
derstandard.at (Der Standard)	1,356.600	9 min. 45 s.
krone.at (Kronen Zeitung)	1,142.319	7 min. 39 s.
news.at (News)	841.001	8 min. 49 s.
kurier.at (Kurier)	793.880	6 min. 03 s.
diepresse.com (Die Presse)	774.502	5 min. 26 s.
kleinezeitung.at (Kleine Zeitung)	695.984	6 min. 24 s.
vol.at (Vorarlberger Nachrichten)	468.895	8 min. 08 s.
nachrichten.at (Oberösterreichische Nachrichten)	337.488	5 min. 38 s.
Durchschnittswerte der österreichischen News Sites	1,148.119	7 min. 06 s.

Anmerkung: [1] Ein Unique Client ist ein von mindestens einer Person verwendetes Endgerät (PC, PDA, Mobiltelefon etc.), von dem aus auf das von der ÖWA gescreente Angebot mittels eines Browsers zugegriffen wird. Ein Unique Client kann von mehreren Personen bedient werden (z.B. Familien-PCs), eine Person kann andererseits auch auf mehrere Unique Clients zugreifen (z.B. PC zu Hause und am Arbeitsplatz).

Quelle: ÖWA – Österreichische Webanalyse (2009).

8. Die wichtigsten medialen politischen Informationsangebote in Österreich

Betrachtet man die wichtigsten tages- und wochenaktuellen Medien-Quellen für politische Nachrichten, dann finden sich darunter vier österreichweite Tageszeitungen, drei regionale Tageszeitungen, zwei Nachrichtenmagazine, drei Radio-Informationssendungen von Ö3 und drei TV-Nachrichtensendungen und -Magazine von ORF 2.

Tabelle 13
Die Top-15 Medien mit politischen Informationsangeboten in Österreich 2007 bzw. 2008/09

Rang	Titel	Reichweite (in Prozent)
1	Kronen Zeitung (Marktführer Tageszeitungen)	41,3
2	Zeit im Bild 19:30 Uhr (Marktführer Fernsehen)	14,1
3	Kleine Zeitung (Tageszeitung)	11,9
4	News (Marktführer Nachrichtenmagazine)	11,8
5	Ö3 Frühjournal um 7:00 Uhr (Marktführer Radio-Information)	10,4
6	Österreich (Tageszeitung)	9,7
7	Ö3 Mittagsjournal (Radio-Informationssendung)	9,5
8	Kurier (Tageszeitung)	8,8
9	Zeit im Bild 2 (Spätnachrichten Fernsehen)	7,2
10	ORF-Report (Magazinsendung Fernsehen)	6,8
11	Ö3 Journal um 17:00 Uhr (Radio-Informationssendung)	6,4
12	Profil (Nachrichtenmagazin)	6,4
13	Der Standard (Tageszeitung)	6,0
14	Oberösterreichische Nachrichten (regionale Tageszeitung)	5,0
15	Tiroler Tageszeitung (regionale Tageszeitung)	4,6

Anmerkung: Daten für Radio und Fernsehen beziehen sich auf das Jahr 2007. Daten für Printmedien beziehen sich auf 2008/2009 (2. Halbjahr 2008 und 1. Halbjahr 2009).

Quellen: Verein Arbeitsgemeinschaft Media-Analysen (2009/2008); ORF (2008: 33); eigene Berechnungen aus den Viertelstunden-Reichweiten-Angaben zu Radio- und TV-Sendungen in der Media-Analyse 2008 bzw. aus dem ORF-Geschäftsbericht 2007.

Die Kronen Zeitung ist die mit Abstand meistgenutzte Medienquelle für politische Information. Sie hat eine höhere Reichweite als die drei nächstwichtigsten Quellen Zeit im Bild 19:30 Uhr, Kleine Zeitung und News zusammen. Die Kronen Zeitung erreicht täglich fast gleich viele Österreicher wie alle anderen sechs Tageszeitungen im Top-15-Ranking zusammen genommen. An zweiter Stelle rangiert das Flaggschiff der ORF-Fernsehinformation, die Zeit im Bild 19:30 Uhr, die täglich etwa jeden siebten Österreicher erreicht, gefolgt von der Kleinen Zeitung und dem Nachrichten- und Lifestyle-Magazin News, die jeweils von jedem achten Österreicher gelesen werden. Die meistgehörte Radio-Informationssendung war im Jahr 2007 das Ö3-Frühjournal, das von jedem zehnten Österreicher täglich verfolgt wurde.

9. Spezifika des österreichischen politischen Kommunikationssystems im Überblick

Abschließend werden in Kurzform die wichtigsten Charakteristika, Trends und Befunde zum politischen Kommunikationssystem in Österreich zusammengefasst.

Befund 1: Hoher publizistischer Konzentrationsgrad der Presselandschaft

Die österreichische Presselandschaft ist im internationalen Vergleich westlicher Mediendemokratien von einem außerordentlich hohen Konzentrationsgrad gekennzeichnet. Waren unmittelbar nach dem Zweiten Weltkrieg noch 36 Tageszeitungen in Österreich im Umlauf, waren 2008 nur mehr sechzehn Kaufzeitungen erhältlich. Der Marktführer Kronen Zeitung verfügt über eine Reichweite von knapp 42 Prozent und zählt somit zu den weltweit meistgelesenen Tageszeitungen. Die beiden größten Tageszeitungen (Kronen Zeitung und Kleine Zeitung) konzentrieren mehr als 50 Prozent der Reichweite und verkauften Auflage auf sich. Österreichs Tageszeitungen verkauften im Jahr 2008 knapp zwei Millionen Exemplare. Davon entfielen nicht weniger als drei Viertel auf die fünf größten Tageszeitungen. Auch auf dem Sektor der Nachrichtenmagazine zeigt sich auf der horizontalen Ebene der Kapital-Verflechtungen ein hoher Konzentrationsgrad. Der österreichische Nachrichtenmagazin-Markt wird eindeutig von der News-Gruppe dominiert, zu der die Wochen- und Monatsmagazine News, Profil, Format und Trend gehören. Sie erreichen regelmäßig ein Viertel aller Österreicher und bündeln damit mehr als drei Viertel der Nachrichtenmagazin-Reichweite in Österreich auf sich.

Befund 2: Hoher ökonomischer Verflechtungsgrad der Presselandschaft

Die 1988 von Kurier und Kronen Zeitung gegründete Vertriebs- und Vermarktungs-Gesellschaft Mediaprint repräsentiert die hohe Marktkonzentration am österreichischen Printmarkt. Diese ökonomische Konzentration hat sich zudem durch das 2001 etablierte Konglomerat zwischen News-Gruppe und dem Nachrichtenmagazin Profil (aus der Kurier-Gruppe) auch auf die horizontale Ebene ausgedehnt. So versuchen gegenwärtig etwa die steirische Styria Medien AG und die Tiroler Moser Holding durch weitere Akquisitionen auf dem regionalen Markt wie mit Gratiszeitungen und direkten Konzernverflechtungen ein wirtschaftliches Gegengewicht zur Mediaprint zu bilden, was in einer weiteren ökonomischen Zentrierung und einer verstärkten horizontalen wie auch vertikalen Konzentration resultieren dürfte.

Befund 3: Publizistische Macht- und Meinungszentren Kronen Zeitung und Küniglberg

Die Kronen Zeitung erreicht täglich mehr als vier von zehn Österreichern (knapp drei Millionen). Zudem sind fast eine Million Österreicher exklusive Krone-Leser, die keine andere Tageszeitung lesen. Auf dem nationalen Printmarkt nimmt die Kronen Zeitung eine Sonderstellung ein und stellt neben dem ORF das dominierende mediale Macht- und Meinungszentrum in Österreich dar. Der ORF ist nicht nur das größte Medienunternehmen Österreichs, sondern er gilt auch weiterhin als der führende *Content*-Produzent für politische Information in Fernsehen und Radio. Außerdem erreichen seine Nachrichtenformate weiterhin ungleich mehr Seher und Hörer als die privaten Angebote auf dem TV- und Radiomarkt. Die Zeit im Bild um 19:30 Uhr ist die zweitwichtigste mediale Nachrichtenquelle der Österreicher mit einer Reichweite von etwa 14 Prozent und einer Million Zuseher täglich. Der ORF ist trotz rückläufiger Reichweiten und Quoten somit nicht nur dominierender *Content*-Produzent, was österreichische TV- und Radio-Informationen betrifft, sondern ist auch bei den Nachrichtenangeboten im Internet (orf.at) und auf dem Teletext-Sektor Marktführer.

Befund 4: Printzentrierung des Mediensystems

Neben dem Radio, das vorwiegend als „Begleit"-Medium genutzt wird, sind es die Tageszeitungen, die in Österreich am häufigsten auf einer täglichen Basis genutzt werden. Fünf Millionen Österreicher lesen eine Tageszeitung. Gleichzeitig ist die österreichische Mediengesellschaft mit Blick auf die Nutzungsdauer weniger TV-zentriert, als es in den meisten anderen europäischen Ländern der Fall ist. Diese zentrale Stellung der Printmedien wird nicht nur von Hallin und Mancini (2004) in ihrer Kategorisierung der Beziehungsmodelle zwischen Medien und Politik für Österreich betont, sie zeigt sich auch auf dem österreichischen Werbemarkt. Fast die Hälfte des 3,3 Milliarden Euro großen Werbevolumens 2008 entfiel auf Printmedien.

Befund 5: Re-Austrifizierung und Privatisierung des Medienmarktes

Hatten im Zug intensivierter Expansionsbestrebungen deutsche Verlagshäuser in den 1980er und 1990er Jahren den österreichischen Printmarkt erobert, sind ausländische Kapitalbeteiligungen an österreichischen Medien in den letzten Jahren wieder deutlich rückläufig. Es kommt somit zu einer *„Re-Austrifizierung"* der Beteiligungs- und Besitzstrukturen auf dem österreichischen Printmarkt. So zog sich etwa der Axel-Springer-Verlag nach intensiven Engagements beim Standard, der Tiroler Tageszeitung oder News gänzlich aus Österreich zurück. Gemessen an der verkauften Auflage erreichten deutsche Beteiligungen im Jahr 2008 einen Anteil von 24,5 Prozent bei den Tageszeitungen. Im Jahr 2000 lag dieser Wert noch bei mehr als einem Drittel.

Nennenswerte ausländische Beteiligungen fanden sich 2008 nur mehr durch die Bertelsmann-Tochter Gruner & Jahr als Mehrheitseigentümer am News-Verlag und durch die WAZ-Gruppe an Kurier und Kronen Zeitung, wobei es Bestrebungen der WAZ-Eigentümer gibt, die Anteile an der Kronen Zeitung abzustoßen. Daneben gibt es derzeit nur am privaten TV-Markt nennenswerte deutsche Beteiligungen mit der Tele München Gruppe um Herbert Kloiber an ATV oder von Burda am Kabelsender Austria 9. Von den zehn größten österreichischen Medienunternehmen wiesen somit im Jahr 2008 nur mehr zwei (Mediaprint über Kronen Zeitung und Kurier sowie der News-Verlag) nennenswerte ausländische Beteiligungen auf.

Ein weiteres Spezifikum im Zusammenhang mit den Eigentümerstrukturen der österreichischen Medien ist der Privat- und Familienbesitz großer Medienhäuser.

So befinden sich etwa die Wimmer Holding (Oberösterreichische Nachrichten), die Moser Holding (Tiroler Tageszeitung, Bezirksblätter, etc.) oder die Salzburger Nachrichten zur Gänze und die Kronen Zeitung zur Hälfte in Familienbesitz, zudem sind etwa die Styria, das Vorarlberger Medienhaus (Vorarlberger Nachrichten, etc.) oder Der Standard (Oscar Bronner) als Privat-Stiftungen organisiert.

Befund 6: Lokale Marktkonzentration und hohe Reichweiten von Regionalmedien

Für das Jahr 2005 errechneten Seethaler und Melischek in ihrer Studie zur Pressekonzentration für sechs der neun österreichischen Bundesländer Marktanteile des jeweiligen regionalen Tageszeitungs-Marktführers von mehr als 50 Prozent. Diese Werte bestätigen eine enorme Konzentration und zumindest oligopolartige Stellung von Bundesländer-Zeitungen wie Vorarlberger Nachrichten, Tiroler Tageszeitung, Salzburger Nachrichten oder der Kleinen Zeitung. Aber nicht nur auf ihren lokalen Märkten spielen Regionalmedien eine prägende Rolle. Auf nationale Reichweiten umgelegt, erreichen Regional-Tageszeitungen kumuliert täglich jeden vierten Österreicher und bilden somit ein bedeutendes Segment auf dem Leser- und Werbemarkt. Die sich auf das Ballungszentrum Wien und Umgebung konzentrierende Gratis-Tageszeitung Heute erreicht bereits eine Leserschaft von 27 Prozent in Wien und 10 Prozent in Niederösterreich.

Daneben erreichen regionale Gratis-Wochenblätter, wie etwa die Tiroler Bezirksblätter, drei Viertel der Bundeslandbevölkerung. Auf ganz Österreich bezogen werden die Bezirksblätter von knapp einem Viertel der Bevölkerung gelesen. Aber auch auf dem Fernseh- und Radio-Markt spielen regionale Angebote eine große Rolle in der Informationsnutzung der österreichischen Bevölkerung. Die täglichen Bundesland Heute-Sendungen des ORF werden im Durchschnitt von mehr als der Hälfte der regionalen TV-Nutzer ab 19 Uhr täglich gesehen. Ähnliches gilt für die Radio-Sendungen aus den Landesstudios. Diese erreichen einen kumulierten Marktanteil von 37 Prozent und sind somit bei den Hörern noch beliebter als Ö3. Die Regionalradios erreichen täglich mehr als zwei Millionen Österreicher.

Befund 7: Boulevardisierungstendenzen auf dem Printmarkt

Der Markteintritt der Tageszeitung Österreich im September 2006 erhöht den Anteil des Boulevardsegments am österreichischen Tageszeitungsmarkt auf mehr als 50 Prozent der täglichen Reichweite (neben der Kronen Zeitung). Damit positionieren sich die österreichischen Boulevardtageszeitungen an erster und dritter Stelle, was die Reichweite betrifft. Kronen Zeitung und Österreich erreichen viermal mehr Leser in Österreich als die Qualitätspresse (Der Standard, Die Presse, Salzburger Nachrichten). Erreichten Boulevardmedien am österreichischen Tageszeitungs- und Magazinmarkt im Jahr 1960 nur 16 Prozent der Auflagensumme, waren es vier Jahrzehnte später 66 Prozent. Im selben Zeitraum blieb der Anteil der Auflage der Qualitätszeitungen und -magazine mit drei Prozent nahezu unverändert. Der Boulevardisierungsgrad des Printangebotes ist in Österreich somit doppelt so hoch wie in Deutschland, wo mit der Bild-Zeitung ebenfalls ein Boulevardtitel den Tageszeitungsmarkt dominiert.

Befund 8: Hoher Grad an Media Cross-Ownership

Medienhäuser wie etwa die Moser-Holding (Privat-Radiosender Life Radio, Weekend Magazin, Bezirksblätter, etc.), Styria Medien AG (Die Presse, die Wochenzeitung Die Furche, Privatradio-Sender Antenne Steiermark, etc.), die Krone oder der Kurier (Privatradio-Sender Kronehit) haben sich neben Mergers im Bereich von Printmedien aus verschiedenen Markt- und Publikumssegmenten auch an Privatradios beteiligt und verbreitern somit auf horizontaler Ebene ihr publizistisches Wirkungsfeld wie ihre Beteiligungsstrukturen. Aufgrund der geringen Anzahl potenter Geldgeber kommt es durch *Media Cross-Ownership* zu weiteren Konzentrationsprozessen auf der horizontalen Verflechtungsebene.

Befund 9: Anstieg des Gratis-Angebots am Tageszeitungs- und Magazinmarkt

Derzeit gibt es mit Heute in Wien und Niederösterreich, Oberösterreichs Neue und der TT kompakt in Tirol drei regionale, tägliche Gratiszeitungen in Österreich. Die Reichweite des Gratiszeitungssegments hat sich in Österreich seit 2001 fast verfünffacht. Auch auf dem Magazinmarkt hat sich mit Weekend seit 2004 ein Gratistitel auf dem Markt etabliert. Die regionalen Gratis-Wochenzeitungen *Bezirksblätter*, die ebenfalls zur Moser Holding gehören, erreichen zudem 23 Prozent oder 1,6 Millionen Österreicher regelmäßig.

Befund 10: Verspätete Dualisierung des TV- und Radio-Marktes

Österreich öffnete als letztes Land Europas seine Radio- und TV-Märkte für private Anbieter. Erst 1993 erlaubte das Privatradiogesetz die Einführung kommerzieller, lokaler Rundfunksender in Österreich. In der Folge nahmen im Jahr 1995 die ersten regionalen Radiostationen den Sendebetrieb auf. Seit 2004 gibt es die erste bundesweite private Senderzulassung (Kronehit). 2001 ermöglichte schließlich das Privatfernsehgesetz den Aufbau von terrestrischen und bundesweiten, kommerziellen TV-Sendern. Am 1. Juni 2003 startete ATV (damals ATVplus) als erstes terrestrisches österreichweites Privat-Fernsehprogramm, gefolgt von Puls 4, das im Juni 2004 erstmals als Wiener Stadtsender Puls TV auf Sendung ging.

Befund 11: Audience Fragmentation auf dem TV-Markt

Ausländische und private TV-Sender hatten im Jahr 2008 einen Marktanteil von 57 Prozent und überflügelten damit den ORF. Der österreichische TV-Markt und das Fernsehnutzungsverhalten der Bevölkerung sind von einer außergewöhnlich hohen ausländischen Durchdringung gekennzeichnet. Über die letzten dreißig Jahre kam es zu einer Internationalisierung des TV-Angebotes wie der TV-Nutzung in Österreich. Der durchschnittliche österreichische TV-Haushalt hatte im Jahr 2008 71 Fernsehkanäle zur Auswahl. In den Haushalten mit Satelliten- oder Kabelanschlüssen (92 Prozent der Haushalte) sind es 87 Kanäle und in den Haushalten mit Digital-Sat-Empfang 135, wovon drei Viertel deutschsprachige Sender sind. Österreich nähert sich somit, was Fernsehangebot und Nutzung betrifft, dem Typus einer „Vielkanal-Öffentlichkeit" (Schulz 1998).

Befund 12: Info-Monopol und Reichweitenverluste des ORF

Fragmentierung und Internationalisierung des TV-Angebots wie verstärkte Zuwendung zu unterhaltungsorientierten Angeboten, vor allem zur *Primetime*, führten in den letzten Jahren zu starken Reichweiten- und Marktanteilsverlusten der öffentlich-rechtlichen Fernsehnachrichten. Der Marktanteil des ORF hat sich in Österreich in den letzten beiden Dekaden auf 42 Prozent im Jahr 2008 mehr als halbiert, während sich die Marktanteile der ausländischen Sender im selben Zeitraum mehr als verzehnfacht haben. Die Sehdauer von ORF-Sendungen hat sich seit dem Anfang der 1990er Jahre um ein Drittel auf 65 Minuten durchschnittlich pro Tag verkürzt, während die internationalen und privaten TV-Sender im Jahr 2008 pro Tag durchschnittlich für 85 Minuten gesehen wurden. Auch die Reichweite der wichtigsten Nachrichtensendung im Fernsehen (Zeit im Bild 19:30 Uhr) hat sich über die letzten beiden Dekaden mehr als halbiert, was durch die Nutzung zusätzlicher ZiB-Ausgaben nur teilweise kompensiert wird. Die Reichweiten- und Marktanteilsrückgänge des ORF-Fernsehens hängen allerdings weniger mit einer verstärkten innerösterreichischen Konkurrenz um Publikum und Nachrichtennutzer durch die Dualisierung des Marktes zusammen, sondern vielmehr mit der langfristigen und weitreichenden Durchdringung des Angebots- und Nutzungsmarktes durch ausländische und vor allem unpolitische Unterhaltungsangebote.

Der ORF bleibt auch nach der Dualisierung des Rundfunkmarktes der dominierende und wichtigste Content-Produzent von Politiknachrichten in Radio und Fernsehen. Jedoch bewirken die signifikanten Reichweitenverluste der renommierten Nachrichtenformate einen graduellen Verlust der politischen Forumsfunktion des ORF. Die ZiB um 19:30 Uhr ist seit 2007 nicht mehr auf beiden Kanälen durchgeschaltet, und vor allem die jüngeren Österreicher nützen zu diesem Zeitpunkt vermehrt private TV-Unterhaltungsangebote aus dem Ausland bzw. surfen im Internet.

Befund 13: Hoher Public Service-*Anteil auf dem TV- und Radiomarkt im internationalen Vergleich*

Trotz markanter Reichweitenverluste des ORF (vor allem auf dem Fernsehmarkt) behauptet das öffentlich-rechtliche Segment im internationalen Vergleich auf dem Radio-, TV-, Teletext- und Online-Nachrichtenmarkt beachtliche Marktanteile. Österreich und der ORF lagen 2007 im westeuropäischen Vergleich auf Rang vier, was Marktanteile des öffentlich-rechtlichen TV-Segments betrifft. Nur in Dänemark, Island und Finnland erreichen die öffentlich-rechtlichen Sender größere Marktanteile als der ORF in Österreich. Während die Kommerzialisierung der TV-Nutzung aufgrund ausländischer Angebote als hoch einzustufen ist, ist sie mit Blick auf die Radio-Nutzung in Österreich relativ gering ausgeprägt. Die ORF-Radios erreichten im Jahr 2008 einen Marktanteil von 78 Prozent.

Befund 14: Aufstieg des Internet

Im ersten Halbjahr 2009 verfügten 80 Prozent der Österreicherinnen und Österreicher über einen PC im Haushalt. Während im Jahr 1996 nur rund neun Prozent der

Österreicher Zugang zum Internet hatten, waren es dreizehn Jahre später bereits 73 Prozent oder fünf Millionen. Mehr als vier Millionen sind intensive Internet-Nutzer. Das Internet ist jenes Medium, dessen Nutzungsintensität in den letzten Jahren am stärksten zugenommen hat, wenngleich es auch noch 2008 hinter den klassischen Medienformaten rangiert. Das Internet hat Nachrichtenmagazine und persönliche Gespräche als primäre Informationsquelle für Politik überholt, wenngleich es gegenüber den klassischen Massenmedien anhaltende Glaubwürdigkeitsdefizite aufweist. Mit Blick auf die Nutzung des *World Wide Web* belegt Österreich eine Spitzenposition im internationalen Vergleich. Im Europa-Ranking rangiert Österreich mit einem User-Anteil von 73 Prozent hinter der Schweiz und vor Großbritannien an neunter Stelle. Weltweit liegt der Durchschnitt des User-Anteils an der nationalen Bevölkerung bei 24 Prozent.

Befund 15: Österreicher haben hohes, wenn auch rückläufiges Vertrauen in Medien

Im internationalen Vergleich bringen die Österreicher ihren Medien und deren Berichterstattung überdurchschnittlich hohes Vertrauen entgegen, wenngleich auch in Österreich ein stetiger Rückgang der Glaubwürdigkeit der Medien über die letzten dreißig Jahre konstatiert werden muss. Den Medien in Österreich wird jedenfalls mehr Vertrauen entgegengebracht als den wichtigsten politischen Institutionen wie Regierung und Parlament. Beim Vertrauen in die Printmedien erreicht Österreich mit 62 Prozent sogar den höchsten Vertrauenswert aller EU-Mitgliedsstaaten. Beim Vertrauen in das Fernsehen liegt Österreich im EU-Vergleich an dritter Stelle.

Literaturverweise

APA (9. Jänner 2009). *Pröll hatte 2008 höchste TV-Präsenz in „Bundesland heute".* Wien.

APA-OTS (2. Jänner 2009). *ORF-Fernsehen im Jahr 2008: 39,3 Prozent Marktanteil mit Themenschwerpunkten, Info-Innovationen und EURO-Hits.* Wien.

Arbeitsgemeinschaft Teletest (2009). *Marktanteile Sender 2008.* Wien.
    http://www.agtt.at/show_content.php?sid=23

Bakker, Piet und Josef Seethaler (2009). Supporting Concentration or Promoting Diversity? The Impact of Free Dailies on the Austrian Newspaper Market. In Birgit Stark und Melanie Magin (Hg). *Die österreichische Medienlandschaft im Umbruch*, Wien, 67–80.

Blumler, Jay G. und Dennis Kavanagh (1999). The Third Age of Political Communication: Influences and Features. *Political Communication* 16 (3), 209–230.

Der Standard (25. April 2009). *Styria erstmals vor Mediaprint: Österreichs größte Medienhäuser.* Wien, 27.

Europäische Kommission (Juni 2008). *Eurobarometer 69.* Brüssel.

Europäische Kommission (Dezember 2007). *Scientific Research in The Media. Special Eurobarometer 282.* Brüssel.

Europäische Kommission (März 2007). *Audio Visual Communication. Flash Eurobarometer 199.* Brüssel.

Europäische Kommission (Herbst 2007). *Nationaler Bericht Österreich. Eurobarometer 68.* Brüssel.

Fabris, Heinz (1995). Der „österreichische Weg" in die Mediengesellschaft. In Reinhard Sieder, Heinz Steinert und Emmerich Tálos (Hg.). *Österreich 1945–1995*, Wien, 641–654.

Fidler, Harald (2008). *Österreichs Medienwelt von A bis Z*. Wien.

Filzmaier, Peter (2007). Das österreichische Politik- und Mediensystem im internationalen Vergleich. In Peter Filzmaier, Peter Plaikner und Karl A. Duffek (Hg.). *Mediendemokratie Österreich*, Wien, 119–142.

Freedomhouse (2009). *Freedom of the Press 2008*. Washington.
http://www.freedomhouse.org/template.cfm?page=16

Gehmacher, Ernst (1980). *Trends der TV-Nutzung in Österreich*. ORF-Berichte zur Medienforschung 6. Wien.

Hallin, Daniel C. und Paolo Mancini (2004). *Comparing Media Systems. Three Models of Media and Politics*. Cambridge.

Integral Markt- und Meinungsforschung (2009). *AIM – Austrian Internet Monitor. Kommunikation und IT in Österreich*. Wien.
http://www.integral.co.at/downloads/Internet/2009/02/AIM-C_1Quartal_2009.pdf

IP Deutschland (2009). *Television 2008 – International Key Facts*. Köln.

IP Deutschland (2008). *Television 2007 – International Key Facts*. Köln.

Kaltenbrunner, Andy, Matthias Karmasin, Daniela Kraus und Astrid Zimmermann (2007). *Der Journalisten-Report. Österreichs Medien und ihre Macher. Eine empirische Erhebung*. Wien.

Knoche, Manfred und Gabriele Siegert (2003). Die österreichische Medienlandschaft zwischen Zentralisierung, Regionalisierung und Lokalisierung. In Herbert Dachs (Hg.). *Der Bund und die Länder. Über Dominanz, Kooperation und Konflikte im österreichischen Bundesstaat*, Wien, Köln und Weimar, 169–228.

Melischek, Gabriele, Josef Seethaler und Katja Skodacsek (2005). Der österreichische Zeitungsmarkt: hoch konzentriert. *Media Perspektiven* 5, 243–254.

Norris, Pippa (2000). *A Virtuous Circle: Political Communication in Postindustrial Societies*. Cambridge.

ÖAK – Österreichische Auflagenkontrolle (2009). *Jahresbericht 2008*. Wien.
http://www.oeak.at

ORF Mediaresearch (2009a). *Teletest-Monitoring*. Wien.
http://mediaresearch.orf.at/index2.htm?fernsehen/fernsehen.htm#

ORF Mediaresearch (2009b). *Radiotest*. Wien. http://mediaresearch.orf.at/radio.htm

ORF (2008). *Das Geschäftsjahr 2007*. Wien.

ORF (2009). *Das Geschäftsjahr 2008*. Wien.

ÖWA – Österreichische Webanalyse (2009). *Gesamtangebot 2008*. Wien.
http://www.oewa.at/index.php?id=9199

Paupié, Kurt (1960). *Handbuch der österreichischen Pressegeschichte 1848–1959*. Band 1. Wien.

Plasser, Fritz (2002). *Global Political Campaigning. A Worldwide Analysis of Campaign Professionals and Their Practices*. Westport CT.

Plasser, Fritz (Hg.) (2004). *Politische Kommunikation in Österreich. Ein praxisnahes Handbuch*. Wien.

Plasser, Fritz (2006). Massenmedien und politische Kommunikation. In Herbert Dachs u. a. (Hg.). *Politik in Österreich*, Wien, 525–537.

Plasser, Fritz und Peter A. Ulram (2004). Öffentliche Aufmerksamkeit in der Mediende-mokratie. In Fritz Plasser (Hg.). *Politische Kommunikation in Österreich. Ein praxis-nahes Handbuch*, Wien, 37–99.

Röper, Horst (2008). Konzentrationssprung im Markt der Tageszeitungen. *Media Perspek-tiven* 8, 420–437.

RTR – Rundfunk & Telekom Regulierungs-GmbH (2009). *Kommunikationsbericht 2008*. Wien. http://www.rtr.at/de/komp/KBericht2008

Schulz, Winfried (1998). Wahlkampf unter Vielkanalbedingungen. *Media Perspektiven* 8, 378–391.

Seethaler, Josef und Gabriele Melischek (2006). Die Pressekonzentration in Österreich im europäischen Vergleich. *Österreichische Zeitschrift für Politikwissenschaft* 4, 337–360.

Stark, Birgit (2009). Konstanten und Veränderungen der Mediennutzung in Österreich – empirische Befunde aus den Media-Analyse-Daten (1996–2007). *SWS-Rundschau* 49 (2), 130–153.

Stark, Birgit und Daniela Kraus (2008). Crossmediale Strategien überregionaler Tages-zeitungen. *Media Perspektiven* 6, 307–317.

Stark, Birgit und Melanie Magin (Hg.) (2009). *Die österreichische Medienlandschaft im Umbruch*. Wien.

Steininger, Christian und Jens Woelke (Hg.) (2008). *Fernsehen in Österreich 2008*. Konstanz.

Steinmaurer, Thomas (2009a). Das Mediensystem Österreichs. In Hans-Bredow-Institut (Hg.). *Internationales Handbuch Medien*, Baden-Baden, 504–517.

Steinmaurer, Thomas (2009b). Diversity through Delay? The Austrian Case. *International Communication Gazette* 71 (1-2), 77–87.

Steinmaurer, Thomas u. a. (2002). *Konzentriert und verflochten. Österreichs Mediensys-tem im Überblick*. Innsbruck.

Thiele, Martina (2009). The Austrian Media System: Strong Conglomerates and an Ailing Public Service Broadcaster. In Andres Czepek u. a. (eds.). *Press Freedom and Plura-lism in Europe*, London, 251–260.

Trappel, Josef (2007). The Austrian Media Landscape. In Georgios Terzis (ed.). *European Media Governance*, Bristol, 63–72.

Udris, Linards und Jens Lucht (2009). Öffentliche Kommunikation im Umbruch? Wandel der Medienstrukturen und Medieninhalte in ländervergleichender und diachroner Per-spektive. In Birgit Stark und Melanie Magin (Hg.). *Die österreichische Medienland-schaft im Umbruch*, Wien, 17–40.

Verband der Regionalmedien Österreichs (2009). *Regioprint 2008*. Wien. http://www.vrm.at/Regioprint/Bundeslaender/PDF/oesterreich-2008.pdf

Verband Österreichischer Zeitungen (2009). *Das Werbejahr 2008*. Wien.

Verein Arbeitsgemeinschaft Media-Analysen (2008). *Media-Analyse 2007*. Wien.

Verein Arbeitsgemeinschaft Media-Analysen (2009). *Media-Analyse 2008*. Wien.

Woelke, Jens (2008). *TV-Programmanalyse 2007*. Schriftenreihe der Rundfunk und Tele-kom Regulierungs-GmbH. Wien.

Zehetner, Hedwig und Andrea Weingartner (2007). Fernsehnutzung in Österreich – Daten und Fakten. In Christian Steininger und Jens Woelke (Hg.). *Fernsehen in Österreich 2007*, Konstanz, 173–190.

Politik vor Redaktionsschluss: Kommunikationsorientierungen von Macht- und Medieneliten in Österreich

Fritz Plasser
Günther Lengauer

Gliederung

1. Politische Kommunikationskultur als Rahmenkonzept
2. Rollenverständnis von Journalisten und politischen Eliten
3. Spannungs- und Konfliktzonen im Verhältnis Journalisten und politische Eliten
4. Interaktionen zwischen Journalisten und Politikern
5. Professionelle Orientierungen der Akteursgruppen
6. Einstellungen der Akteursgruppen und des Publikums zum politischen Kommunikationssystem
7. Resümee

> *„Eine moralische Gretchenfrage unseres Berufs*
> *ist die nach der richtigen Balance*
> *zwischen Nähe und Distanz."*
> Tissi Bruns: Republik der Wichtigtuer. Bonn 2007

Bereits bei punktuellen Kontakten mit Nachrichtensendungen deutscher oder Schweizer Sendeanstalten fallen österreichischen „Zeit im Bild"-Sehern Unterschiede in der Präsentation der Nachrichten, der Darstellung politischer Ereignisse wie dem Ablauf von Studiogesprächen zwischen Journalisten und Politikern auf.[1] Ähnlich geht es österreichischen Zeitungslesern, blättern sie auf Reisen im Politikteil ausländischer Tageszeitungen. Offensichtlich unterscheiden sich Mediensysteme nicht nur durch die Anzahl empfangbarer TV-Kanäle und im Kiosk aufliegender Zeitungstitel, sondern auch durch kulturell geprägte Stile redaktioneller Politikvermittlung. Variationen der politischen Kommunikationspraxis ausschließlich auf unterschiedliche journalistische Kulturen rückzuführen, wäre zu kurz gegriffen, prägt doch gleichermaßen das Kommunikationsverhalten der politischen Eliten die mediale Darstellung von Politik (Kopper und Mancini 2003; Hallin und Mancini 2004).

Der Beitrag wirft einen Blick hinter die Kulissen der politischen Medienarena. Am Beispiel der politischen Kommunikationspraxis in Österreich werden die kommunikativen Orientierungen und Rollenbilder von Journalisten und Politikern wie die Beziehungen zwischen innenpolitischen Redakteuren und politischen Eliten empirisch ausgeleuchtet. Im ersten Abschnitt wird der theoretische und methodische Rahmen der Studie abgesteckt. Über das Rollenverständnis und die Eigen- wie Fremdwahrnehmung der professionellen Rollenbilder von Journalisten und Politikern informiert der zweite Abschnitt. Latente Spannungs- und Konfliktzonen und wechselseitige Umschattungen der Beziehungen zwischen Journalisten und Politikern stehen im Mittelpunkt des folgenden Abschnitts. Das für die politische Kommunikationspraxis in Österreich charakteristische dichte Beziehungsgeflecht zwischen Redakteuren und Angehörigen der politischen Elite wird in der Folge ebenso ausgeleuchtet wie die professionellen Orientierungen von Journalisten und Politikern im Prozess der Nachrichtenproduktion. Wie beide Akteursgruppen ihren Handlungsraum – das österreichische Mediensystem – einschätzen, welche publizistisch-politische Macht Medieneliten und das Medienpublikum einzelnen Medien zuschreiben, wie sie den Einfluss der Politik auf die redaktionelle Berichterstattung beurteilen und die Qualität des politischen Informationsangebots bewerten, rundet den Blick auf die politische Kommunikationskultur in Österreich ab.

1. Politische Kommunikationskultur als Rahmenkonzept

Wie sich die Beziehungen zwischen Journalisten und politischen Eliten gestalten, wie redaktionelle und politische Akteure ihre beruflichen Rollen definieren und wie und mit welchen Akzenten über politische Vorgänge in den Massenmedien berichtet wird, unterscheidet sich von Land zu Land. Zur Erklärung bemerkenswerter länderspezifischer Variationen der politischen Kommunikationspraxis führten Blumler und Gurevitch bereits in den siebziger Jahren das Konzept der politischen *Kommunikationskultur* ein, das – am Paradigma der politischen Kulturforschung

---

1   Textierung und sämtliche auf Personengruppen bezogene Bezeichnungen verstehen sich in der geschlechtsneutralen Form.

(Almond und Verba 1989) orientiert – die für die Kommunikationspraxis relevanten Aspekte der politischen Kultur eines Landes bündelt (Blumler und Gurevitch 1977, zit. 1995: 12). Repräsentiert politische Kultur in der klassischen Definition das „Muster subjektiver Orientierungen gegenüber Politik innerhalb einer ganzen Nation oder ihren Teilgruppen" (Almond 1987: 29), ist die politische Kommunikationskultur Teil der allgemeinen politischen Kultur (Pfetsch 2003a: 36; Lesmeister 2008: 68–69) und bezieht sich auf die reziproken Orientierungen, Rollenbilder und professionellen Sichtweisen der Akteure in Medien und Politik.[2]

Blumler und Gurevitch begnügten sich aber nicht mit einer theoretischen Beschreibung der strukturellen und kulturellen Dimensionen eines politischen Kommunikationssystems, sondern entwickelten eine heuristische *Typologie* komplementärer Rollenbilder der Akteure im politischen Kommunikationsprozess, die die *Varietät* länderspezifischer Rollenkonfigurationen exemplarisch verdeutlicht. Strukturelle Besonderheiten eines politischen Kommunikationssystems wie Homogenität versus Heterogenität der Rollenbilder, Nähe versus Distanz in den Beziehungen zwischen Journalisten und Politikern, redaktionelle Autonomie der Medieninstitutionen versus politische Steuerung oder Parallelstrukturen zwischen einzelnen Medien und politischen Akteuren *erhöhen* nach Blumler und Gurevitch die Wahrscheinlichkeit einer bestimmten Rollenkonfiguration und prägen die Kommunikationsorientierungen der Akteure in Medien und Politik (Blumler und Gurevitch 1977/1995).

Der von Blumler und Gurevitch angesprochene Zusammenhang zwischen Struktur und Kultur eines politischen Kommunikationssystems führt zur Frage, inwieweit Mediensysteme „Einfluss auf die Herausbildung des dominierenden Typus politischer Kommunikationskultur ausüben" (Pfetsch und Maurer 2008: 114), wobei der empirische Nachweis kausaler Einflussrichtungen komplexe Forschungsdesigns erfordert und komparative Forschungsvorhaben einfordert. Beides – die Komplexität des Designs wie der Mangel an länderübergreifenden Studien – führte dazu, dass die konzeptuellen Leistungen von Blumler und Gurevitch zwar rezipiert, aber nicht empirisch operationalisiert wurden (Hanitzsch 2009).

Erst zwei Jahrzehnte später veröffentlichte Pfetsch (2003a) eine Arbeit mit dem exemplarischen Titel „Politische Kommunikationskultur", in der sie die Beziehungen von politischen Sprechern und Journalisten in Deutschland und den USA untersuchte. In Anlehnung an Blumler und Gurevitch differenziert die Autorin zwischen Einstellungen und Orientierungen von Journalisten und politischen Sprechern gegenüber den Strukturen des Mediensystems als institutioneller Handlungsrahmen politischer Kommunikation, der Outputseite des Kommunikationssystems (der Produktion, Verarbeitung und Vermittlung politischer Botschaften), der Inputseite (den Orientierungen gegenüber Erwartungen des Publikums) wie den wechselsei-

---

2   Kommunikationskultur unterscheidet sich als sozialwissenschaftliches Konzept vom vorrangig kulturwissenschaftlich-hermeneutisch geprägten Konzept Medienkultur (Maier 2008).

tigen Orientierungen der beiden Akteursgruppen über ihre eigene berufliche Rolle und ihre professionellen Handlungslogiken (Pfetsch 2003b: 399–402).

Durch Kombination unterschiedlicher Kommunikationsrollen und Handlungs-orientierungen von Journalisten und politischen Eliten entwickelte Pfetsch (2003a: 52) eine *Typologie* politischer Kommunikationskulturen, die sie in späteren Arbei-ten verfeinerte und um Dimensionen der typologischen Modelle von Beziehungen zwischen Politik und Medien von Hallin und Mancini (2004) anreicherte. Die drei Modelle von Mediensystemen – das nordatlantische oder liberale Modell, dem Hallin und Mancini die Mediensysteme der USA, Kanadas, des Vereinigten Kö-nigreichs wie Irlands zuordnen, das nordeuropäische oder demokratisch-korpora-tistische Modell, für das Deutschland, Österreich und die skandinavischen Länder stehen, und das mediterrane oder polarisiert-pluralistische Modell, zu dem Länder wie Italien, Frankreich, Spanien und Portugal gezählt werden – zeichnen sich durch jeweils spezifische Beziehungen zwischen journalistischen und politischen Akteu-ren aus und *unterscheiden* sich in ihrer Distanz bzw. Nähe zur Politik (Hallin und Mancini 2004: 67; Pfetsch und Maurer 2008: 109–110). Durch Kombination von differierenden Orientierungen und Handlungslogiken der Kommunikationsakteure (Nähe vs. Distanz bzw. Medienlogik vs. politische Logik) entwickelte Pfetsch ein Vierfelderschema möglicher Typen von politischen Kommunikationskulturen.

Schaubild 1
Typen politischer Kommunikationskultur

		Selbstbild (Kommunikationsrollen und Normen)	
		große Distanz zwischen politischen Sprechern und Journalisten	geringe Distanz zwischen politischen Sprechern und Journalisten
Output der politischen Kommunikation (Ausrichtung der politischen Öffentlichkeitsarbeit)	Dominanz der Medienlogik (Medienaufmerksamkeit als primäres Ziel)	medienorientierte politische Kommunikationskultur	PR-orientierte politische Kommunikationskultur
	Dominanz der politischen Logik (politische Herrschaft als primäres Ziel)	strategische politische Kommunikationskultur	(partei) politische Kommunikationskultur

Quelle: Schaubild nach Pfetsch (2003a: 52) bzw. Pfetsch (2003b: 404).

*Medien*orientierte Kommunikationskulturen zeichnen sich durch ein distanziertes professionelles Verhältnis zwischen Journalisten und Politikern aus. Sowohl Journalisten als auch Politiker orientieren sich an der Medienlogik, die auch für beide Akteursgruppen verbindliche Spielregeln der wechselseitigen Interaktion und Kooperation vorgibt.

Bei *PR*-orientierten politischen Kommunikationskulturen werden die Spielregeln der Interaktion und Kooperation zwischen den Akteursgruppen ausgehandelt, was konsequenterweise ein stärkeres Naheverhältnis und persönliche Kommunikations- und Beziehungsnetzwerke zwischen Journalisten und Politikern voraussetzt, wobei sich beide Akteursgruppen vorrangig an redaktionellen Aufmerksamkeits- und Selektionsregeln orientieren.

In einer *(partei)politischen* Kommunikationskultur prägen hingegen die institutionelle Machtlogik und dichte Interaktionsbeziehungen zwischen den Kommunikationsakteuren den Handlungsraum politischer Kommunikation, was in einer geringen Distanz zwischen Journalisten und Politikern wie informellen Versuchen der Einflussnahme auf die politische Berichterstattung ihren Niederschlag findet.

Die *strategische* politische Kommunikationskultur schließlich zeichnet sich durch die Dominanz der politischen Machtlogik bei gleichzeitig großer Rollendistanz zwischen Journalisten und Politikern aus. Anders als in einer parteienorientierten Kommunikationskultur, in der politische Eliten ihre kommunikativen Ziele mittels informeller Netzwerkkontakte und persönlicher Vereinnahmung von Journalisten zu erreichen suchen, setzen Politiker angesichts der distanten Beziehungen zu Journalisten auf strategisch geplante Informations- und Kommunikationsangebote, die nach redaktionellen Aufmerksamkeitsregeln gestaltet werden (Pfetsch und Maurer 2008: 104–105).

Politische Kommunikationskulturen unterliegen wie Mediensysteme einer Wandlungsdynamik, wie sich auch das redaktionelle Selbstverständnis und die kommunikativen Orientierungen der politischen Eliten an veränderte strukturelle Rahmenbedingungen und Handlungsspielräume anpassen. Dass selbst traditionell *partei*politisch geprägte Kommunikationskulturen nicht gegen Wandlungstendenzen resistent sind, verdeutlicht Pfetsch am Beispiel der Bundesrepublik Deutschland, die sie als „gespaltene" Kommunikationskultur bezeichnet. Orientieren sich politische Sprecher an der institutionellen *Machtlogik*, operieren politische Journalisten mehrheitlich nach den Regeln der *Medienlogik*, wodurch trotz eines mehr oder weniger konsensualen Verhältnisses zwischen Journalisten und Politikern „die ursprünglich divergenten professionellen Zielsetzungen der beiden Gruppen wieder zum Vorschein kommen" (Pfetsch 2003a: 251). Die Frage, ob sich vergleichbare Spaltungen auch in der politischen Kommunikationskultur Österreichs abzeichnen, wie es explorative Vorstudien andeuten (Plasser, Hüffel und Lengauer 2004), steht im Vordergrund der empirischen Abschnitte des vorliegenden Beitrags, in dem Rollenverständnis und reziproke Handlungsorientierungen innenpolitischer Journalisten und Angehöriger der politischen Elite aus Akteursperspektive beleuchtet und verglichen werden.[3]

Mit Ausnahme der vergleichenden Studie von Pfetsch (2003a) wurde bislang nur in Analysen einzelner Länder der Versuch unternommen, Beziehungsmuster und Rollenbilder journalistischer und politischer Akteure empirisch auszuleuchten (Hoffmann 2003; Kepplinger 2009; Lesmeister 2008; Plasser, Hüffel und Lengauer 2004; Tenscher 2003; Wenzler 2009). Erst in den letzten Jahren wurde ein vom ESF gefördertes international vergleichendes empirisches Forschungsprojekt „Politische Kommunikationskultur in Europa" gestartet, an dem Forschergruppen aus neun europäischen Ländern beteiligt sind. Die Durchführung der Österreich-Studie wurde aus Mitteln des FWF gefördert. Der vorliegende Beitrag fasst wesentliche Befunde der Österreich-Studie dieser internationalen Projektkooperation zusammen und versucht, Spielregeln der politischen Kommunikationspraxis in Österreich mit Blick auf die Kommunikationsorientierungen redaktioneller und politischer Eliten wie Einstellungen des Medienpublikums herauszuarbeiten.

Die Definition der Eliten auf der journalistischen und der politischen Akteursseite erfolgte nach dem *Top-Down*-Prinzip. Das heißt, es wurden zunächst jene Akteure in das Eliten-Sampling aufgenommen, die den formal höchsten Rang im journalistischen bzw. politischen System einnehmen. Die hier definierte politische Elite umfasst österreichische Politiker und Pressesprecher auf Bundespräsidenten- und Regierungsebene, im Europa-Parlament, im Parlamentspräsidium, dem Nationalrat und dem Bundesrat, wobei in den Parlamentskammern nur jene Abgeordneten befragt wurden, die zumindest Ausschussvorsitze innehaben bzw. diese stellvertretend leiten. Hinzu kommen Partei-Eliten, also die Mitglieder der nationalen Partei-Vorstände und -Präsidien. Die regionalen politischen Machteliten wurden durch die Inkludierung von Landesparteichefs und -geschäftsführern abgedeckt. Zu den politischen Eliten im weitesten Sinne wurden dabei auch die Mitglieder der nationalen Präsidien und Vorstände der Kammern und Verbände sowie die Öffentlichkeitsarbeiter aller genannten Institutionen gezählt. Weiters wurden noch *Pundits*, also die österreichischen politischen Kommunikationsexperten und leitenden Akteure der politischen *Think Tanks*, in diese Gruppe aufgenommen.

Die befragte journalistische Elite setzt sich aus den Mitgliedern der Chefredaktionen und jenen Redakteuren zusammen, die sich mit innenpolitischer Berichterstattung beschäftigen. Dabei wurden die Chefredaktionsmitglieder und innenpolitischen Journalisten aller österreichischen Tageszeitungen, der Nachrich-

---

3 In modifizierter Übertragung der Konzepte der politischen Kulturforschung in der Tradition von Almond und Verba bzw. der konzeptuellen Überlegungen von Blumler und Gurevitch definiert Pfetsch politische Kommunikationskultur als die „empirisch vorfindbaren Orientierungen der Akteure im System der Produktion politischer Botschaften gegenüber spezifischen Objekten der politischen Kommunikation, die die Art und Weise bestimmen, in der politische Akteure und Medienakteure in Bezug auf das gemeinsame politische Publikum kommunizieren" (Pfetsch 2003a: 36).

tenagentur APA, aller Nachrichtenmagazine, sowie der privaten und öffentlich-rechtlichen bundesweiten TV- und Radio-Sender in die Befragung aufgenommen. In den folgenden Analysen und Darstellungen der Studienergebnisse wird zwischen den Gruppen Journalisten (journalistische Elite) und Politiker (politische Eliten inklusive Pressesprecher und *Pundits*) unterschieden. Mehr als die Hälfte der Interviews (53 Prozent) wurden schriftlich bzw. per E-Mail durchgeführt. Weitere 24,7 Prozent waren halbstündige Telefoninterviews und mehr als ein Fünftel aller Interviews (22,3 Prozent) wurden in 45-minütigen persönlichen Gesprächen abgewickelt.

Im Rahmen der Österreich-Studie zu den politischen Kommunikationskulturen in Westeuropa wurden insgesamt dreihundert Personen (N=300) aus dem Kreis der hochrangigsten politischen und journalistischen Eliten zum Verhältnis zwischen Politik und Medien sowie zu ihrem reflexiven Selbstverständnis und ihren professionellen Orientierungen und Normen befragt.[4] Der international akkordierte und standardisierte Fragebogen besteht aus insgesamt 62 Fragenbatterien mit 136 Items zu Orientierungen, Interaktion, Beziehungen und Normen sowie gegenseitigen Einschätzungen von Politik und Medien in Österreich. Dazu wurden insgesamt 154 österreichische innenpolitische Journalisten und Journalistinnen ebenso befragt wie 86 Politiker und Politikerinnen. Hinzu kamen 60 politische Pressesprecher und sogenannte *Pundits*, also leitende Experten aus politischen *Think Tanks* (Partei-Akademien, Kammern und Verbänden), sowie führende externe Experten aus dem politischen und öffentlichen Umfeld (Meinungsforscher und Politikberater).

Aus einem Pool von insgesamt knapp eintausend definierten österreichischen Eliten-Angehörigen[5] in den relevanten Akteurs- und Institutionsgruppen (Journalisten sowie Politiker, Pressesprecher und *Pundits*) wurde somit knapp ein Drittel aller relevanten Personen (31,6 Prozent) in dieser Untersuchung auch tatsächlich befragt, was eine hohe Repräsentativität der Ergebnisse garantiert.[6] Sowohl das Geschlechterverhältnis als auch die Verteilung der Institutionen, Medientypen und Elite-Ebenen auf beiden Seiten der Akteursgruppen betreffend, weist das Befragungs-Sample keine signifikanten Verzerrungen auf. Die Strukturen des Samples der dreihundert Befragten spiegeln jene der Grundgesamtheit der österreichischen politischen und journalistischen Eliten weitgehend wider und garantieren reliable und repräsentative Befragungsergebnisse.

---

4 Die Befragung wurde zwischen April und Juni 2008 durchgeführt.

5 Zum Zeitpunkt der Befragung.

6 Die für dieses Projekt definierte politische Elite setzt sich in Österreich aus ca. 500 Personen (inkl. *Pundits* und Pressesprecher) zusammen, während die journalistische innenpolitische Elite aktuell etwas mehr als 400 Personen umfasst.

Tabelle 1
Struktur der Befragung der österreichischen politischen und journalistischen Eliten

Befragte Eliten	Eliten-Subgruppen	Anzahl der Befragten	Repräsentativität des Samples*)
Journalistische Eliten		154	36,5
	davon Chefredaktionsmitglieder	64	41,3
	davon Redaktionsmitglieder	90	33,7
	davon Print-Journalisten	82	43,2
	davon TV- und Radio-Journalisten	72	31,0
Politische Eliten		146	
	davon Politiker	86	21,7
	davon politische Pressesprecher	39	42,9
	davon politische Pundits	21	52,5

*) Repräsentativität des Samples in Prozent der definierten Eliten-Grundgesamtheit.

Um die Meinungsbilder der politischen und journalistischen Eliten auch mit Sichtweisen und Einschätzungen des Medienpublikums vergleichen zu können, wurden ausgewählte Frageversionen des Fragenprogramms in eine bundesweite Repräsentativerhebung eingeschaltet. Die repräsentative Telefonumfrage (CATI) bei einer Stichprobe von N=500 Personen ab 15 Jahre wurde in der zweiten Juliwoche 2009 von GfK Austria durchgeführt. Die Befragten wurden mittels Random-Sampling ausgewählt. Frageversionen wie prozentuale Randverteilungen sind im tabellarischen Anhang dokumentiert.

2. Rollenverständnis von Journalisten und politischen Eliten

Berufliches Rollenverständnis und professionelle Normen prägen aus handlungstheoretischer Perspektive die Kommunikationsorientierungen von Journalisten und Angehörigen der politischen Elite. Während in anderen Ländern zahlreiche Studien empirische Einblicke in die Berufsauffassungen und Rollenbilder politischer Journalisten gestatten (Löffelholz und Weaver 2008; Weaver u.a. 2007; Weaver 1998; De Beer und Merrill 2004; Esser 2004), im Nachbarland Deutschland die Studien von Weischenberg Konstanten und Trends im Rollenverständnis deutscher Journalisten nachzeichnen (Weischenberg, Malik und Scholl 2006), beschränkte sich der Forschungsstand in Österreich noch bis vor kurzem auf punktuelle Studien und Fragestellungen (Karmasin 2005; Plasser, Lengauer und Meixner 2004: 250–257).

Mittlerweile bietet der Journalisten-Report (Kaltenbrunner u. a. 2007) eine umfassende Erhebung der soziodemographischen Merkmale von 7.100 hauptberuflich tätigen österreichischen Journalisten und Journalistinnen (Hummel und Kassel 2009), aus der eine repräsentative Stichprobe gezogen wurde, die 2008 über ihre journalistischen Selbst- und Rollenbilder befragt wurde (Kaltenbrunner u. a. 2008; Kraus 2009).

Das Publikum neutral und präzise informieren, komplexe Sachverhalte vermitteln und erklären, die Realität abbilden, wie sie ist, und Kritik an Missständen üben, sind nach dieser Befragung die zentralen Eckpunkte des professionellen Selbstverständnisses österreichischer Journalisten und Journalistinnen (Kaltenbrunner u. a. 2008: 147). Typologisch nach Ressorts aufgeschlüsselt, konnten 79 Prozent der im Feld Innen- bzw. Außenpolitik tätigen Redakteure dem Rollenbild des *„Objektiven Vermittlers“* bzw. 31 Prozent dem Rollenbild *„Kritiker“* zugeordnet werden (Kaltenbrunner u. a. 2008: 28). Die Muster decken sich weitgehend mit den Befunden einer Befragung führender innenpolitischer Journalisten und Journalistinnen aus dem Jahr 2003, nach denen zwei Zielfunktionen im professionellen Selbstverständnis eine bedeutsame Rolle spielen: die *Transparenz*- und die *Kontroll*funktion des Journalismus. Politische Prozesse und Entscheidungen transparent zu machen, Zusammenhänge und Kontexte von Ereignissen und Vorgängen aufzuzeigen, die Hintergründe von Entscheidungen und Motive der Eliten auszuleuchten, zählten aus Sicht führender österreichischer Journalisten und Journalistinnen zu zentralen Aufgaben des politischen Journalismus.

War das Rollenverständnis österreichischer Journalisten noch in den siebziger Jahren durch eine vergleichsweise schwach entwickelte Bereitschaft zur Kritik politischer Eliten charakterisiert, wird die Kontrollfunktion mittlerweile als ebenso bedeutsam wie die Transparenzfunktion gesehen. Kritik an Missständen zu üben, Motive der politischen Akteure kritisch zu recherchieren und zu hinterfragen, politische Machtausübung zu kontrollieren und Scheinaktivitäten wie vordergründige Selbstinszenierungen aufzudecken, wurden als unverzichtbare Kontrollaufgaben des politischen Journalismus definiert (Plasser, Lengauer und Meixner 2004: 260–261). Mit methodisch begründeten Variationen, die auf unterschiedlich dichte Interviewsituationen rückführbar sind, zeichnen sich die angesprochenen Orientierungspunkte im journalistischen Rollenverständnis auch in den Daten der Befragung eines Querschnittes innenpolitischer Journalisten und Journalistinnen ab, die fünf Jahre später durchgeführt wurde.[7]

---

7   Die explorative Befragung von N = 95 leitenden bzw. führenden innenpolitischen Journalisten und Journalistinnen wurde 2003 ausschließlich im Rahmen intensiver persönlicher Interviews durchgeführt, während die Hälfte der Interviews der Studie 2008 mittels telefonischer Interviews bzw. schriftlich durchgeführt wurde, was bei offenen Fragestellungen zu einer geringeren Anzahl protokollierter Verbatims führt.

Tabelle 2
Rollenverständnis innenpolitischer Journalistinnen und Journalisten

Frageversion: „Was sind Ihrer Meinung nach die wichtigsten Aufgaben eines/einer politischen Journalisten/Journalistin?"

In Prozent	2003	2008
1. Politische Prozesse und Entscheidungen transparent machen.	66	55
2. Kritische Kontrollfunktion.	60	49
3. Komplexe Sachverhalte erklären und politische Anteilnahme wecken.	43	43
4. Neutrale Informationsvermittlung leisten.	36	44
5. Orientierung und Argumentationshilfen vermitteln.	36	39
6. Relevante Informationen möglichst schnell zu vermitteln.	26	23
7. Ausgewogene, objektive und faktentreue Berichterstattung.	37	36
8. Auswirkungen von Entscheidungen für den Einzelnen aufzeigen.	18	18
9. Distanz zu politischen Parteien und Eliten einhalten.	13	16
10. Politik unterhaltsam darstellen.	8	5
11. Themen setzen und neue Trends aufzeigen.	7	10
12. Sprachrohr für die Bevölkerung darstellen.	3	7
13. Eine politische Gegenelite darstellen.	2	1

Anmerkung: Offene Fragestellung. Mehrfachnennungen. Nachträgliche Kategorisierung der Verbatims.

Quelle: Befragung von N=95 leitenden bzw. führenden innenpolitischen Journalistinnen und Journalisten (2003). Befragung von N=154 innenpolitischen Journalisten und Journalistinnen (2008).

Innenpolitische Journalisten orientieren sich bei ihrer redaktionellen Tätigkeit vorrangig an *vier* Zielfunktionen: der Transparenzfunktion, der Kontrollfunktion, der Interpretationsfunktion wie der neutralen Vermittlungsfunktion. Proaktive, die politische Tagesordnung beeinflussende Rollenbilder wurden nur vereinzelt angesprochen und spielen wie die Unterhaltungsfunktion im journalistischen Selbstverständnis nur eine nachrangige Rolle. Im Vordergrund steht unter professionellen Vorzeichen die kritische Aufarbeitung aktueller Ereignisse, Prozesse und Entscheidungen und nicht die aktive Themenführerschaft. Die politische Tagesordnung soll dem Publikum vermittelt und interpretativ aufbereitet werden. Proaktives *Agenda Setting* und *Timing* wird im Regelfall den politischen Eliten und deren PR-Stäben überlassen.

Die Praxis politischer Kommunikation wird aber nicht nur durch das professionelle Rollenverständnis journalistischer Akteure geprägt, sondern gleichermaßen von den Handlungsorientierungen politischer Eliten. Mediale und politische Eliten haben *reziproke* Erwartungen und Vorstellungen von den professionellen

Normen der jeweils anderen Gruppe im Prozess der Produktion politischer Nachrichten (Pfetsch und Maurer 2008: 103). Die Eigen- und Außenwahrnehmung professioneller Normen und Handlungsziele kann sich weitgehend decken, aber auch deutlich unterscheiden, wobei Letzteres konsequenterweise Missverständnisse, Spannungen und Irritationen in den Beziehungen zwischen Journalisten und Politikern zur Folge hätte. Tatsächlich verweisen die Befunde der Befragung von Angehörigen der redaktionellen wie der politischen Elite Österreichs auf eine erhebliche *Missperzeption* journalistischer Handlungslogik seitens der Politiker.

So spielt das Rollenbild eines kontrollierenden *Interpretations*journalismus, das für die überwiegende Mehrzahl innenpolitischer Journalisten die handlungsleitende Norm darstellt, in der *Außen*wahrnehmung des journalistischen Selbstverständnisses durch die Angehörigen der politischen Elite eine überraschend *untergeordnete* Rolle. In der Wahrnehmung der politischen Eliten orientieren sich Journalisten vorrangig an den flüchtigen Erwartungen und Stimmungslagen des Massenpublikums, die sie mit marktgerecht aufbereiteten Nachrichten bedienen. Die für Journalisten handlungsleitenden Normen der Machtkontrolle, Ausgewogenheit und kontextuellen Interpretation werden von Politikern in ihrer professionellen Relevanz für den politischen Journalismus deutlich *unterschätzt*. Was die Eigen- und Außenwahrnehmung des journalistischen Selbstverständnisses betrifft, herrschen zwischen Journalisten und politischen Eliten erhebliche Auffassungsunterschiede.

Unterschätzen politische Eliten die Relevanz zentraler Berufsnormen im Selbstverständnis der Journalisten, definieren sie ihre eigene Berufsrolle durchaus selbstbewusst. Politik gestalten, Entscheidungen treffen und Führungsstärke beweisen stehen für ein aktives Selbstkonzept der politischen Führungs- und Entscheidungselite. Politiker sehen sich aber nicht nur als Decision Makers, sondern ebenso als hervorgehobene Kommunikatoren, die die Öffentlichkeit informieren, Vorhaben und Entscheidungen argumentieren, Überzeugungsarbeit leisten und mit Nachdruck um öffentliche Akzeptanz ihrer Standpunkte und Linien werben. Das Streben nach Präsenz im öffentlichen Raum und dichte Kommunikationsaktivitäten stehen dabei nicht im Widerspruch zu den Aufgaben der Interessenvertretung und der Interessenvermittlung, die stärker die Ebene der Verhandlungskommunikation und spezielle Teilöffentlichkeiten betreffen. Politik zu gestalten, inhaltliche Linien zu kommunizieren und Interessen zu vertreten bzw. für den Ausgleich unterschiedlicher Interessenlagen zu sorgen, sind handlungsleitende Zielpunkte im Rollenverständnis politischer Eliten.

Über eine Vorstellung einer wünschenswerten Gesellschaft zu verfügen, Trends und zukünftige Entwicklungen zu erkennen, Zukunftsziele festzulegen, die Lebenswelten und Bedürfnisse der Wähler und Wählerinnen zu kennen, Themen zu setzen und Problemlagen verständlich zu erklären, zählen zu flankierenden Kompetenzen im Rollenverständnis politischer Eliten. Stellt man die professionellen Handlungslogiken von Journalisten und politischen Eliten gegenüber, zeichnen sich kontrastierende Berufsrollen ab, die durch eine neuralgische Schnittfläche verbunden sind: den Raum der politischen Öffentlichkeit, in dem sich Journalisten als Beobachter, Erklärer und Wächter positionieren, politische Eliten als Politikgestalter, Kommunikatoren und Interessenvertreter agieren.

Tabelle 3
Journalistisches Selbstverständnis: Eigen- und Außenwahrnehmung

Frageversion für Journalisten:
„Nun zu Ihrem Selbstverständnis als Journalist: Bitte bewerten Sie die Wichtigkeit der folgenden Aussagen zu Ihrer journalistischen Arbeit auf einer Skala von „1 – überhaupt nicht wichtig" bis „5 – sehr wichtig"."

Frageversion für Politiker:
„Im Folgenden interessiert uns Ihre Wahrnehmung des beruflichen Selbstverständnisses von Journalisten. Bitte bewerten Sie die folgenden Aussagen zur journalistischen Arbeit aus Ihrer Perspektive auf einer Skala von „1 – trifft überhaupt nicht zu" bis „5 – trifft voll und ganz zu"."

In Prozent bewerten als wichtig (Skalenpositionen 4+5)	Journalisten	Politiker
Wenn Journalisten über Politik berichten, ist es ihnen wichtig, Aussagen von Politikern nachzuprüfen und die Politiker zu kontrollieren.	94	28
Verschiedene Sichtweisen ausgewogen zu berücksichtigen.	91	21
Den BürgerInnen alle Informationen zur Verfügung zu stellen, die sie benötigen, um sich begründete politische Urteile bilden zu können.	90	18
Nachrichten zu produzieren, die für ein möglichst breites Publikum von Interesse sind.	71	82
Dem Publikum möglichst schnell Informationen zu vermitteln.	70	71
Das Publikum zu unterhalten.	33	54
Dem Publikum eigene Ansichten zu politischen Entwicklungen zu präsentieren.	27	31

Quelle: Befragung von N=154 innenpolitischen Journalisten und Journalistinnen bzw. N=146 Angehörigen der politischen Elite in Österreich (2008).

Tabelle 4
Rollenverständnis politischer Eliten

Frageversion: „Was sind Ihrer Meinung nach die wichtigsten Aufgaben eines Politikers?"

In Prozent	
1. Politik gestalten, Entscheidungen treffen und Führungsstärke beweisen	87
2. Kommunikation mit der Öffentlichkeit, Überzeugungsarbeit leisten	57
3. Ansprechpartner für die Bevölkerung sein	38
4. Für Stabilität und Interessenausgleich sorgen	29
5. Probleme und Bedürfnisse der Menschen erkennen	28
6. Eine Vision einer lebenswerten Zukunft haben	28
7. Glaubwürdig und authentisch sein	26
8. Für Wohlstand und Gerechtigkeit sorgen	23
9. Demokratie verwalten, politische Kontrollfunktion ausüben	21
10. Wähler- und Wahlkreisinteressen vertreten	18
11. Networking und Lobbying betreiben	13
12. Sachkenntnis und Themenkompetenz einbringen	11

Anmerkung: Offene Fragestellung. Nachträgliche Codierung der Verbatims.

Quelle: Befragung von N=146 Angehörigen der politischen Elite in Österreich (2008).

Der beiden Akteursgruppen gemeinsame Bezug auf die Öffentlichkeit verbindet Journalisten und politische Eliten, birgt aber auch erhebliche Spannungs- und Konfliktpotenziale, geht es um die massenmediale Definition und Deutung von politischen Entscheidungen und Motiven der politisch Verantwortlichen, die sich bereits an der redaktionellen Beachtung bzw. Nichtbeachtung der Aussage eines Spitzenpolitikers entzünden können. Unverkennbar weisen politische Eliten den Journalisten eine tendenziell *passive* Vermittlerrolle zu, die konträr zur *aktiven* Aufklärungs- und Kontrollorientierung professioneller Redakteure steht. Welche Spannungspunkte aus den unterschiedlichen Rollenverständnissen der beiden Akteursgruppen resultieren, wie österreichische Journalisten und Politiker ihre wechselseitigen professionellen Beziehungen bewerten und worin sie die Ursachen für eine erhöhte Spannungs- und Konfliktintensität im Verhältnis zwischen Journalismus und Politik sehen, steht im Mittelpunkt des folgenden Abschnitts.

Tabelle 5
Typologie professioneller Handlungslogiken von Journalisten und Politikern

Frageversion für Journalisten:
„Was sind Ihrer Meinung nach die wichtigsten Aufgaben eines/einer politischen Journalisten/Journalistin?"

Frageversion für politische Eliten:
„Was sind Ihrer Meinung nach die wichtigsten Aufgaben eines Politikers?"

Redaktionelle Rollenbilder	%	Politische Rollenbilder	%
Beobachter	88	Politikgestalter	87
Erklärer	55	Kommunikator	57
Aufklärer	52	Interessenanwalt	57
Wachhund	49	Interessenvermittler	51
Analytiker	47	Visionär	28
Schleusenwärter	23	Themensetzer	28
Themensetzer	11	Erklärer	23

Anmerkung: Offene Fragestellung nach dem beruflichen Rollenverständnis. Recodierte komprimierte Typologisierung der Verbatims (N=353 bzw. N=397).

Quelle: Befragung von N=154 innenpolitischen Journalisten und Journalistinnen bzw. N=146 Angehörigen der politischen Elite in Österreich (2008).

3. Spannungs- und Konfliktzonen im Verhältnis Journalisten und politische Eliten

Aus Sicht der Journalisten sind die Beziehungen zwischen Journalismus und Politik deutlich angespannt. Bereits vor fünf Jahren verwiesen führende innenpolitische Journalisten und Journalistinnen auf eine erhöhte Spannungsintensität im Verhältnis zwischen politischen und redaktionellen Eliten (Plasser, Lengauer und Meixner 2004: 291–293). Fünf Jahre später geht rund ein Drittel der innenpolitischen Journalisten davon aus, dass das Verhältnis zwischen Journalisten und Politikern in den letzten Jahren deutlich konflikthaltiger geworden sei. Nur vereinzelt wird ein harmonischeres Verhältnis konstatiert, zwei Drittel sehen keine bemerkenswerten Veränderungen der Beziehungspraxis. Der Eindruck einer erhöhten Konfliktintensität beschränkt sich dabei keineswegs auf Journalisten. Auch für politische Eliten ist das professionelle Verhältnis zu Journalisten in den letzten Jahren tendenziell konflikthaltiger geworden. Immerhin jeder dritte Angehörige der politischen Elite konstatiert eine verstärkte Konfliktintensität, während zwei Drittel keine qualitativen Veränderungen im Verhältnis zu Medienvertretern erkennen.

Journalisten, die eine *Veränderung* im Verhältnis Journalismus und Politik konstatieren, verweisen auf die fortschreitende *Professionalisierung* der Politiker und deren Medienberater, das strategisch geplante News Management wie die Inszenierungen von kameragerechten Pseudo-Ereignissen, die nach ihrer Einschätzung in den letzten Jahren an Professionalität gewonnen hätten. Eine zweite Veränderungslinie zeichne sich im professionellen Selbstverständnis der Journalisten ab, die in einer wachsenden *Distanz* zu politischen Eliten, verstärkter Eigenrecherche wie im Durchbruch eines interpretierenden, analytischen Journalismus ihren Niederschlag gefunden hätte. Als Reaktion auf diese Journalismus-immanenten Veränderungen hätten spiegelbildlich aber auch Abschottungstendenzen der politischen Eliten, latente Abwehrhaltungen wie gezielte Auftrittsverweigerungen zugenommen. In Nachwehen seien auch noch Konsequenzen der durch den Koalitions- und Regierungswechsel 2000 entstandenen *Polarisierung* erkennbar, die sich in einem Lagerdenken und Freund-Feind-Schema im Umgang mit Journalisten äußerten. Verändert hätten sich aber auch die Rahmenbedingungen des politischen Journalismus, wobei hier in erster Linie der verschärfte Konkurrenzkampf um Auflagen, Quoten und Exklusivmeldungen angesprochen wird, der zu journalistischer Zuspitzung und erhöhter Krisen- und Konfliktzentrierung der Berichterstattung zwingt, wobei der verschärfte ökonomische Druck auf die Redaktionen auch zu weniger Eigenrecherche führe und einen kostengünstigen Verlautbarungsjournalismus begünstige.

Exakt die von einzelnen Journalisten angesprochenen negativen Konsequenzen der Ökonomisierung redaktioneller Arbeit zählen auch aus Sicht der politischen Eliten zu den auffälligsten Veränderungen. Boulevardisierung und Kampagnejournalismus, Skandalisierung und Privatisierung der Berichterstattung werden von Politikern als folgenreichste Konsequenzen des intermedialen Wettbewerbs wahrgenommen. Häufiger als Journalisten beziehen sich Politiker dabei auf die aus ihrer Sicht zunehmende Negativität der Berichterstattung, die sie – durchaus im Einklang mit der Einschätzung der Journalisten – mit dem erhöhten Wettbewerbsdruck auf die Redaktionen in Verbindung setzen. Wie die Journalisten sprechen auch Politiker erhöhte Autonomisierungstendenzen des Journalismus an, die sie aber aus ihrer Erfahrung als tendenzielle Respektlosigkeit der Journalisten wie härtere – aus Elitensicht unangemessene – Recherchemethoden und Interviewstile wahrnehmen.

Der von Journalisten wie Angehörigen der politischen Elite angesprochene ökonomische Druck auf Redaktionen und das redaktionelle Management wird von Journalisten wie Politikern als besorgniserregend hoch eingeschätzt. Drei Viertel der befragten Journalisten und Politiker gehen von *starken* Einflüssen der Profit- und Quotenorientierung auf die Medienberichterstattung aus. Umgekehrt wird aber auch von beiden Akteursgruppen eine *erhebliche* Zunahme des medialen Drucks auf die Politik konstatiert. Offensichtlich steht nicht nur die redaktionelle Berichterstattung unter erhöhtem Druck, sondern sehen sich auch die Akteure des politischen Entscheidungssystems unter verstärkten medialen *Stress* gesetzt, was konsequenterweise in einer erhöhten Spannungs- und Konfliktintensität des Verhältnisses Journalismus und Politik ihren Niederschlag findet. Beide Stressfaktoren – der Quoten- und Auflagendruck auf die Medien wie der verstärkte Druck der Massenmedien auf politische Entscheidungsträger – werden auch vom Medienpublikum registriert, dessen Lagebeurteilung sich nur in Nuancen vom problematischen Lagebild der politischen und redaktionellen Eliten unterscheidet.

Tabelle 6
Quoten-Druck auf die Medienberichterstattung

Frageversion: „Wie stark sind Ihrer Meinung nach kommerzielle Einflüsse wie Profit- und Quoten-Orientierung auf die Medienberichterstattung in Österreich?"

In Prozent	Journalisten	Politiker	Medienpublikum
1 – sehr schwach	1	0	5
2	9	5	7
3	17	17	37
4	50	48	25
5 – sehr stark	22	30	24
Mittelwert =	3,84	4,03	3,57

Quelle: Befragung von N=154 innenpolitischen Journalisten und Journalistinnen bzw. N=146 Angehörigen der politischen Elite in Österreich (2008) bzw. telefonische Befragung eines repräsentativen Querschnitts (N=500) der österreichischen Bevölkerung (2009).

Tabelle 7
Medialer Druck auf die Politik

Frageversion: „Wie würden Sie den Einfluss der Medien auf politische Entscheidungen bewerten? Ist der mediale Druck auf die Politik in den letzten fünf Jahren stärker geworden, gleich geblieben oder ist er schwächer geworden?"

In Prozent	Journalisten	Politiker	Medienpublikum
stärker geworden	57	73	51
gleich geblieben	34	25	40
schwächer geworden	9	2	6

Quelle: Befragung von N=154 innenpolitischen Journalisten und Journalistinnen bzw. N=146 Angehörigen der politischen Elite in Österreich (2008) bzw. telefonische Befragung eines repräsentativen Querschnitts (N=500) der österreichischen Bevölkerung (2009).

Decken sich die Diagnosen der beiden Akteursgruppen, was die in den letzten Jahren erhöhte Konfliktanfälligkeit der beruflichen Beziehungen betrifft, wenn sie auch die eingetretenen Veränderungen unterschiedlich wahrnehmen, *unterscheiden* sich die Einschätzungen, geht es um die vermuteten Ursachen der intensivierten Spannungen. Journalisten betrachten als häufigste Auslöser von Konflikten durch den Politikerberuf bedingte Interessengegensätze, die im Beziehungsalltag zu Konflikten führen (77 Prozent tritt häufig bzw. sehr häufig auf), mangelnden Respekt einzelner Politiker gegenüber der Arbeit von Journalisten (40 Prozent) wie Nichteinhaltung vorher getroffener Absprachen durch einzelne Politiker (35 Prozent).

Für Politiker und Pressesprecher wiederum liegen die Ursachen erhöhter Konflikte primär darin, dass Journalisten Informationen nicht korrekt wiedergeben (57 Prozent tritt häufig bzw. sehr häufig auf). Berufsbedingte Interessengegensätze werden – wenn auch nicht ganz so scharf wie in der Sichtweise der Journalisten – von 42 Prozent der befragten Politiker als Konfliktpotenzial bezeichnet. Unisono mit Journalisten – allerdings unter umgekehrten Vorzeichen – beklagen Politiker Konflikte, die entstünden, weil sich Journalisten nicht an vorher getroffene Absprachen hielten (31 Prozent tritt häufig bzw. sehr häufig auf). Schärfere Einblicke in latente Konfliktzonen des Verhältnisses zwischen Journalisten und Politikern gestatten Antworten auf eine offen gestellte Frage nach den Gründen für wechselseitige Spannungen.

Tabelle 8
Spannungspunkte im Verhältnis Journalisten und Politiker

Frageversion: „Fallen Ihnen noch weitere Gründe für Konflikte mit Politikern (Journalisten) ein?" Offene Fragestellung.

In Prozent	Journalisten	Politiker
Instrumentalisierungsversuche und Interventionen	33	4
Oberlehrer-Syndrom	28	4
Professionelle Logik-Differenzen	19	19
Fehlende Kompetenz des Gegenübers	9	27
Lügen und Misstrauen	8	6
Charakter des Gegenübers	8	2
Ideologische Differenzen	8	23
Persönliche Differenzen	5	19
Fehlende Berufsethik	5	13
Mangelnder Respekt	1	6

Quelle: Befragung von N=154 innenpolitischen Journalisten und Journalistinnen bzw. N=146 Angehörigen der politischen Elite in Österreich (2008).

Spannungen und Konfliktsituationen resultieren aus Sicht der Journalisten häufig aus unverhohlenen Instrumentalisierungsversuchen der politischen Eliten, offensiven Versuchen, auf die Berichterstattung und redaktionelle Linie Einfluss zu nehmen, wie direkten Interventionen und Sanktionsdrohungen. Spannungen können sich aber auch am sensiblen Ego eines Spitzenpolitikers, der sich falsch zitiert, ungerecht behandelt oder vernachlässigt fühlt, wie dem übersteigerten Selbstbewusstsein einzelner Politiker entzünden, die sich professionelle journalistische Kompetenz anmaßen und ihr Gegenüber zu belehren glauben. Rollenbedingte Differenzen der professionellen Handlungslogiken, überzogene Ansprüche und Erwartungen an das Gegenüber wie wechselseitige Missverständnisse der beruflichen Kernaufgaben sind aus praktischer Erfahrung der Journalisten weitere die professionelle Beziehung belastende Spannungspunkte.

Politische Eliten wiederum sehen in der aus ihrer Sicht mangelhaften Kompetenz einzelner Journalisten erhebliche Konfliktpotenziale, die sich dann entladen, wenn Politiker den Eindruck fachlicher Inkompetenz des journalistischen Gegenüber gewinnen, sich über eine falsche bis irreführende Sachverhaltsdarstellung erregen bzw. die professionelle Recherchequalität in Zweifel ziehen. Häufiger als Journalisten sprechen Politiker und Pressesprecher in diesem Zusammenhang ideologische Differenzen an und meinen damit eine aus ihrer Sicht weltanschaulich bzw. parteipolitisch motivierte Voreingenommenheit einzelner Journalisten, die Politiker als skeptische Distanz, persönliche Ablehnung, Geringschätzung oder Gegnerschaft wahrnehmen. Unisono mit Journalisten sprechen auch Politiker berufsbedingte Differenzen der Handlungslogik an, die sich als Missverständnisse wie überzogene Erwartungen an das Gegenüber äußern können und professionelle Beziehungen überschatten. Häufiger als Journalisten verweisen Politiker auch auf persönliche Differenzen und Untergriffe wie wechselseitige Antipathien und führen fehlende Berufsethik einzelner Journalisten, unlautere Recherchemethoden, Nötigungsversuche und Vertrauensmissbrauch als Konfliktursachen an.

Von rollenbedingten Missverständnissen und persönlichen Frustrationserlebnissen abgesehen, indizieren die vorliegenden Daten *intensivierte* Spannungen im Verhältnis zwischen Journalisten und Politikern. Diese Spannungen lassen sich nur teilweise auf unterschiedliche Erwartungen und Anforderungen der beiden Akteursgruppen rückführen. Sie resultieren vielmehr aus nachhaltigen Veränderungen der politischen Kommunikationspraxis in Österreich. Verschärfter intermedialer Wettbewerb um verknappte öffentliche Aufmerksamkeitsspannen, die Konkurrenz um für die Werbewirtschaft interessante Reichweiten und Zielpublika, erhöhte Produktionsanforderungen an aus betriebswirtschaftlichen Gründen personell reduzierte Redaktionen, die Beschleunigung der Nachrichtenzyklen in einer cross-medialen Informationslandschaft, in der die Online-Redaktionen das Aktualitätstempo vorgeben, und eine folgenreiche – in ihrer Tragweite noch nicht absehbare – Neudefinition des redaktionellen Selbstverständnisses von Tageszeitungen strahlen konsequenterweise auch auf die politische Berichterstattung aus.

Politische Eliten erleben die veränderten redaktionellen Handlungslogiken als erhöhten medialen Druck, dem sie durch eine offensive, proaktive Öffentlichkeitsarbeit in eigener Sache gegenzusteuern versuchen. Journalisten nehmen dies wiederum als verstärkte Einflussnahme auf die redaktionelle Berichterstattung wahr, auf die sie ihrerseits mit erhöhter Kritikbereitschaft, härter akzentuierenden Interviews und auf Versäumnisse und Entscheidungsschwächen der politischen Eliten fokussierten Kommentaren und Analysen antworten. Erhöhte Stressanfälligkeit aufgrund des wechselseitigen Drucks auf die Kommunikationsakteure ist dadurch vorgegeben.

Mit zeitlicher Verspätung scheint sich die politische Kommunikationspraxis Österreichs dem transnationalen Schema von Gurevitch und Blumler (1990) anzunähern, das von einer *Intensivierung* der Spannungslinien zwischen politischen Eliten und Journalisten in medienzentrierten Demokratien ausgeht und in dem sich „Politiker selbst als Teilnehmer an einem kompetitiven Wettbewerb sehen, der nicht nur mit ihren politischen Gegnern stattfindet, sondern auch mit den Vertretern der Massenmedien" (Gurevitch und Blumler 1990: 326). Spiegelbildlich prognostizierten die beiden Autoren ein „wachsendes Unbehagen bei den Journalisten über ihre eigene Rolle in der politischen Kommunikation, das auf ihrer Verletzlichkeit durch das *news management* der politischen Eliten beruht" (Gurevitch und Blumler 1990: 326). Die skizzierten Spannungspotenziale sind in einer *parteien*orientierten politischen Kommunikationskultur, wie sie für Österreich über Jahrzehnte charakteristisch war, ausgeprägter als in einer traditionell *medien*orientierten Kommunikationskultur wie den USA, wo sich Journalisten und Politiker vergleichsweise distanziert gegenüberstehen und der Journalismus die Interaktionsregeln vorgibt (Pfetsch 2003a: 52). Eine *parteien*orientierte Kommunikationskultur zeichnet sich hingegen durch eine überdurchschnittliche Nähe und Interaktionsdichte zwischen Journalisten und politischen Eliten aus.

4. Interaktionen zwischen Journalisten und Politikern

Tatsächlich finden auf der *Mikro*ebene politischer Kommunikation dichte Interaktionen zwischen Journalisten und Politikern statt, die aber im Gegensatz zu formellen Begegnungen auf der „Vorderbühne" der Öffentlichkeit verborgen bleiben. Der Blick auf das Geschehen auf der „Hinterbühne" (Hoffmann 2003) zeigt einen dichten Handlungsraum informeller Kommunikations- und Aushandlungsprozesse, in dem beide Akteursgruppen – Politiker wie Journalisten – aktiv sind und der die *informelle* politische Kommunikationskultur eines Landes repräsentiert (Lesmeister 2008).[8] In einem Überblick über den internationalen Forschungsstand

---

8   Lesmeister versteht unter *informeller* politischer Kommunikationskultur „ein Set von Orientierungen der politischen und journalistischen Akteure, die die informelle Kommunikation zwischen den Akteuren bestimmen" (2008: 81).

arbeitet Wenzler (2007; 2009) zentrale Mechanismen der Interaktion zwischen Journalisten und Politikern heraus, die in Abhängigkeit vom politischen und kulturellen Kontext der Kommunikationsorientierungen variieren und sich an der spezifischen Kommunikationskultur eines Landes orientieren:

- „Politiker und Journalisten verfolgen unterschiedliche Ziele und orientieren sich an verschiedenen Normen, sie sind aber zur Erreichung ihrer Ziele und zur Aufrechterhaltung der politischen Kommunikation aufeinander angewiesen.
- Aus dem Zwang zur gegenseitigen Anpassung und der gegenseitigen Abhängigkeit entwickelt sich ein gemeinsames Milieu zwischen Politikern und Journalisten. Die Kontaktintensität ist ziemlich hoch.
- Die Beziehungen zwischen Journalisten und Politikern sind mehrheitlich interdependent. Sie zeichnen sich in der Regel durch Kooperation aus, bergen aber auch Konfliktpotenziale" (Wenzler 2007: 294–295).

Mit Blick auf die politische Kommunikationspraxis in Österreich zeichnete sich bereits in den Daten einer explorativen Befragung österreichischer Spitzenjournalisten, die vor fünf Jahren durchgeführt wurde, eine beeindruckende Dichte wechselseitiger Kontakte zwischen Journalisten und Politikern ab, wobei auf Chefredaktions-Ebene tätige Journalisten am häufigsten von informellen Kontaktaufnahmen durch Politiker bzw. deren Pressesprecher berichteten (Plasser, Lengauer und Meixner 2004: 297–298). Eine überdurchschnittliche Kontaktintensität zwischen Journalisten und Politikern widerspiegeln auch die Befunde der aktuellen Studie, wobei sich drei Ausprägungen informeller Kommunikationsnetzwerke unterscheiden lassen: ein engmaschiges Eliten-Kontaktnetzwerk, das sich aus führenden Spitzenjournalisten (Chefredakteure, Ressortleiter Innenpolitik bzw. Leiter des aktuellen Dienstes der Nachrichtenredaktionen des ORF) und Spitzenpolitikern (Regierungsmitglieder und deren Pressesprecher, Spitzen der Oppositionsparteien, führende Parteipolitiker) zusammensetzt und sich durch dichte, informelle wechselseitige Interaktionsbeziehungen auszeichnet, ein anlassbezogenes funktionales Kontaktnetzwerk, das Journalisten und Politiker bzw. deren Pressesprecher themen- und ereignisbezogen interagieren lässt, wie eine Gruppe von Journalisten und Politikern, die nur in Ausnahmefällen miteinander in Kontakt treten, was auf jeden zweiten Journalisten bzw. Politiker zutrifft und mit der jeweiligen beruflichen Funktion in Zusammenhang steht.[9]

Tatsächlich ist die *Dichte* der Interaktionen beachtlich. Rund ein Drittel der innenpolitischen Journalisten und Journalistinnen wird mehrmals in der Woche von Politikern kontaktiert, die im Gespräch ihre Sichtweise politischer Vorgänge

---

9 Anders als in der Bundesrepublik Deutschland, in der Hintergrund- oder Wohnzimmerkreise periodische Plattformen informeller Begegnungen zwischen Politikern und ausgewählten Journalisten sind (Fengler und Vestring 2009: 22–28), gestalten sich einschlägige Treffen in Österreich vergleichsweise privater und exklusiver, von den saisonalen „Presseheurigen" und Redaktionsfesten abgesehen.

und Ereignisse darzulegen versuchen. Von den Politikern nimmt jeder zweite mehrmals in der Woche von sich aus Kontakt mit Journalisten auf, was gleichzeitig bedeutet, dass sich die aktiven Kontaktversuche der Politiker auf einen ausgewählten Kreis von Journalisten konzentrieren. Über tägliche bzw. mehrfach wöchentliche Kontaktaufnahmen durch Pressesprecher berichtet jeder zweite innenpolitische Journalist. Noch deutlicher als Kontaktaufnahmen von Politikern mit Journalisten konzentrieren sich informelle Kontaktversuche von Pressesprechern auf ausgewählte Angehörige der redaktionellen Führungselite. So berichten vier von zehn Pressesprechern, dass sie täglich von sich aus mit Journalisten in Kontakt treten, während nur knapp jeder Fünfte der befragten Journalisten tägliche Kontaktaufnahmen von Pressesprechern zu Protokoll gab. Auch hier steigt die Kontaktintensität mit der redaktionellen Position der Journalisten. Mitglieder der Chefredaktion bzw. Ressortleiter berichten doppelt so oft über Kontakte durch Pressesprecher wie Journalisten, die keine leitende bzw. führende Position in der Redaktion haben.

Tabelle 9
Kontaktintensität zwischen Journalisten und Politikern

Frageversion: „Wie häufig versuchen Politiker, Sie persönlich zu kontaktieren, um Ihnen ihre Sichtweise zu politischen Fragen darzulegen, bzw. wie häufig kontaktieren Sie Journalisten, um ihnen Ihre Sichtweise zu politischen Fragen darzulegen?"

In Prozent werden von Politikern kontaktiert bzw. kontaktieren Politiker Journalisten	Journalisten (N=154)	Politiker (N=86)
täglich	10	23
mehrmals die Woche	18	33
mehrmals im Monat	21	24
nur ausnahmsweise	51	21

In Prozent werden von Pressesprechern kontaktiert bzw. kontaktieren Pressesprecher Journalisten	Journalisten (N=154)	Pressesprecher (N=60)
täglich	18	41
mehrmals die Woche	31	19
mehrmals im Monat	26	27
nur ausnahmsweise	25	13

Quelle: Befragung von N=154 innenpolitischen Journalisten und Journalistinnen bzw. N=146 Angehörigen der politischen Elite in Österreich (2008).

Die aus den Daten ersichtliche Dichte der Interaktionen zwischen Politikern und Journalisten beantwortet noch nicht die Frage, welche Akteursgruppe bei Kontaktaufnahmen initiativer ist. Im Regelfall sind es Journalisten, die für ihre Recherchen den persönlichen oder telefonischen Kontakt mit Politikern suchen. In drei von vier Fällen sehen sich innenpolitische Journalisten als Initiatoren, während jeder zweite Politiker davon ausgeht, selbst oder mittels Pressesprecher aktiv den Kontakt zu Journalisten gesucht zu haben. Entspricht das aktive Kommunikationsverhalten der Journalisten dem beruflichen Rollenverständnis, überrascht die *proaktive* Rolle, die Politiker bei der Anbahnung von Kontakten mit Journalisten übernommen haben.[10]

Nur eine kleine – was ihren redaktionellen Status betrifft aber einflussreiche – Gruppe von innenpolitischen Journalisten ist auch in persönliche, informelle bzw. gesellschaftliche Netzwerke mit Politikern eingebunden. Jeder sechste der befragten Journalisten verabredet sich mehrmals im Monat mit Politikern zu einem gemeinsamen Essen, bei dem *off the record* über die aktuelle politische Lage und innenpolitische Entwicklungen gesprochen wird. Von den leitenden Journalisten trifft sich jeder Dritte mehrmals im Monat mit Politikern zum gemeinsamen Essen. Ungleich dichter verabreden sich Politiker mit Journalisten. Jeder Dritte trifft häufig einen Journalisten zu einem gemeinsamen Essen. Offensichtlich konzentrieren sich die Einladungen auf einen ausgewählten Kreis leitender Journalisten, was erneut auf ein personell überschaubares engmaschiges *Eliten*-Netzwerk verweist, das redaktionelle und politische Machteliten verbindet.

Die Mehrzahl der Journalisten und Politiker trifft sich hingegen nur in Ausnahmefällen zum Essen und beschränkt Begegnungen auf anlassbezogene Telefon- bzw. Recherchekontakte. Über private Unterhaltungen mit Politikern bei Empfängen und anderen gesellschaftlichen Anlässen berichten rund 60 Prozent der innenpolitischen Journalisten. 40 Prozent wiederum meiden entweder einschlägige Konversationssituationen oder besuchen aufgrund ihrer redaktionellen Funktion keine Empfänge. Im Einklang mit der Verpflichtung von Politikern und Mandataren, bei gesellschaftlichen Ereignissen Präsenz zu zeigen, kommt die überwiegende Mehrzahl der Politiker häufig bei Empfängen und Veranstaltungen mit anwesenden Journalisten ins Gespräch, wobei sich solche Gesprächssituationen vielfach auf unverbindliche Themen beschränken.

Die Dichte professioneller Kontakte und Begegnungen zwischen innenpolitischen Journalisten und Politikern begünstigt den *Aufbau* freundschaftlicher Beziehungen, bei denen sich berufliche und private Interessen vermischen. Tendenzen zur *Fraternisierung* – im österreichischen Journalistenjargon auch „Verhaberung" genannt – sind dabei unter Politikern ungleich häufiger anzutreffen als bei Redakteuren. Zählt nur jeder sechste Politiker keinen einzigen Journalisten zu seinen

---

10 Dieser Befund wird durch die Ergebnisse einer Befragung österreichischer Abgeordneter bekräftigt, nach denen mehr als die Hälfte der Mandatare versucht, über direkte persönliche oder telefonische Kontakte mit einzelnen Journalisten Öffentlichkeit herzustellen (Müller und Steininger 2001: 386–387).

Freunden oder zumindest guten Bekannten, verneinen zwei Drittel der innenpolitischen Journalisten freundschaftliche Beziehungen zu einem Politiker. Nur jeder vierte Journalist ist einem Politiker auch persönlich verbunden. Nur jeder Zehnte zählt mehrere Politiker zu Freunden bzw. guten Bekannten. Erwartungsgemäß verkehren Chefredakteure und Ressortleiter häufiger mit Politikern auch auf privater Basis als operative, mit redaktionellen Spezialaufgaben befasste Journalisten.

Tabelle 10
Persönliche informelle Kontakte zwischen Journalisten und Politikern

Frageversion: „Wie häufig kommt es vor, dass Sie sich mit einem Politiker (Journalisten) zum Essen verabreden, bzw. wie häufig unterhalten Sie sich mit Politikern (Journalisten) bei Empfängen und anderen gesellschaftlichen Ereignissen?"

In Prozent	Essensverabredungen		Private Unterhaltungen	
	Journalisten	Politiker	Journalisten	Politiker
mehrmals die Woche	2	8	13	24
mehrmals im Monat	14	26	46	54
nur ausnahmsweise	53	52	36	22
kommt nie vor	31	14	5	0

Quelle: Befragung von N=154 innenpolitischen Journalisten und Journalistinnen bzw. N=146 Angehörigen der politischen Elite in Österreich (2008).

Ungleich *intensivere* Freundschaftsnetzwerke betreiben hingegen Politiker, von denen jeder Zweite mehrere Journalisten zu persönlichen Freunden bzw. guten Bekannten zählt, wobei sich die Netzwerke erwartungsgemäß überschneiden und auf jene zehn bis fünfzehn Prozent der Journalisten konzentrieren, die am intensivsten in persönliche Beziehungsnetzwerke eingebunden sind. Einem Drittel innenpolitischer Journalisten, die zumindest eine freundschaftliche Beziehung zu einem Politiker pflegen, stehen mehr als drei Viertel der Politiker gegenüber, die ihrerseits ein persönliches Naheverhältnis zu zumindest einem Journalisten zu Protokoll gaben. Unverkennbar ist das Interesse von Angehörigen der politischen Elite an persönlichen Beziehungen zu Journalisten *stärker* ausgeprägt als das Interesse der Journalisten an privaten Kontakten mit Politikern. Sucht die Mehrheit der Politiker die privat-informelle *Nähe* zu ausgewählten Journalisten, bevorzugt die Mehrheit der Journalisten eine professionelle *Distanz*, die freilich mit Blick auf das eng verflochtene Eliten-Kontaktnetzwerk aus Spitzenpolitikern und Spitzenjournalisten nicht mehr erkennbar ist.

Trotz intensivierter Spannungspotenziale im Verhältnis Journalismus und Politik, die von beiden Akteursgruppen, wenn auch unter unterschiedlichen Vorzeichen, beobachtet werden, bezeichnen politische Eliten ihren *persönlichen* Umgang mit Journalisten überwiegend als harmonisch und konfliktfrei. Nur vereinzelt um-

schatten persönliche Spannungen das Bild einer aus Sicht der Politiker ungetrüb-
ten Beziehung zu Journalisten. Diese wiederum beurteilen die Qualität ihres persönlichen Umgangs mit Angehörigen der politischen Elite ungleich *nüchterner*.
Überwiegend werden die persönlichen Kontakterfahrungen als neutral-professio-
nell bezeichnet, während sich persönliche Spannungen wie positive Umgangsbe-
wertungen die Waage halten.

Tabelle 11
Persönliche Sicht des Verhältnisses zwischen Journalisten und Politikern

Frageversion: „Ganz allgemein gesprochen: Wie harmonisch bzw. konflikthaltig würden Sie Ihren Umgang mit Politikern (mit Journalisten) sehen?"

In Prozent	Journalisten	Politiker
1 – sehr konflikthaltig	4	1
2	19	6
3	58	33
4	16	45
5 – sehr harmonisch	3	15
Mittelwert =	3,05	3,67

Quelle: Befragung von N=154 innenpolitischen Journalisten und Journalistinnen bzw. N=146 Angehörigen der politischen Elite in Österreich (2008).

Stehen Intensität und Dichte wechselseitiger Kontakte und persönlicher Naheverhält-
hältnisse für eine politische Kommunikationspraxis, die mit der Metapher einer
„Produktionsgemeinschaft" aus Politik, PR und Journalismus (Jarren und Donges
2006) charakterisiert werden kann, finden sich in den Daten nur vereinzelte Hinweise auf parteipolitische Vorbehalte im alltäglichen Verhältnis zwischen Journalisten und Politikern. Die überwiegende Mehrheit der innenpolitischen Journalisten sieht ihre professionellen Beziehungen zu Politikern nur am Rande von deren
politischen Überzeugungen beeinflusst, wie sich auch eine Mehrheit der Politiker
in ihrem Verhältnis zu Journalisten nur unwesentlich von deren vermuteter politischer Überzeugung beeinflusst sieht. Offensichtlich *neutralisiert* der professionelle Nutzen der Interaktionsbeziehungen – im Fall der Journalisten Zugang zu
berichtenswerten Informationen und Einschätzungen, im Fall der Politiker erhöhte
Chance auf redaktionelle Beachtung und vorteilhafte Berichterstattung – parteipolitisch motivierte Vorbehalte.

Scheinen parteipolitisch motivierte Ressentiments bei Routinekontakten zwischen Journalisten und Politikern nur eine nachrangige Rolle zu spielen, folgt
die *gezielte* Weitergabe von Informationen durch Politiker sehr wohl politischen

Kalkülen. Drei Viertel der Journalisten und zwei Drittel der Politiker vermuten, dass Politiker eher bereit seien, Informationen an Journalisten weiterzugeben, die *ähnliche* politische Orientierungen wie sie selbst aufweisen. Versuchen Politiker latente Vorbehalte gegenüber bestimmten Journalisten in Interviewsituationen und professionellen Begegnungen zu unterdrücken und für eine sachlich-neutrale Gesprächsatmosphäre zu sorgen, wählen sie – haben sie ein berichtenswertes Informationsangebot – ihre journalistischen Ansprechpartner zunächst nach deren vermuteter politischer Nähe aus.

Die mit der Metapher „Produktionsgemeinschaft" angesprochene wechselseitige Nutzenbeziehung zwischen den beiden Akteursgruppen ist somit in der Praxis keineswegs harmonisch-kooperativ. Deutet die Metapher einer Produktionsgemeinschaft Zonen *konsensualer* Übereinstimmung zwischen Journalisten und politischen Akteuren an, finden sich in den Daten häufiger Hinweise auf eine *verschärfte* Spannungsintensität, die offensichtlich auf intensivierte Versuche der politischen Eliten, die tagesaktuelle Berichterstattung zu beeinflussen, rückführbar ist. Rund 50 Prozent der innenpolitischen Journalisten haben aus ihrer beruflichen Erfahrung den Eindruck, dass solche Versuche in den letzten Jahren *intensiver* geworden wären. Vor fünf Jahren berichteten rund 60 Prozent der führenden innenpolitischen Journalisten von einer Zunahme angebotsorientierter Informationspolitik, professioneller Öffentlichkeitsarbeit und strategischen Aufmerksamkeitsmanagements politischer Spitzenakteure wie intensivierten Versuchen, massenmediale Themen- und Nachrichtenlagen kontextuell zu steuern (Plasser, Lengauer und Meixner 2004: 293–294).

Dabei setzen Politiker und deren Pressesprecher vorrangig *harte* Formen der direkten Einflussnahme ein. Jeder zweite innenpolitische Journalist wird häufig mit Interventionsversuchen politischer Spitzenakteure konfrontiert, die von erregten Anrufen beim Chefredakteur, Sendungsverantwortlichen bzw. Ressortleiter, eindringlichen Appellen an die redaktionelle Ausgewogenheit bis zu handfesten Drohungen mit politischen und ökonomischen Konsequenzen wie etwa der Aufkündigung bestehender werblicher Medienkooperationen reichen können. Erwartungsgemäß berichten ORF-Journalisten am häufigsten von Interventionsversuchen politischer Akteure, die sich offensichtlich auf den *Newsroom* der ZiB-Redaktion konzentrieren. Acht von zehn der befragten ORF-Fernsehmitarbeiter bezeichnen politische Interventionen als alltägliche Berufserfahrung, wie auch Ressortleiter politischer Nachrichtenmagazine unter einem beachtlichen Interventionsdruck stehen.

Zweithäufigste Praktik der Versuche, auf die redaktionelle Berichterstattung Einfluss zu nehmen, ist aus beruflicher Erfahrung innenpolitischer Journalisten das professionelle News Management politischer Eliten. In die Kategorie Nachrichtenmanagement fallen Informationsangebote, die offensichtlich nach journalistischen Kriterien aufbereitet wurden, massive Anstrengungen, bestimmte Themen in der massenmedialen Berichterstattung zu platzieren, wie Versuche der De-Thematisierung unerwünschter Problemlagen. Eine *reaktive* Version des Versuchs der Einflussnahme ist aus Sicht der innenpolitischen Journalisten in Telefonaten und E-Mails vorgebrachte Kritik an bereits publizierten Beiträgen, Bezweifeln der angesprochenen Faktenlage, unangemessene Autorisierungskorrekturen wie rechtfertigende Verweise auf missverstandene Fragen und problematische Interviewsituationen. Zu *proaktiven* Steuerungsversuchen zählt hingegen das Angebot von Informations-Deals – Tausch von Exklusivität gegen Publizität –, bei denen Politiker und Pressesprecher einem Journalisten ein knappes Gut – exklusive Informationen bzw. Nachrichten – im Tausch für redaktionelle Aufmerksamkeit anbieten bzw. die „Weitergabe von Informationen an Bedingungen ihrer Verbreitung knüpfen" (Hoffmann 2003: 304).

Tabelle 12
Praktiken der Einflussnahme auf die Berichterstattung

Frageversion: „Und wie würden Sie aus Ihrer beruflichen Erfahrung diese Versuche der Einflussnahme beschreiben? Was sind die häufigsten Praktiken oder Techniken, mit denen Sie als Journalist konfrontiert werden?"

In Prozent	Journalisten insgesamt	ORF-Fernsehen	Tages-zeitung	Zeit-schriften
Klassische Intervention	52	80	33	63
Professionelles News-Management	28	44	33	16
Beiträge im persönlichen Gespräch monieren	20	23	6	21
Angebote von Informations-Deals	19	12	25	26
Gezielte Informationsverweigerung und De-Thematisierung	17	32	15	5
Persönliche Vereinnahmungsversuche	16	4	21	26
Versuche, ein persönliches Vertrauens-verhältnis aufzubauen	14	12	17	21
Angebot von Exklusiv-Interviews und Exklusiv-Stories	6	0	6	16*
Kontakt-Steuerung und Privilegierung des Zugangs	6	4	8	5

Anmerkung: * = aber auch Gerüchte über politische Gegner lancieren. Offene Fragestellung. Nachträgliche Codierung der Verbatims.

Quelle: Befragung von N=154 innenpolitischen Journalisten und Journalistinnen (2008).

Durch gezielte Informationsverweigerung journalistische Recherchen zu unterbinden, Einladungen zu einem Studiointerview abzulehnen, Ersuchen um einen Interviewtermin zu ignorieren wie stereotypes Herunterspielen einer aktuellen

Problem- oder Krisensituation sind dabei Subvarianten einer *defensiven* Nachrichtensteuerung durch faktische Informationsverweigerung. Versuche, ein persönliches Vertrauensverhältnis aufzubauen, wie informelle Vereinnahmungsversuche durch gezieltes Ausnutzen der professionellen Eitelkeit von Journalisten zählen hingegen zu *Netzwerk*-orientierten Praktiken politischer Öffentlichkeitsarbeit, die in härterer Variante in einer gezielten Steuerung des Informationszugangs münden kann (Plasser, Hüffel und Lengauer 2004). Tatsächlich ist das Anbieten von Exklusivstories und Exklusivinterviews im Repertoire politischer Öffentlichkeitsarbeit ein häufig eingesetztes Instrument *selektiver* Mediensteuerung, das umso erfolgreicher ist, je härter sich die Konkurrenz am Markt für öffentliche Aufmerksamkeit darstellt (Plasser und Ulram 2004; Stark und Magin 2009).

Dichte politische Vereinnahmungsstrategien in Verbindung mit gezielter Steuerung der Interaktionsbeziehungen stehen für eine asymmetrische, von den politischen Eliten in sensiblen Bereichen *kontrollierte* politische Kommunikationskultur, die Bennett und Livingston (2003) mit den Stichworten *„managed news"* und *„semi-independent press"* beschreiben (Plasser, Lengauer und Meixner 2004: 295). Offensive Interventionsversuche werden dabei wenig überraschend *über*proportional von Journalisten der ORF-Fernsehinformation berichtet, wie insgesamt die innenpolitischen Redaktionen der ORF-Fernseh- und Radiostudios unter erheblichem Interventionsdruck politischer Eliten stehen. Aufgefächerter stellen sich hingegen die Versuche der Mediensteuerung für Journalisten aus Tageszeitungen dar, die häufiger als ORF-Redakteure mit informellen, Netzwerk-orientierten Vereinnahmungstechniken konfrontiert werden. Chefredakteuren und Ressortleitern politischer Nachrichtenmagazine wiederum begegnen im journalistischen Alltag sowohl harte, direkte Interventions- wie persönliche Vereinnahmungsversuche politischer Eliten.

Neben intensiven Tauschangeboten und Versuchen, Informations-Deals abzuschließen, erwünschte Recherchespuren zu legen wie redaktionelle Aufmerksamkeit für eine Story zu gewinnen, nutzen politische Eliten ihre Kontakte zu Nachrichtenmagazinen offensichtlich auch zum Lancieren von Gerüchten über politische Gegner wie für gezielte Skandalisierung und Diffamierung. Der Versuchung informationeller Tauschangebote zu widerstehen, professionelle Distanz zu wahren und Interventionen abzublocken, fällt politischen Journalisten dabei in einer kleinräumigen *parteien*dominierten Kommunikationskultur und eng verflochtenen Beziehungen zwischen Redakteuren und einzelnen Politikern schwerer als in einer *medien*zentrierten Kommunikationskultur, die sich durch ausgeprägte Distanz zwischen Journalisten und politischen Eliten auszeichnet (Pfetsch 2003a: 51–53).

5. Professionelle Orientierungen der Akteursgruppen

Politische Kommunikationskulturen unterscheiden sich in der „geschäftsmäßigen Produktion, Verarbeitung und Vermittlung politischer Botschaften" (Pfetsch und Maurer 2008: 102), wobei hier die Outputseite des politischen Kommunikationssystems angesprochen ist. Im Kern geht es dabei um das professionelle Verständnis der beiden an der Konstruktion politischer Realitätsausschnitte beteiligten Akteursgruppen, das am Beispiel von *zwei* Indikatoren – dem Nachrichtenwertverständnis von Journalisten und Politikern wie dem Rollenverständnis der Politiker als Öffentlichkeitsarbeiter in eigener Sache – näher untersucht werden soll. Ausgangspunkt ist die These einer weitgehenden Annäherung der Kommunikationsorientierungen politischer Eliten an redaktionelle Aufmerksamkeits- und Präsentationsregeln. Gurevitch und Blumler sprechen in diesem Zusammenhang von einer „extensiven Identifikation der politischen Eliten mit den professionellen Strategien und Taktiken politischer Öffentlichkeitsarbeit" (1990: 326), die zu einem *redaktionellen* Politikverständnis der Eliten führt, das professionelle journalistische Erwartungen und Selektionsregeln quasi internalisiert hat (Plasser 2004b).

Tatsächlich eröffnet das Wissen um den *modus operandi* des journalistischen Gegenübers politischen Eliten die Möglichkeit, auf die redaktionelle Themengenerierung und thematische Rahmung *(Framing)* der Berichterstattung Einfluss zu nehmen wie den Erwartungen der Journalisten an berichtenswerten Aussagen und Botschaften entgegenzukommen. Die Kenntnis und Vertrautheit mit redaktionellen Aufmerksamkeits- und Selektionsregeln in Verbindung mit der Fähigkeit zur medien- und kameragerechten Selbstpräsentation gestattet es versierten Politikern massenmediale Präsenzchancen zu optimieren und Interviewsituationen zu kontrollieren.

Eine Schlüsselkompetenz ist dabei die Kenntnis journalistischer Anforderungen an berichtenswerte Nachrichten. In der redaktionellen Praxis orientieren sich Journalisten bei ihren Entscheidungen, was eine berichtenswerte Nachricht ist, an Nachrichtenfaktoren wie Status und Prominenz der Akteure, Konfliktintensität einer Aussage, der Tragweite und Relevanz eines Ereignisses, dem Grad der Betroffenheit, der Affinität einer Aussage zur aktuellen Nachrichtenlage, der Dynamik wie dem Überraschungsgehalt einer Aussage oder Aktion. Die professionelle Orientierung der Journalisten an Nachrichtenfaktoren ist auch eine Erklärung dafür, „dass Konflikte und Kontroversen in der Medienberichterstattung eine große Rolle spielen, dass über Ereignisse nur die Kulminationspunkte und die Oberfläche des Geschehens berichtet werden, dargestellt am Handeln von mächtigen Akteuren, und dass insgesamt die Medien ein episodisches, sehr fraktioniertes Bild der Wirklichkeit vermitteln" (Schulz 2008: 89–92).

Befunde einer explorativen Befragung führender innenpolitischer Journalisten und politischer Öffentlichkeitsarbeiter, die vor fünf Jahren durchgeführt wurde, zeigten eine *hohe* Übereinstimmung der beiden Akteursgruppen in der Bewertung ausgewählter Nachrichtenfaktoren, verwiesen aber gleichzeitig auch auf unterschiedliche Akzente im Nachrichtenwertverständnis von Pressesprechern und redaktionellen Praktikern. So vermuteten Pressesprecher, dass sich Journalisten bei ihren Publikationsentscheidungen primär am Konfliktgehalt einer Aussage und ihrer Exklusivität orientieren, während für innenpolitische Journalisten der Aktualitäts- und Neuigkeitswert einer Aussage wie deren Tragweite und mögliche Konsequenzen höherwertige Nachrichtenfaktoren darstellten. Offensichtlich *unter*schätzten Pressesprecher Nachrichtenfaktoren wie Informationsgehalt, Relevanz und Tragweite einer Politikeraussage und *über*schätzten gleichzeitig die Attraktivität pointierter „Sager" für professionelle Nachrichtenjournalisten (Plasser, Hüffel und Lengauer 2004: 343–344).

Die Daten der Befragung von innenpolitischen Journalisten und Angehörigen der politischen Elite gestatten es der Frage nachzugehen, inwieweit sich österreichische Politiker als Kommunikatoren professionalisiert, d. h. redaktionellen Erwartungen und Berichterstattungsregeln angenähert haben. Eine *hohe* Übereinstimmung der beiden Akteursgruppen bei der Einschätzung der Relevanz zentraler Nachrichtenfaktoren wäre dabei ein Indiz für fortgeschrittene Fähigkeiten politischer Eliten, die Berichterstattung in Kontakten mit Medienvertretern (mit) zu steuern. Politiker wären in diesem Fall in der Lage, die professionellen Erwartungen von Journalisten zu antizipieren und nicht nur die Themen der Berichterstattung, sondern auch deren redaktionelle Vermittlung teilweise zu kontrollieren. Im Fall nur *geringer* Übereinstimmung bliebe die Trennschärfe zwischen redaktioneller und politischer Kommunikationslogik erhalten, was nicht bedeutet, dass Politiker nicht mit anderen Mitteln versuchten, die Berichterstattung zu beeinflussen.

Trotz der extensiven Identifikation politischer Eliten mit professionellen Strategien und Taktiken politischer Öffentlichkeitsarbeit *unterscheidet* sich das Nachrichtenwertverständnis von Journalisten und Politikern deutlich. Übereinstimmung herrscht zwischen beiden Akteursgruppen nur, was die zentrale Bedeutung des Nachrichtenfaktors Neuigkeitswert betrifft, den Journalisten wie Politiker als wichtigstes Kriterium für die redaktionelle Beachtung eines innenpolitischen Ereignisses bzw. der Aussage eines Spitzenpolitikers anführen. Hingegen *unter*schätzen politische Eliten das Gewicht von Nachrichtenfaktoren wie Tragweite, Konsequenzen und Grad der Betroffenheit für redaktionelle Auswahlentscheidungen, während sie gleichzeitig die Bedeutung des Konfliktgehalts einer Aussage wie deren medialer Vermittelbarkeit *über*schätzen. Zwischen den professionellen Anforderungen innenpolitischer Journalisten an berichtenswerte Aussagen von Politikern und den Mutmaßungen von Politikern über redaktionelle Erwartungen der Journalisten herrscht eine *Kluft*, die Potenziale für wechselseitige Missverständnisse, Fehlinterpretationen und Frustrationen birgt.

Tabelle 13
Redaktionelle Nachrichtenfaktoren aus Sicht von Journalisten und Politikern

Frageversion: „Was sind aus Ihrer Perspektive die wichtigsten Kriterien, damit einem innenpolitischen Ereignis oder der Aussage eines österreichischen Spitzenpolitikers ein hoher Nachrichtenwert zugeordnet und darüber berichtet wird?"

In Prozent	Journalisten	Politiker
Neuigkeitswert – Aktualität	74	61
Potenzielle Tragweite und Konsequenzen	58	20
Betroffenheit, räumliche Nähe	50	27
Überraschungsgehalt	29	10
Inhaltliche Substanz	23	15
Mediale Vermittelbarkeit, Visualisierbarkeit, Personalisierung	18	48
Status und Prominenz der Akteure	19	16
Konfliktgehalt	18	49
Exklusivität	9	8
Glaubwürdigkeit der Quelle	8	5
Stimmigkeit mit der Nachrichtenlage	8	12
Emotionsgehalt	6	15
Unterhaltungswert	6	8
Negativitätsgehalt	5	16
Auswirkungen auf Reichweite/Quote	3	6

Anmerkung: Offene Fragestellung. Mehrfachangaben. Nachträgliche Codierung der Antworten.

Quelle: Befragung von N=154 innenpolitischen Journalisten und Journalistinnen bzw. N=146 Angehörigen der politischen Elite in Österreich (2008).

Offensichtlich stößt die Fähigkeit politischer Eliten zum *persönlichen* Nachrichtenmanagement in der Praxis an enge Grenzen, misst man diese Fähigkeit vorrangig an der Vertrautheit politischer Spitzenakteure mit journalistischen Selektionsregeln. Ihre Fehleinschätzungen werden aber arbeitsteilig *kompensiert*, da sich politische Eliten in Vorbereitung auf Medienauftritte auf die kompetente Beratung ihrer Pressesprecher und Öffentlichkeitsarbeiter abstützen können, die mit der journalistischen Produktionslogik wie redaktionellen Erwartungen ungleich vertrauter sind als die Mehrzahl der im Rampenlicht stehenden Spitzenpolitiker.

Tatsächlich stellen sich Politiker dem medialen Rampenlicht nicht unvorbereitet. So investieren österreichische Politiker *beachtliche* Zeitspannen ihres Arbeitstages in persönliche Kontakte mit Medienvertretern bzw. die Vorbereitung auf massenmediale Auftritte. Rund ein Drittel der befragten Politiker und

Politikerinnen verbringt täglich mehr als zwei Stunden mit persönlichen oder telefonischen Kontakten mit Journalisten bzw. der Vorbereitung auf Pressekonferenzen oder Studiointerviews. Ein weiteres Viertel widmet sich täglich zumindest ein bis zwei Stunden der Vorbereitung auf Medienkontakte. Im dichten Terminkalender politischer Spitzenakteure haben die Planung von Studioauftritten, Presseinterviews wie Telefonate mit Journalisten und informelle Pressekontakte einen prominenten Stellenwert, der die zentrale Bedeutung massenmedialer Präsenz für das Rollenverständnis politischer Entscheidungseliten unterstreicht (Plasser 2004b; Helms 2008).

In ihrer persönlichen Mediennutzung unterscheiden sich redaktionelle und politische Eliten *deutlich* vom Informationsverhalten des Publikums. Sind für 55 Prozent der Bevölkerung „Zeit im Bild"-Ausgaben und für 39 Prozent ORF-Radionachrichten und Journalsendungen die wichtigsten politischen Informationsquellen, sind für Journalisten wie Politiker Tageszeitungen die beruflich wichtigsten Medien. An zweiter Stelle folgen bei Journalisten erwartungsgemäß Nachrichtenagenturen. Fernsehnachrichten spielen hingegen für Journalisten und Politiker im persönlichen Informationsrepertoire eine vergleichsweise nachrangige Rolle. So wichtig es für Politiker ist, in den Nachrichten- und Magazinformaten des ORF präsent zu sein, so gering ist die Relevanz der TV-Berichterstattung für ihre *professionellen* Informationsbedürfnisse, die von Tageszeitungen und APA-Meldungen offensichtlich besser abgedeckt werden. Letzteres mag zunächst als Nutzungs-*Paradoxon* gewertet werden, das sich aber auflöst, differenziert man zwischen Kommunikations- und Informationsbedürfnissen. Als Kommunikationsplattform, mit der hunderttausende Wählerinnen und Wähler erreicht und angesprochen werden können, ist das Medium Fernsehen für Politiker und Kommunikationsstrategen unbestrittenes Leitmedium. Geht es aber darum, sich selbst über aktuelle Vorgänge zu informieren, die Nachrichten- und Kommentarlage zu analysieren, öffentliche Meinungs- und Stimmungslagen zu interpretieren, stützen sich Politiker vorrangig auf die Lektüre von Tageszeitungen.

Mediennutzung ist eine zentrale Form routinisierten journalistischen Handelns (Reinemann 2003). Nach Einzelnennungen aufgeschlüsselt, nutzt eine Mehrheit der Journalisten die Informationsangebote der APA wie der Tageszeitungen Presse, Standard und Kurier, die gemeinsam mit Profil und orf.at zu professionellen Leitmedien gezählt werden. Konzentriert sich die berufliche Mediennutzung von Journalisten vorrangig auf die erwähnten Qualitätszeitungen, wird von Politikern ungleich häufiger auch auf die Kronen Zeitung verwiesen. Jeder Dritte bezeichnet die Kronen Zeitung als *wichtigste* Informationsquelle und persönliches Leitmedium. Offensichtlich haben Berichterstattung und redaktionelle Linie der Kronen Zeitung für Politiker eine bedeutsamere Orientierungs- und *Signal*funktion als für Journalisten, die nur vereinzelt die Kronen Zeitung als berufliches Leitmedium bezeichnen. Die Kronen Zeitung zählt auch für 37 Prozent des Medienpublikums zu den wichtigsten Informationsquellen über innenpolitische Ereignisse und Vorgänge und erfüllt als persönliches Leitmedium eine bedeutsame Orientierungsfunktion. Mit professionell erklärbaren Akzenten steht das Mediennutzungsverhalten der Politiker dem des Medienpublikums näher als dem der Journalisten.

Tabelle 14
Wichtigste Informationsquellen redaktioneller und politischer Eliten bzw. des Medienpublikums

Frageversion für Politiker und Journalisten:
„Welche österreichischen Zeitungen, Magazine, Agenturen, Online-Medien oder TV- und Radio-Sendungen sind für Sie die drei wichtigsten Quellen, die Sie beruflich nutzen – also Ihre persönlichen ‚Leitmedien'?"

Frageversion für Publikum:
„Was sind für Sie persönlich die wichtigsten Informationsquellen über innenpolitische Ereignisse und Vorgänge? Welche Sendungen und Zeitungen sind da Ihre persönlichen ‚Leitmedien'?"

In Prozent	Journalisten	Politiker	Publikum
Der Standard, Die Presse	63	51	19
APA	58	32	–
Profil, Format, News	23	15	7
ZiB-Sendungen	22	29	55
Kurier	22	17	14
orf.at	20	22	8
ORF-Radionachrichten und Journalsendungen	8	10	39
Regionale Tageszeitungen	8	15	22
Kronen Zeitung	7	31	37
derstandard.at	7	26	(13)
Österreich	5	4	6
Kleine Zeitung	3	6	14
ORF-Teletext	3	4	5
Heute bzw. Gratiszeitungen	0	1	4

Anmerkung: Offene Fragestellung. Codierung der Nennungen. ( ) = plus andere Internet-Quellen und Online-Nachrichtenportale.

Quelle: Befragung von N=154 innenpolitischen Journalisten und Journalistinnen bzw. N=146 Angehörigen der politischen Elite in Österreich (2008) bzw. telefonische Befragung eines repräsentativen Querschnitts von N=500 der österreichischen Bevölkerung (2009).

Die Vorbereitung auf Medienkontakte und Medienauftritte ist ein arbeitsintensiver wie arbeitsteiliger Vorgang. Dabei stützen sich Politiker nicht nur auf ihre Pressesprecher und Öffentlichkeitsarbeiter, die wiederum häufig auf eine langjährige Tätigkeit im politischen Journalismus zurückblicken können, sondern ebenso auf die *Beratung* von hauptberuflichen innenpolitischen Journalisten, die sich gegen Honorar als Mediencoaches zur Verfügung stellen, studio- und kameragerechtes Auftreten lehren und Medientrainingskurse anbieten. Vierzig Prozent der österreichischen Politiker und Politikerinnen haben sich in den letzten fünf Jahren über den professionellen Umgang mit Medien von Journalisten beraten und bei ihren Vorbereitungen auf Medien-, insbesondere TV-Auftritte durch Medienprofis unterstützen lassen. Weitere zwanzig Prozent haben einschlägige Beratungsdienste punktuell in Anspruch genommen.

Trotz der Häufigkeit, mit der Politiker Medienberatung bei professionellen politischen Journalisten suchen, ist der Anbietermarkt einschlägiger Serviceleistungen personell überschaubar und konzentriert sich auf ein rundes Dutzend journalistischer *Entrepreneure*, die ihre professionelle Kompetenz konsultativ vermarkten. Nur zehn der 154 befragten innenpolitischen Journalisten haben nach eigenen Angaben in den letzten Jahren einschlägige Beratungsdienste geleistet. Fünf Journalisten stellen sich häufig als Medienberater zur Verfügung. Selbst wenn man die Zurückhaltung bei der Beantwortung dieser sensiblen Frage in Rechnung stellt, betreibt nur ein überschaubarer Kreis innenpolitischer Journalisten Mediencoaching für Politiker, dem es aber nicht an Nachfrage seitens beratungsbedürftiger Politiker mangelt.

Trotzdem entsprechen die Medien- und Studioauftritte professionell trainierter Spitzenpolitiker nur teilweise journalistischen Erwartungen, die bei Studiogesprächen und ZiB-Interviews mit politischen Eliten vielfach enttäuscht werden. So beurteilen innenpolitische Journalistinnen und Journalisten die *Qualität* von Politikern als Interviewpartner tendenziell kritisch. Ein Viertel der Journalisten bewerten das Verhalten der von ihnen interviewten Politiker als überwiegend mangelhaft und unprofessionell. Nur jeder Dritte bezeichnet es als überwiegend professionell, jeder Zweite nimmt von einer einheitlichen Bewertung Abstand. Die stärkste Unzufriedenheit und professionelle Frustration äußern Journalisten aus Rundfunk und Fernsehen. So qualifizierten 2003 zwei Drittel der befragten ORF- bzw. ATVplus-Redakteure die Qualität österreichischer Spitzenpolitiker als Interviewpartner und Studiogäste als überwiegend mangelhaft und unprofessionell (Plasser, Lengauer und Meixner 2004: 288).

Deutlich *verhaltener* kritisieren umgekehrt Politiker den Stil ihrer journalistischen Interviewpartner. Jeder Dritte bewertet aus seiner persönlichen Erfahrung die professionelle Qualität der Journalisten als Gesprächspartner positiv, nur jeder Sechste übt Kritik an den journalistischen Interviewpraktiken, 60 Prozent enthalten sich einer pauschalen Beurteilung. Offensichtlich neigt ein Teil der Politiker dazu, die Erwartungen und Rolle ihrer journalistischen Interviewpartner zu missverstehen, und interpretiert härtere Fragestellungen, kritische Gegenargumente und gezieltes Ansprechen akuter Probleme als persönliche Angriffe und professionelle Rollenüberschreitung des Journalisten. Umgekehrt sehen Journalisten ihre Aufgabe darin, Politiker aus der Reserve zu locken und deren Absicht, das Studiogespräch zur Distributionsplattform vorbereiteter Botschaften zu machen, zu durchkreuzen. Offen bleibt die Frage, inwieweit das Training der Spitzenpolitiker auf *Message Discipline*, Botschafts-Dreiecke und ausweichendes Antworten zu vielfach frustrierenden Interviewerfahrungen innenpolitischer Journalisten im TV- und Radiostudio beiträgt.

Aus Sicht der Journalisten deplorable Studioauftritte einzelner Spitzenpolitiker bedeuten nicht, dass Politiker insgesamt bei ihren Versuchen der Nachrichtensteuerung scheitern. Was die erfolgreiche Umsetzung professioneller Techniken des Nachrichtenmanagements betrifft, attestieren vier von zehn Journalisten den Politikern, mit Erfolg Einfluss auf die Themen der öffentlichen Diskussion zu nehmen. Weitere 44 Prozent äußern sich verhaltener, nur jeder Sechste zweifelt am erfolgreichen Themenmanagement politischer Eliten. Spiegelbildlich bewerten Politiker ihren Einfluss auf die Themen der öffentlichen Diskussion. Vier von zehn Politikern bescheinigen politischen Eliten, bei der öffentlichen Themensetzung und Akzentuierung durchaus erfolgreich zu agieren, 42 Prozent ziehen eine gemischte Bilanz. Nur jeder Sechste geht von einem Scheitern einschlägiger Versuche der Politiker aus. Gehen beide Akteursgruppen tendenziell von einem *erfolgreichen* Bemühen politischer Spitzenakteure aus, die massenmediale Themenlage zu beeinflussen, unterscheiden sich die Begründungen für das erfolgreiche Themenmanagement politischer Eliten nur in Nuancen.

Aus Sicht der Journalisten ist in der Mehrzahl der Fälle Zeitdruck dafür verantwortlich, dass Journalisten die Deutungsmuster und Sprachregelungen der Politiker akzeptieren. Die Beschleunigung der Nachrichtenzyklen, die Arbeitsüberlastung wie erhöhter Termindruck verknappen die Zeit, vertiefte Recherchen durchzuführen, und begünstigen einen kurzatmigen *Termin*journalismus, der Sprachregelungen politischer Eliten unkritisch in die Berichterstattung einfließen lasse. Gleichermaßen sprechen Journalisten aber selbstkritisch auch problematische Entwicklungen ihrer Profession an und verweisen mit Blick auf redaktionelle Sparmaßnahmen auf mangelnde Praxiserfahrung und sachliche Inkompetenz überforderter Kollegen, die von ungleich erfahreneren Spitzenpolitikern gezielt ausgenutzt werde. Aus Sicht der Journalisten zeigen aber auch professionelle Kommunikationstechniken, die Politikern in den letzten Jahren von Mediencoaches und PR-Beratern nahegelegt wurden, Wirkung. Repetitives Wiederholen der Kernargumente, beharrliches Thematisieren ausgewählter Kernbotschaften, Insistieren auf einem selektiven Standpunkt wie penetrantes *„Stay on Message"* einzelner Spitzenpolitiker begünstigen eine resignative Akzeptanz bei Journalisten und Moderatoren, die in zahlreichen Studiointerviews beobachtbar wäre, bei denen Politiker ihre Auftrittschancen rücksichtslos optimieren. Last not least sprechen Journalisten aber auch härtere Erklärungen für erfolgreiches Themenmanagement politischer Spitzenakteure an und verweisen dabei auf Interventionen und Druck auf die Chefredaktionen, Einfordern einer angemessenen Berücksichtigung in den Nachrichtensendungen, Androhen von Konsequenzen, Drohen mit einem Informationsembargo wie dem Ausspielen wirtschaftlicher Druckmittel auf das Medienunternehmen, Kürzungen der Werbeeinschaltungen bzw. Aufkündigung bestehender Medienkooperationen.

Politiker wiederum führen ihr erfolgreiches Themen- und Nachrichtenmanagement vorrangig auf die inhaltliche Argumentation und ihr Bemühen um verständliche und eingängige Botschaften zurück. Mediengerechte „Sager", transportfähiges *Wording* und an der journalistischen Sprache orientierte Ausdrucksweise gelten unter Politikern als Voraussetzungen für eine gezielte Akzentuierung der redaktionellen Berichterstattung. Ebenso häufig wird auf persönliche Vertrauensverhältnisse zu Journalisten und professionelle Beziehungspflege durch exklusive Informationsangebote und „*off-the-records*"-Informationen verwiesen. Schlüssig dargestellte Problemlösungen, inhaltliche Kompetenz wie souveräne Kenntnis von Zahlen, Daten und Fakten gestatten ihnen ihre fachliche Kompetenz und ihren Wissensvorsprung in der Sache gegenüber Journalisten auszuspielen.

Neben professioneller Pflege der Beziehungen zu Journalisten und dem Bemühen, eine vertrauensvolle Gesprächsrelation herzustellen, setzen Politiker erfolgreiche Medienkontakte nicht zuletzt mit dem Bemühen um Glaubwürdigkeit und Authentizität in Verbindung. Kritische Fragen von Journalisten zuzulassen, ernsthafte Auseinandersetzung mit einem Thema, Engagement in der Sache und betonte Fairness im Umgang mit Journalisten gelten als Rahmenbedingungen produktiver Medienbeziehungen. Nur in Akzenten unterscheiden sich die Begründungen der beiden Akteursgruppen, wobei Journalisten häufiger auf das Arsenal professioneller Kommunikationstechniken verweisen, das sich Politiker angeeignet hätten, während Politiker häufiger ihr persönliches Kommunikationsgeschick wie ihre fachliche Kompetenz und Überlegenheit als Ursachen erfolgreicher „*Spin*"-Versuche werten.

In Summe haben *zwei* vom Journalismus ausgehende Entwicklungen zu einer nachhaltigen Steigerung der massenmedialen Auftrittskompetenz von Politikern beigetragen: die erhöhte Bereitschaft von politischen Journalisten, die beruflichen Seiten zu wechseln *(crossing the line)* und vom Journalismus in die politische Öffentlichkeitsarbeit zu wechseln, wie die Herausbildung eines journalistischen Medienberatungsmarktes, der im Branchenverzeichnis an einer Vielzahl neugegründeter PR- und Public Affairs-Beratungsfirmen nachzulesen ist.[11] An diesen sind journalistische Medienberater entweder direkt beteiligt oder werden durch Makler- und Vermittlungsdienste einschlägiger Firmengruppen an interessierte Politiker empfohlen. Beide Entwicklungen sorgen konsequenterweise für einen *Transfer* originär journalistischer Handlungslogiken in das politische Handlungssystem.

Wie sehr sich die Imperative eines *redaktionellen* Politikverständnisses (Plasser 2004b) unter den politischen Eliten Österreichs ausgebreitet haben, verdeutlichen die Einschätzungen von Politikern, mit welchen Mitteln man am wirksamsten öffentliche Aufmerksamkeit wecken könne. Das aus Sicht von 80 Prozent der Politiker mit Abstand wirkungsvollste Mittel, öffentliche Aufmerksamkeit zu gewinnen,

---

11 Siehe u. a. den Beitrag von Stefan Brocza „Das Meinungskartell" in der Zeitschrift *Datum* 7-8/2009, 17–21.

ist ausgewählten Journalisten gezielt Informationen zuzuspielen. Als durchaus wirkungsvoll wird auch die Dramatisierung eines Ereignisses oder Themas angesehen. Bezeichnet knapp die Hälfte der befragten Politiker Auftritte in politischen Talk-Shows als wirkungsvolle Plattform, öffentliche Aufmerksamkeit zu wecken, stufen hingegen nur sieben Prozent der Politiker eine Rede im Parlament als wirkungsvolle Kommunikationsaktivität ein. Offensichtlich gilt die parlamentarische Öffentlichkeit im Vergleich zu massenmedialen Auftrittsbühnen als vernachlässigbar und verspricht ein Auftritt als Studiogast in einem Talk-Show-Format das Vielfache an öffentlicher Aufmerksamkeit, die mit einer rhetorisch brillanten Rede im Plenarsaal erreicht werden kann (Müller und Steininger 2001). Wenig überraschend decken sich hier die Bewertungen der Journalisten vollinhaltlich mit den Einschätzungen der Politiker.

Zonen konsensualer Übereinstimmung zeichnen sich auch in den Mutmaßungen beider Akteursgruppen ab, warum Politiker und Politikerinnen so starkes Interesse an Medienpräsenz und prominenten Medienauftritten haben. Während aus Sicht der Journalisten vorrangig das Streben nach Prominenz und strategische Absichten treibende Motive sind, warum Politiker so intensiv nach Medienpräsenz streben, ist es aus Sicht der Politiker ihre Absicht, die Bevölkerung umfassend über politische Vorhaben zu informieren. Journalisten bewerten hingegen die altruistischen Informationsabsichten der Politiker skeptischer und vermuten handfeste persönliche und taktische Motive hinter dem Streben der Politiker, in der redaktionellen Berichterstattung präsent zu sein. Die skeptische Einschätzung der Motive von Politikern wird vom Medienpublikum geteilt, das den Politikern mehrheitlich persönliche und taktische Absichten unterstellt.

Journalisten urteilen aber nicht nur kritisch über Kommunikationsmotive und Kommunikationsstrategien politischer Eliten, sie zeigen gleichermaßen selbstkritische *Schärfe*, geht es um Fehlentwicklungen und problematische Trends der redaktionellen Politikvermittlung, die sich bereits in den Daten der Befragung führender innenpolitischer Journalisten aus dem Jahr 2003 widerspiegelte. Transnationale Trends wie die Tendenz, Konflikte in den Mittelpunkt der Berichte zu stellen, und die zunehmende Personalisierung der Berichterstattung zeichneten sich nach Meinung der überwiegenden Mehrheit der journalistischen Interviewpartner bereits deutlich im österreichischen Politikjournalismus ab. Für jeden zweiten innenpolitischen Spitzenjournalisten waren auch Tendenzen zu erkennen, Politik in einer unterhaltsamen Form zu präsentieren und das Negative in den Mittelpunkt der Berichterstattung zu stellen. Jeder zweite journalistische Interviewpartner sah gleichzeitig auch in Österreich einen korrigierenden Trend in Richtung eines reflexiven *Meta-Journalismus*, dem es darum geht, den Inszenierungscharakter von Politik für das Publikum herauszuarbeiten (Esser 2008). Differenzierter wurden hingegen Trends wie die Verknappung der Präsenz und Auftritte von Spitzenpolitikern in Nachrichtensendungen, das Ausblenden komplexer, nur schwer vermittelbarer Themen und der Verzicht auf zeitaufwändige Recherchen beurteilt, die nur von jeweils einem Drittel der befragten Spitzenjournalisten in ausgeprägter Form im journalistischen Alltag beobachtet wurden (Plasser, Lengauer und Meixner 2004: 270–272).

Tabelle 15
Mutmaßungen über die Motive für Medienauftritte von Politikern und Politikerinnen

Frageversion für Journalisten und Medienpublikum:
„Im Folgenden interessiert uns Ihre Wahrnehmung der Öffentlichkeitsarbeit von Politikern. Wie sehr treffen Ihrer Meinung nach die folgenden Aussagen zu – auf einer Skala von „1 – trifft überhaupt nicht zu" bis „5 – trifft voll und ganz zu"."

Frageversion für Politiker und Pressesprecher:
„Im Folgenden interessiert uns Ihr Selbstverständnis als Politiker, wenn Sie über die Medien kommunizieren. Bitte bewerten Sie die Wichtigkeit der folgenden Aussagen auf einer Skala von „1 – überhaupt nicht wichtig" bis „5 – sehr wichtig"."

In Prozent trifft zu bzw. bei Politikern persönliche Wichtigkeit (jeweils Skalenpositionen 4+5)	Journa-listen (N=154)	Presse-sprecher (N=60)	Politiker (N=86)	Publikum (N=500)
Politiker treten vor allem in den Medien auf, um sich selbst bekannter zu machen.	89	88	60	81
Politiker treten vor allem in den Medien auf, um für die Ansichten ihrer Partei zu werben.	86	81	77	78
Politiker treten vor allem in den Medien auf, um über die Medien politische Entscheidungen zu beeinflussen.	82	81	70	58
Politiker treten vor allem in den Medien auf, um die Bevölkerung umfassend über alle Aspekte ihrer politischen Vorhaben zu informieren.	13	42	91	34

Quelle: Befragung von N=154 innenpolitischen Journalisten und Journalistinnen bzw. N=146 Angehörigen der politischen Elite in Österreich (2008) bzw. telefonische Befragung eines repräsentativen Querschnitts (N=500) der österreichischen Bevölkerung (2009).

Fünf Jahre später erhobene Befunde einer vergleichbaren Befragung innenpolitischer Journalisten und Journalistinnen *bekräftigen* die selbstkritischen Einschätzungen österreichischer Spitzenjournalisten und zeichnen ein übereinstimmendes Bild problematischer Trends im politischen Journalismus Österreichs, das in einigen Punkten noch konturierter und schärfer ausfällt als bei der explorativen Studie aus dem Jahr 2003. Erhöhte Konfliktzentrierung und Personalisierung der Berichterstattung, Trend zu *Infotainment* und Unterhaltungselementen werden von den befragten Journalisten in der österreichischen Politikberichterstattung ebenso beobachtet wie das verstärkte Bemühen, den Inszenierungs- und Show-Charakter von Politik für die Leser- und Seherschaft herauszuarbeiten. Jeder zweite Journalist merkt darüber hinaus selbstkritisch an, dass Journalisten mehr an taktischen Aspekten von Politik als an Sachinhalten interessiert wären und die mediale Darstellung der Politiker insgesamt negativer werde.

In der Einschätzung problematischer Entwicklungen der redaktionellen Politikvermittlung zeichnet sich ein auffallender *Gleichklang* zwischen Journalisten und Politikern ab, wobei sich die kritischen Beobachtungen der Politiker nur in Nuancen vom selbstkritischen Blick professioneller Journalisten unterscheiden. So sehen Politiker noch schärfer als Journalisten eine verstärkte Tendenz, Negatives in den Mittelpunkt der Berichte zu stellen, konstatieren aus ihrem Blickwinkel häufiger eine Verknappung der Beiträge und O-Töne in Fernseh- und Radionachrichten und sehen schärfer als Journalisten einen Trend zum kommentierenden *Meinungs*journalismus zu Lasten faktenorientierter Berichterstattung.

Tabelle 16
Problematische Trends im politischen Journalismus

Frageversion: „In der Öffentlichkeit wird über verschiedene Entwicklungen des politischen Journalismus diskutiert. Bitte beurteilen Sie die folgenden Aussagen auf einer Skala von „1 – trifft überhaupt nicht zu" bis „5 – trifft voll und ganz zu"."

In Prozent „trifft zu" (Skalenpositionen 4+5)	Journalisten	Politiker
Journalisten stellen vermehrt Konflikte in den Mittelpunkt ihrer Berichterstattung.	80	89
Journalisten stellen zunehmend Personen in den Vordergrund und Mittelpunkt ihrer Politik-Berichte.	71	78
Journalisten versuchen verstärkt den Inszenierungscharakter von Politik für die Rezipienten herauszuarbeiten.	66	60
Politikberichterstattung wird immer mehr zu Unterhaltung und Show.	55	65
Journalisten sind mehr an den taktischen Aspekten von Politik interessiert als an deren Sachinhalten.	54	69
Politiker werden in den Medien zunehmend negativ dargestellt.	49	69
Journalisten vermeiden es zunehmend, umfassend über komplexe Debatten und Sachthemen zu berichten.	45	60
Journalisten verzichten in ihrer Arbeit immer mehr auf zeitaufwändige Recherchen.	44	71
Journalisten versuchen zunehmend, generell das Negative in den Mittelpunkt der Berichterstattung zu stellen.	44	70
Journalisten verkürzen die Bericht- und Beitragslängen zusehends.	42	58
Journalisten trennen in ihren Politik-Darstellungen immer weniger zwischen Nachricht und Meinung.	33	63
Journalisten konzentrieren sich zunehmend auf das Privatleben von Politikern.	25	35
Journalisten lassen PolitikerInnen im O-Ton immer weniger und kürzer selbst zu Wort kommen.	26	45
Der Umfang der Politikberichterstattung nimmt kontinuierlich ab.	23	27

Quelle: Befragung von N=154 innenpolitischen Journalisten und Journalistinnen bzw. N=146 Angehörigen der politischen Elite in Österreich (2008).

Trotz unterschiedlicher Interessenlagen, professioneller Normen und beruflicher Handlungslogiken stimmen die beiden Akteursgruppen in ihrer *generellen* Einschätzung der politischen Kommunikationspraxis weitgehend überein. Schärfere Unterschiede zeichnen sich bei den Bewertungen der Beziehungen zwischen Politik und Journalismus ab, die von Journalisten konflikt- und spannungsgeladener gesehen werden als von politischen Eliten. Tendieren Politiker dazu, journalistische Berufsnormen und redaktionelle Nachrichtenstandards zu *unter*schätzen, *über*schätzen sie gleichzeitig die Qualität ihrer persönlichen Beziehungen zu Journalisten wie ihre steuernde Rolle im politischen Kommunikationsprozess. Noch schärfer und ausgeprägter werden die Wahrnehmungsunterschiede zwischen Journalisten und Politikern, nähert man sich den *neuralgischen* Schnittpunkten der Beziehungen zwischen Medien und Politik: den Versuchen politischer Eliten, auf die redaktionelle Berichterstattung Einfluss zu nehmen. Hier unterscheiden sich die beruflichen Erfahrungen der Journalisten *gravierend* von der stilisierten Kommunikatorpose der Politiker und zeichnet sich ein hart geführter Kampf ab, welche Themen und Deutungsaspekte in der redaktionellen Berichterstattung behandelt werden sollen. Dichte der Kontaktaufnahmen von Politikern mit Journalisten, intensive Vereinnahmungsstrategien, Netzwerk-orientierte Öffentlichkeitsarbeit, angebotsorientierte, journalistische Erwartungen antizipierende Botschaften, *Message Discipline*, Botschafts-Dreiecke, *Spin Control* wie die Härte direkter Interventionen stehen für intensive Versuche der politischen Eliten, die redaktionelle Berichterstattung zu steuern.

6. Einstellungen der Akteursgruppen und des Publikums zum politischen Kommunikationssystem

Wie sich Journalisten und Politiker in der Praxis des politischen Kommunikationsprozesses verhalten, hängt nicht nur von institutionellen Rahmenbedingungen, der Struktur des Mediensystems wie der reziproken Rollenwahrnehmung journalistischer und politischer Akteure ab, sondern wird auch maßgeblich von ihren Sichtweisen des politischen Kommunikationssystems beeinflusst. Neben Input- und Outputorientierungen prägen *systemische* Orientierungen der Akteure die politische Kommunikationskultur eines Landes (Pfetsch und Maurer 2008). Wie schätzen Journalisten und Politiker die publizistisch-politische Machtverteilung im Mediensystem ein? Wie beurteilen sie die Freiheitsgrade publizistischer Autonomie und redaktioneller Unabhängigkeit? Wie bewerten sie die Qualität des politischen Informationsangebots? Trägt die politische Berichterstattung zu einer Stärkung oder Schwächung des Vertrauens der Bevölkerung in das politische System bei? Was sind zentrale Aufgaben der Massenmedien in einer Demokratie und welchen Einfluss hat die Medienberichterstattung auf das Funktionieren der Demokratie?

Das Quasi-Monopol des ORF am Sektor politischer Fernseh- und Radionachrichten wie die Dominanz der Kronen Zeitung am Zeitungslesermarkt sind charakteristische Parameter des politischen Kommunikationssystems. Strukturelle Asymmetrien des österreichischen Mediensystems, wie die Ballung publizistischer Macht auf wenige marktbeherrschende Leitmedien, widerspiegeln sich auch in den Beurteilungen der politischen Einflussstärke einzelner Medien durch Journalisten und Politiker. Redaktionelle wie politische Eliten schreiben konsequenterweise der Kronen Zeitung wie dem ORF einen ausgeprägten Einfluss auf den politischen Prozess zu, wobei jeder zweite Journalist bzw. Politiker von einem sehr starken politischen Einfluss der beiden Medienunternehmen ausgeht. Der Newsroom im ORF-Zentrum am Küniglberg und die Chefredaktionsräume der Kronen Zeitung in der Muthgasse sind aus Sicht von Journalisten wie Politikern die *informellen* Machtzentren österreichischer Politik.

Nur in Nuancen unterscheidet sich der Blick des Publikums auf die verzerrten Machtstrukturen des österreichischen Mediensystems.[12] ORF und Kronen Zeitung werden auch aus Sicht des Publikums ein überproportionaler Einfluss auf das innenpolitische Geschehen zugemessen, wobei rund 40 Prozent die politische Einflussnahme der Kronen Zeitung als sehr stark bewerten. Deckt sich, was ORF und Kronen Zeitung betrifft, die Einschätzung des Medienpublikums mit der der Journalisten und Politiker, neigt das Medienpublikum dazu, den politischen Einfluss von Nachrichtenmagazinen, Qualitätszeitungen und Online-Medien tendenziell höher einzuschätzen als Journalisten und Politiker. Von mediumspezifischen Akzenten abgesehen, summieren sich die Einschätzungen der Kommunikationseliten wie des Medienpublikums zu einem *problematischen* Bild vermuteter Medienmacht in Österreich.

Insgesamt unterscheiden sich die Einschätzungen, was die reale politische Medienmacht in Österreich betrifft, nur in Nuancen, wobei Politiker regionalen Tageszeitungen mehr politischen Einfluss zubilligen als Journalisten, die wiederum dem politischen Einflusspotenzial von Gratiszeitungen skeptischer gegenüber stehen als Politiker und das Publikum. Von diesen Nuancen abgesehen, herrscht auf Ebene redaktioneller und politischer Eliten wie des Medienpublikums ein besorgniserregender *Konsens* über die Verteilung publizistischer Macht- und Einflusspotenziale in Österreich, die sich im Kern auf zwei Medienunternehmen – den ORF und die Kronen Zeitung – konzentrieren.

Lokalisieren Journalisten wie Politiker die stärksten Einflusspotenziale auf die österreichische Innenpolitik bei Kronen Zeitung und ORF, differieren sie erkennbar, was die Einschätzung der Macht der Medien insgesamt betrifft. Warnt jeder zweite innenpolitische Journalist explizit vor einer Überschätzung der Macht der Medien, schließt sich nur jeder vierte Politiker dieser relativierenden Sicht an. Offensichtlich schreiben politische Eliten den Medien ein stärkeres politisches Macht- und Einflusspotenzial zu als die Medienvertreter selbst, wobei die Zurück-

---

12 Einen dichten Überblick über Besonderheiten des österreichischen Mediensystems bietet der Beitrag „Die österreichische Medienarena".

haltung der Journalisten auch als professionelles *Understatement* gewertet werden kann. Machtzuschreibungen bedeuten noch keine Machtausübung. Im Fall der Kronen Zeitung können aber bereits Vermutungen über ihre publizistische Macht die Bereitschaft politischer Akteure erhöhen, sich der redaktionellen Linie der Kronen Zeitung präventiv anzunähern, ihre Themenschwerpunkte aufzugreifen, sich bei politischen Entscheidungen und Positionierungen an der redaktionellen – vom Herausgeber orchestrierten – Meinungs- und Wertungslage zu orientieren.

Tabelle 17
Beurteilung der politischen Einflussstärke einzelner Medien durch redaktionelle und politische Eliten und das Medienpublikum

Frageversion: „Medien können einen unterschiedlich starken Einfluss auf die Politik haben. Bewerten Sie den politischen Einfluss der Medien auf einer Skala von „1 – sehr schwach" bis „5 – sehr stark"."

In Prozent gehen von einem starken Einfluss des jeweiligen Mediums auf die Politik aus (Skalenpositionen 4+5)	Journalisten	Politiker	Publikum
Kronen Zeitung	87	86	67
ORF-Fernsehen	83	85	72
ORF-Radio	47	54	56
Kurier	31	24	33
Profil, News, Format	30	21	40
APA	28	28	34
Regionale TZ	22	32	23
Standard, Presse	17	25	37
Online Medien	15	20	34
Privat-Radios	1	8	14
Gratiszeitungen	8	28	21
Private TV-Sender	1	11	16

Quelle: Befragung von N=154 innenpolitischen Journalisten und Journalistinnen bzw. N=146 Angehörigen der politischen Elite in Österreich (2008) bzw. telefonische Befragung eines repräsentativen Querschnitts (N=500) der österreichischen Bevölkerung (2009).

Tatsächlich sind 21 Prozent der erwachsenen Bevölkerung *Exklusivleser* der Kronen Zeitung. Weitere 20 Prozent sind *Kombileser*, die neben der Kronen Zeitung auch eine andere Tageszeitung lesen. Knapp drei Millionen lesen täglich die Kronen Zeitung, die mit einer Reichweite von 41,9 Prozent die den Tageszeitungsmarkt beherrschende Zeitung ist und deren tägliche Reichweite sich der Seherzahl annähert, die der ORF an einem ganzen Tag mit seinen Programmen erreicht. Für 37 Prozent des Publikums ist die Kronen Zeitung persönliches Leitmedium.

Die überragende Marktmacht der Kronen Zeitung wie ihre Bereitschaft, ihre publizistische Einflussmacht auszuspielen, Stimmungslagen redaktionell zu verstärken, nicht nur die Problemsicht des Publikums, sondern auch die der politischen Eliten nachhaltig zu beeinflussen, mag erklären, warum auch jeder *dritte* österreichische Politiker die Kronen Zeitung als persönliches Leit- und Orientierungsmedium ansieht.

Ein *problematischer* Gleichklang der Einschätzungen von Journalisten und Politikern zeichnet sich auch in den Beurteilungen der politischen Unabhängigkeit der Berichterstattung einzelner Medien ab. Jeder zweite Journalist und zwei Drittel der Politiker haben den Eindruck, dass sich die redaktionelle Linie der einzelnen Medien bestimmten politischen Richtungen zuordnen ließe. Nur jeder fünfte Journalist und jeder zehnte Politiker geht von einer faktischen politischen Unabhängigkeit bzw. Äquidistanz der redaktionellen Berichterstattung österreichischer Massenmedien aus. Journalisten und Politiker sehen aber nicht nur erkennbare politische Richtungsakzente in den redaktionellen Linien österreichischer Medien, die Herausgeber und Chefredaktionen zu verantworten haben, sondern gleichermaßen einen erheblichen politischen *Druck* auf die Medienberichterstattung in Österreich.

Nach Meinung der Journalisten, Politiker und des Publikums stehen die österreichischen Medien unter einem erheblichen *Druck* seitens der Politik. Nahezu jeder zweite Journalist und Politiker geht von einer *starken* politischen Einflussnahme auf die redaktionelle Berichterstattung aus. Wenig überraschend spricht jeder zweite ZiB-Mitarbeiter von einer *sehr* starken politischen Einflussnahme auf redaktionelle Entscheidungen. Nur in Ansätzen milder fällt die Einschätzung des Medienpublikums aus, das ebenfalls überwiegend eine starke politische Einflussnahme auf die Medienberichterstattung vermutet. In Summe *verdichten* sich die Einschätzungen redaktioneller und politischer Eliten wie des Medienpublikums zu einer höchst problematischen Lagebeurteilung des österreichischen Mediensystems: einer Konzentration vermuteter Macht- und Einflusspotenziale auf *zwei* den Informationsmarkt beherrschende Medienunternehmen – ORF und Kronen Zeitung –, erkennbaren politischen Richtungszuordnungen der redaktionellen Linien einzelner Medien wie einer ausgeprägten politischen Einflussnahme auf die redaktionelle Berichterstattung.

Der realistische bis pessimistische Blick redaktioneller und politischer Eliten auf strukturelle Schieflagen des österreichischen Mediensystems umschattet aus Sicht der Journalisten nur punktuell die *Qualität* der politischen Informationsleistungen. Jeder zweite Journalist hat den Eindruck, dass die Medien die Bürger und Bürgerinnen gut über politische Angelegenheiten informieren. Nur jeder sechste Journalist beurteilt die Qualität des politischen Informationsangebots negativ. Ähnlich positiv wie die Journalisten beurteilt auch das Publikum die Qualität der politischen Informationen. Jeder zweite Medienkonsument fühlt sich von den österreichischen Medien über politische Angelegenheiten gut informiert. Kritischere Zensuren verteilen hingegen Angehörige der politischen Elite, von denen jeder Dritte die Qualität der Medieninformationen negativ bewertet.[13]

---

13 Ein tabellarischer Überblick ausgewählter Daten findet sich im Anhang des Bandes.

Tabelle 18
Grad der politischen Einflussnahme auf die Medienberichterstattung in Österreich

Frageversion: „Wie stark ist Ihrer Meinung nach die politische Einflussnahme auf die Medienberichterstattung in Österreich?"

In Prozent	Journalisten	Politiker	Publikum
1 sehr schwach	0	4	5
2	18	11	13
3	39	39	40
4	37	43	30
5 sehr stark	6	3	9
Mittelwert =	3,31	3,24	3,26

Quelle: Befragung von N=154 innenpolitischen Journalisten und Journalistinnen bzw. N=146 Angehörigen der politischen Elite in Österreich (2008) bzw. telefonische Befragung eines repräsentativen Querschnitts (N=500) der österreichischen Bevölkerung (2009).

Journalisten und Politiker gehen mehrheitlich davon aus, dass die Seher, Hörer und Leser den österreichischen Massenmedien insgesamt *vertrauen*. Tatsächlich *deckt* sich das Vertrauen des Publikums in die politische Berichterstattung österreichischer Medien mit den Vermutungen der Journalisten und Politiker. Nur jeder sechste Medienkonsument misstraut der politischen Berichterstattung. Tendenziell überwiegt verhaltenes Vertrauen Skepsis und Zweifel an der politischen Berichterstattung. Trotzdem vermuten redaktionelle wie politische Eliten einen *negativen* Effekt der Medienberichterstattung auf das Vertrauen der Bürger in die Politik. Nach Meinung von zwei Dritteln der Journalisten und drei Viertel der Politiker tragen Tonalität und Akzente der redaktionellen Berichterstattung langfristig zu einer deutlichen *Abnahme* des öffentlichen Vertrauens in die Politik bei.

Die pessimistische Sicht politischer Kommunikationseliten, was negative Folgewirkungen der Medienberichterstattung betrifft, überrascht umso mehr als die empirischen Forschungen zur *Medienmalaise* bislang keinen nachweisbaren Zusammenhang zwischen Erosion des politischen Vertrauens und massenmedialer Berichterstattung über Politik nachweisen konnten (Schulz 2008: 203). Geringer ist die Skepsis des Publikums, was gesellschaftlich problematische Konsequenzen der Medienberichterstattung betrifft. Nur jeder dritte Medienkonsument führt politischen Vertrauensschwund auf die Medienberichterstattung zurück. Offensichtlich verbirgt sich hinter den pessimistischen Einschätzungen der Eliten ein professionelles *Unbehagen* über problematische Entwicklungen der redaktionellen Politikvermittlung wie die zunehmende Negativität der Wertungen von politischen Spitzenakteuren und Institutionen, die Konzentration der Berichterstattung auf Konflikte und Spannungen, die Häufung von Versäumnisdarstellungen und schärfer artikulierter Zweifel an Kompetenz und Weitblick politischer Eliten.

Tabelle 19
Medienberichterstattung und politisches Vertrauen

Frageversion: „Allgemein gesprochen, trägt die Medienberichterstattung in Österreich eher zu einer Abnahme oder zu einer Zunahme des Vertrauens in die Politik bei?"

In Prozent	Journalisten	Politiker	Publikum
1 eindeutig zu einer Abnahme des politischen Vertrauens	17	29	8
2	50	55	32
3	28	15	39
4	6	1	16
5 eindeutig zu einer Zunahme des politischen Vertrauens	0	0	3
Mittelwert =	2,24	1,87	2,73

Quelle: Befragung von N=154 innenpolitischen Journalisten und Journalistinnen bzw. N=146 Angehörigen der politischen Elite in Österreich (2008) bzw. telefonische Befragung eines repräsentativen Querschnitts (N=500) der österreichischen Bevölkerung (2009).

Durchaus selbstbewusst billigt hingegen eine Mehrheit der Journalisten der Medienberichterstattung zu, einen *positiven* Einfluss auf das Funktionieren der Demokratie auszuüben. Trotz der skeptischen Einschätzung gesellschaftlicher Folgen der massenmedialen Berichterstattung ist jeder dritte Journalist von einem explizit *positiven* Einfluss der redaktionellen Informationsleistung auf die Funktionsweise der österreichischen Demokratie überzeugt. Dies deckt sich mit Vermutungen des Medienpublikums, das ebenfalls an einen tendenziell positiven Einfluss der Medienberichterstattung auf den demokratischen Prozess glaubt. Politische Eliten sehen den Beitrag der Redaktionen zum Funktionieren der Demokratie zurückhaltender. Tendenziell überwiegt ein leichter *Zweifel*, ob die redaktionelle Berichterstattung der Massenmedien tatsächlich die Funktionsweise der österreichischen Demokratie begünstige, der u. a. auf problematische Erfahrungen mit unerwünschten Medienberichten und negativen Kommentaren rückführbar ist.

Umgekehrt zeigen sich politische Eliten mit dem Funktionieren der Demokratie in Österreich *zufriedener* als Journalisten. Vergeben letztere – in Schulnoten ausgedrückt – nur ein verhaltenes Befriedigend, tendieren Politiker eher in Richtung zur Note Gut, was wiederum ihre Vorbehalte gegenüber negativen Effekten der Medienberichterstattung relativiert. Was ihre Zufriedenheit mit dem Funktionieren der Demokratie betrifft, steht das Medienpublikum den Urteilen der Journalisten näher als die Politiker. Nur jeder vierte Medienkonsument ist mit dem Funktionieren der österreichischen Demokratie explizit unzufrieden. Drei Viertel zeigen sich insgesamt moderat zufrieden, was alarmistischen Interpretationen demoskopischer Datenbilder widerspricht, die aus ihren Daten Anzeichen einer problematischen Demokratieskepsis der österreichischen Bevölkerung ablesen (Friesl u. a. 2009: 218–222). Der *kritischere* Blick der redaktionellen Akteure auf die Funktionsweise der österreichischen Demokratie entspricht dabei dem kontrollierenden Beobachterstatus der Journalisten.

7. Resümee

Die überwiegende *Konvergenz* der Kommunikations- und Medienorientierungen von Journalisten, Politikern und Medienpublikum steht keineswegs für eine ausbalancierte, friktionsfreie politische Kommunikationskultur. Im Kern auf nur zwei Medienunternehmen fokussierte politische Machtzuweisungen, der Eindruck einer ausgeprägten Einflussnahme der Politik auf die redaktionelle Berichterstattung, der von Medieneliten und Medienpublikum geteilt wird, problematische Beziehungsdichte und kartellierte informelle Eliten-Netzwerke, harte Interventionspraktiken und verstärkte Versuche der Mediensteuerung werfen ein Schlaglicht auf erhebliche Funktionsstörungen der politischen Kommunikationspraxis in Österreich. Das problematische Bild eines publizistisch wie politisch *über*steuerten Kommunikationssystems wird durch die selbstbewussten professionellen Orientierungen der Journalisten wie die selbstkritischen Einschätzungen der politischen Eliten nur tendenziell abgemildert. Unverkennbar stehen die Akteure der politischen Kommunikation unter erheblichem *Stress*, der an der Intensivierung rollen- und berufsbedingter Spannungen und Konflikte ebenso beobachtbar ist wie am erhöhten medialen Druck auf die Politik und umgekehrt verstärkten politischen Druck auf die Medien.

Die politische Kommunikationskultur Österreichs befindet sich am Weg von einer *parteien*-dominierten zu einer *PR-orientierten* Kommunikationskultur. Determiniert in einer parteien-dominierten Kommunikationskultur die politische Machtlogik die Kommunikationsbeziehungen, kommt es bei der PR-orientierten politischen Kommunikationskultur „zu gegenseitig akzeptierten Vereinbarungen zwischen den Akteuren darüber, dass politische Botschaften den Spielregeln der massenmedialen Aufmerksamkeitsgenerierung entsprechen müssen" (Pfetsch und Maurer 2008: 104). Dass bei den Vereinbarungen über die Spielregeln zwei marktbeherrschende Medienunternehmen wie die Kronen Zeitung bzw. der Aktuelle Dienst des ORF eine hervorgehobene Verhandlungsposition haben und aufgrund ihrer publizistischen Machtressourcen auf die thematische Agenda des Publikums wie der politischen Eliten überproportionalen Einfluss nehmen können, ist die spezifisch österreichische Variante der Politik *vor* Redaktionsschluss.

Literaturverweise

Almond, Gabriel A. (1987). Politische Kultur-Forschung: Rückblick und Ausblick. In Dirk Berg-Schlosser und Jakob Schissler (Hg.). *Politische Kultur in Deutschland. Bilanz und Perspektiven der Forschung*, Opladen, 27–38.

Almond, Gabriel A. und Sidney Verba (1989). *The Civic Culture. Political Attitudes and Democracy in Five Nations*. Newbury Park.

Benett, W. Lance und Steven Livingston (2003). A Semi-Independent Press: Government Control and Journalistic Autonomy in the Construction of News. *Political Communication* 20 (4), 359–362.

Blumler, Jay G. und Michael Gurevitch (1981). Politicians and the Press: An Essay on Role Relationships. In Dan D. Nimmo und Keith R. Sanders (eds.). *Handbook of Political Communication*, Beverly Hills und London, 467–496.

Blumler, Jay G. und Michael Gurevitch (1995). Linkages Between the Mass Media and Politics. In dies. (eds.). *The Crisis of Public Communication*, London und New York, 11–24.

Bruns, Tissy (2007). *Republik der Wichtigtuer. Ein Bericht aus Berlin*. Freiburg.

Cook, Timothy E. (2006). The News Media as a Political Institution. *Political Communication* 23 (2), 159–171.

De Beer, Arnold S. und John C. Merrill (eds.) (2004). *Global Journalism. Topical Issues and Media Systems*. Boston.

Esser, Frank (2004). Journalismus vergleichen. Komparative Forschung und Theoriebildung. In Martin Löffelholz (Hg.). *Theorien des Journalismus. Ein diskursives Handbuch*. Zweite vollständig überarbeitete Auflage, Wiesbaden, 151–179.

Esser, Frank (2008). Metaberichterstattung. In Gabriele Melischek, Josef Seethaler und Jürgen Wilke (Hg.). *Medien & Kommunikationsforschung im Vergleich*, Wiesbaden, 121–156.

Fengler, Susanne und Bettina Vestring (2009). *Politikjournalismus*. Wiesbaden.

Friesl, Christian u. a. (2009). *Die Österreicher/-innen. Wertewandel 1990–2008*. Wien.

Gurevitch, Michael und Jay G. Blumler (1990). Comparative Research: The Extending Frontiers. In Daniel L. Swanson und Dan Nimmo (eds.). *New Directions in Political Communication*, Newbury Park, 305–328.

Hallin, Daniel C. und Paolo Mancini (2003). Drei Modelle von Medien, Journalismus und politischer Kultur in Europa. In Gerd G. Kopper und Paolo Mancini (Hg.). *Kulturen des Journalismus und politische Systeme*, Berlin, 11–28.

Hallin, Daniel C. und Paolo Mancini (2004). *Comparing Media Systems. Three Models of Media and Politics*. Cambridge.

Hanitzsch, Thomas (2009). Zur Wahrnehmung von Einflüssen im Journalismus: Komparative Befunde aus 17 Ländern. *Medien & Kommunikationswissenschaft* 57 (2), 153–173.

Helms, Ludger (2008). Governing in the Media Age: The Impact of the Mass Media on Executive Leadership in Contemporary Democracies. *Government and Opposition* 43 (1), 26–54.

Hoffmann, Jochen (2003). *Inszenierung und Interpenetration. Das Zusammenspiel von Eliten und Journalismus*. Wiesbaden.

Hummel, Roman (2007). Fernseh-Journalismus in Österreich. In Christian Steininger und Jens Woelke (Hg.). *Fernsehen in Österreich 2007*, Konstanz, 249–259.

Hummel, Roman und Susanne Kassel (2009). Strukturdatenanalyse der Entwicklung des österreichischen Journalismus (1946–2008). In Birgit Stark und Melanie Magin (Hg.). *Die österreichische Medienlandschaft im Umbruch*, Wien, 219–238.

Jarren, Otfried und Patrick Donges (2006). *Politische Kommunikation in der Mediengesellschaft*. Zweite Auflage. Wiesbaden.

Kaltenbrunner, Andy, Matthias Karmasin, Daniela Kraus und Astrid Zimmermann (2007). *Der Journalisten-Report. Österreichs Medien und ihre Macher. Eine empirische Erhebung*. Wien.

Kaltenbrunner, Andy, Matthias Karmasin, Daniela Kraus und Astrid Zimmermann (2008). *Der Journalisten-Report II. Österreichs Medienmacher und ihre Motive. Eine repräsentative Befragung*. Wien.

Karmasin, Matthias (2005). *Journalismus: Beruf ohne Moral? Von der Berufung zur Profession*. Wien.

Kepplinger, Hans Mathias (2009). Rivalen um Macht und Moral: Bundestagsabgeordnete und Hauptstadtjournalisten. In Hanna Kaspar u. a. (Hg.). *Politik – Wissenschaft – Medien*, Wiesbaden, 307–321.

Kopper, Gerd G. und Paolo Mancini (Hg.) (2003). *Kulturen des Journalismus und politische Systeme*. Berlin.

Kraus, Daniela (2009). Journalisten und Journalistinnen in Österreich: Merkmale und Einstellungen. In Birgit Stark und Melanie Magin (Hg.). *Die österreichische Medienlandschaft im Umbruch*, Wien, 239–260.

Lesmeister, Christiane (2008). *Informelle politische Kommunikationskultur: Hinter den Kulissen politisch-medialer Kommunikation*. Wiesbaden.

Löffelholz, Martin und David Weaver (eds.) (2008). *Global Journalism Research. Theories, Methods, Findings, Future*. Malden MA.

Maier, Tanja (2008). Was kann Medienkultur heute sein? *Medien Journal* 3, 5–18.

Marcinkowski, Frank und Barbara Pfetsch (Hg.) (2009). *Politik in der Mediendemokratie*. Politische Vierteljahresschrift Sonderheft 42. Wiesbaden.

Maurer, Peter (2008). Einflussfaktoren auf die Handlungsautonomie der Medien im politischen Prozess westlicher Demokratien. In Barbara Pfetsch und Silke Adam (Hg.). *Massenmedien als politische Akteure*, Wiesbaden, 73–91.

Mayerhöffer, Eva, Peter Maurer und Barbara Pfetsch (2008). Political Communication Cultures in Western Europe: Does System Matter for the Professional Orientations of Journalists and Political Actors? Paper präsentiert auf der Annual Conference of the International Communications Association (ICA), Montreal, 21.–26. Mai 2008.

Müller, Wolfgang C. und Barbara Steininger (2001). Die Herstellung von Öffentlichkeit. In Wolfgang C. Müller u. a. *Die österreichischen Abgeordneten. Individuelle Präferenzen und politisches Verhalten*, Wien, 371–400.

Pfetsch, Barbara (2003a). *Politische Kommunikationskultur. Politische Sprecher und Journalisten in der Bundesrepublik und den USA im Vergleich*. Wiesbaden.

Pfetsch, Barbara (2003b). Politische Kommunikationskultur – ein theoretisches Konzept zur vergleichenden Analyse politischer Kommunikationssysteme. In Frank Esser und Barbara Pfetsch (Hg.). *Politische Kommunikation im internationalen Vergleich*, Wiesbaden, 393–418.

Pfetsch, Barbara und Silke Adam (2008). Die Akteursperspektive in der politischen Kommunikationsforschung – Fragestellungen, Forschungsparadigmen und Problemlagen. In Barbara Pfetsch und Silke Adam (Hg.). *Massenmedien als politische Akteure*, Wiesbaden, 9–26.

Pfetsch, Barbara und Peter Maurer (2008). Mediensysteme und politische Kommunikations-milieus im internationalen Vergleich. In Gabriele Melischek, Josef Seethaler und Jürgen Wilke (Hg.). *Medien & Kommunikationsforschung im Vergleich*, Wiesbaden, 99–120.

Pickel, Susanne und Gert Pickel (2006). *Politische Kultur- und Demokratieforschung.* Wiesbaden.

Plasser, Fritz (Hg.) (2004a). *Politische Kommunikation in Österreich. Ein praxisnahes Handbuch.* Wien.

Plasser, Fritz (2004b). Politische Kommunikation in medienzentrierten Demokratien. In Fritz Plasser (Hg.). *Politische Kommunikation in Österreich. Ein praxisnahes Hand-buch*, Wien, 21–36.

Plasser, Fritz und Peter A. Ulram (2004). Öffentliche Aufmerksamkeit in der Mediende-mokratie. In Fritz Plasser (Hg.). *Politische Kommunikation in Österreich. Ein praxis-nahes Handbuch*, Wien, 37–99.

Plasser, Fritz und Peter A. Ulram (2009). Bürger und Politik in Österreich. In Oscar W. Gabriel und Fritz Plasser (Hg.). *Deutschland, Österreich und die Schweiz im neuen Europa: Bürger und Politik*, Baden-Baden (im Druck).

Plasser, Fritz, Patrick Donges und Guenther Lengauer (2010). Media Power in Politics. In Barbara Pfetsch (ed.). *Political Communication Culture in European Democracies*, London (forthcoming).

Plasser, Fritz, Clemens Hüffel und Günther Lengauer (2004). Politische Öffentlichkeits-arbeit in der Mediendemokratie. In Fritz Plasser (Hg.). *Politische Kommunikation in Österreich. Ein praxisnahes Handbuch*, Wien, 309–350.

Plasser, Fritz, Günther Lengauer und Wolfgang Meixner (2004). Politischer Journalismus in der Mediendemokratie. In Fritz Plasser (Hg.). *Politische Kommunikation in Öster-reich. Ein praxisnahes Handbuch*, Wien, 237–308.

Reinemann, Carsten (2003). *Medienmacher als Mediennutzer.* Köln, Weimar und Wien.

Schulz, Winfried (2008). *Politische Kommunikation. Theoretische Ansätze und Ergebnisse empirischer Forschung.* Wiesbaden.

Stark, Birgit und Melanie Magin (Hg.) (2009). *Die österreichische Medienlandschaft im Umbruch.* Wien.

Tenscher, Jens (2003). *Professionalisierung der Politikvermittlung? Politikvermittlungs-experten im Spannungsfeld von Politik und Massenmedien.* Wiesbaden.

Thomaß, Barbara (Hg.) (2007). *Mediensysteme im internationalen Vergleich.* Konstanz.

Wagner, Hans (2008). *Qualitative Methoden in der Kommunikationswissenschaft.* München.

Weaver, David M. (ed.) (1998). *The Global Journalist. News People Around the World.* Cresskill NJ.

Weaver, David M. u.a. (2007). *The American Journalist in the 21st Century. U.S. News People at the Dawn of a New Millennium.* Mahwah N.J.

Weischenberg, Siegfried, Maja Malik und Armin Scholl (2006). *Die Souffleure der Me-diengesellschaft. Report über die Journalisten in Deutschland.* Konstanz.

Wenzler, Michel (2007). Journalisten, Politiker, Öffentlichkeitsarbeiter und Lobbyisten in der Interaktion. In Vera Gassen u.a. (Hg.). *Düsseldorfer Forum Politische Kommuni-kation*, Münster, 291–310.

Wenzler, Michel (2009). *Journalisten und Eliten.* Konstanz.

Westle, Bettina und Oscar W. Gabriel (2009). *Politische Kultur.* Baden-Baden.

Agenda Building in österreichischen Nationalratswahlkämpfen, 1970–2008

Gabriele Melischek
Uta Rußmann
Josef Seethaler

Gliederung

1. Der *Agenda Building*-Ansatz
2. Das Untersuchungsdesign
3. Ergebnisse der Untersuchung

Die Thematisierung gesellschaftlich relevanter Sachverhalte schafft in der modernen demokratischen Gesellschaft eine der Voraussetzungen zur Teilhabe möglichst aller ihrer Mitglieder an kollektiven Willensbildungs- und Entscheidungsprozessen. In Wahlzeiten stellt die Themenorientierung des Elektorats neben der Kandidatenorientierung eine der beiden kurzfristigen Faktoren dar, die in sozialpsychologischer Sicht gemeinsam mit der aus zahlreichen vorgelagerten Faktoren wie persönlichen Erfahrungen und politischen Orientierungen destillierten Parteiidentifikation als wahlentscheidend angesehen werden (vgl. Campbell, Gurin und Miller 1954). Ihre Bedeutung nimmt gegenüber der Parteienidentifikation in dem Maße zu, in dem die Zahl von schwach oder überhaupt nicht an Parteien gebundenen WählerInnen steigt. Der Themenorientierung kommt dabei insofern Priorität zu, als auch die Parteien- und Kandidatenbewertung nicht zuletzt unter thematischen Gesichtspunkten vorgenommen wird (vgl. Brettschneider 2005): Jene Themen, die in der Agenda ganz oben stehen, bestimmen, so die *Priming*-These, auch die Perspektive, unter der Parteien und KandidatInnen beurteilt werden (Iyengar und McGrady 2007: 215ff.).

Die im Folgenden berichteten ersten Ergebnisse einer Untersuchung der österreichischen Wahlkampfkommunikation in den letzten vier Jahrzehnten[1] gehen der Frage nach, wie sich das Verhältnis von Politik und Medien angesichts eines fortschreitenden Dealignment und der nicht zuletzt mit dieser abnehmenden Parteibindung einhergehenden Veränderungen in der Parteienlandschaft und in der Rolle der Medien entwickelt hat. Die Wahl der Thematisierungsleistung als Indikator für den Wandel des Verhältnisses von Medien und Politik wird durch internationale Studien gestützt. In einem ersten weltweiten Vergleich der Entwicklung von Wahlkämpfen in der zweiten Hälfte des 20. Jahrhunderts stellten Butler und Ranney (1992: 282) fest, dass ein grundlegender Wandel der Wahlkommunikation, eine „revolution in communications" stattgefunden habe, da die Medien aus bloßen Kommunikationskanälen zu zentralen Akteuren des Wahlkampfs geworden wären, die, *ihrer* Handlungslogik folgend, Themen und Personen in die Öffentlichkeit rücken. Noch pointierter formulierten einige Jahre später Swanson und Mancini (1996: 252) anhand von Untersuchungen des Strukturwandels moderner Wahlkämpfe in elf vor allem europäischen und amerikanischen Staaten die aus der steigenden Bedeutung medialer Vermittlung von Politik resultierende Konsequenz als permanenten „struggle between politicians and a more or less independent media establishment over who shall control the agendas of campaigns".

Die in beiden genannten Sammelbänden[2] ähnlich formulierte Schlussfolgerung widerspricht der Einschätzung, die Herbert Gans (1979: 16) Ende der 1970er Jahre seiner häufig zitierten „Tango"-Metapher folgen ließ: „The relationship between sources and journalists resembles a dance, for sources seek access to journalists, and journalists seek access to sources. Although it takes two to tango, either sources or journalists can lead, but more often than not, sources do the leading." Angesichts der in den oben zitierten internationalen

---

1 Das Projekt „Kontinuität und Wandel in der Wahlkampfkommunikation" wird unter der Leitung von Gabriele Melischek von der Kommission für vergleichende Medien- und Kommunikationsforschung an der Österreichischen Akademie der Wissenschaften in Kooperation mit Prof. Dr. Roland Burkart vom Institut für Publizistik und Kommunikationswissenschaft der Universität Wien durchgeführt und vom österreichischen Fonds zur Förderung der wissenschaftlichen Forschung (FWF) gefördert.

2 Neben diesen beiden Sammelbänden bieten zwei weitere internationale Handbücher einen Überblick über die jeweilige aktuelle Rolle der Medien im Wahlkampf in verschiedenen Staaten, und zwar einerseits unter der Perspektive der rechtlichen und medienpolitischen Rahmenbedingungen (vgl. Lange und Ward 2004) und andererseits mit dem Schwerpunkt auf den Charakteristika der Berichterstattung (vgl. Strömbäck und Kaid 2008).

Studien skizzierten Entwicklung müssten die politischen Akteure seither in ihrem Bemühen, besonders in Wahlkampfzeiten ein Höchstmaß an Kontrolle über ihre Kommunikation mit den WählerInnen auszuüben, in den Medien auf einen zunehmend eigenständig agierenden Partner treffen. Diese Annahme liegt auch einem von Farrell (1996) entwickelten und von Norris (1997; 2000) sowie von Plasser und Plasser (2002) weitergeführten Modell der Wahlkampfentwicklung zugrunde, in dem den Medien insofern ein zentraler Stellenwert zukommt, als sie die politischen Akteure zu einer permanenten Anpassung an die von ihnen bestimmten, sich immer rasanter verändernden gesellschaftlichen Kommunikationsstrukturen zwingen.

1. Der *Agenda Building*-Ansatz

Die Analyse der Thematisierungsfunktion der Medien ist in der Kommunikationswissenschaft seit der bahnbrechenden, während des Wahlkampfs vor der US-Präsidentenwahl 1968 von McCombs und Shaw (1972) durchgeführten „Chapel Hill-Studie" untrennbar mit dem *Agenda Setting*-Ansatz verbunden. Nach vier Jahrzehnten empirischer Forschung kann mit hoher Wahrscheinlichkeit davon ausgegangen werden, dass – unter Berücksichtigung individueller und situationaler Faktoren auf Publikumsseite – jene Themen, die in den Massenmedien hohe Aufmerksamkeit erfahren, auch von der Bevölkerung als besonders bedeutsam wahrgenommen werden und nicht zuletzt die Bewertung der mit ihnen verbundenen Akteure beeinflussen können (vgl. McCombs und Reynolds 2009). Obwohl sich der *Agenda Setting*-Ansatz rasch zu einem der international am stärksten verbreiteten Forschungsansätze entwickelt hat, kam es erst in den 1980er Jahren zu ersten Versuchen, jene Faktoren in das Modell zu integrieren, die das Zustandekommen der Medienagenda beeinflussen könnten. McCombs (2004) spricht in diesem Zusammenhang von der vierten Phase der *Agenda Setting*-Forschung.

Zuvor hatten schon mediensoziologische Studien (wie die oben erwähnte von Herbert Gans) auf die Bedeutung organisatorischer Bedingungen für die journalistische Tätigkeit hingewiesen, und Gerbner (1973: 559) hatte im Kontext seines *Cultural Indicators*-Modells gefordert, Inhalt und Wirkung der Massenmedien in Beziehung zu setzen zu „all major powers, roles, and relationships that have a systematic and generalized influence on how messages will be selected, formulated, and transmitted". In dieser Tradition des US-amerikanischen *Power Structure Research* formulierte Reese (1991) eine erste umfassende Konzeption eines *Media Agenda Setting*, das sich mit den Interaktionen zwischen den Medien und den Quellen im weitesten Sinn befasst. In der Kommunikationswissenschaft hat sich jedoch für dieses Forschungsfeld letztlich die Bezeichnung *Agenda Building* durchgesetzt, um das hier gemeinte intentionale Lancieren von Themen von Transferprozessen im *Agenda Setting* abzugrenzen.[3] McCombs (2004: 143) hat allerdings darauf hingewiesen, dass man keinen fundamentalen Unterschied behaupten kann. Gegenüber der Breite des ursprünglichen Konzepts konzentrieren sich die meisten *Agenda Building*-Studien auf jenen Kommunikationsprozess, über den *politische* Akteure versuchen, „ihre" Themen in der Medienberichterstattung zu platzieren.[4]

2. Das Untersuchungsdesign

Die vorliegende Studie untersucht in einer Zeitspanne von fast vier Jahrzehnten anhand von vier Nationalratswahlen die *Agenda Building*-Funktion der österreichischen Parteien. Ganz besonders in Wahlzeiten bedürfen politische Parteien einer hohen Publizität, um mit ihren Botschaften die Bevölkerung zu erreichen. Dabei haben sich die Parteien in diesem Zeitraum auf mehreren Ebenen mit erheblichen Veränderungen der Rahmenbedingungen konfrontiert gesehen: Einerseits zwangen der zunehmende Autonomiegewinn der Medien gegenüber den politischen Akteuren, die in der Nachkriegszeit infolge der alliierten Lizenzpolitik eng miteinander verbunden waren (Harmat 1999), der damit einhergehende Ökonomisierungsprozess und folgenreiche technologische Veränderungen im Mediensystem die Parteien zu einer Professionalisierung ihrer Außenkommunikation (Plasser, Hüffel und Lengauer 2004). Andererseits verstärkt eine wachsende Zahl an Mitbewerbern und damit eine härter werdende Konkurrenz um öffentliche Aufmerksamkeit das Erfordernis, mit einem professionellen Themenmanagement als Kernstück politischer Öffentlichkeitsarbeit die eigene Profilierung voranzutreiben (Röttger 2001). Es stellt sich daher die Frage, wie erfolgreich die österreichischen Parteien in ihrer Thematisierungsleistung angesichts dieser sich wandelnden Kontextbedingungen sind und welche Schlussfolgerungen für das Verhältnis von Parteien und Medien abgeleitet werden können.

2.1. Wahlen und Parteien

Um Konstanz und Wandel des Verhältnisses von Parteien und Medien über einen längeren Zeitraum hinweg untersuchen zu können, wurden, ausgehend von

---

3 Parallel zur kommunikationswissenschaftlichen Tradition hat sich in der Politikwissenschaft ebenfalls ein Forschungszweig unter dem Label „Agenda Building" etabliert, der sich damit beschäftigt, wie öffentliche Aufmerksamkeit für ein Problem in Handlungen politischer Akteure umgesetzt werden kann (vgl. Cobb, Ross und Ross 1976). Im Interesse begrifflicher Eindeutigkeit hat Berkowitz (1992) dafür den Terminus Policy Agenda Building vorgeschlagen. Zur Klärung der mitunter synonym verwendeten Begriffe vgl. auch Sarcinelli und Schatz (2002).

4 Einen umfassenden Überblick über den internationalen Forschungsstand zu *Agenda Building*-Prozessen in Wahlkämpfen bieten Melischek und Seethaler (in Druck).

der letzten Nationalratswahl im September 2008, mit den Wahlen 1970, 1983 und 1999 drei Ereignisse ausgewählt, die wichtige Einschnitte in der politischen Entwicklung Österreichs bedeuten (vgl. Tabelle 1). Allein darin, dass sie zu den wenigen Wahlen in der Zweiten Republik gehören, die eine gänzliche oder teilweise Ablöse der regierenden Parteien zur Folge hatten (Müller 2006: 298), wird ihr Charakter als „Wendewahlen" deutlich.

Tabelle 1
Ergebnisse der Nationalratswahlen 1970, 1983, 1999 und 2008

„+/-": Veränderungen des Stimmenanteils gegenüber der jeweils vorangegangenen Nationalratswahl.

Wahlergebnis		SPÖ	ÖVP	FPÖ	Grüne	LIF	BZÖ
1970	Prozente	48,4	44,7	5,5	–	–	–
	+/-	+5,8	-3,7	+0,1			
Regierung:		Kreisky (I): SPÖ-Minderheitsregierung					
1983	Prozente	47,6	43,2	5,0	–	–	–
	+/-	-3,4	+1,3	-1,1			
Regierung:		Sinowatz: SPÖ-FPÖ-Koalition					
1999	Prozente	33,2	26,9	26,9	7,4	3,7	–
	+/-	-4,9	-1,4	+5,0	+2,6	-1,8	–
Regierung:		Schüssel (I): ÖVP-FPÖ-Koalition					
2008	Prozente	29,3	26	17,5	10,4	2,1	10,7
	+/-	-6,0	-8,3	+6,5	-0,6	–	+6,6
Regierung:		Faymann: SPÖ-ÖVP-Koalition					

1970 fand nach 25jähriger Regierungsverantwortung der Österreichischen Volkspartei (ÖVP) die Wende zu einer von der Freiheitlichen Partei Österreichs (FPÖ) gestützten sozialistischen Minderheitsregierung statt und damit die bisher einzige Gesamtablöse einer österreichischen Regierung nach 1945. Die damals begründete Ära von vier ausschließlich von der Sozialistischen Partei Österreichs (SPÖ) unter Bruno Kreisky gebildeten Kabinetten dauerte dreizehn Jahre und endete erst durch das Votum der WählerInnen vom April 1983. Es leitete in eine neue Phase der innenpolitischen Entwicklung über, die durch eine stetig voranschreitende Aufsplitterung des Elektorats und wechselnde Regierungskonstellationen charakterisiert ist. Nach der 1983 von den beiden Verlierer-Parteien SPÖ und FPÖ gebildeten Koalition und einer längeren Phase „Großer Koalitionen" (1986–1999) erreichte diese Entwicklung 1999 einen qualitativen Wendepunkt. Trotz Verlusten der ÖVP, die sie in der Rangordnung erstmals und bisher einmalig knapp hinter der FPÖ platzierten, mündeten die Regierungsverhandlungen in der ersten ausschließlich „bürgerlichen" Koalition der Zweiten Republik und verwiesen die SPÖ (seit 1991 umbenannt in Sozialdemokratische Partei Österreichs) nach fast drei Jahrzehnten auf die Oppositionsbank. Sechs Jahre später kehrte sie an die Spitze der Wählergunst (die sie 2002 an die ÖVP unter dem damaligen Bundeskanzler Wolfgang Schüssel hatte abgeben müssen) und an die Spitze einer Neuauflage der „Großen Koalition" zurück. Diese wurde 2008 ungeachtet dramatischer Verluste der beiden Regierungsparteien erneuert.

Die Ergebnisse der letzten Nationalratswahl markieren (mit 55,3 Prozent gegenüber 60,1 Prozent 1999) den vorläufig tiefsten Wert des kumulierten Anteils der Stimmen von SPÖ und ÖVP. Anhand des Ausmaßes der Fragmentierung des Parteiensystems lassen sich die vier ausgewählten Wahlen – trotz der unterschiedlichen Muster der Regierungsbildung, die sie zur Folge hatten – zwei Phasen der österreichischen Parteienentwicklung zuordnen. Hatten die Wahlen von 1970 und 1983 noch unter einem de facto Zweiparteiensystem stattgefunden, das auf einem Stimmenanteil von über 90 Prozent beruhte, so sieht die politikwissenschaftliche Forschung mit dem Aufstieg der FPÖ unter Jörg Haider und dem Einzug der Grünen ins österreichische Parlament[5] ein moderat-pluralistisches Parteiensystem realisiert – manche Autoren sprechen angesichts des beachtlichen *blackmail potential* der FPÖ und einer bipolaren Opposition sogar von ersten Anzeichen eines polarisiert-pluralistischen Systems (Luther 1999). Ein pluralistischer Charakter war für das Parteiensystem in geringerem Ausmaß schon vor 1966 kennzeichnend, nun aber ist er, wie auf Parlamentsebene die beiden FPÖ-Abspaltungen Liberales Forum (LIF) und Bündnis Zukunft Österreich (BZÖ) signalisieren, mit einer deutlichen und anhaltenden Dekonzentration des Parteiensystems verbunden (Müller 2006: 291). Diese Dekonzentration geht mit einer ansteigenden Fluktuation der WählerInnen sowohl zwischen den Parteien als auch zwischen den Parteien und dem Lager der Nicht-WählerInnen einher. Während die Wahlbeteiligung seit der Mitte der 1980er Jahre generell, wenn auch nicht ungebrochen rückläufig ist, nahm der Anteil der WechselwählerInnen im Vergleich der Wahlen von 1983 und 1999 von 10 auf 18 Prozent zu (Müller 2000: 18). Bei der Nationalratswahl 2008 wurde mit 28 Prozent schließlich der bislang höchste Anteil an WechselwählerInnen ermittelt (Ulram 2009: 19).

Vergrößern gerade die zuletzt genannten Veränderungen im Wählerverhalten das Wirkungspotenzial der Massenmedien (und damit ihre Bedeutung als Kommunikationskanäle der Parteien), so steigt es auch in Zeiten eines offenen politischen Wettbewerbs, d. h. wenn alle im Parlament vertretenen Parteien die realistische

---

5   Der ursprüngliche Plan, die Nationalratswahl vom November 1986 aufgrund der damaligen Wahlerfolge der FPÖ unter Jörg Haider und der Grünen Alternative unter Freda Meissner-Blau in die Untersuchung einzubeziehen, musste fallengelassen werden, da im ORF-Archiv zwar Aufzeichnungen der in den „Zeit im Bild"-Sendungen ausgestrahlten Filme, aber keine Dokumentationen der Moderationen und Wortbeiträge vorhanden sind.

Chance haben, an der Regierung teilzuhaben. Dieses Merkmal vereint alle vier der Untersuchung zugrunde gelegten Wahlen, während es weder vor 1970 noch in der Zeit zwischen 1983 und 1999 zutrifft, da die damals kleineren Parteien entweder rein rechnerisch für eine Koalitionsbildung nicht interessant waren oder von den anderen Parteien a priori als Regierungspartner ausgeschlossen wurden (Müller 2006: 299ff.).

2.2. Medien

Die Medienauswahl für den Langzeitvergleich orientiert sich aus Vergleichsgründen notwendigerweise an jenen Konstanten, die das österreichische Mediensystem trotz sich verändernder Gesamtkonstellationen durchgängig geprägt haben. Sie umfasst die wichtigste Nachrichtensendung des ORF, die seit Anfang Januar 1970[6] – also acht Wochen vor der Nationalratswahl – bis April 2007 fast durchgängig auf beiden Fernsehkanälen durchgeschaltete „Zeit im Bild", die *Kronen Zeitung* und den *Kurier* als die beiden langfristigen Vertreter der Populärpresse sowie schließlich die *Presse*, die bis 1991 erschienene *Arbeiter-Zeitung* und den 1988 gegründeten *Standard* als Elitezeitungen.[7] Angesichts des in jüngster Zeit auf mehreren Ebenen beobachtbaren Umbruchs des österreichischen Mediensystems (vgl. Stark und Magin 2009) werden zur Nationalratswahl 2008 auch die im April 2007 für das Hauptabendprogramm von ORF 1 geschaffene Informationssendung „ZiB 20", die Nachrichtensendungen der privaten Fernsehsender ATV und PULS 4 sowie zwei Vertreter des neuen Zeitungstyps der Hybrid- bzw. Gratiszeitungen (*Österreich* und *Heute*) in die Untersuchung einbezogen.

Von der historischen Entwicklung her gesehen, gehört Österreich zu den „newspaper-centric societies" (Norris 2000: 85). Wie Hallin und Mancini (2004) in einem Vergleich westeuropäischer und nordamerikanischer Staaten zeigen konnten, ist das österreichische Mediensystem – wie jenes der meisten mittel- und nordeuropäischen Länder – sowohl von einem hohen Stellenwert der Massenpresse als auch von einem stark ausgeprägten *media-party-parallelism* gekennzeichnet, der sich auch auf die Position und die Verfasstheit des öffentlich-rechtlichen Rundfunks auswirkt. Diese historisch erklärbare Koexistenz scheinbar inkompa-

---

6   Das zweite Fernsehprogramm sendete zu dieser Zeit jedoch nur an fünf Wochentagen (Dienstag, Mittwoch, Freitag, Samstag und Sonntag); erst ab September 1970 gab es ein tägliches Programm.

7   Die Einbeziehung führender Regionalzeitungen ist geplant. Auch wenn ihr durchgängig um die 30 Prozent pendelnder Anteil am gesamten österreichischen Zeitungsmarkt durch die Gründung von *Österreich* und *Heute* gesunken ist, kommt ihnen nicht nur in einzelnen Bundesländern (vor allem im Süden und Westen Österreichs), sondern insofern bundesweit eine wichtige Bedeutung zu, als vor allem zwei der dahinter stehenden Unternehmen, nämlich zuerst die Styria Medien AG und zuletzt auch die Moser Holding, einen massiven Expansionskurs fahren.

tibler Merkmale bewirkt, dass die Reichweite der Tagespresse in diesen Staaten (trotz rückläufiger Tendenz) nicht nur durchschnittlich doppelt so hoch ist wie im anglo-amerikanischen Raum, sondern auch negativ und hoch signifikant mit einem vergleichsweise moderaten Fernsehkonsumverhalten korreliert (Seethaler und Melischek 2007). Dies lässt sich auch anhand der Reichweitendaten zu den hier untersuchten Wahlen ablesen, die den ORF nur 1983 vor der Tagespresse, die „Zeit im Bild" nur anfangs vor der *Kronen Zeitung* sehen, die schon 1986 die Hauptnachrichtensendung des ORF in ihrer Reichweite überholte. Auch die gegenwärtige, durch die neuen Informationstechnologien bedingte Krise der traditionellen Massenmedien trifft in Österreich den Fernsehsektor wesentlich stärker als den Printbereich: Während die Reichweite der Tagespresse zwischen 1999 und 2008 von 76,1 auf 72,9 Prozent sank, rutschte der ORF von 65,1 auf 52,3 Prozent ab, und selbst alle von der Media-Analyse erfassten in- und ausländischen Sender erreichen zusammen nur noch 63,4 Prozent der Bevölkerung. Die – nicht mehr durchgeschaltete – „Zeit im Bild" sank 2008 auf eine durchschnittliche Tagesreichweite von 14,6 Prozent und damit auf ein Drittel ihres Wertes von 1983 (vgl. Schaubild 1). Die Nachrichtensendungen der Privatsender fassen hingegen nur zögerlich Fuß; überdies lag der Anteil ihrer Beiträge über österreichische Politik während der letzten sechs Wochen vor der Nationalratswahl 2008 mit knapp 19 („ATV aktuell") bzw. etwas über 27 Prozent („PULS 4 Austria News") niedriger als bei der „Zeit im Bild" 1970 (29,8 Prozent). Dort hatte er 2008 nach einem kontinuierlichen Anstieg fast 40 Prozent erreicht.

Schaubild 1
Reichweitenentwicklung ausgewählter Medien
Durchschnittliche Tagesreichweiten (Tagespresse: 2008 ohne *Heute*)

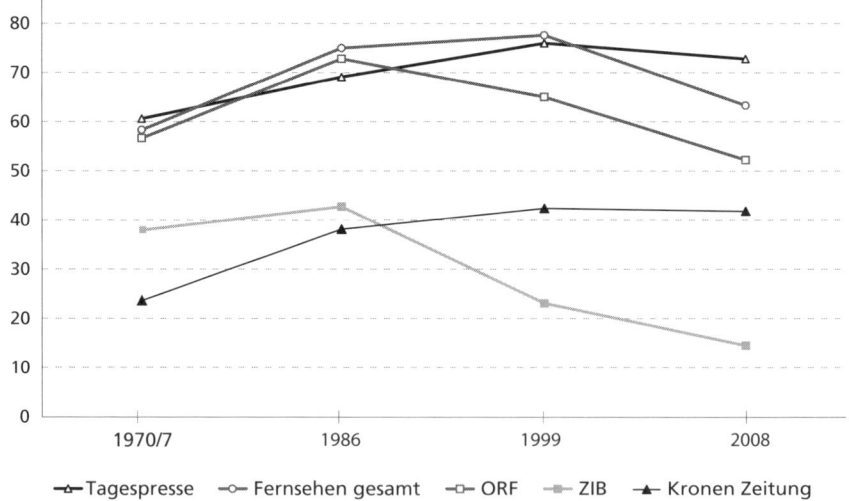

Quelle: Media-Analyse. Die Werte sind aufgrund von Veränderungen in den Messmethoden nur eingeschränkt vergleichbar.

Dennoch darf die Bedeutung des Fernsehens für die politische Kommunikation nicht unterschätzt werden. In seiner Mainstream-Phase in den 1970er und 1980er Jahren repräsentierte die „Zeit im Bild" zweifellos „das abendliche Informationsforum der österreichischen Öffentlichkeit" (Plasser und Ulram 2004a: 59), und auch in den letzten beiden Jahrzehnten galt und gilt das Fernsehen der österreichischen Bevölkerung, wie Eurobarometer-Daten zeigen, als das primäre politische Informationsmedium – trotz rückläufiger Tendenz[8] und (im Unterschied zur Presse) trotz Abnahme des ihm entgegengebrachten Vertrauens in den letzten Jahren.[9] Im Kontext der Wahlkampfkommunikation vielleicht entscheidender ist der Einfluss, den das Fernsehen aufgrund seiner medialen Eigenschaften auf die Kampagnenorganisation, auf Ablauf, Inhalte und Stil des Wahlkampfs als auch auf die Art der Inklusion des als Medienpublikum adressierten Elektorats nimmt und der überhaupt erst zur Metapher von der „Mediatisierung" der Politik geführt hat. Den als Ausgangspunkt für diese Untersuchung gewählten Nationalratswahlkampf 1970 haben Plasser und Ulram (2004a: 55) als „ersten Fernsehwahlkampf in der Geschichte der Zweiten Republik" bezeichnet, da die Ausstrahlung der ersten TV-Konfrontation der Spitzenkandidaten – nur zehn Jahre später als in den USA – signalisiert, dass das damals „neue" Medium die Regie des Kampagnenverlaufs wie der Medienberichterstattung darüber zu übernehmen gewillt war. Die seit 1994 vom ORF geübte Praxis, nicht nur den Kanzler und seinen Herausforderer, sondern VertreterInnen – und durchaus nicht nur SpitzenkandidatInnen – mehrerer Parteien einzuladen, zeigt nicht nur die Sensibilität, mit der Medien auf Veränderungen im Parteiensystem reagieren, sondern auch, dass hierzulande immer noch Parteien und nicht so sehr Personen im Vordergrund stehen. Plasser und Ulram (2004b: 415) bezeichnen diese Änderung als „folgenreiche Innovation" und sprechen ihr sowohl einen Konversions- als auch einen Verstärkereffekt vor allem auf das Wahlverhalten der WechselwählerInnen zu.

Die Wahl vom Februar 1970 fand noch unter den Bedingungen eines – gemessen an der Zahl der Zeitungen – vergleichsweise vielfältigen Pressemarkts statt. Die zahlreichen, von der Pressepolitik der Alliierten in ihrer Entstehung begünstigten Parteizeitungen in den Bundesländern kämpften zwar um ihr Überleben, das sie zum Teil nur durch eine Umwandlung in Ausgaben der jeweiligen Wiener Zentralorgane (vorübergehend) sichern konnten, aber noch steckte der Expansionskurs der Wiener Boulevardzeitungen in der Anfangsphase. Sowohl die *Kronen Zeitung* als auch der von ihr als auflagenstärkste Tageszeitung verdrängte *Kurier* wurden primär im

---

8 1995 verfolgten 86 Prozent der Bevölkerung täglich oder mehrmals wöchentlich die Fernsehnachrichten, 76 Prozent lasen täglich oder mehrmals wöchentlich die Zeitungsnachrichten (Eurobarometer 43); elf Jahre später (Eurobarometer 65) war der Prozentsatz für das Fernsehen nach kontinuierlichen Verlusten auf 80 Prozent gesunken, jener für die Presse – bei zwischenzeitlichen Schwankungen – gleich geblieben (vgl. Melischek 2007: 22).

9 1999 gaben 76 Prozent an, Vertrauen in das Fernsehen zu haben, 49 Prozent hatten Vertrauen in die Presse (Eurobarometer 51); 2008 waren es 68 bzw. 60 Prozent (Eurobarometer 69). Die Ergebnisse dazwischen liegender Erhebungen bestätigen diesen Trend.

ostösterreichischen Raum vertrieben; gemessen an ihrer Auflage, beherrschten sie aber zusammen bereits über die Hälfte des gesamten Zeitungsmarkts. Diese Position konnten beide Zeitungen dadurch ausbauen, dass sie in den 1970er und 1980er Jahren sukzessive mit eigenen Regionalausgaben in die Marktlücken vorstießen, die die sterbende Parteipresse in den Bundesländern hinterließ. Die im Titel oder Untertitel beider Blätter zum Ausdruck gebrachte Unabhängigkeit änderte freilich nichts daran, dass sie ebenfalls, wie Hans Heinz Fabris noch 1982 schrieb, „in einem spezifischen Nahverhältnis zu großen Interessenorganisationen" standen (Fabris 1982: 511). Die 1988 von beiden Zeitungsunternehmen gemeinsam mit der deutschen WAZ gegründete Mediaprint beförderte schließlich einen Ökonomisierungsprozess, dessen nachhaltige Konsequenzen von (markt)anpassungsfähigen Blattlinien insbesondere der *Kronen Zeitung* über letztlich ungünstige Folgen für die Position des *Kurier* bis hin zu einem in andere Mediensektoren hineinwirkenden Konzentrationsschub reichen (vgl. Melischek und Seethaler 1999; Seethaler und Melischek 2006).

Angesichts der hohen Pressekonzentration bleiben in Österreich für Elitezeitungen, also für Zeitungen mit einem überdurchschnittlich hohen Anteil an LeserInnen der A- und B-Schicht,[10] keine allzu breiten, wenn auch im Zeitvergleich tendenziell wachsende Marktnischen, zumal *Kronen Zeitung* und *Kurier* auch in der Zielgruppe der beruflichen Entscheidungsträger die beiden reichweitenstärksten Zeitungen repräsentieren. Laut der „Leseranalyse Entscheidungsträger" aus dem Jahr 2007 folgen *Der Standard* und *Die Presse* mit 19,5 bzw. 18 Prozent erst auf dem dritten und vierten Platz (gegenüber 36 und 21,7 Prozent der beiden Erstgereihten).[11] Ähnlich hatte eine – mit diesen Daten nicht vergleichbare – frühe Befragung unter Opinion-Leadern in Wirtschaftsfragen aus dem Jahr 1967 *Die Presse* und die *Arbeiter-Zeitung* als jene beiden Zeitungen ermittelt, deren Leserschaft zwar mit über 50 bzw. rund 45 Prozent die weitaus höchsten Anteile von „Meinungsführern" in der damaligen österreichischen Presselandschaft aufwies (und die deshalb auch für diese Studie ausgewählt worden sind), aber in der Rangliste der von Opinion-Leadern meistgelesenen Zeitungen mit etwas über 30 bzw. 26 Prozent hinter dem *Kurier* (mit über 48 Prozent) zu liegen kamen; die *Kronen Zeitung* folgte erst auf Platz 6 (Blecha und Gehmacher 1970). Die gesellschaftliche Bedeutung dieser „Elitemedien" liegt nicht nur darin, dass sie „von der gesellschaftlichen Führungsschicht, von Entscheidungsträgern und Angehörigen der Elite" genutzt werden (Wilke 1999: 302), sondern dass sie auch als „jeweils ‚passende[r]' Resonanzboden für die Akteure der verschiedenen politischen Lager" fungieren (Schulz und Kindelmann 1993: 18).[12]

---

10 Davon zu unterscheiden sind sog. Prestigemedien, die eine intermediale Leitfunktion ausüben (Mathes und Pfetsch 1991).

11 Die Krone führt auch bei den österreichischen Entscheidern, *Observer*, April 2008 (http://www.observer.at/letter/letter29/story_346.html).

12 Die *Presse* war vor ihrem Verkauf an die der katholischen Kirche nahestehende Styria Medien AG 1991 mit der Wirtschaftskammer Österreich und zwei regionalen Handelskammern verbunden, deren Funktionäre zumeist Mitglieder der ÖVP sind oder ihr nahestehen. Der *Standard* gilt als linksliberales Blatt.

Diese hier nur kurz und schlaglichtartig angesprochenen Charakteristika des österreichischen Mediensystems wurden erst in den letzten Jahren mit neuen Phänomenen konfrontiert, deren Einfluss auf die Mediengesamtkonstellation Gegenstand zahlreicher kontroversiell geführter Diskussionen ist. Fest steht, dass sich sowohl im Fernseh- als auch im Printbereich der Wettbewerb verschärft hat, einerseits durch das 2001 gefallene öffentlich-rechtliche Monopol und die fortschreitende Digitalisierung (Ortner, Paus-Hasebrink und Pluschkowitz 2009), andererseits durch die Auffächerung des Angebots an Hybrid- und Gratiszeitungen (Bakker und Seethaler 2009). Beiden Entwicklungen wird durch eine Erweiterung des untersuchten Medienspektrums zur Wahl 2008 Rechnung getragen. Zukünftig wird sich aber in zunehmendem Maße die Frage stellen, wie sich die traditionellen Medienmärkte durch das Internet verändern und welche langfristigen Auswirkungen auf Inhalte und Strategien der Wahlkampfkommunikation damit verbunden sein werden.

2.3. Inhaltsanalyse

Versucht die Auswahl der Medien, spezifischen Merkmalen des österreichischen Mediensystems gerecht zu werden, so wurde als Quelle für die Themenagenden der Parteien auf deren Presseaussendungen (bzw. Pressemitteilungen) zurückgegriffen. Gegenüber anderen in *Agenda-Building*-Studien verwendeten Quellen wie Werbespots und Wahlkampfreden erlauben Presseaussendungen als zentrales Mittel der politischen Öffentlichkeitsarbeit, nicht nur Gesamtagenden in möglichst umfassender Form zu ermitteln, sondern aufgrund ihrer dichten Erscheinungsweise und hohen Aktualität auch deren Entstehungsprozess analysieren zu können. Eingang in die Untersuchung fanden alle Parteien, die entweder vor einer Wahl vertreten waren oder aufgrund des Wahlresultats ins Parlament einzogen. Das sind, gereiht nach der heutigen Stimmenstärke, die SPÖ, die ÖVP, die FPÖ, die Grünen, das BZÖ und das Liberale Forum.

In die Inhaltsanalyse einbezogen wurden alle Presseaussendungen der jeweiligen Bundesparteizentralen.[13] Sie werden in der SPÖ von der *Sozialistischen Korrespondenz (SK)* verschickt, in der ÖVP vom *ÖVP-Pressedienst (ÖVP-PD)* bzw. ab der Wahl 1994 zusätzlich auch durch den *ÖVP-Parlamentsklub (ÖVP-PK)*. Über den *ÖVP-Pressedienst* werden alle Pressemitteilungen im Namen der Bundespartei versendet; Aussender können zudem Personen sein, die kein Nationalrats- oder Bundesratsmandat innehaben wie Minister oder Landesabgeordnete. Der *ÖVP-Parlamentsklub* informiert hingegen im Namen der ÖVP-Abgeordneten mit Nationalrats- oder Bundesratsmandat. Der Pressedienst der FPÖ ist der *Freiheitliche*

---

13 Diese Presseaussendungen sind an der Österreichischen Nationalbibliothek archiviert, ab 1989 sind sie über den APA-OTS Originaltext-Service und den APA-OnlineManger (AOM) der Austria Presse Agentur (APA) abrufbar. Für die Wahl 1990 durchgeführte Parallelrecherchen ergaben eine vollständige Übereinstimmung der beiden Bestände. Presseaussendungen regionaler Parteiorganisationen sind hingegen nur lückenhaft vorhanden.

Pressedienst (fpd), Aussender die Bundesparteileitung. Die Grünen, das Liberale Forum (LIF) sowie das BZÖ verwenden für ihren Pressedienst weder einen eigenständigen Namen noch ein Kürzel. Die vorerst zu geringe Aussendungsfrequenz bzw. die lückenhafte Quellenlage lässt eine Einbeziehung der Presseaussendungen der FPÖ erst ab 1983, jener der Grünen ab den 1990er Jahren zu.

Für die Ermittlung der Parteien- und Medienagenda wurde eine quantitative Inhaltsanalyse durchgeführt, deren Basis-Codebuch für alle untersuchten Texte bzw. Filmberichte identisch war.[14] Sie erstreckte sich auf alle Presseaussendungen (mit Ausnahme von Ankündigungen oder Einladungen zu Pressekonferenzen), auf alle Beiträge auf der ersten Seite, im politischen Nachrichtenteil und im Kommentarteil der ausgewählten Zeitungen sowie auf alle Beiträge in den Hauptnachrichtensendungen der genannten Fernsehsender.[15] Aufgreifkriterium für die Codierung eines Medienbeitrags war ein Bezug zur österreichischen Politik. Der Untersuchungszeitraum umfasst die „heiße Phase" des Wahlkampfs, also jeweils sechs Wochen vor dem Wahltermin, für Presseaussendungen und Fernsehbeiträge unter Einbeziehung des davor liegenden Sonntags (vgl. Tabelle 2).

Die Codierung von Themen, Akteuren[16] und einer Reihe von Attributen erfolgte auf Beitragsebene. Um mit internationalen Studien vergleichen zu können, wurden die Kategorien für die Codierung der Policy-Themen sowohl mit den Kategorien des Policy-Agendas-Projekts (http://www.policyagendas.org) als auch mit den Kategorien des von der Manifesto Research Group (MRG) entwickelten Handbuchs zur Inhaltsanalyse programmatischer politischer Dokumente (Volkens 2002) kompatibel gehalten. Für den vorliegenden Vergleich von vier Wahlen wurde eine Zusammenfassung der Policy-Themen zu jenen Themenfeldern gewählt, die in den im Untersuchungszeitraum (1970–2008) verwendeten Bezeichnungen österreichischer Ministerien zum Ausdruck kommen (vgl. Tabelle 3). Dieser Einteilung liegt die Annahme zugrunde, dass sich in den sich wandelnden Bezeichnungen ein politisch gewünschter Ausdifferenzierungsprozess von als gesellschaftlich relevant erachteten Politikbereichen dokumentiert.

---

14 Die Codierung wurde von 17 studentischen CodiererInnen durchgeführt. Die AutorInnen sind Frau Melanie Magin M.A. und Herrn MMag. Oliver Gruber für die Leitung der CodiererInnen-Teams für Populär- und Elitezeitungen zu großem Dank verpflichtet. Intercoder-Reliabilität (Cohen's Kappa) bei Themen: 0,78 bis 0,95; bei Akteuren: 0,90 bis 0,96; bei der Länge von Zitaten: 0,78 bis 0,88.

15 Die Codierung der Fernsehbeiträge 1970 basiert auf den Scripts der „Zeit im Bild"-Sendungen, die die Texte der Moderatoren enthalten, für 1983 standen sowohl die Scripts als auch die Filme der Filmbeiträge, für 1999 und 2008 die gesamten Sendungen in digitalisierter Form zur Verfügung. Die AutorInnen danken Herrn Hartmann Schaufler und Frau Dr. Evelyn Itkin, ORF, für ihre Unterstützung bei der Beschaffung des Materials.

16 Es konnten bis zu vier mit dem Beitragsthema verbundene politische Akteure codiert werden, wobei ausschließlich kandidierende Parteien und PolitikerInnen dieser Parteien (sowie Medien und MedienvertreterInnen) berücksichtigt wurden.

So stiegen 1970 sowohl Forschungs- als auch Kulturpolitik zu „ministeriellen Würden" auf, 1972 gefolgt von der Gesundheits- und Umweltpolitik, 1983 von der Konsumenten-, Familien- und Jugendpolitik und 1985 vom Sport. Die Arbeitspolitik, eines der zentralen Anliegen der Kreisky-Ära, wurde erst vier Jahre nach deren Ende, nämlich 1987, in der Bezeichnung des schon immer dafür zuständigen Sozialministeriums verankert (ehe sie unter der ÖVP-FPÖ-Koalition vorübergehend ins Wirtschaftsministerium wanderte). Noch später, nämlich erst 1996, wurde ein eigenes Ministerium für Frauenangelegenheiten geschaffen, die ebenfalls unter der Regierung Schüssel von 2000 bis 2003 unter „Generationen" subsumiert wurden. Zuletzt haben sich Wasserwirtschaft (2000) und Europäische Angelegenheiten (2007) als eigens benannte ministerielle Bereiche ausgebildet; Medienpolitik und Regionalpolitik (2007/08) verschwanden sehr rasch aus der Ministerienliste. Im Untersuchungszeitraum wurde ein einziges Ministerium dauerhaft aufgelöst, nämlich 1987 das Bundesministerium für Bauten und Technik, dessen Agenden primär vom Wirtschaftsministerium, aber auch vom Verkehrsministerium übernommen worden sind. Im Politikfeld „Öffentliche Unternehmen und öffentliche Verwaltung" verschob sich hingegen der anfängliche, auf der verstaatlichten Industrie liegende Schwerpunkt seit 2000 auf den Bereich der öffentlichen Leistung bzw. des öffentlichen Dienstes.

Tabelle 2
Die Untersuchungsbasis

Wahl	Zeitraum	SPÖ	ÖVP	FPÖ	Grüne	LIF	BZÖ
1970	18.01.-28.02.	337	253				
1983	13.03.-23.04.	329	395	109			
1999	22.08.-02.10.	302	548	366	121	121	
2008	17.08.-27.09.	397	441	231	156		222

	Arbeiter Zeitung / Der Standard	Die Presse	Kronen Zeitung	Kurier	ZIB
1970	601 (1039)	466 (707)	180 (260)	363 (465)	238 (246)
1983	542 (985)	531 (967)	353 (523)	504 (821)	204 (256)
1999	848 (1673)	751 (1579)	388 (554)	461 (859)	221 (273)
2008	677 (1448)	659 (1158)	348 (597)	530 (883)	275 (384)

	Österreich	Heute	ATV aktuell	Austria News	ZIB 20
2008	652 (1367)	303 (473)	97 (158)	79 (141)	92 (146)

Die in Klammern gesetzten Zahlen beziehen sich auf Nennungen von kandidierenden Parteien und PolitikerInnen. Codiert wurden bis zu vier Akteure pro Beitrag.

Tabelle 3
Themenbereiche der Inhaltsanalyse

Polity	
Politisches System	

Policy	
Politikfeld	Wörtlicher Bezug in der Ministeriumsbezeichnung (kursive Jahreszahl: Gründungsjahr)
Rechtspolitik	Justiz
Öffentliche Unternehmen und öffentliche Verwaltung	Verstaatlichte Unternehmungen, ab 1970 unter Verkehr subsumiert, 1985-1996 Öffentliche Wirtschaft; 2000-2003 Öffentliche Leistung; ab 2008 Öffentlicher Dienst
Außenpolitik	Auswärtige Angelegenheiten, ab 2007 Internationale Angelegenheiten
Äußere Sicherheit	Landesverteidigung
Innere Sicherheit	Inneres
Finanzpolitik	Finanzen
Wirtschaftspolitik	Handel, Gewerbe und Industrie, ab 1987 Wirtschaftliche Angelegenheiten, ab 2000 Wirtschaft (incl. Wohnungsbau, übernommen vom 1987 aufgelassenen Bundesministerium für Bauten und Technik) + 2007-2008 Regionalpolitik
Verkehrs- und Technologiepolitik	Verkehr, ab 2000 Verkehr, Innovation und Technologie (incl. Technik und Straßenbau, sukzessive übernommen vom 1987 aufgelassenen Bundesministerium für Bauten und Technik)
Landwirtschaftspolitik	Land- und Forstwirtschaft
Soziale Sicherheit	Soziale Verwaltung, ab 1987 Soziales, ab 2000 Soziale Sicherheit, ab 2007 Soziales + ab 1983 Konsumenten- bzw. Verbraucherschutz (2000-2003 ohne Bezug in einer Ministeriumsbezeichnung)
Bildungspolitik	Unterricht, ab 2000 Bildung, ab 2007 Unterricht + ab 1985 Sport
Universitäts- und Forschungspolitik	ab 1970 Wissenschaft und Forschung, ab 1996 Wissenschaft, ab 2007 Wissenschaft und Forschung
Kulturpolitik	ab 1970 Kunst, ab 1994 Kulturelle Angelegenheiten, ab 1996 Kulturelle Angelegenheiten, Kunst, ab 1997 Kulturelle Angelegenheiten, ab 2000 Kultur, ab 2007 Kunst und Kultur + 2007-2008 Medien
Umweltpolitik	ab 1972 Umweltschutz, ab 1987 Umwelt + ab 2000 Wasserwirtschaft
Gesundheitspolitik	ab 1972 Gesundheit

Familien- und Jugendpolitik	ab 1983 Familie und Jugend, ab 2000 unter Generationen subsumiert, ab 2007 Familie und Jugend
Arbeits- und Beschäftigungspolitik	ab 1987 Arbeit
Frauen- und Gleich-stellungspolitik	ab 1996 Frauenangelegenheiten, ab 2000 unter Generationen subsumiert, ab 2003 Frauen, ab 2008 Frauenangelegenheiten
Europäische Integration	ab 2007 Europäische Angelegenheiten

Politics
Informationen zur Wahl (u.a. Wahl- und Regierungsprogramme, Procedere der Wahl)
Wahlkampf
Tätigkeit der politischen Akteure generell
Sonstiges

Aus statistisch-mathematischen Gründen wurden einige der auf diese Weise ermittelten Politikfelder (Konsumentenschutz, Sport, Wasserwirtschaft, Medien, Regionalpolitik), für die die Inhaltsanalyse nur geringe Fallzahlen ergab, jenen größeren Bereichen zugefügt, zu denen sie lange Zeit gehörten bzw. gehören (in Tabelle 3 mit „+" markiert). Die immer wieder die politische Öffentlichkeit beschäftigenden „Skandale" (vgl. Gehler und Sickinger 2007) wurden, wenn sie *auch* eine sachpolitische Komponente aufwiesen (also beispielsweise im Falle des Neubaus des Allgemeinen Krankenhauses eine umstrittene gesundheitspolitische oder im Falle der Eurofighter eine umstrittene verteidigungspolitische Entscheidung), dem jeweiligen Politikfeld zugeordnet. Handelte es sich jedoch vorrangig um Konflikte über Entscheidungen der öffentlichen Verwaltung, die mit Vorwürfen fehlender politischer Kontrolle, des Privilegienmissbrauchs und ähnlichem verbunden waren, so wurden sie dem Bereich der öffentlichen Verwaltung zugewiesen. Da den Medien seitens der Wissenschaft immer wieder vorgeworfen wird, in der Wahlberichterstattung in steigendem Maße über Strategien und *Horserace*, aber immer seltener über politische Inhalte zu berichten, wurden im Rahmen des hier berichteten Projekts die Codierer ausdrücklich angewiesen, Medienbeiträge, die *aus Anlass* einer Wahlveranstaltung über ein *Policy*-Thema berichten, dem betreffenden Politikfeld und nicht der Kategorie „Wahlkampf" zuzuordnen. Dem liegt die Überlegung zugrunde, dass der Wahlkampf ein notwendiger Teil des politischen Prozesses und die Berichterstattung darüber legitim ist. Zweifellos stehen die Medien vor der schwierigen Gratwanderung, durch einen an Strategien orientierten lebendigen journalistischen Zugang, der im Interesse der Wählermobilisierung liegen mag, nicht dem Gegenteil, nämlich Politikverdrossenheit, Vorschub zu leisten.

3. Ergebnisse der Untersuchung

3.1. *Game-* vs. *Policy*-Zentrierung

Thomas Patterson (1993: 74, 146) war einer der ersten, der anhand einer Langzeitanalyse der *New York Times* darauf aufmerksam machte, dass seit den 1970er Jahren in der Wahlberichterstattung sowohl der Anteil jener Beiträge, die ihr Thema nicht sachpolitisch, sondern im Kontext politischer Strategien präsentierten, dramatisch anstieg als auch der Anteil der auf Wahlkampfangelegenheiten fokussierenden Artikel (gegenüber den mit *Policy-Issues* befassten) zunahm. Durch diese *Game*-Zentrierung würden die Medien, so Patterson, die Bemühungen der politischen Akteure, Sachthemen zu kommunizieren, unterlaufen. Diese für die demokratische Ordnung alarmierenden Forschungsergebnisse führten nicht nur in den USA (z.B. Farnsworth und Lichter 2007), sondern international zu zahlreichen Vergleichsstudien, unter denen der deutschen Untersuchung von Wilke und Reinemann (2000) aufgrund ihrer langfristigen Perspektive von fünf Jahrzehnten (1949–1998), die überdies regelmäßig ausgebaut wird (zuletzt: Wilke und Reinemann 2006), ein besonderer Stellenwert zukommt. Im Unterschied zur US-amerikanischen Entwicklung zeigte sich allerdings für Deutschland kein kontinuierlicher Anstieg, sondern eher ein kontextabhängiges, um einen Anteil von 45 Prozent pendelndes Ausmaß der Wahlkampf-Issues (Wilke und Reinemann 2000: 70f.).

Jene (wenigen) Studien, die Medien- und Parteienagenda zueinander in Beziehung setzten, kamen in dieser heiklen Frage zu unterschiedlichen, hinsichtlich der Rolle der Parteien sogar zu einander widersprechenden Ergebnissen. So ermittelten Norris u.a. (1999: 81) zu den britischen Wahlen in den Jahren 1992 und 1997 einen gleichbleibend hohen Anteil von über 60 bzw. beinahe 70 Prozent Kampagnenthemen in der Fernseh- bzw. Presseberichterstattung im letzten Monat vor der Wahl, während die Parteien in vier Fünftel ihrer Presseaussendungen versuchten, *Policy*-Themen zu lancieren. Lediglich innerhalb der Kategorie der Kampagnenthemen verschoben sich in den Medien die Schwerpunkte von einer *Horserace*-Berichterstattung hin zu einer Fokussierung auf die Wahlkampftaktiken der Parteien. Demgegenüber fand Donsbach (2000: 148ff.) zur deutschen Bundestagswahl 1998 die Pressemitteilungen der Parteien zu über 70 Prozent wahlkampf- und die Medien zu 63 Prozent sachthemenorientiert, wenngleich dieser Prozentsatz in den letzten beiden Monaten vor der Wahl auf 25 (Fernsehen) bzw. 30 Prozent (Presse) zurückging und damit im Medienbereich weitgehend den Ergebnissen von Norris u.a. (1999) entspricht.

Die Ergebnisse der hier vorgelegten österreichischen Langzeitstudie (vgl. Schaubild 2), die eine Kompatibilität mit den Kategorien Pattersons (1993) angestrebt hat, zeigen auf der Themenebene sowohl für die Presse als auch – und angesichts des für einen öffentlich-rechtlichen Sender typischen, niedrigeren Ausgangsniveaus sogar verstärkt – für das Fernsehen eine steigende Tendenz zur Thematisierung von Wahlkampfangelegenheiten wie Kandidaturen, Unterstützungserklärungen, Kampagnenplanung, Wahlkampftouren, Umfragen, Koalitionsspekulationen und Ähnlichem. 2008 nehmen Beiträge dieser Art in der Presse- wie der Fernsehberichterstattung einen Anteil von rund 45 Prozent ein. Besonders ausgeprägt ist diese Form der Themenorientierung bei Privatsendern (durchschnittlich 64 Prozent) und in der Zeitung *Österreich* (55 Prozent). Die Varianz bei den übrigen Medien ist gering, auch die „Qualitätszeitungen" pflegten 2008 keine sachorientiertere Berichterstattung als *Kronen Zeitung*, *Kurier* oder *Heute*. In früheren Jahren war es die *Arbeiter-Zeitung* und 1970 auch noch der *Kurier* und die *Presse*, deren *campaign stories* nicht mehr als ein Drittel ihrer politischen Berichterstattung einnahmen. (Die überdurchschnittlich hohen Werte 1999 lassen sich auf die bei dieser Wahl besonders intensiv kursierenden Spekulationen über den Wahlausgang und künftige Regierungsformen zurückführen; vgl. Plasser, Ulram und Sommer 2000: 156.)

Schaubild 2
Campaign Issues **in der Wahlberichterstattung**

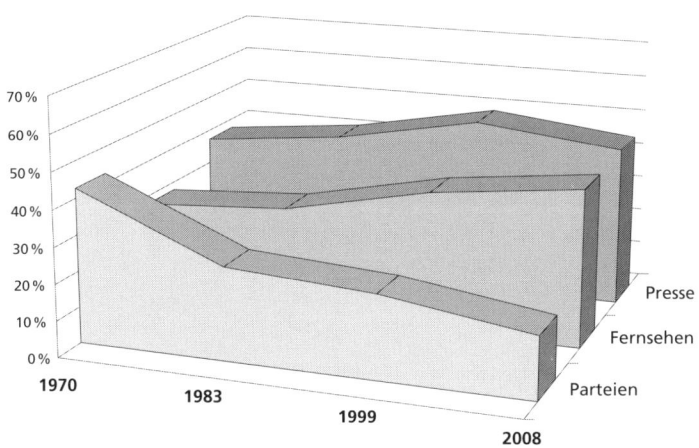

Anteile an der Gesamtzahl der Presseaussendungen (gewichtet nach der Anzahl der Presseaussendungen pro Partei) bzw. an der gesamten Berichterstattung über österreichische Politik (gewichtet nach Reichweiten), Datenbasis: siehe Tabelle 2.

Rechnet man den (in Wahlzeiten geringen) Anteil der Artikel, die sich mit alltäglichen politischen Verfahrensangelegenheiten *(politics)* befassen, zu den in Schaubild 2 ausgewiesenen Werten hinzu, so entspricht der gemeinsame Anteil der *campaign* und *politics stories* von knapp unter 50 Prozent einem Niveau, das bei amerikanischen Zeitungen in den 1980er und 1990er Jahren gemessen wurde. Beim US-Fernsehen oder bei britischen Medien lag es damals schon um 70 Prozent (Patterson 1993: 146; Farnsworth und Lichter 2007: 168; Norris u.a. 1999: 78ff.). Addiert man schließlich zu diesem Anteil noch jene Beiträge, die zwar über politische Themen berichten, diese aber in einen (wahl-)strategischen Kontext stellen (vgl. Schaubild 3), dann erhöht sich zwar das so ermittelte Ausmaß einer strategisch geframten politischen Berichterstattung auf 62 (Fernsehen) bzw. 65 Prozent (Presse), kommt aber gleichfalls nicht an die Situation in den USA heran, die schon seit den späten 1970er Jahren Werte um 80 Prozent kennt (Patterson 1993: 74).

Schaubild 3
Strategisches Framing in der Wahlberichterstattung

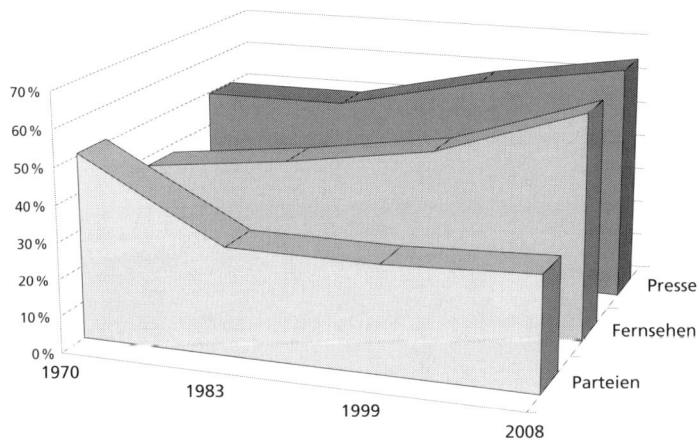

Die Grafik fasst die Anteilswerte für *campaign* und *politics issues* sowie für strategisch geframte *policy issues* zusammen.

Anteile an der Gesamtzahl der Presseaussendungen (gewichtet nach der Anzahl der Presseaussendungen pro Partei) bzw. an der gesamten Berichterstattung über österreichische Politik (gewichtet nach Reichweiten); Datenbasis: siehe Tabelle 2.

Im Unterschied zu den (freilich nur punktuellen) deutschen, aber in Übereinstimmung mit den britischen Forschungsresultaten lässt sich in Österreich ein zunehmendes Bemühen der Parteien feststellen, Sachthemen in der öffentlichen Diskussion zu platzieren. Hatten 1970 Wahlkampfthemen noch fast die Hälfte der Presseaussendungen bestimmt, so nehmen sie 2008 nicht einmal mehr ein Fünftel ein. Erklärbar scheint dies vor dem Hintergrund sinkender Parteibindungen und zunehmenden Wettbewerbs, der höhere Anforderungen an die Informationstätigkeit der Parteien stellt, die in der früheren „Lager"-Struktur eher davon ausgehen konnten, dass ihre politischen Anliegen den WählerInnen ohnehin bekannt waren und daher der Erzeugung von Wahlkampfstimmung zur Mobilisierung ein hoher Stellenwert zukam. Trotz dieser sich konträr zur Medienentwicklung bewegenden

Ausrichtung der politischen PR liefern die Daten für 2008 einen eindeutigen Anhaltspunkt für eine beginnende Anpassung der politischen Öffentlichkeitsarbeit an die Handlungslogik der Medien: So lässt sich der erstmals stark gestiegene Anteil strategisch geframter *Policy*-Themen als Indiz für eine „Mediatisierung" der Parteienkommunikation interpretieren.

3.2. Die Themenfelder der Nationalratswahlkämpfe 1970, 1983, 1999 und 2008

Angesichts der zunehmenden, wenn auch nicht US-amerikanisches Niveau erreichenden *Game*-Zentrierung und Entpolitisierung der Medienberichterstattung stellt sich die Frage, ob und in welchem Ausmaß es den Parteien überhaupt gelingen kann, „ihre" politischen Themen auf die Agenda der Medienöffentlichkeit zu setzen, mit besonderer Dringlichkeit. Ein erster Blick auf jene Themen, die über alle vier Wahltermine hinweg in der „heißen" Wahlkampfphase die Außenkommunikation der Parteien bestimmen (vgl. Tabelle 4), lässt – wenig überraschend – Fragen der sozialen Sicherheit, und hier vor allem der Pensionssicherung, als *den*, vor allem von den Sozialdemokraten und zuletzt auch von der FPÖ propagierten Dauerbrenner erscheinen, selbst wenn sie nie zum Spitzenthema geworden sind. Diese Position nahm 1970 und – mit besonders großem Abstand – 2008 die Wirtschaftspolitik ein, wobei es jedes Mal primär um Preise und Teuerung, aber auch um grundsätzliche wirtschaftspolitische Konzepte ging. In ebenfalls hohem Ausmaß, aber stets der Wirtschaftspolitik nachgeordnet, setzten die österreichischen Parteien, allen voran die ÖVP, auf Budget- und Steuerfragen, also auf finanzpolitische Angelegenheiten. Am Ende der Kreisky-Ära 1983 hatten unterschiedliche Beschäftigungsprogramme der beiden Großparteien einen anderen Dauerbrenner der österreichischen Innenpolitik – die Arbeits- und Beschäftigungspolitik – auf Platz 1 gehievt, vor der „bürgerlichen" Wende war dies zur Nationalratswahl 1999 die von der ÖVP favorisierte Familienpolitik mit Themen wie Karenzgeld und Kinderbetreuung. Zu diesen beiden Wahlen wies die Parteienagenda aber eine dichte Folge führender Themenfelder auf – 1999 war überdies die Varianz der Anteilswerte sämtlicher Themen besonders gering –, während sich wirtschafts- bzw. 1970 wirtschafts- und finanzpolitische Themen stets mit deutlichem Abstand an der Spitze finden.

Von den übrigen „neuen" Politikfeldern erhielten seitens der Parteien vor allem die von den Grünen forcierten umweltpolitischen sowie bisweilen gesundheitspolitische Themen überdurchschnittliche Aufmerksamkeit. Kultur-, Forschungs-, Frauen- und Europapolitik schafften den Sprung von der Ministeriumsbezeichnung auf die oberen Ränge der Parteienagenda zumindest in den hier untersuchten Wahlkämpfen nicht, wenngleich sich seit 1999 die SPÖ bemüht, frauenpolitische Themen zu lancieren und die FPÖ auf das Europa-Thema setzt. Lediglich die Streichung der Studiengebühren pushte die sonst kaum beachtete Universitäts- und Forschungspolitik 2008 knapp unter den Aufmerksamkeitsmittelwert. Von

den traditionellen Politikfeldern beschäftigten immer wieder verteidigungspolitische Fragen die Parteien, seien es Wehrdienstzeitverkürzung (1970), NATO-Bei-
tritt (1999), Berufsheer (1999), Grenzschutz (1999 und 2008) oder die Eurofighter
(2008). Vor allem aber stellten sie – und besonders FPÖ und BZÖ – die innere
Sicherheit als zunehmend dringliches politisches Problem heraus, während der
Komplex der verstaatlichten Industrie und öffentlichen Verwaltung, aber auch bil-
dungs- (!) und landwirtschaftspolitische Belange an Bedeutung verloren. Grund-
satzfragen des politischen Systems und des Rechtsstaates wurden in Wahlkämpfen
selten thematisiert.

Tabelle 4
Themenfelder der Wahlkämpfe 1970, 1983, 1999 und 2008: Parteienagenden

1970		1983		1999		2008	
Wirtschaft	20,1	Arbeit	16,1	Familie/ Jugend	12,1	Wirtschaft	21,6
Finanzen	18,0	Öffentl. Unter- nehmen/Verw.	14,5	Soziale Sicherheit	10,9	Soziale Sicherheit	10,8
Soziale Sicherheit	10,2	Finanzen	10,6	Arbeit	9,5	Finanzen	10,7
Öffentl. Unter- nehmen/Verw.	8,5	Wirtschaft	10,4	Äußere Sicherheit	8,4	Innere Sicherheit	8,2
Arbeit	7,4	Soziale Sicherheit	8,7	Innere Sicherheit	7,5	Äußere Sicherheit	6,5
Bildung	6,0	Landwirtschaft	7,2	Umwelt	7,1	Familie/ Jugend	6,3
Äußere Sicherheit	5,6	Umwelt	5,7	Verkehr und Technologie	5,7		
Verkehr und Technologie	5,3			Gesundheit	5,2		

Anteilswerte in Prozent; Datenbasis: siehe Tabelle 2; gewichtet nach der Anzahl der Presseaussendungen
pro Partei.

Ein Vergleich der Gesamtagenden der Parteien mit jenen der Presse und des
Fernsehens zeigt zahlreiche Übereinstimmungen, aber auch unterschiedliche Ge-
wichtungen und mitunter augenfällige Abweichungen (vgl. Tabelle 5). Im Großen und Ganzen gleichen sich die Agenden von Parteien, Presse und Fernsehen
über weite Strecken – 2008 sogar unabhängig davon, ob *Heute*, *Österreich* und
die neuen Nachrichtensendungen im Mediensample enthalten sind oder nicht.
Eine Ausnahme von dieser Regel bildet der Wahlkampf 1999, der auf Seiten

der Parteien die geringste Profilierung aufweist und zu eigenständigen Medienagenden führte. Es ist ja zu bedenken, dass auch in Wahlkampfzeiten *business as usual* geschieht, gegen das die Parteien entweder ihre Anliegen durchsetzen oder auf das sie gegebenenfalls reagieren müssen. In den Wochen vor der Wahl prägten u.a. die Ereignisse um die Atomkraftwerke im slowenischen Krsko und im slowakischen Bohunice, die Anhörung Franz Fischlers vor dem Europäischen Parlament und – wie so oft – Vorwürfe parteipolitischer Vetternwirtschaft (Causa „Euroteam") die Berichterstattung, die in der Öffentlichkeitsarbeit der Parteien keinen adäquaten Widerhall fanden, aber auch zu keiner Gegenstrategie führten. Insbesondere die lang angekündigte Bekanntgabe der endgültigen Entscheidung der slowakischen Regierung über den Weiterbetrieb des Atomkraftwerks Bohunice in der letzten Woche vor der Wahl scheint sämtliche Parteien völlig überrascht zu haben, denn sie hatten der Welle der Berichterstattung vor allem in der *Kronen Zeitung* weder etwas entgegenzusetzen, noch gelang es ihnen, auf sie aufzuspringen.

Trotz der generell hohen Ähnlichkeiten zwischen Parteien-, Presse- und Fernsehagenden sind jedoch auch zu den anderen drei untersuchten Wahlen einige punktuelle, aber markante Unterschiede zu beobachten. Die auffälligsten betreffen die durchgängig stärkere Betonung von „Skandalen" im Umgang mit öffentlichen Geldern und im Zusammenhang mit der privilegierten Stellung von PolitikerInnen, die geringe Sichtbarkeit sozialpolitischer Fragen am Beginn und am Ende der Kreisky-Ära sowie das größere Gewicht, das die Medien auf außen- und europapolitische Ereignisse legen, die in der Wahlkampf-PR der Parteien – im Gesamten gesehen – eine untergeordnete Rolle spielen. Anders als die Parteien greifen die Medien in Wahlkampfzeiten auch immer wieder *Polity-Issues*, also die politische und gesellschaftliche Ordnung betreffende Themen auf, wie etwa 1983 Fragen des Wahlrechts und seiner Reformbedürftigkeit. Insbesondere 1999 schien sich die „Wende" schon in einer aus mehreren Strängen bestehenden Grundsatzdiskussion in der Presse abgezeichnet zu haben, in der die Rolle der Sozialpartnerschaft hinterfragt und in der individuelle und staatliche Verantwortung für Gesellschaft und Wohlergehen gegeneinander abgewogen wurden.

Tabelle 5
Themenfelder der Wahlkämpfe 1970, 1983, 1999 und 2008: Medienagenden

1970		1983		1999		2008	
Presse							
Wirtschaft	16,6	Öffentl. Unternehmen/Verw.	19,8	Umwelt	10,8	Wirtschaft	20,7
Äußere Sicherheit	15,6	Wirtschaft	11,2	Außenpolitik	10,5	Finanzen	16,2
Öffentl. Unternehmen/Verw.	10,4	Außenpolitik	10,7	Familie/Jugend	8,3	Soziale Sicherheit	9,6
Europäische Integration	7,0	Finanzen	9,7	Soziale Sicherheit	7,9	Innere Sicherheit	8,9
Finanzen	6,7	Arbeit	9,1	Innere Sicherheit	7,8	Europäische Integration	8,3
Arbeit	6,3	Politisches System	8,6	Äußere Sicherheit	7,8	Äußere Sicherheit	6,2
Bildung	6,1	Umwelt	8,3	Öffentl. Unternehmen/Verw.	7,4		
				Rechtspolitik	5,4		
				Politisches System	5,0		
Fernsehen							
Wirtschaft	16,5	Wirtschaft	20,9	Äußere Sicherheit	15,5	Wirtschaft	22,4
Öffentl. Unternehmen/Verw.	14,4	Öffentl. Unternehmen/Verw.	13,4	Europäische Integration	12,1	Finanzen	17,5
Äußere Sicherheit	12,2	Finanzen	10,4	Innere Sicherheit	10,3	Äußere Sicherheit	6,8
Europäische Integration	11,5	Arbeit	10,4	Gesundheit	6,9	Innere Sicherheit	6,7
Finanzen	11,5	Außenpolitik	7,5	Familie/Jugend	6,9	Öffentl. Unternehmen/Verw.	6,6
Verkehr und Technologie	6,5			Finanzen	6,0	Bildung	6,2
				Wirtschaft	6,0	Familie/Jugend	5,8
				Umwelt	6,0		
				Öffentl. Unternehmen/Verw.	6,0		

Anteilswerte in Prozent; Datenbasis: siehe Tabelle 2; gewichtet nach Reichweiten (die Reichweite von *Heute* nach Angaben der RegioPrint ist nicht direkt mit den Daten der Media-Analyse vergleichbar).

3.3. *Agenda Building* der österreichischen Parteien

Diente die bisherige Analyse der *Gesamt*agenden dazu, einen Überblick über die Themenfelder zu erhalten, die die Wahlkämpfe bestimmten, so ist jedoch anzunehmen, dass in dieser Gesamtschau sowohl die Unterschiede zwischen den Parteien als auch zwischen den Medienorganisationen eingeebnet sind. Einerseits kann davon ausgegangen werden, dass Parteien im Sinne eines *Issue Ownership* darum bemüht sind, bei bestimmten Themenfeldern eine dauerhafte „Themenführerschaft" zu übernehmen, diese Felder zu besetzen, um aus der so geschärften Profilierung in der Wahlsituation Vorteile zu gewinnen (Petrocik 1996). Der Erfolg hängt jedoch nicht zuletzt davon ab, ob es einer Partei gelingt, die zu einer Wahl *relevanten* Themen zu besetzen. Daraus resultiert ein Spannungsverhältnis zwischen relativ stabilen Partei-Issue-Verbindungen einerseits und der Notwendigkeit, diese Verbindungen zum richtigen Zeitpunkt zu aktualisieren bzw. Verbindungen zu obsolet gewordenen Themen vergessen zu machen und Anspruch auf Themenführerschaft bei neuen oder *free-floating* Themen zu erheben (Klingemann, Hofferbert und Budge 1994). Neuere Studien machen darauf aufmerksam, dass in diesem Spannungsverhältnis die Bedeutung der Massenmedien begründet ist, da sie es sind, die die Zusammenhänge zwischen Themen und Akteuren selektiv an die WählerInnen vermitteln (Walgrave und De Swert 2007).

Es sind jedoch nicht *die* Medien, deren Inhalte *das* Elektorat erreichen, sondern es sind spezifische Medien, die soziodemographisch unterschiedlich strukturierte (wenn auch in Segmenten überschneidende) Publika ansprechen, in unterschiedlichen Nutzungszusammenhängen stehen (Stark 2009: 148f.) und von der Öffentlichkeitsarbeit der Parteien durch zielgruppenspezifisches Targeting adressiert werden können. Eine detailliertere, auf die einzelnen politischen und medialen Akteure bezogene Analyse ist daher unumgänglich. Die Kriterien für die Analyse des sich wandelnden Verhältnisses von Parteien und Medien sollen aus den skizzierten Veränderungen im Parteien- und Mediensystem und aus der Dynamik des *Agenda Building*-Prozesses abgeleitet werden.

In den bisherigen Forschungen zum Wandel der Wahlkampfkommunikation wird, wie eingangs dargestellt, eine Zunahme der „discretionary power" (Semetko u.a. 1991: 3) der Medien angenommen, eine wachsende Fähigkeit der Medien, eine prägende Rolle in der Formierung der Themenagenda zu spielen. Anspruch und Möglichkeit dieser Dispositionsbefugnis über die in der Öffentlichkeit diskutierten Themen sind auf eine Reihe von Faktoren zurückzuführen, die oben im Zusammenhang mit der Parteien- und Medienentwicklung skizziert worden sind. Der zunehmende Autonomiegewinn der Massenmedien gegenüber der Politik und der damit einhergehende Kommerzialisierungsprozess der Medien können dabei als zentrale Triebkraft für die Ausbildung einer eigenen journalistischen Handlungslogik gesehen werden, deren Konsequenzen für die Parteien sich angesichts eines fortschreitenden Dealignments und der Intensivierung des politischen Wettbewerbs noch verschärfen.

Demgemäß kann davon ausgegangen werden, dass Medien, die in einer größeren Nähe zu einer bestimmten Partei stehen, besonders in Wahlkampfzeiten deren

Botschaften und Aktivitäten im Sinne der Information der Öffentlichkeit grundsätzlich für berichtenswert erachten. Für marktorientierte Medien hingegen müssen die von den Parteien kommunizierten Inhalte bestimmten Nachrichtenwerten genügen, um sich gegen andere Neuigkeiten durchsetzen und in die Berichterstattung gelangen zu können. Voltmer (1993) hat diese beiden Orientierungen als „particularistic" und „generalistic mode of communication" beschrieben, Blumler (1969) als „sacerdotal" und „pragmatic orientation". Im letztgenannten Fall kann ein Medium zwar weiterhin in seiner mehr oder minder stabilen „redaktionellen Linie" weltanschauliche „Positionspräferenzen" vertreten, diese können aber in den einzelnen Politikfeldern Überschneidungen mit der politischen Orientierung mehrerer Parteien bzw. partiell kein Äquivalent unter den jeweils aktuellen programmatischen Äußerungen politischer Gruppierungen aufweisen.

Während sich in einem Parteimedium bzw. parteinahen Medium eine in alle Berichterstattungsbereiche diffundierende partikularistische Perspektive abzeichnen sollte, kann unter marktwirtschaftlichen Bedingungen ein Thema erst dann als erfolgreich lanciert betrachtet werden, wenn sich die Bedeutung, die ihm von politischer Seite zugeschrieben wird, auch in der Bedeutung *(Salience)* niederschlägt, die ihm in der Medienberichterstattung, dokumentiert durch Ausmaß, Platzierung und Aufmachung, zuteil wird. Darüber hinaus kann erst dann, wenn nicht nur eine Parallelität der Themen gegeben ist, sondern eine Partei bzw. VertreterInnen dieser Partei mit „ihren" Themen verbunden sind, von einem *Issue Ownership* gesprochen werden. Diese Themen-Akteurs-Verbindung kommt insbesondere im Ausmaß zum Ausdruck, in dem ParteienvertreterInnen in der Berichterstattung selbst zu Wort kommen. Auch wenn mit einem Zitat nicht zwangsläufig ein für den zitierten Akteur positiver Grundtenor des Beitrags gegeben ist, bietet es den RezipientInnen zumindest einen Ansatzpunkt, sich ein eigenes Bild zu machen. Sowohl Themenstrukturierung als auch Zitierung sind starke Prädiktoren dafür, welche Bedeutung das Medienpublikum einem Thema zuschreibt (McCombs 1977) und mit welchen politischen Akteuren es das Thema verbindet (Walgrave und De Swert 2007). Beides sind daher Ziele eines *Agenda Building* und sollen im Folgenden analysiert werden.

Ein dafür durchgeführter Vergleich von Agenden, die über den gesamten Zeitraum eines Wahlkampfes aggregiert werden, ermöglicht, Konvergenzen und Divergenzen festzustellen; er erlaubt aber keinen Rückschluss auf ein erfolgreiches Themenmanagement der Parteien, da auch andere Faktoren diese Relation beeinflusst haben könnten. Um dem prozessualen Charakter des *Agenda Building* gerecht zu werden, ist daher eine Periodisierung des Untersuchungszeitraums vorzunehmen. Die wenigen Wahlstudien, die dieses methodische Vorgehen gewählt haben, kommen jedenfalls zu differenzierten Ergebnissen hinsichtlich der Beziehungen zwischen den jeweils untersuchten Medienvertretern und politischen Akteuren (vgl. Roberts und McCombs 1994; Lopez-Escobar u.a. 1998; McKinnon und Tedesco 1998; Brandenburg 2002; Tedesco 2005). Der Beitrag wird daher mit einer Analyse von *Agenda Building*-Prozessen während der „heißen Phase" der vier ausgewählten Nationalratswahlkämpfe schließen.

Parteien- und Medienagenden

Die Ergebnisse der wechselseitigen Vergleiche der einzelnen Parteien- und Medienagenden sprechen auf den ersten Blick für eine zumeist homogene Themenstruktur, zumindest wenn man die letzten sechs Wochen vor der Wahl als eine Einheit betrachtet (vgl. Tabelle 6). 1970 und 1983 fällt keine der analysierten Parteien und Medien aus dieser in groben Zügen übereinstimmenden Schwerpunktsetzung heraus, 2008 sind dies nur die Grünen, deren Agenda weder mit jenen der FPÖ und des BZÖ noch mit den Agenden der meisten Zeitungen und Nachrichtensendungen (mit Ausnahme der Eliteblätter und der „PULS 4 Austria News") signifikante Gemeinsamkeiten aufweist. Dieses Bild verändert sich in einigen wesentlichen Punkten, wenn man anstelle der Anteile, die die einzelnen Themen an der Gesamtagenda einnehmen, die Rangordnung der Themen berücksichtigt. Unter dieser Perspektive kommt beispielsweise der herausragende Stellenwert des Spitzenthemas 2008, der den Korrelationskoeffizienten von Pearson stark beeinflussen kann, mathematisch nicht zum Tragen. Dadurch zeigt sich, dass es allein die Teuerungsdiskussion war, die die SPÖ in die *Kronen Zeitung* und in die Hauptabendnachrichten von ORF 2 katapultierte, während ihre übrigen Themen keine adäquate Berichterstattung in diesen beiden Medien fanden. Ähnliche Effekte lassen sich für die anderen Parteien nicht feststellen, obwohl der Anteil der Wirtschaftspolitik an den Themenagenden von SPÖ und ÖVP etwa gleich hoch ist (etwas über 22 Prozent) und beim BZÖ sogar über 34 Prozent beträgt.

Im Unterschied zu den anderen untersuchten Wahlen ist die Nationalratswahl 1999 durch vergleichsweise seltene Parallelen zwischen den einzelnen Agenden charakterisiert. Dennoch fällt schon auf der Parteienebene auf, dass die vom späteren BZÖ-Chef Jörg Haider geführte FPÖ in ihrer Themenwahl durchaus nicht isoliert war: Mit der ÖVP rang sie um die Führerschaft bei Familie und Pensionssicherung, mit den Grünen bei der inneren und äußeren Sicherheit (primär in Fragen des NATO-Beitritts). Das Liberale Forum hingegen mischte sich zum Teil in die Debatte zwischen den beiden Großparteien (Familienpolitik, soziale Sicherheit) ein, hatte aber im bildungspolitischen Sektor (thematische) Gemeinsamkeiten mit der *Kronen Zeitung*. Ähnliches gilt – und hier vor allem in Bezug auf den Umweltschutz – für die Grünen. Grundsätzlich kann beobachtet werden, dass vor der „Wende" die Agenden der bisherigen Großkoalitionäre und fast aller Medien insofern auseinandergedriftet waren, als die von ihnen betonten arbeits-, verkehrs- und frauenpolitischen Fragen und selbst das Top-Thema Familienpolitik in der Berichterstattung vergleichsweise geringere Resonanz fanden. Hingegen hatten die von der Opposition bevorzugten Themen (Umweltschutz, „Skandale" in der öffentlichen Verwaltung, innere und äußere Sicherheit) mehr Chancen, auf die diversen Zeitungs- und Fernsehagenden zu kommen: Die größte Ähnlichkeit ist hier zwischen der FPÖ und der „Zeit im Bild" zu beobachten, die ihre 1970 und 1983 gegebene generelle Nähe zu allen Parteiagenden zugunsten einer höheren Selektivität aufgegeben hatte und neben der FPÖ nur noch teilweise Parallelen zur Themensetzung des späteren Koalitionspartners ÖVP, nicht aber zu jener der SPÖ erkennen ließ. Dieser Trend setzte sich 2008 grundsätzlich fort, lediglich die ÖVP konnte ihr Themenspektrum eher als 1999 in der Hauptnachrichtensendung des ORF wiederfinden.

Tabelle 6
Korrelationen von Parteien- und Medienagenden in österreichischen Wahlkämpfen

		1970		1983		
		SPÖ	ÖVP	SPÖ	ÖVP	FPÖ
ÖVP		.76**		.87**		
FPÖ		–	–	.71**	.85**	
AZ		.77**	.79**	.73**	.79**	.80**
	Salience	.68**	.78**	.70**	.75**	.77**
	Zitiert	.87**(79.7)	.36(18.0)	.42(90.3) /+	.55*(7.2)	.11(4.3)
Die Presse		.53*	.53*	.65**	.78**	.81**
	Salience	.44	.41	.44	.52*	.71*
	Zitiert	-.02(13.3)	.02(77.6)	.10(27.7) /+	.67**(65.7)	.44(5.9)
Kronen Zeitung		.58**	.61**	.59**	.74**	.71**
	Salience	.24	.37	.43 /+	.52*	.62**
	Zitiert	.53*(66.1)	.41(33.9)	.40(20.9) /+	.69**(58.5)	.72**(11.0)
Kurier		.51*	.55*	.57**	.71**	.79**
	Salience	.27	.22	.39	.61**	.72**
	Zitiert	-.01(19.7)	.51*(77.0) /–	.08(43.6)	.41(42.4)	.06(14.0)
ZIB		.60**	.68**	.63**	.75**	.72**
	Salience	.53*	.63**	.47* /–	.62**	.59**
	Zitiert	–	–	.31(77.2)	.67**(22.8)	n.a.

		1999				
		SPÖ	ÖVP	FPÖ	Grüne	LIF
ÖVP		.80**				
FPÖ		.43	.51*			
Grüne		.21	.28	.48*		
LIF		.41 /+	.56**	.44	.30 /+	
Der Standard		.02	.16	.28	.36 /+	.42
	Salience	-.04	.07	.23	.22	.38
	Zitiert	.06(37.8)	.54*(23.8) /–	.22(13.0)	.52*(14.4)	.25(7.0)
Die Presse		.35	.43	.51* /–	.48* /–	.40 /+
	Salience	.41	.36	.48* /–	.39	.17
	Zitiert	.66**(41.6) /–	.55*(41.7) /–	-.04(6.4)	.10(3.6)	.14(5.9)
Kronen Zeitung		.14	.10	.30	.64**	.46*
	Salience	.10 /+	.15	.20	.70**	.34 /+
	Zitiert	.64**(72.1) /–	-.02(27.9)	n.a.	n.a.	n.a.
Kurier		.23	.43	.44* ǀ .37	.43 /+	.40
	Salience	.35	.61** /–	.46*	.20	.55* /–
	Zitiert	.24(43.1)	.49*(33.0) /–	.42(11.6)	.39(9.6)	-.02(2.8)
ZIB		.27	.31 /+	.69**	.43	.14
	Salience	.17	.22	.66**	.34	-.00
	Zitiert	.31(62.6) /+	.15(29.4)	.64**(6.7)	.09(1.3)	n.a.

	SPÖ	ÖVP	FPÖ	Grüne	BZÖ
2008					
ÖVP	.90**				
FPÖ	.62**	.60**			
Grüne	.54*	.49*	.18		
BZÖ	.93**	.88**	.70*	.41	
Der Standard	.85**	.89**	.60**	.54*	.85**
Salience	.83**	.85**	.62**	.43	.88**
Zitiert	.62*(38.1)	.41(32.0)	.3(8.6)	.27(6.4)	.60**(1.9)
Die Presse	.71**	.87**	.62**	.43 /+	.70**
Salience	.82**	.90**	.56*	.51*	.85**
Zitiert	.70**(29.4)	.83**(32.3)	.68**(12.0)	.20(7.9) /+	.06(6.8) /+
Kronen Zeitung	.73** /–	.82**	.75**	.28	.78**
Salience	.86**	.82**	.71**	.41	.90**
Zitiert	.35(30.8)	.35(31.3)	.55*(4.3)	.07(0.9)	.64**(1.9)
Kurier	.85**	.93**	.59**	.43	.87**
Salience	.78**	.86**	.59**	.33	.82**
Zitiert	.80**(34.9) /–	.80**(31.1)	.21(8.3) /+	.26(6.8) /+	.89**(9.4) /–
Österreich	.85**	.92**	.62**	.39	.93**
Salience	.84**	.86**	.62**	.37	.95**
Zitiert	.77**(33.6)	.67**(36.2)	.60**(10.2)	-.01(8.6)	.78**(10.0)
Heute	.74**	.83**	.75**	.34	.79**
Salience	.53*	.61**	.70**	.17	.62**
Zitiert	.80**(30.9)	.80**(28.4) /–	.44(16.1)	-.09(22.2)	.90**(1.2) /–
ZIB 20	.80**	.92**	.51*	.34	.82**
Salience	.77**	.89**	.50*	.31	.80**
Zitiert	.50*(43.7)	.63**(20.5) /–	.45*(2.7) /–	.34(21.9)	n.a.
ZIB	.72** /–	.84**	.44 /+	.29	.83**
Salience	.77** /–	.87**	.46*	.33	.85**
Zitiert	.71**(44.7)	.83**(37.1)	.69**(2.5)	.10(7.9)	.89**(3.3)
ATV Aktuell	.52*	.61**	.60**	.16	.58**
Salience	.58**	.65**	.56*	.19	.62**
Zitiert	.85**(43.4)	.86**(29.7)	.45*(5.0)	.09(15.4)	.01(6.6)
AustriaNews	.89**	.89**	.68**	.48*	.94**
Salience	.90**	.88**	.67**	.47*	.95**
Zitiert	83**(44.4)	.29(41.7)	50*(13.9) /–	n.a.	n.a.

** p < .01; * p < .05; n.a. = Rechnung nicht anwendbar.

Ein „+" oder „–" nach dem Korrelationskoeffizienten von Pearson weist darauf hin, dass abweichend eine signifikante bzw. nicht signifikante Rangkorrelation (Spearman's rho) gegeben ist. „Salience" bei Zeitungen: Seitenaufmacher und mehrspaltige Beiträge mit Bild, auf Seite 1 auch ohne Bild; beim Fernsehen: alle Berichte mit der Beitragslänge gewichtet. „Zitiert": bezieht sich auf die Länge der direkten Zitate in Zeilen bzw. Sekunden; in runden Klammern der Anteil der auf eine Partei bezogenen Zitate an allen Zitaten einer Zeitung bzw. einer Nachrichtensendung. Datenbasis: siehe Tabelle 2.

Salience und Zitierung

Auch wenn der Vergleich der Themenagenden einen ersten Einblick in das Verhältnis von Parteien und Medien im Wahlkampf ermöglicht, erfordert die Frage, ob und in welchem Ausmaß die prioritären Themen der Parteien Eingang in die Medienöffentlichkeit finden, einen mehrdimensionalen Zugang. Dafür wurden, wie erwähnt, die *Salience* von Themen und die themenverbundene Zitierung von Akteuren als Kriterien gewählt und mit einer Analyse von *Agenda Building*-Prozessen verknüpft. Die Operationalisierung der *Salience* folgte der Überlegung, dass in der Bedeutungszuschreibung durch die JournalistInnen die Aufmerksamkeitsregeln des Publikums zum Tragen kommen, d. h. dass den für die Redaktion wichtigen Themen die *lead story* des Tages oder doch zumindest der Seitenaufmacher oder ein mehrspaltiger Bildbericht gewidmet ist (Bucher 2008). In den Fernsehnachrichten, die ja nur aus wenigen Beiträgen pro Sendung bestehen, schlägt sich die einem Thema zuerkannte Bedeutung vor allem in der Länge des Beitrags nieder. Für das Ausmaß des Zitierens wurde die Zahl der Zeilen direkter Zitate bzw. die Länge des O-Tons herangezogen; die errechneten Anteilswerte beziehen sich auf die Gesamtlänge bzw. -dauer der Zitate aller kandidierenden PolitikerInnen.

In einer Gegenüberstellung der Gesamtagenden der Medien mit jenen Themen, denen sie durch Platzierung und Aufmachung Bedeutung zuschreiben, zeigen sich gravierende Abweichungen (vgl. Tabelle 6). Schon 1970 lassen insbesondere die eher marktorientierten populären Zeitungen erkennen, dass sie bei der Entscheidung, welche Themen prominent auf der ersten Seite oder als Seitenaufmacher platziert werden, primär journalistischen Kriterien und nicht so sehr den Themenvorgaben der Parteien folgten. Dies kann, wie bei dieser „Wendewahl" von einer ÖVP- zu einer SPÖ-bestimmten Alleinregierung, mit einer Äquidistanz zu beiden Großparteien verbunden sein; dies kann sich aber auch in Positionspräferenzen niederschlagen, die im Falle der *Kronen Zeitung* eher zur SPÖ, im Falle des *Kurier* eher zur ÖVP neigen, sich aber durchaus auch auf andere Parteien erstrecken können. Noch deutlicher (und schon 1970 beobachtbar) dokumentieren sich diese Präferenzen in der Auswahl der Zitate, in denen die kandidierenden PolitikerInnen zu „ihren" Themen in den Zeitungsbeiträgen zu Wort kommen. Die Ergebnisse für 2008 kehren eher die trotz bestimmter Präferenzen verfolgte möglichst breite Orientierung hervor (was dem erstaunlich hohen parteisystemnahen Mainstream zu dieser Wahl entspricht); stärker als der *Kurier* wusste die *Kronen Zeitung* aber zu differenzieren. Während die auflagenstärkste Zeitung Österreichs den Kampf gegen die Teuerung als *das* Wahlkampfthema propagierte und sich darin im Gleichklang mit der SPÖ sah, fanden die Sozialdemokraten (anders als die ÖVP) mit ihren anderen Themen kaum Widerhall in der Berichterstattung und (hier wie die ÖVP) keine ausreichende, ihren Prioritäten adäquate Gelegenheit zu einer direkten Stellungnahme. Dies trifft auch auf den Bereich der europäischen Integration zu, der in der *Kronen Zeitung* (trotz des „Leserbriefes" von Alfred Gusenbauer und Werner Faymann) vor allem mit dem BZÖ, zum Teil auch mit der FPÖ verbunden wurde. VertreterInnen dieser beiden Parteien profitierten überdies von den hoch salienten Fragen der inneren Sicherheit.

Gegen die Mehrschichtigkeit und Flexibilität der marktorientierten Presse steht in den 1970er und 1980er Jahren ein stabiles Berichterstattungsmuster des sozialdemokratischen Zentralorgans, das nicht nur die Themen der „eigenen" Partei, sondern auch die der politischen Gegner plakativ den LeserInnen vermittelte. (Diese Koorientierung parteiverbundener „Leitmedien" war schon vor 1933/34 gegeben; vgl. Seethaler und Melischek [in Druck]). Auf Zitatenebene offenbart sich hingegen die partikularistische Perspektive der Parteipresse, da sie grundsätzlich die Stellungnahmen von VertreterInnen der favorisierten Partei in überragendem Ausmaß wiedergab – selbst wenn darunter die thematische Schwerpunktsetzung im Sinne eines *Issue Ownership* litt. In abgeschwächter (weil die Signifikanzgrenze mitunter knapp verfehlender) Form sind diese Muster auch bei der *Presse* zu beobachten, die sie eindeutig in Nähe der ÖVP verorten. 1999 zeigt sich im Verhalten der Elitezeitungen ein grundlegend verändertes Bild, das signifikant von der Tradition eines *media-party-parallelism* abweicht und trotz ihrer Funktion als Resonanzboden für die beiden politischen Lager einen parteipolitisch unabhängigen, eigenständigen Kurs erkennen lässt.

Das im *media-party-parallelism* als Dienst an der Allgemeinheit interpretierte politische Engagement des Journalismus korrespondiert mit einem Verständnis der Medien als gesellschaftliche Institutionen, die alle gesellschaftlich relevanten Gruppen vertreten und zu denen alle BürgerInnen gleichen Zugang haben sollten (Seethaler und Melischek 2006: 349ff.). Dieses Verständnis spiegelt sich insbesondere in der Konstruktion des öffentlich-rechtlichen Rundfunks und im gesetzlichen Auftrag an ihn wider. So überrascht es nicht, dass das Nachrichtenangebot des Fernsehens in seiner Mainstream-Phase insofern auf *Salience*-Ebene jenem der Parteipresse entspricht, als es um eine parteipolitisch möglichst ausgewogene Themenmischung bemüht war. 1999 setzte sich hingegen die bereits erwähnte höhere journalistische Selektivität in der Nachrichtenauswahl auch in der Bedeutungszuschreibung fort, und selbst 2008 durchbrach sogar die traditionsreiche „Zeit im Bild" ein wenig die sonst hohe Konvergenz der Themen (ablesbar am nicht signifikanten Rangkorrelationskoeffizienten im Bezug zur SPÖ). Diesen – im Vergleich zu den Printmedien verspätet – ablaufenden Prozess bestätigen auch internationale Untersuchungen, die das öffentlich-rechtliche Fernsehen durch den zunehmenden Medienwettbewerb zu einem stärker initiativen und selektiven Redaktionsstil gezwungen sehen (vgl. Vreese 2001). Hinsichtlich der Zitierung neigt der ORF – über die Mainstream-Phase hinaus – lediglich zu einer *anteilsmäßigen* Bevorzugung der Kanzlerpartei, die sich aber nicht zwangsläufig in einer Verbindung mit den von ihr lancierten Themen manifestiert.

Aus Sicht der Parteien machte die 1970 gegebene weitgehend gleichgewichtete Verteilung auf *Salience*- und Zitatenebene zu den beiden nächsten untersuchten Wahlen stärker divergierenden Profilen Platz. 1983 profitierte davon besonders die ÖVP, 1999 die FPÖ, deren Themen nicht nur in der „Zeit im Bild" und in den „bürgerlichen" Zeitungen *Kurier* und *Presse* hohe Priorität zuerkannt wurde, sondern zu denen sie auch in zwei der drei genannten Medien Stellung nehmen konnte. (Im Interesse eines *Issue Ownership* kommt es weniger darauf an, breit gestreut zitiert zu werden, sondern im Kontext der „eigenen" Themen, die an die WählerInnen kommuniziert werden sollen.) Dies gelang der ÖVP nur im *Kurier*, der SPÖ in der *Kronen Zeitung* und ist umso bemerkenswerter, als 1999 ein generell distanziertes Verhältnis zwischen Parteien und Medien gegeben war. Auch die zwischen der *Kronen Zeitung* und den Grünen feststellbare Parallelität thematischer Schwerpunkte löst sich auf der Ebene der Zitate auf, da in der Berichterstattung keinerlei Verbindung mit ihnen hergestellt wurde.

Im Wahlkampf 2008 hingegen kam es zu der schon mehrmals erwähnten großen Ähnlichkeit der thematischen Schwerpunktsetzungen, die auch von den Nachrichtensendungen der privaten Fernsehanstalten und den neuen Hybrid- und Gratiszeitungen mitgetragen wurde. Wie die Daten in Tabelle 6 zeigen, umfasst diese teilweise sehr hohe Themenkongruenz fast alle Parteien (mit Ausnahme der Grünen) und erstreckt sich – mit Lücken – sowohl auf die Ebene der *Salience* als auch auf die Ebene der Zitate. Nur in Einzelfällen lassen sich Unterschiede zwischen Produkt-Moment-Korrelationen, die einen linearen Zusammenhang messen, und Rangkorrelationen diagnostizieren. Das heißt, dass der Grad der Übereinstimmung nur in wenigen Fällen auf das Politikfeld Wirtschaft und die hier primär thematisierten politischen Reaktionen auf die Teuerung zurückzuführen ist. Korrelationen sagen jedoch nichts über die Richtung eines Zusammenhangs und selbst eine gemessene Stärke von 0,561 (das entspricht bei 20 verglichenen Politikfeldern einem „hoch signifikanten" Niveau bei einer Irrtumswahrscheinlichkeit von nur einem Prozent) lässt noch sehr viel Spielraum für eigene Schwerpunktsetzungen und damit für eine eigene Profilierung. Während eine Verortung dieses Wahlkampfs im Kontext der Entwicklung des *Agenda Building* seit 1999 an anderer Stelle erfolgen wird,[17] soll hier abschließend der Frage nachgegangen werden, ob sich das Themenmanagement einzelner Parteien als bestimmendes Moment im Entstehen der Medienagenden ausmachen lässt und wie sich dieses Verhältnis von politischer Öffentlichkeitsarbeit und Journalismus in den letzten vier Jahrzehnten verändert hat.

Die zeitliche Dynamik von Agenda Building-Prozessen

Die Bedeutung dieser Frage wird dadurch unterstrichen, dass sich über alle vier Wahlen hinweg ein enger Zusammenhang der Korrelationskoeffizienten auf der *Salience*- und Zitatenebene feststellen lässt (r = .47; p < .001), der auch dann noch gegeben ist, wenn die Werte für 2008 aus der Gleichung entfernt werden (r = .29; p < .05). Dieses Ergebnis bestätigt US-amerikanische Langzeitforschungen, wonach das erfolgreiche Lancieren eines Themas in die Schlagzeilen der Medien letztlich zum „Besetzen" dieses Themas im Sinne eines *Issue Ownership* beiträgt – und somit die Voraussetzung für *Priming*-Effekte auf Seiten der WählerInnen schafft (Petrocik, Benoit und Hansen 2003/2004). In zahlreichen Studien wird die Frage diskutiert,

---

17 Die Ergebnisse der Untersuchung werden im „Journalisten-Report III", herausgegeben von Andy Kaltenbrunner, Matthias Karmasin, Daniela Kraus und Astrid Zimmermann, veröffentlicht.

in welchen Zeitintervallen ein *Agenda Setting* der Medien als notwendige *Priming*-Voraussetzung wirksam werden kann (vgl. zusammenfassend Schenk 2007: 486ff.), doch unabhängig von medien- und kontextspezifischen Zeitfaktoren muss grundsätzlich von additiven Wirkungen ausgegangen werden. Diese beruhen auf der Leistung der Medien, „through their *day-to-day* selection and display of the news" im Wettstreit der Themen um öffentliche Aufmerksamkeit einigen wenigen Bedeutung zu verleihen (McCombs und Reynolds 2009: 1 [Hervorhebung durch die VerfasserInnen]). Dementsprechend muss die Öffentlichkeitsarbeit der Parteien um eine *permanente* Kontrolle bemüht sein, welches Thema wann gespielt wird. Unter den dafür zur Verfügung stehenden Kommunikationsmitteln gehören die – in dieser Untersuchung herangezogenen – Presseaussendungen zu jenen, die einem den Produktionszeiten der traditionellen Medien entsprechenden täglichen Rhythmus unterliegen: In die Hauptnachrichtensendungen des Fernsehens am Abend werden in der Regel die Presseaussendungen desselben Tages gelangen, in die Morgenzeitung die des vorangegangenen. Mit dieser Operationalisierung der Zeitdimension kann der Frage nachgegangen werden, welchen Parteien es bei welchen Medien gelungen ist, im Sinne eines proaktiven Themenmanagements „jene Themen in die Medienberichterstattung zu lancieren oder sie dort zu halten, bei denen entweder die eigene Partei oder der eigene Kandidat von der Bevölkerung als kompetent angesehen werden", oder jene Themen aus der Berichterstattung fernzuhalten bzw. von der Medienagenda abzusetzen, die für die eigene Partei ungünstig sind (Brettschneider 2002: 38).[18]

Die Analyse des zeitlichen Zusammenhangs der Medienberichterstattung mit *Agenda Building*-Aktivitäten der Parteien erfolgte mit Hilfe eines *Time-Series-Cross-Section*-Designs (TSCS), das Längsschnitts- (Zeitablauf) und Querschnittsperspektiven (Themenagenden) integriert. Die parallele Betrachtung themenübergreifender und zeitlicher Varianz erlaubt nicht nur eine bessere empirische Sättigung, sondern vor allem die hier gewünschte „Dynamisierung" der analytischen Perspektive (Tiemann 2009: 213).[19] Die zugrundegelegten Daten wurden einerseits nach Tagen und andererseits nach den zwanzig in Tabelle 2 genannten Politikfeldern organisiert. Gemäß dem oben erwähnten Produktionsrhythmus wurde die Themenagenda der an einem bestimmten Wochentag erscheinenden Ausgabe einer Zeitung mit der Themenagenda der Presseaussendungen des jeweils davor liegenden Tages, die Themenagenda einer Fernsehnachrichtensendung mit jener der Presseaussendungen desselben Tages verglichen (zum Verfahren vgl. Brandenburg 2002). Dieser Tagesrhythmus enthält freilich pro Woche einen Zeitsprung, da die Presseaussendungen eines Wochenendes zusammengefasst und den ebenfalls zusammengefassten Samstag- und Sonntagsendungen bzw. Sonntag- und Montagausgaben gegenübergestellt wurden. Dieser Schritt war notwendig aufgrund

---

18 Die *reaktive* Option des Themenmanagements, auf ein bereits existierendes Thema aufzuspringen, kann mit Hilfe der gewählten Methode nicht untersucht werden.

19 Zum Stellenwert der *Time-Series-Cross-Section Analysis* im Kontext makro-quantitativer Analysemethoden vgl. Jahn (2006).

fehlender Sonntagsausgaben einiger Zeitungen, erwies sich aber auch aufgrund der am Wochenende eingeschränkten Parteiaktivitäten und der zumeist kürzeren Sonntagsnachrichten im Fernsehen als zweckmäßig. Infolge dieser Zusammenlegungen und der erforderlichen Zeitverschiebung gingen letztlich 34 mal 20, also 680 Fälle in jede Berechnung ein.

Jede Gleichung besteht aus einem bestimmten Medium als abhängiger Variablen, während der Vektor der unabhängigen Variablen alle zu einer bestimmten Wahl untersuchten Parteien inkludiert. Die Themenagenden der Zeitungen wurden im Sinne der zu untersuchenden *Salience* mit einem aus Platzierung und Aufmachung gewonnenen Faktor,[20] jene der Nachrichtensendungen mit der Länge der Beiträge gewichtet. Die TSCS-Analyse folgt dem von Beck und Katz (1995) formulierten Standard, d. h. es wurden zur Berechnung der Standardfehler panelkorrigierte Standardfehler (*panel-corrected standard errors*; PCSE) verwendet, zur Kontrolle von Effekten unbeobachteter, aber systematischer Einflussfaktoren (wie die generelle, zeitinvariante Themenstruktur einer Zeitung) Politikfelder-Dummies eingeführt,[21] und zur Eliminierung serieller Korrelation kam eine zeitverzögerte abhängige Variable als zusätzlicher Regressor zum Einsatz. Letzteres bedeutet, dass die Themenagenda eines Mediums zum Zeitpunkt t nicht nur auf die Parteienagenden, sondern auch auf die medieneigene Agenda zum Zeitpunkt t-1 bezogen wird. Neben dem mathematischen Vorteil erlaubt dieses Verfahren die Kontrolle kontinuierlicher Aufmerksamkeit für ein Thema in der abhängigen Variablen.[22]

Ein Überblick über sämtliche Ergebnisse zeigt deutlich, dass – trotz vielfach ähnlicher Themenagenden – Parteien unterschiedlich erfolgreich sind, ihre thematischen Schwerpunktsetzungen so an die Medien zu vermitteln, dass ihnen dort erhöhte Bedeutung beigemessen und damit ein Grundstein für ein *Issue Ownership* gelegt wird. Im Vergleich der vier Wahlen zeichnen sich für die SPÖ häufigere bzw. häufiger genutzte Möglichkeiten als für die anderen Parteien ab, ihre Themen zeitnah zu platzieren. Im Mittelfeld folgen ÖVP und FPÖ, während junge bzw. kleinere Parteien nur geringe Chancen haben, die Zusammensetzung der Medienagenden zu beeinflussen. Die immer wieder angesprochene hohe Themenhomogenität im Wahlkampf 2008 ist anhand der TSCS-Daten eindeutig auf einen durch keine an-

---

20 Die Gewichtung der Beiträge erfolgte gemäß einem Vorschlag von Lang, Meffert und Schrott (1993: 26), unter Einbeziehung der Bilddimension (4 = Aufmacher auf Seite 1; 3 = Aufmacher auf Innenseite/Mehrspalter auf Seite 1; 2 = Mehrspalter auf Innenseite/ Einspalter auf Seite 1; 1 = Einspalter auf Innenseite; die Gewichte erhöhen sich um 1, wenn der Beitrag ein Bild zumindest in Spaltenbreite enthält).

21 Da dadurch signifikante Einflüsse der Parteienagenden unterschätzt werden, wurde das Signifikanzniveau mit p < 0,1 angesetzt.

22 Die Modelle wurden mit dem Befehl xtpcse im Statistikprogramm Stata, Version 10, geschätzt. Zur Überprüfung der Robustheit der Ergebnisse wurden auch alternative Modellspezifikationen (z. B. mit einer Prais-Winsten-Transformation anstelle einer zeitverzögerten abhängigen Variablen) getestet.

dere Partei angefochtenen PR-Erfolg der Sozialdemokraten zurückzuführen. In der Gegenüberstellung von *Agenda Building*-Ergebnissen und auf Wahlkampfniveau aggregierten Zitierungswerten ist zu vermuten, dass es den anderen Parteien (zumindest in der Darstellung der Medien) zum Teil geglückt ist, auf die von den Sozialdemokraten gesetzten Themen aufzuspringen. Eigene Akzente konnten Volkspartei und Freiheitliche 2008 nur über wenige Medien vermitteln. Im Vergleich zu 1999 fasste die ÖVP, die damals aus fast allen Medienagenden gefallen und in der Wählergunst knapp hinter die Freiheitlichen gerutscht war, im letzten Wahlkampf allerdings wieder etwas Fuß. Der Nimbus als *Agenda Setter*, den die FPÖ 1999 unter Jörg Haider bei allen untersuchten Medien genossen hatte, verblasste hingegen.

Dennoch lässt die zu jeder Wahl gegebene hohe Varianz der standardisierten Regressionskoeffizienten, die stets über ihrem Mittelwert liegt, auf sehr unterschiedliche Reaktionen der Medien auf den PR-Input der Parteien schließen. Konträr dazu war in der Phase der Parteipresse der Output auf Seiten der Medien quasi vorprogrammiert. Dies belegt das Beispiel der *Arbeiter-Zeitung*, deren täglich berichtete Themenpalette der österreichischen Politik zu einem beträchtlichen Teil auf das Konto der SPÖ-Presseaussendungen gegangen ist (die TSCS-Modelle für 1970 und 1983 erklären rund die Hälfte der jeweiligen Varianz!). Schon die *Presse*, die auf dem Aggregatniveau des gesamten Wahlkampfs zu den ersten beiden untersuchten Wahlen immer wieder eine Nähe zur ÖVP erkennen ließ, erweist sich hinsichtlich des Zustandekommens ihrer täglichen Agenda in diesen beiden Wahlkämpfen als flexibler, wenn auch die PR der ÖVP einen kontinuierlichen Einflussfaktor darstellt. Beide Zeitungen bauten außerdem 1970 ihre tägliche Agenda konsequent auf jener des Vortages auf – eine solche Stabilität der Berichterstattung ist erst wieder im themenmäßig hoch kongruenten Wahlkampf 2008 etwas häufiger zu beobachten.

Unter den langfristig untersuchten „unabhängigen" Medien treten bei der *Kronen Zeitung* redaktionelle Positionspräferenzen erneut stärker zutage als beim *Kurier,* wenn auch abermals auf die zunehmende Mehrschichtigkeit dieser Präferenzen hinzuweisen ist. So lässt sich nach einer 1970 vorhandenen, jedoch etwas unter dem Signifikanzniveau von 10 Prozent liegenden Bereitschaft, sozialdemokratische Themen zu übernehmen, eine deutliche Abkühlung des Verhältnisses am Ende der Kreisky-Ära ablesen (die sich tendenziell auch in den Daten zur generellen *Salience* und zur Zitierung abzeichnet), ehe die Wahlen von 1999 und 2008 der SPÖ wieder eine höhere, nun aber nicht mehr ungeteilte Aufmerksamkeit für ihre PR bescherten. 1999 übernahm die *Kronen Zeitung* auch systematisch Themen der Freiheitlichen und der Grünen – ohne jedoch diese beiden Parteien (anders als im Falle der SPÖ) zu „ihren" Themen adäquat zu Wort kommen zu lassen. 2008 folgte sie trotz der Kritik am damaligen ÖVP-Parteiobmann konsequenter als in Bezug auf die SPÖ den Themenvorgaben der Volkspartei und, wie bereits vermerkt, in einigen zentralen Belangen auch jenen des BZÖ. Im Hinblick auf die Zitierung wirkte sich dies nur noch (und nur geringfügig) auf das BZÖ aus, dessen Obmann schwerpunktgemäß, doch äußerst selten Stellung nehmen durfte. Die Entauthentisierung der politischen Berichterstattung, die Wilke und Reinemann (2000) für deutsche Wahlkämpfe festgestellt hatten, ist zweifellos bei der *Kronen Zeitung* am weitesten vorangeschritten.

Tabelle 7
Parteieneinflüsse auf die Entstehung der Themenagenden von Zeitungen und Fernsehnachrichtensendungen in österreichischen Wahlkämpfen

Zeitung/Sendung	Arbeiter-Zeitung	Die Presse	Kronen Zeitung	Kurier	Zeit im Bild
1970					
Zeitung/Sendung (t-1)	-.10* (.06)	.12** (.06)	-.02 (.08)	.16 (.06)	.02 (.07)
SPÖ (t-1)	1.15*** (.16)	.09 (.12)	.11 (.08)	.12 (.10)	-9.23 (8.12)
ÖVP (t-1)	.21 (.17)	.28** (.12)	-.04 (.08)	.11 (.10)	.59 (8.33)
R^2	.496	.336	.146	.239	.117
N	680	680	680	680	680
Wald Chi²	509.28	316.35	108.02	164.23	102.64
p > Chi²	.000	.000	.000	.000	.000
1983					
Zeitung/Sendung (t-1)	-.03 (.06)	-.01 (.06)	.08 (.07)	.00 (0.7)	.01 (.06)
SPÖ (t-1)	.46*** (.11)	.17* (.09)	.04 (.10)	.23** (.11)	6.99* (3.62)
ÖVP (t-1)	-.09 (.14)	.32*** (.11)	.25** (.13)	.30** (.15)	1.94 (4.48)
FPÖ (t 1)	.92*** (.24)	.37*** (.19)	.15 (.21)	.12 (.24)	13.34^^ (7.71)
R^2	.474	.392	.260	.341	.237
N	680	680	680	680	680
Wald Chi²	580.80	513.14	398.36	413.17	277.47
p > Chi²	.000	.000	.000	.000	.000

Zeitung/Sendung	Der Standard	Die Presse	Kronen Zeitung	Kurier	Zeit im Bild
1999					
Zeitung/Sendung (t-1)	.02 (.06)	.06 (.05)	.00 (.06)	.02 (.07)	.12* (.06)
SPÖ (t-1)	.33*** (.11)	.53*** (.10)	.16** (.06)	.22** (.09)	4.23** (1.70)
ÖVP (t-1)	.24 (.17)	.17 (.16)	-.14 (.10)	.13 (.13)	8.74*** (2.65)
FPÖ (t-1)	.30** (.15)	.33** (.13)	.19** (.09)	.21** (.10)	11.33*** (2.79)
Grüne (t-1)	.45 (.31)	.20 (.24)	.42** (.17)	.44** (.18)	.92 (4.77)
LIF (t-1)	.29 (.24)	-.10 (.21)	.00 (.14)	-.12 (.18)	6.89** (3.42)
R^2	.277	.381	.261	.252	.295
N	680	680	680	680	680
Wald Chi²	479.73	431.35	245.42	541.29	352.33
p > Chi²	.000	.000	.000	.000	.000

	2008				
	Der Standard	Die Presse	Kronen Zeitung	Kurier	Zeit im Bild
Zeitung/ Sendung (t-1)	.15** (.07)	.08 (.07)	.03 (.07)	.24*** (.06)	.09 (.07)
SPÖ (t-1)	.28* (.15)	.28** (.13)	.13* (.08)	.25** (.12)	4.67** (2.20)
ÖVP (t-1)	.34** (.18)	.14 (.15)	.16* (.09)	.18 (.13)	1.78 (2.43)
FPÖ (t-1)	.12 (.22)	.21 (.17)	-.09 (.11)	.19 (.17)	5.47* (3.19)
Grüne (t-1)	-.17 (.25)	-.01 (.21)	-.03 (.12)	.23 (.18)	7.84** (3.49)
BZÖ (t-1)	.46 (.32)	.10 (.26)	.24 (.16)	-.15 (.25)	-3.11 (4.67)
R^2	.393	.399	.334	.352	.242
N	680	680	680	680	680
Wald Chi^2	567.80	359.12	374.27	374.85	135.60
$p > Chi^2$	.000	.000	.000	.000	.000
	Österreich	Heute	ZIB 20	ATV aktuell	PULS 4 Austria News
Zeitung/ Sendung (t-1)	.10 (.83)	.11* (.07)	.11 (.08)	.01 (.07)	.10 (.08)
SPÖ (t-1)	.18 (.15)	.22*** (.08)	1.68* (.77)	.67 (.86)	1.08** (.46)
ÖVP (t-1)	.17 (.17)	.02 (.09)	.72 (.89)	.73 (.98)	.26 (.52)
FPÖ (t-1)	.17 (.22)	.15 (.12)	1.10 (1.07)	4.12*** (1.27)	.87 (.67)
Grüne (t-1)	.29 (.23)	.15 (.12)	.95 (1.18)	1.95 (1.38)	.27 (.77)
BZÖ (t-1)	-.11 (.33)	-.05 (.14)	-1.06 (1.72)	1.21 (1.79)	-.134 (1.02)
R^2	.363	.288	.130	.115	.137
N	680	680	680	680	680
Wald Chi^2	271.52	230.14	62.97	63.14	64.46
$p > Chi^2$	.000	.000	.000	.000	.000

Time-Series-Cross-Section-Analysen mit *panel-corrected standard errors*, einer zeitverzögerten abhängigen Variablen und *fixed effects* (die dafür aufgenommenen 20 Politikfelder-Dummies sind hier aus Platzgründen nicht ausgewiesen und daher auch im Text nicht diskutiert); angegeben sind Koeffizienten und – in runden Klammern – Standardfehler.

Bei den Presseaussendungen der Parteien bezieht sich „t-1" nur im Vergleich zur Presseberichterstattung auf den Vortag; die Fernsehnachrichten wurden mit den Presseaussendungen desselben Tages verglichen.

*** p < .01; ** p < .05; * p < .1; Datenbasis: siehe Tabelle 2.

Eine das selbst gewählte Themenprofil einer Partei einengende Fokussierung auf einzelne Schwerpunkte (ablesbar an einem relativ hohen positiven, aber wegen eines ebenfalls hohen Standardfehlers nicht signifikanten Regressionskoeffizienten) kennzeichnet das Verhältnis des *Kurier* zur ÖVP. Lediglich zur Nationalratswahl 1983 vermittelte er seinen LeserInnen einen breiten und adäquaten Einblick in die thematischen Anliegen der Volkspartei. Die bei den anderen Wahlen feststellbare Neigung des *Kurier*, die SPÖ-Agenda zu übernehmen, legt in Kombination mit den zugunsten der ÖVP verteilten Zitierungswerten die Vermutung nahe, dass der *Kurier* um thematische Querverbindungen und Überschneidungen bemüht war, die möglicherweise der ÖVP ein mehr links stehendes Image verschaffen sollten. Bei beiden populären Zeitungen sind also (unterschiedlich gelagerte) Diskrepanzen zwischen *Agenda Building*-Effekten und Zitierungsverhalten zu beobachten, die für eine hohe journalistische Eigenständigkeit sprechen.

Ähnliches gilt im Sektor der Elitezeitungen für den *Standard*, der jedoch kein Muster an Positionspräferenzen erkennen lässt, und nur eingeschränkt für die *Presse*, die 1999 wie 2008 überraschend den Agenden der SPÖ folgte und diese schwerpunktgemäß mit Stellungnahmen sozialdemokratischer PolitikerInnen begleitete. Gemessen an den Erfolgen des *Agenda Building* tritt bei der traditionsreichen Nachrichtensendung „Zeit im Bild" ihr öffentlich-rechtlicher Charakter wieder stärker hervor, der sich darin äußert, möglichst viele politisch relevante Gruppen in die Berichterstattung einzubeziehen. Zumeist wirkt sich hier ein gelungenes *Agenda Building* auch in einer adäquaten Möglichkeit aus, im O-Ton präsent zu sein, zumindest stößt es nicht auf grundsätzlichen Widerstand. Diese Verknüpfung trifft auch auf die neuen Nachrichtensendungen und die Gratiszeitung *Heute* zu, allerdings lediglich in Bezug auf einzelne präferierte Parteien, d. h. vor allem in Bezug auf die SPÖ, deren Themenführerschaft – nicht nur in puncto „Teuerung" – entweder akzeptiert oder zumindest (wie im Fall von „ATV aktuell") nicht konterkariert wurde. Hierin zeigt sich die weitaus höhere journalistische Selektivität dieser Redaktionen, während in der Berichterstattung von *Österreich* der erwähnte „generalistic mode of communication" darin gipfelt, dass sie zwar keiner einzigen Parteiagenda folgt, aber, ablesbar am Anteil erklärter Varianz, eine Mixtur aus den Agenden aller Parteien (mit Ausnahme des BZÖ) bietet. Damit geht eine ähnlich breite Streuung der Zitate einher, die auch das BZÖ umfasst, aber die Grünen exkludiert.

Generell ist festzuhalten, dass die auf dem Aggregatniveau des gesamten Wahlkampfs gegebene Korrelation zwischen *Salience* und Zitierung nur zum Teil auf ein erfolgreiches *Agenda Building* zurückzuführen und offenkundig auch von anderen Einflussfaktoren bestimmt ist, zu denen medientypabhängige journalistische Handlungsorientierungen, aber auch (wie die jüngste Wahl zeigt) der Grad der Singularität von PR-Erfolgen zählen. Weitere Forschungen sind aber notwendig, um diese Zusammenhänge besser zu durchleuchten.

3.4. (Kein) Resümee

Anhand der in diesem Beitrag vorgestellten ersten Auswertungen einer derzeit laufenden Langzeitanalyse des *Agenda Building* in österreichischen Wahlkämpfen erscheint es als verfrüht, eine abschließende Einschätzung der Entwicklung des Verhältnisses von Parteien und Medien in den letzten vier Jahrzehnten zu geben. Zweifellos kann von einem „press-party-dealignment" im Untersuchungszeitraum gesprochen werden, und es gibt Indizien für den von Norris (1999: 181f.) für Groß-britannien formulierten Befund, dass „the rise of a more autonomous news media may have undermined the ability of politicians to get their message across". Dass gegenüber der Nationalratswahl 1970 bei den danach untersuchten Wahlen die Zahl der *Agenda Building*-Erfolge trotz erschwerender Bedingungen gestiegen ist, lässt auf ein zunehmend professionelles Themenmanagement der Parteien schlie-ßen, das sie in der ausklingenden Phase eines engen *media-party-parallelism* an-gesichts der Verfügbarkeit von mehr oder minder verlässlichen Sprachrohren nicht für notwendig erachtet hatten. Klammert man die Partei- bzw. parteinahe Presse aus, so geht damit freilich nur bei den traditionellen Medientypen ein steigender Anteil erklärter Varianz im Zustandekommen der Medienagenda einher. Die Nach-richtensendungen der Privatsender fallen aus dieser Entwicklung ebenso heraus wie die neue, an deren Präsentationsform angepasste „ZiB 20" in ORF 1 (die Po-sitionierung der Gratispresse lässt sich noch nicht verorten). Auch wenn hier SPÖ (ZiB 20, „PULS 4 Austria News") und FPÖ („ATV aktuell") fallweise mit ihren Themen punkten konnten, die dadurch erklärbare Varianz fällt hinter jene Werte zurück, die 1970 für die *Kronen Zeitung* und die „Zeit im Bild" gemessen wurden. Möglicherweise unterliegen die neuen Nachrichtensendungen anderen, für die po-litische PR zumindest ungewohnten Kriterien – so wie vor vier Jahrzehnten das Mainstream-Fernsehen und eine aggressiv expandierende Boulevardzeitung nicht reibungslos integrierbare Herausforderungen an eine (noch) parteizeitungsorien-tierte Öffentlichkeitsarbeit dargestellt hatten.

Dass sich 2008 dennoch eine streckenweise sehr hohe Themenkongruenz aus-bilden konnte, die auch die von der politischen PR nur zu einem geringen Grad erreichten Medien einschloss, gehört zu den vorläufig weiterhin offenen Fragen. Verstärkereffekte könnten beispielsweise von Internet-Inhalten wie Blogs, Foren oder den medieneigenen Online-Auftritten ausgegangen sein. Nicht nur bei die-ser Wahl wären überdies potenzielle Auswirkungen eines *Inter-Media Agenda Setting* in Betracht zu ziehen und die Rolle zu untersuchen, die andere staatliche und nichtstaatliche politische Organisationen sowie last, but not least die Austria Presse Agentur (APA) bei der Entstehung der Medienagenden in Wahlkampfzeiten spielten und spielen. Ein ebenfalls einzulösendes Desiderat stellt die Einbeziehung von Regionalzeitungen dar. Vor allem aber wird im nächsten Projektabschnitt das Netz der untersuchten Wahlkämpfe sukzessive ausgebaut, um Trendaussagen zu ermöglichen.

In Zusammenhang mit der Dynamik des *Agenda Building*-Prozesses war davon die Rede, dass es das Ziel eines effektiven Themenmanagements sein muss, ein relevantes Thema zeitgerecht und schneller als die Mitbewerber zu erkennen und zu lancieren. Nur so kann die Voraussetzung dafür geschaffen werden, die eigene Partei oder die eigenen KandidatInnen im Spektrum der zur Wahl stehenden Akteure zu positionieren und Wettbewerbsvorteile in der Medienarbeit und bei Zielgruppen zu erlangen. Damit sind die Strategien angesprochen, ein Thema so zu präsentieren, dass dessen Chancen erhöht werden, sowohl in die Medienberichterstattung zu gelangen als auch als „eigenes" Thema identifiziert zu werden. Welche Strategien die österreichischen Parteien einsetzen, welchen Beitrag sie zum Erfolg des *Agenda Building* leisten und wie sie sich im Laufe der Zeit verändert haben, ist schließlich ein zweiter Komplex offener Fragen.

Die dritte Forschungsperspektive ergibt sich schließlich ebenfalls aus dem Varianzproblem. Wenn die Parteien nur in einem beschränkten Ausmaß imstande sind, die Agenden der Medien zu beeinflussen, dann liegt die Überlegung nahe, die Fragerichtung umzudrehen und die Agenden der Parteien als abhängige Variable zu behandeln. Auch wenn in diesem Beitrag eine Reihe von Indizien angesprochen sind, die für eine „Mediatisierung" der Politik, also für ihre Anpassung an massenmediale Präsentationsformen und journalistische Selektions- und Interpretationskriterien sprechen, so steht eine langfristig angelegte Überprüfung dieses Prozesses, die *beide* beteiligten Seiten einbezieht, noch aus.

Literaturverweise

Bakker, Piet und Josef Seethaler (2009). Supporting concentration or promoting diversity? The impact of free dailies on the Austrian newspaper market. In Birgit Stark und Melanie Magin (Hg.). *Die österreichische Medienlandschaft im Umbruch* (Relation. Beiträge zur vergleichenden Kommunikationsforschung, N.F., Bd. 3.), Wien, 67–80.

Beck, Nathaniel und Jonathan Katz (1995). What to do (and not to do) with time series cross-section data. *American Political Science Review* 89 (3), 634–747.

Berkowitz, Dan (1992). Who sets the media agenda? The ability of policymakers to determine news decisions. In J. David Kennamer (ed.). *Public opinion, the press, and public policy*, Westport CT, 81–102.

Blecha, Karl und Ernst Gehmacher (1970). *Opinion-Leaders in Österreich. Beiträge zur Erforschung der Meinungsbildung in Wirtschafts- und Währungsfragen* (Soziologische Diagnosen 2). Wien.

Blumler, Jay G. (1969). Producers' attitudes towards television coverage of an election campaign (UK election 1966). In Paul Halmos (ed.). *The sociology of mass media communicators* (The Sociological Review Monograph 13), Keele, 85–115.

Brandenburg, Heinz (2002). Who follows whom? The impact of parties on media agenda formation in the 1997 British general election campaign. *The Harvard Journal of Press/ Politics* 7 (3), 34–54.

Brettschneider, Frank (2002). Die Medienwahl 2002. Themenmanagement und Berichterstattung. *Aus Politik und Zeitgeschichte* 49-50, 36–7.

Brettschneider, Frank (2005). Bundestagswahlkampf und Medienberichterstattung. *Aus Politik und Zeitgeschichte* 51-52, 19–26.

Bucher, Hans Jürgen (2008). Vergleichende Rezeptionsforschung. Theorien, Methoden und Befunde. In Gabriele Melischek, Josef Seethaler und Jürgen Wilke (Hg.). *Medien & Kommunikationsforschung im Vergleich. Grundlagen, Gegenstandsbereiche, Verfahrensweisen*, Wiesbaden, 309–340.

Butler, David und Austin Ranney (eds.) (1992). *Electioneering. A comparative study of continuity and change*. Oxford.

Campbell, Angus, Gerald Gurin und Warren E. Miller (1954). *The voter decides*. Evanston.

Cobb, Roger, Jennie-Keith Ross und Marc Howard Ross (1976). Agenda building as a comparative political process. *The American Political Science Review* 70 (1), 126–138.

Donsbach, Wolfgang (2000). Drehbücher und Inszenierungen. Die Union in der Defensive. In Elisabeth Noelle-Neumann, Hans Mathias Kepplinger und Wolfgang Donsbach (Hg.). *Kampa. Meinungsklima und Medienwirkung im Bundestagswahlkampf 1998*, 2. Auflage, München, 141–171.

Fabris, Hans Heinz (1982). Das österreichische Mediensystem. In Heinz Fischer (Hg.). *Das politische System Österreichs*, Wien/München/Zürich, 501–535.

Farrell, David M. (1996). Campaign strategies and tactics. In Lawrence LeDuc, Richard G. Niemi und Pippa Norris (eds.). *Comparing democracies. Elections and voting in global perspective*, Thousand Oaks/London/New Delhi, 160–183.

Farnsworth, Stephen J. und S. Robert Lichter (2007). *The nightly news nightmare. Television's coverage of U.S. presidential elections, 1998-2004*. 2. Auflage. Lanham, MD.

Gans, Herbert J. (1979). *Deciding what's news. A study of CBS evening news, NBC nightly news, Newsweek, and Time*. New York.

Gehler, Michael und Hubert Sickinger (2007). *Politische Affären und Skandale in Österreich. Von Mayerling bis Waldheim*. 2. Auflage. Innsbruck/Wien.

Gerbner, George (1973). Cultural indicators. The third voice. In George Gerbner, Larry P. Gross und William H. Melody (eds.). *Communication technology and social policy. Understandig the new „cultural revolution"*, New York/Sydney/Toronto, 555–573.

Hallin, Daniel C. und Paolo Mancini (2004). *Comparing media systems. Three models of media and politics*. Cambridge.

Harmat, Ulrike (1999). Die Medienpolitik der Alliierten und die österreichische Presse 1945-1955. In Gabriele Melischek und Josef Seethaler (Hg.). *Die Wiener Tageszeitungen. Eine Dokumentation*. Bd. 5, *1945-1955. Mit einem Überblick über die österreichische Tagespresse der Zweiten Republik*, Frankfurt am Main, 57–100.

Hofer, Thomas (2008). Die Kapagnen machten den Unterschied. In Thomas Hofer und Barbara Tóth (Hg.). *Wahl 2008. Strategien, Sieger, Sensationen*, Wien/Graz/Klagenfurt, 10–31.

Iyengar, Shanto und Jennifer A. McGrady (2007). *Media politics. A citizen's guide*. New York/London.

Detlef Jahn (2006). *Einführung in die vergleichende Politikwissenschaft*. Wiesbaden.

Klingemann, Hans-Dieter, Richard I. Hofferbert und Ian Budge (1994). *Parties, policies, and democracy*. Boulder.

Lang, Matthias, Michael Meffert und Peter Schrott (1993). Projekt „Vergleichende Wahl-studie 1990". Medienberichterstattung. ZUMA-Technischer Bericht Nr. T 93/05, Mannheim.

Lange, Bernd-Peter und David Ward (eds.) (2004). *The media and elections. A handbook and comparative study*. Mahwah NJ/London.

Lopez-Escobar, Esteban, Juan Pablo Llamas, Maxwell McCombs und Federico Rey Lennon (1998). Two levels of agenda setting among advertising and news in the 1995 Spanish elections. *Political Communication* 15 (2), 225–238.

Luther, Kurt Richard (1999). Austria. From moderate to polarized pluralism? In David Broughton und Mark Donovan (eds.). *Changing party systems in Western Europe*, London/New York, 118–142.

Mathes, Rainer und Barbara Pfetsch (1991). The role of the alternative press in the agenda-building process. Spill-over effects and media opinion leadership. *European Journal of Communication* 6 (1), 33–62.

McCombs, Maxwell E. (1977). Newspapers versus television. Mass communication effects across time. In Donald L. Shaw und Maxwell E. McCombs (eds.). *The emergence of American political issues. The agenda-setting function of the press*, St. Paul, 89–105.

McCombs, Maxwell E. (2004). *Setting the agenda. The mass media and public opinion*. Cambridge.

McCombs, Maxwell E. und Amy Reynolds (2009). How the news shapes our civic agenda. In Jennings Bryant und Mary Beth Oliver (eds.). *Media effects. Advances in theory and research*, 3. Auflage, New York/London, 1–16.

McCombs, Maxwell E. und Donald L. Shaw (1972). The agenda setting function of mass media. *Public Opinion Quarterly* 36 (2), 176–187.

McKinnon, Lori Melton und John C. Tedesco (1998). Agenda-setting comparisons of mainstream and on-line publications. The case of presidential press-releases. Paper für die National Communication Association Convention, New York.

Melischek, Gabriele (2007). Der publizierte WählerInnenwille. In Forum Politische Bildung (Hg.). *Der WählerInnenwille*, Wien, 20–28.

Melischek, Gabriele und Josef Seethaler (1999). Zur Pressekonzentration in Österreich nach 1945. In Gabriele Melischek und Josef Seethaler (Hg.). *Die Wiener Tageszeitungen. Eine Dokumentation*. Bd. 5, *1945-1955. Mit einem Überblick über die österreichische Tages-presse der Zweiten Republik*, Frankfurt am Main, 97–158.

Melischek, Gabriele und Josef Seethaler [in Druck]. Kontinuität und Wandel im Verhältnis von Politik und Medien in der Wahlkampfkommunikation seit 1945. Methodik und Empirie im internationalen Vergleich. In Klaus Arnold, Christoph Classen, Susanne Kinnebrock, Edgar Lersch und Hans-Ulrich Wagner (Hg.). *Von der Politisierung der Medien zur Medialisierung des Politischen? Zum Verhältnis von Medien und Politik im 20. Jahrhundert*, Leipzig.

Müller, Wolfgang C. (2000). Wahlen und Dynamik des österreichischen Parteiensystems seit 1986. In Fritz Plasser, Peter A. Ulram und Franz Sommer (Hg.). *Das österreichische Wahlverhalten*, Wien, 13–54.

Müller, Wolfgang C. (2006). Parteiensystem. Rahmenbedingungen, Format und Mechanik des Parteienwettbewerbs. In Herbert Dachs, Peter Gerlich, Herbert Gottweis, Helmut

Kramer, Volkmar Lauber, Wolfgang C. Müller und Emmerich Tálos (Hg.). *Politik in Österreich. Das Handbuch*, Wien, 279–340.

Norris, Pippa (1997). *Electoral Change since 1945.* Oxford/Cambridge.

Norris, Pippa (2000). *A virtuous circle. Political communications in postindustrial societies.* Cambridge.

Norris, Pippa, John Curtice, David Sanders, Margaret Scammell und Holli A. Semetko (1999). *On message. Communicating the campaign.* London/Thousand Oaks/New Delhi.

Ortner, Christina, Ingrid Paus-Hasebrink und Alois Pluschkowitz (2009). Die Digitalisierung der Fernsehübertragung als Herausforderung für den Österreichischen Rundfunk. In Birgit Stark und Melanie Magin (Hg.). *Die österreichische Medienlandschaft im Umbruch* (Relation. Beiträge zur vergleichenden Kommunikationsforschung, N.F., Bd. 3.), Wien, 127–146.

Patterson, Thomas E. (1993). *Out of order.* New York.

Petrocik, John R. (1996). Issue ownership in presidential elections, with a 1980 case study. *American Journal of Political Science* 40 (3), 825–850.

Petrocik, John R., William L. Benoit und Glenn J. Hansen (2003/2004). Issue ownership and presidential campaigning, 1952-2000. *Political Science Quarterly* 118 (4), 599–626.

Plasser, Fritz und Gunda Plasser (2002). *Globalisierung der Wahlkämpfe. Praxis der Campaign Professionals im weltweiten Vergleich.* Wien.

Plasser, Fritz und Peter A. Ulram (2004a). Öffentliche Aufmerksamkeit in der Mediendemokratie. In Fritz Plasser (Hg.). *Politische Kommunikation in Österreich. Ein praxisnahes Handbuch*, Wien, 37–99.

Plasser, Fritz und Peter A. Ulram (2004b). Parteienwettbewerb in der Mediendemokratie. In Fritz Plasser (Hg.). *Politische Kommunikation in Österreich. Ein praxisnahes Handbuch*, Wien, 377–428.

Plasser, Fritz, Clemens Hüffel und Günther Lengauer (2004). In Fritz Plasser (Hg.). *Politische Kommunikation in Österreich. Ein praxisnahes Handbuch*, Wien, 309–350.

Plasser, Fritz, Peter A. Ulram und Franz Sommer (2000). Do Campaigns matter? Massenmedien und Wahlentscheidung im Nationalratswahlkampf 1999. In Fritz Plasser, Peter A. Ulram und Franz Sommer (Hg.). *Das österreichische Wahlverhalten*, Wien, 141–173.

Reese, Stephen D. (1991). Setting the media's agenda. A power balance perspective. In James A. Anderson (ed.). *Communication Yearbook*, Bd. 14., Newbury Park/London/New Delhi, 309–340.

Roberts, Marilyn und Maxwell McCombs (1994). Agenda setting and political advertising. Origins of the news agenda. *Political Communication* 11, 249–262.

Röttger, Ulrike (2001). *Issues Management. Theoretische Konzepte und praktische Umsetzung.* Wiesbaden.

Sarcinelli, Ulrich und Heribert Schatz (2002). Von der Parteien- zur Mediendemokratie. Eine These auf dem Prüfstand. In Ulrich Sarcinelli und Heribert Schatz (Hg.). *Mediendemokratie im Medienland? Inszenierungen und Themensetzungsstrategien im Spannungsfeld von Medien und Parteieliten am Beispiel der nordrhein-westfälischen Landtagswahl im Jahr 2000*, Opladen, 9–32.

Michael Schenk (2007). *Medienwirkungsforschung*. 3. vollst. überarb. Auflage. Tübingen.

Schulz, Winfried und Klaus Kindelmann (1993). Die Entwicklung der Images von Kohl und Lafontaine im Wahljahr 1990. Ein Vergleich der Wählerurteile mit den Urteilen ausgewählter Leitmedien. In Christina Holtz-Bacha und Lynda Lee Kaid (Hg.). *Die Massenmedien im Wahlkampf. Untersuchungen aus dem Wahljahr 1990*, Opladen, 10–45.

Seethaler, Josef und Gabriele Melischek (2006). Die Pressekonzentration in Österreich im europäischen Vergleich. *Österreichische Zeitschrift für Politikwissenschaft* 35 (4), 337–360.

Seethaler, Josef und Gabriele Melischek (2007). Mediensystemanalyse in transnationaler Perspektive am Beispiel Österreichs. In Wiebke Möhring, Walter J. Schütz und Dieter Stürzebecher (Hg.). *Journalistik und Kommunikationsforschung. Festschrift für Beate Schneider*, Berlin, 111–126.

Seethaler, Josef und Gabriele Melischek [in Druck]. Leitmedien als Indikatoren politischer Krisen und Umbrüche: Das Beispiel der Weimarer Republik. In Daniel Müller, Annemone Ligensa und Peter Gendolla (Hg.). *Leitmedien. Konzepte – Relevanz – Geschichte*, Bielefeld.

Semetko, Holli A., Jay G. Blumler, Michael Gurevitch und David H. Weaver (1991). *The formation of campaign agendas. A comparative analysis of party and media roles in recent American and British elections*. Hillsdale, N.J.

Stark, Birgit (2009). Konstanten und Veränderungen der Mediennutzung in Österreich – empirische Befunde aus den Media-Analyse-Daten (1996–2007). *SWS-Rundschau* 49 (2), 130 153.

Stark, Birgit und Melanie Magin (Hg.) (2009). *Die österreichische Medienlandschaft im Umbruch* (Relation. Beiträge zur vergleichenden Kommunikationsforschung, N.F., Bd. 3.). Wien.

Strömbäck, Jesper und Lynda Lee Kaid (eds.) (2008). *The handbook of election news coverage around the world*. New York/London.

Swanson, David L. und Paolo Mancini (eds.) (1996). *Politics, media, and modern democracy. An international study of innovations in electoral campaigning and their consequences*. Westport.

Tedesco, John C. (2005). Issue and strategy agenda setting in the 2004 presidential election. Exploring the candidate-journalist relationship. *Journalism Studies* 6 (1), 187–201.

Tiemann, Guido (2009). Zwei Verfahren zur Analyse heterogener Kausalität. Time-Series-Cross-Section- und Mehrebenenmodelle. In Susanne Pickel, Gert Pickel, Hans-Joachim Lauth und Detlef Jahn (Hg.). *Methoden der vergleichenden Politik- und Sozialwissenschaft. Neue Entwicklungen und Anwendungen*, Wiesbaden, 213–232.

Ulram, Peter A. (2009). Ein verspielter Sieg und eine siegreiche Zeitungspartei – zur Analyse der Nationalratswahl 2008. In Andreas Khol, Günter Ofner, Stefan Karner und Dietmar Halper (Hg.). *Österreichisches Jahrbuch für Politik 2008*, Wien/Köln/Weimar, 3–21.

Volkens, Andrea (2002). Handbuch zur Inhaltsanalyse programmatischer Dokumente von Parteien und Regierungen in der Bundesrepublik Deutschland. Wissenschaftszentrum Berlin, FS III 02-203.

Voltmer, Katrin (1993). Mass media. Political independence of press and broadcasting systems. Wissenschaftszentrum Berlin für Sozialforschung, Discussion Paper FSIII, Berlin, 93–205.

Vreese, Claes H. de (2001). Election coverage. New directions of public broadcasting. *European Journal of Communication* 16 (2), 155–180.

Walgrave, Stefaan und Knut De Swert (2007). Where does issue ownership come from? From the party or from the media? Issue-party identifications in Belgium, 1991–2005. *The Harvard International Journal of Press/Politics* 12 (1), 37–67.

Wilke, Jürgen (1999). Leitmedien und Zielgruppenorgane. In Jürgen Wilke (Hg.). *Mediengeschichte der Bundesrepublik Deutschland*, Bonn, 302–329.

Wilke, Jürgen und Carsten Reinemann (2000). *Kanzlerkandidaten in der Wahlkampfberichterstattung. Eine vergleichende Studie zu den Bundestagswahlen 1949–1998.* Köln/Weimar/Wien.

Wilke, Jürgen und Carsten Reinemann (2006). Die Normalisierung des Sonderfalls? Die Wahlkampfberichterstattung der Presse 2005. In Christina Holtz-Bacha (Hg.). *Die Massenmedien im Wahlkampf. Die Bundestagswahl 2005*, Wiesbaden, 306–337.

Wahlkampf am und abseits des journalistischen Boulevards: Redaktionelle Politikvermittlung im Nationalratswahlkampf 2008

Günther Lengauer
Hannes Vorhofer

Gliederung

1. Die Massenmedien im Wahlkampf – Der Wahlkampf in den Massenmedien
2. Die Nachrichtenlogik von Boulevard- und Qualitätsmedien
3. Design und Methode der Untersuchung
4. Die redaktionelle Reflexion der österreichischen Politik im Wahlkampf 2008
5. Der Wahlkampf 2008 in und mit der Kronen Zeitung
6. Resümee

In der retrospektiven Betrachtung erscheint der österreichische Nationalratswahlkampf 2008 geradezu als Paradebeispiel für die praktische Manifestation theoretischer Konzepte der aktuellen politischen Kommunikationsforschung. Dies gilt vor allem für die Medienzentrierung der Politik und postulierte Trends in der Wahlkampfvermittlung, wie die Personalisierung, Negativismus oder Entsachlichung (*Game*-Zentrierung). In einer repräsentativen Umfrage eine Woche vor der Wahl bezeichneten 73 Prozent der Österreicher den Wahlkampf als oberflächlich, 50 Prozent als personenbezogen, nur 40 Prozent als Sachpolitik-orientiert und 76 Prozent beurteilten den Wahlkampf gar als aggressiv (Die Presse, 17. September, Seite 5).

Inwieweit diese Wahrnehmungen des Wahlkampfes mit dem Politik-Angebot, das dem Elektorat vor allem durch die Medien zugänglich war, übereinstimmen, wird in der folgenden Studie unter anderem untersucht.

Die Medien sind die zentrale Arena der Politikvermittlung in Österreich. Die Wahlbevölkerung informiert sich vorwiegend über das Fernsehen und in den Tageszeitungen über Politik und Wahlkämpfe (siehe Plasser und Lengauer – Die österreichische Medienarena – in diesem Band). Jeder zweite Österreicher informiert sich zur Innenpolitik in erster Linie im Fernsehen und jeder vierte in Tageszeitungen. Andere Informationsquellen wie das Radio, Magazine, das Internet und persönliche Gespräche oder Parteiwerbung in Form von Plakaten, Inseraten, Werbespots oder Emails von Parteien und Kandidaten spielen eine deutlich untergeordnete Rolle. Auch am Beginn des 21. Jahrhunderts stehen in Österreich die abendlichen TV-Nachrichten und das tägliche Lesen einer Tageszeitung im Mittelpunkt der politischen Informationsbeschaffung.

Somit kommt der wahlkampfbegleitenden und -reflektierenden redaktionellen Berichterstattung eine zentrale Bedeutung zu. Im unmittelbaren Vorfeld der heißen Wahlkampfphase erreichte zudem die Medialisierung der Politik (Schulz 2008) in Österreich ein bisher unbekanntes Niveau. Am 26. Juni 2008 veröffentlichte die Kronen Zeitung, exklusiv und prominent platziert, einen offenen, von Bundeskanzler Gusenbauer und Parteiobmann Faymann unterzeichneten Brief der SPÖ, der eine grundlegende Neuausrichtung der Parteilinie in Sachen EU-Politik (Forderung von Volksabstimmungen bei EU-Verträgen) darstellte. Diese Form der unmittelbaren Medien-Kommunikation von politischen Grundpositionen und Parteilinien hat dabei offenbar nicht nur politische Gegner irritiert und gleichermaßen in Erstaunen versetzt, sondern auch die SPÖ-Parteigremien, die vor vollendete beziehungsweise publizierte Tatsachen gestellt wurden. Dieser hochgradig medialisierte Kommunikationsakt der SPÖ wurde von der ÖVP und deren Parteivorsitzendem Wilhelm Molterer als offizieller Anlass genommen, ebenfalls in einer extra einberufenen Pressekonferenz am 7. Juli 2008 den Medien-Vertretern „Es reicht!" zuzurufen und damit Neuwahlen auszurufen. In den folgenden Wochen wurde während der heißen Phase des Wahlkampfes häufig über das durch den offenen Brief der SPÖ scheinbar bestätigte persönliche und thematische Naheverhältnis zwischen Krone-Herausgeber Hans Dichand und SPÖ-Parteichef Werner Faymann spekuliert und diskutiert. Durchschnittliche Krone-Rezipienten sowie politikwissenschaftliche Experten wurden mit einer Fülle von Faymann-zentrierten Berichten – insbesondere Kommentaren, Glossen und Leserbriefen – in der Kronen Zeitung konfrontiert, die den subjektiven Eindruck einer unterstützenden Berichterstattung nahelegten. Einen Tag nach der Nationalratswahl 2008, also am 29. September, schrieb der Herausgeber der Kronen Zeitung in seinem Leitartikel unter dem Pseudonym „CATO" jedenfalls: „die gestrige Nationalratswahl hat also Ergebnisse gebracht, wie sie von der ‚Kronen Zeitung' erwartet worden sind. SPÖ und ÖVP haben schwere Verluste einstecken müssen, dennoch muss man vor allem eines sagen: Werner Faymann hat es als SPÖ-Parteiobmann gewagt, die Sozialdemokraten zu einer Änderung ihrer Haltung zu veranlassen. (…) er hat verlangt, dass über wichtige EU-Fragen Volksabstimmungen durchgeführt werden" (Seite 2). Auch wenn Dichand in diesem Resümee die Rolle der eigenen Zeitung nur indirekt anspricht, führte der vermutete Einfluss der Kronen Zeitung auf den Wahlkampfverlauf und Wahlverhalten dazu, dass die Rolle der Medien im Wahlkampf öffentlich diskutiert wurde. Die Medien machten sich – und dabei vor allem die Kronen Zeitung – selbst zum Wahlkampfthema. Auch die politischen Gegner der Faymann-SPÖ thematisierten die Rolle der Kronen Zeitung. „Streckenweise blieb der Eindruck, die ÖVP sah ihren Hauptgegner nicht in der SPÖ-Parteizentrale in der Löwelstraße sitzen, sondern in der Muthgasse, wo das kleinformatige Blatt [Anmerkung: die Kronen Zeitung] residiert" (Tóth 2008: 109). Der vorliegende inhaltsanalytische Beitrag geht der Frage nach, ob sich der subjektive Eindruck zur Krone-Berichterstattung auch systematisch-empirisch erhärtet und ob das Kleinformat im Wahlkampf 2008 tatsächlich eine Sonderstellung in der Politikvermittlung gegenüber anderen Boulevard- und Qualitätsmedien eingenommen hat.

Im publizistischen Schatten der Kronen Zeitung als auch im Schatten der Diskussion um die Rolle der Kronen Zeitung etablierte sich im Wahlkampf 2008 eine zweite wesentliche Kraft auf dem österreichischen Tageszeitungsboulevard – Wolfgang Fellners „Österreich". Diese Tageszeitung ist mittlerweile zur drittgrößten Tageszeitung des Landes aufgestiegen und erreicht 10 Prozent der Bevölkerung (siehe Plasser und Lengauer – Die österreichische Medienarena – in diesem Band). Auch dieses Blatt schien im Wahlkampf 2008 exponiert über den SPÖ-Kanzlerkandidaten Werner Faymann und dessen Leadership-Qualitäten und -Qualifikationen zu berichten. In ihrer nicht-empirisch gestützten Analyse der Wahlkampfberichterstattung 2008 stellt Barbara Tóth (2008: 112) dazu etwa fest: „Auch Österreich unter seinem Herausgeber Wolfgang Fellner berichtete seitenweise schmeichelhaft bis an die Grenze zur Komik über den Ausnahmepolitiker, der niemals schläft und rund um die Uhr im Einsatz fürs Land ist." Diese Untersuchung prüft, wo sich die Tageszeitung Österreich in der Wahlkampfberichterstattung 2008 positionierte und inwieweit sich das Boulevardblatt der Faymann unterstützenden redaktionspolitischen Linie der Kronen Zeitung annäherte. Auf einer breiteren Ebene setzt sich dieser Beitrag auch mit der Frage auseinander, inwieweit sich erwartete Unterschiede in der Nachrichtenlogik von Boulevard- und Qualitätsmedien in der Wahlkampfberichterstattung 2008 bestätigen. Berichten Boulevardmedien etwa stärker entsachlicht, personalisierter und ergreifen sie stärker Partei für den einen oder anderen Kandidaten und die eine oder andere Partei?

In einer subjektiv-narrativen Replik des Wahlkampfes 2008 würde man wohl das „Fünf-Punkte Programm" gegen die Teuerung des SPÖ-Spitzenkandidaten Faymann, die Sondersitzung des Nationalrates[1], den EU-Schwenk der SPÖ und die beginnende und aufkeimende globale Finanzkrise als die dominierenden Themen im Wahlkampf-Endspurt definieren. Daneben bleiben nur punktuelle, episo-

---

1 In einer Sondersitzung wurde vier Tage vor der Wahl (24. September 2008) unter anderem über vier der fünf Punkte aus dem Faymann-Programm abgestimmt.

dische Fehltritte und Affären, die nur kurzfristig die öffentliche Aufmerksamkeit auf sich ziehen konnten, in Erinnerung. So tauchten neue *Paint Ball*-Fotos von FPÖ-Chef Strache auf und die Grünen gaben die Kandidatur des aus der Untersuchungshaft entlassenen Tierschützers Martin Balluch bekannt. Für Aufregung sorgte zudem der Spitzenkandidat des Liberalen Forums, Alexander Zach, der wegen Lobbying-Geschäften mit der Rüstungsfirma EADS, die den Kampfjet Eurofighter an das österreichische Bundesheer lieferte, nur fünf Tage vor der Wahl zurücktrat. Der Politik-Experte und -Berater Thomas Hofer fasst die Themenlage des Wahlkampfes folgendermaßen zusammen: „2008 bestimmte die Sozialdemokratie mit ihrem 5-Punkte-Programm das Skript des Wahlkampfs" (Hofer 2008: 21). Dieser Beitrag geht der Frage nach, ob die Sozialdemokratie damit auch das Drehbuch der medialen Reflexion des Wahlkampfes bestimmte.

1. Die Massenmedien im Wahlkampf – Der Wahlkampf in den Massenmedien

Politische, soziale und mediale Realitäten verschmelzen im Zeitalter digitaler Informationsgesellschaften zusehends. Es kommt zu einer immer dichteren medientechnischen Vernetzung der Gesellschaft und der Öffentlichkeit bzw. zu einer „permanenten Diffusion medialer Inhalte in alle gesellschaftlichen Bereiche" (Schulz 2008: 31), die nicht zuletzt auch die Politik betrifft. Dies drückt sich in einer „Amalgamation medialer und nicht-medialer Aktivitäten" (Schulz 2008: 35) im politischen Prozess aus. Dabei rückt vor allem die redaktionelle Nachrichtenlogik mit ihren professionellen Selektions-, Präsentations- und Deutungsimperativen ins Zentrum der Politikvermittlung und -wahrnehmung. Daraus leiten sich die Konzepte der Medialisierung der Politik (Schulz 2008), „mediatization" (Mazzoleni und Schulz 1999; Strömbäck 2007) oder „mediated politics" (Bennett und Entman 2001) ab. Nicht zuletzt durch die Publizitätskapazitäten und *Gatekeeping*-Funktionen der Medien entsteht in modernen medienzentrierten Gesellschaften Öffentlichkeit (Habermas 1962; 2006), die von einem intensivierten Wettstreit um Aufmerksamkeit begleitet wird. Nicht nur die Wahrnehmung politischer Diskurse ist weitgehend von medialer Realitätskonstruktion, medialer Aufmerksamkeit und Nachrichtenkonkurrenz abhängig, sondern auch die Definition und Deutung der öffentlichen, politischen Debatten und Problemstellungen. Medien besitzen in diesem Zusammenhang direkte publizistische und indirekte politische Deutungs- und Definitionsmacht (Lengauer 2007).

Durch ihre zentrale Stellung in der politischen Kommunikation generieren Medien wahrgenommenes und faktisches Machtpotenzial. Phänomene erodierender Parteiidentifikation in der Bevölkerung und eine steigende Anzahl von *late deciders*, also Personen, die ihre endgültige Wahlentscheidung erst wenige Tage vor dem Wahlgang treffen (siehe Plasser und Seeber in diesem Band), verleihen dem unmittelbaren und medienzentrierten Wahlkampf zusätzliche Bedeutung.

Zunehmende Volatilität des Elektorats bei gleichzeitiger flächendeckender Durchdringung der Gesellschaft mit massenmedialer und Internet-basierter politischer Information stilisieren medienzentrierte Wahlkämpfe zu Mobilisierungs- und Eroberungswahlkämpfen (Mancini und Mazzoleni 1995: 20–23). Die Berichterstattung wird zur zentralen Arena. Die Medien dürfen dabei allerdings nicht als „Zauberstab" (Lengauer, Pallaver und Pig 2007: 104) verstanden werden, der entsprechende und gerichtete Wirkungen auf das Wahlverhalten garantiert (siehe dazu auch Schmitt-Beck und Mackenrodt 2009).

Dieses allgemein zugeschriebene Machtpotenzial der Medien in der politischen Arena wird von spezifischen inhaltlichen Trends im politischen Journalismus begleitet. Zu den am intensivst diskutierten Trendmustern des *media framing* (Entman 1993; Reese, Gandy und Grant 2001) gegenüber Politik zählen die Phänomene der Entsachlichung und *Game*-Zentrierung, der Dramatisierung, der Personalisierung oder des konfrontativen Negativismus (Bennett 2009; Cappella und Jamieson 1997; Patterson 1993, 2000; Swanson und Mancini 1996). Bisherige Befunde deuten darauf hin, dass sich der österreichische Journalismus dabei durchaus in aktuelle, internationale Trendmuster einordnet (siehe dazu Plasser und Lengauer 2009; Plasser, Pallaver und Lengauer 2009; Plasser und Lengauer – Politik vor Redaktionsschluss – sowie Plasser und Seeber in diesem Band). Ziel dieser Untersuchung ist es festzustellen, in welchem Ausmaß sich diese Trend-Indikatoren in der österreichischen Wahlkampfberichterstattung 2008 manifestieren. Gleichzeitig gelten diese breit diskutierten Trends der Personalisierung, Dramatisierung, *Game*-Zentrierung oder des negativ-konfrontativen Tenors als potenzielle Indikatoren einer *Boulevardisierung* der medialen Politikvermittlung, die in dieser Studie als Ausgangspunkt für die Gegenüberstellung der Politik-Darstellung am und abseits des journalistischen Boulevards in Österreich dienen.

2. Die Nachrichtenlogik von Boulevard- und Qualitätsmedien

Seit Mitte der 1980er Jahre findet sich der Begriff *Boulevardisierung* in der deutschsprachigen wissenschaftlichen Literatur (vgl. dazu Krüger 1985). Dabei wird dieser häufig mit Sensationsjournalismus gleichgesetzt und im englischen Sprachgebrauch als „tabloidization" (Connell 1998; Sparks 1998; Sparks und Tulloch 2000) bezeichnet. *Boulevardisierung* oder *tabloidization* stehen dabei zum einen für die Fokussierung der Berichterstattung in Nachrichtenformaten auf unpolitische Themen (Chronikales, Society, etc.) und zum anderen für eine inhaltliche Emotionalisierung und Dramatisierung der Politik-Berichterstattung selbst. In diesem Kontext sieht etwa Esser (1999) die Schwerpunkte der *Boulevardisierung* in einer erhöhten personalisierten, emotionalen, Skandal-orientierten, spekulativen und pessimistischen Berichterstattung. In ähnlicher Weise entwickelten Brants und Neijens (1998) eine „Infotainment-Skala", die Stil, Aufmachung und Inhalt berücksichtigt und auf den Ebenen Sensationalisierung, Personalisierung, Dramatisierung und Konflikt-Zentrierung, Tempo und Abstraktheit differenziert. Daneben kann die Entpolitisierung im Sinne einer Entsachlichung der Berichterstattung als weiteres zentrales Element der *Boulevardisierung* angesehen werden (Krüger 1985; Donsbach und Büttner 2005).

Die vorliegende Untersuchung hat in diesem Zusammenhang nicht den Anspruch, einen Katalog an empirischen Indikatoren für den Nachweis der *Boulevardisierung* der Nachrichtenberichterstattung in österreichischen Wahlkämpfen zu erstellen oder Qualitätskriterien des Journalismus zu prüfen. Vielmehr geht es darum, anhand eines selektiven Indikatoren-Rasters, der sich an der bisherigen Forschung orientiert, ein Spektrum möglicher Divergenz- und Konvergenzräume in den Berichterstattungsmustern von etablierten Boulevard- und Qualitätsmedien im österreichischen Wahlkampf 2008 zu identifizieren und darzustellen. Dies geschieht vor allem vor dem Hintergrund, dass dem *Tabloid-* und Boulevardformat *Kronen Zeitung* nicht nur in diesem Wahlkampf eine besondere Rolle in der österreichischen Politikvermittlung zugeschrieben wurde (vgl. dazu etwa Tóth 2008) und sich in der Zwischenzeit mit Wolfgang Fellners *Österreich* eine weitere neue Tageszeitung prominent am österreichischen Boulevard-Zeitungmarkt etabliert hat. Ziel der Untersuchung war es, anhand eines selektiven Darstellungsrahmens festzustellen, inwieweit im Wahlkampf Boulevardformate einer anderen Darstellungslogik folgen als Qualitätsmedien.

Um zunächst eine Ausgangskategorisierung und ein repräsentatives Medien-Sample für eine solche Untersuchung zu bilden, wurde eine Schlagzeilen-Analyse durchgeführt. Ziel dieser Schlagzeilen-Analyse war es, reichweitenstarke Tageszeitungen und TV-Nachrichten zu identifizieren, die als Boulevard- bzw. Qualitätsmedien kategorisiert werden können. Als empirische Grundlage für diese Ausgangskategorisierung wurde der Anteil der Politik- bzw. Nicht-Politikberichterstattung in den Schlagzeilen des letzten Wahlkampfmonats herangezogen. Als Schlagzeilen wurden bei den österreichischen Tageszeitungen alle Titelseiten-Aufmacher[2] sowie die „Themen des Tages"[3] herangezogen. Bei den TV-Nachrichten wurden jeweils die Trailer-Berichte, die im Vorspann der jeweiligen Sendung täglich als Headlines angekündigt werden, als Schlagzeilen gewertet. Anhand dieser Auswahlkriterien wurde zunächst festgehalten, welche tagesaktuellen Medien einen Politik-Anteil[4] von mehr als 50 Prozent dieser Schlagzeilen während des finalen Wahlkampfmonats repräsentierten. Diese Medien wurden in dieser Ausgangskategorisierung als Qualitätsmedien eingestuft. Jene Medien, die dagegen von unpolitischen Themen in den Wahlkampf-Schlagzeilen dominiert wurden, wurden als Boulevardmedien kategorisiert.

---

2   Hauptschlagzeile und/oder Hauptbild (samt Bildtext) auf der Titelseite. Als Aufmacher wird in der Journalisten-Sprache grundsätzlich die wichtigste Story einer Rubrik bezeichnet.

3   Die meisten Tageszeitungen haben eine Rubrik „Thema des Tages", auf deren Seiten aktuelle, wichtige Themen breit abgehandelt werden und deren Fokus täglich variiert.

4   Dieser umfasst österreichische Politik, EU-Politik und Weltpolitik.

Tabelle 1
Schlagzeilen in der Wahlkampf-Berichterstattung 2008

In Prozent der Schlagzeilen (N=566)

	Krone	Öster-reich	ATV	ORF	Standard	Presse
Politische Schlagzeilen	35,1	49,4	32,9	61,9	80,0	85,3
Unpolitische Schlagzeilen	64,9	50,6	67,1	38,1	20,0	14,7

Entlang dieser Ergebnisse wurden die Kronen Zeitung und Österreich als Boulevard-Tageszeitungen und deren Qualitätszeitungs-Pendants Standard und Presse in das Mediensample dieser Untersuchung aufgenommen. Um auch die TV-Abendnachrichten in der Analyse repräsentieren zu können, wurden die Abendnachrichten des öffentlich-rechtlichen ORF (Zeit im Bild 19:30 Uhr) im Zuge dieser Schlagzeilen-Analyse als Qualitätsmedium und das private Pendant ATV-aktuell als Boulevard-Format klassifiziert. Diese Kategorisierung wird zudem von anderen Untersuchungsergebnissen breit abgestützt. So kommen Stark und Magin in ihrer empirischen Qualitätsstudie zum Schluss, dass die Tageszeitung Österreich, entgegen ihrer Selbstdefinition, weder in Bezug auf den Umfang, die Vielfalt oder die Transparenz der politischen Berichterstattung an die Standards von österreichischen und deutschen Prestigeblättern heranreicht (Stark und Magin 2009: 51). So wird Österreich von Udris und Lucht (2009) oder Kaltenbrunner und Kraus (2008) ebenfalls als Boulevard-Tageszeitung eingeordnet.

Auch im Fernsehen hat sich durch die Öffnung des TV-Marktes im Jahr 2001 das Angebotsspektrum zwischen Qualität und Boulevard erweitert. Seit 2003 strahlt ATV Abendnachrichten aus und seit 2004 senden auch private, deutsche Sender im abendlichen Österreichfenster zur *Primetime* österreichische Kurznachrichten. Obwohl die Kategorisierung der Fernseh-Information zumeist entlang der Unterscheidung zwischen öffentlich-rechtlichen und privat-kommerziellen Angeboten stattfindet, kann auch anhand der Anteile von politischen und unpolitischen Schlagzeilen beziehungsweise von „hard news" (Politik, Wirtschaft, Hochkultur, Wissenschaft) und „soft news" (Kriminelles, Unfälle, Katastrophen, Chronikales, Wetter, Sport, Society, Pop-Kultur, etc.) eine Unterscheidung zwischen Qualitäts- und Boulevardjournalismus vorgenommen werden. Eine MediaWatch-Analyse zur Struktur der österreichischen Fernsehnachrichten im Jahr 2008 stellt dazu fest, dass sich die Themen-Strukturen in Zeit im Bild 19:30 Uhr und ATV-aktuell 19:20 Uhr entlang dieser Achse substantiell unterscheiden und sich als diametral präsentieren. Während die Zeit im Bild von einem „hard news"-Anteil von 77 Prozent[5] geprägt ist, erreicht ATV-aktuell nur einen Wert von 33 Prozent. Allein der Politik-Anteil an der Sendezeit in der Zeit im Bild erreicht knapp 58 Prozent, während es auf

---

5   Gemessen in Sendezeit.

ATV-aktuell nur 26 Prozent sind (MediaWatch 2009). Somit rechtfertigt sich im Rahmen dieser Analyse die Gegenüberstellung von Zeit im Bild 19:30 Uhr als Qualitätsmedium und ATV-aktuell als Boulevardformat.

3. Design und Methode der Untersuchung

Im Zentrum dieser Untersuchung stehen die Fragen, wie sich die mediale Wahl-kampflogik der österreichischen Medien darstellt, wie sich die Berichterstattung entlang der Differenzierung zwischen Boulevard- und Qualitätsmedien in der Wahlkampfvermittlung präsentiert und wo sich dabei im Speziellen die Kronen Zeitung und Österreich positionieren. Operationalisiert werden diese Fragen ent-lang von *zwei* analog konzipierten quantifizierenden Inhaltsanalysen. Analyse A umfasst die redaktionelle Wahlkampfberichterstattung der sechs ausgewähl-ten Boulevard- und Qualitätsmedien im letzten Monat vor der Wahl. Analyse B untersucht im Speziellen die Berichterstattungsstruktur der Kronen Zeitung im selben Untersuchungszeitraum und berücksichtigt dabei nicht nur Nachrichten-beiträge, Interviews und Kommentare, sondern zusätzlich auch Leserbriefe, die einen hohen Anteil der Wahlkampf-Reflexion in diesem Medium ausmachen.

Für Analyse A waren dabei die jeweils beiden reichweitenstärksten Boule-vardzeitungen (Kronen Zeitung und Österreich) und Qualitätstageszeitungen (Der Standard und Die Presse), sowie die TV-Abendnachrichten des öffentlich-rechtlichen ORF (Zeit im Bild 19:30 Uhr) und das private Pendant auf ATV (ATV-aktuell 19:20 Uhr) untersuchungsrelevant.[6] Untersuchungsgegenstand waren dabei alle Beiträge zur österreichischen Politik. Als solche wurden jene Berichte definiert, die sich inhaltlich-thematisch auf Innen- und Außenpolitik beziehen. Somit bildeten nicht nur explizit wahlkampfbezogene Themen (z. B. Koalitionsspekulationen) und Berichte die Grundlage dieser Analyse, sondern alle Beiträge, die Aspekte der österreichischen Politik thematisieren (z. B. Be-richte über Arbeitslosigkeit, Inflationsentwicklung, etc.). In den Tageszeitungen wurden dazu alle die österreichische Politik thematisierenden Beiträge auf den Titelseiten, den „Thema des Tages"-Seiten, den Politik-Ressort-Seiten und den Meinungsseiten (Kommentare, Cartoons, etc.), sowie alle Leserbriefe in die Untersuchung aufgenommen. Für die Fernsehnachrichten wurden die Beiträge entlang ihrer inhaltlich-thematischen Ausrichtung auf die österreichische Poli-tik selektiert. Die Analyse differenziert dabei zwischen der redaktionellen Be-richterstattung (Nachrichtenbeiträge, Interviews und Meinungsbeiträge) und der nicht-redaktionellen Berichterstattung (Leserbriefe). Letztere wurden nur in der detaillierten Analyse der Berichterstattung der Kronen Zeitung berücksichtigt

---

6   Detaillierte Reichweitendaten zu diesen Medien finden sich im Beitrag von Plasser und Lengauer (Die österreichische Medienarena) in diesem Band.

und ausgewiesen (Analyse B). Analyse A stützte sich ausschließlich auf die redaktionelle Berichterstattung.

Die Inhaltsanalyse zum Wahlkampf 2008 umfasste die letzten vier Wahlkampfwochen (31. August bis 27. September 2008). In einer Vollerhebung wurden alle Beiträge zur österreichischen Politik erfasst. Die Grundgesamtheit der Analyse beläuft sich dabei auf 2.373 Beiträge.[7] Davon waren 1.412 Nachrichtenbeiträge und Interviews, 450 waren Kommentare, Glossen oder Karikaturen und 511 waren Leserbriefe. Insgesamt entfielen dabei 1.159 Beiträge auf die Boulevard-Medien Kronen Zeitung, Österreich und ATV-aktuell und 1.214 Beiträge auf die Qualitätsmedien Der Standard, Die Presse und ORF-Zeit im Bild. Analyse A liegen somit insgesamt 1.862 Nachrichten- und Interviewbeiträge zugrunde. Analyse B (Kronen Zeitung) basiert auf 643 Krone-Artikeln, die sich aus 162 Nachrichtenbeiträgen, 120 Meinungsbeiträgen und 361 Leserbriefen zusammensetzten.

Im Zuge einer Pretest-Serie auf Basis einer knapp fünfprozentigen Zufallsstichprobe des Untersuchungsmaterials (n=100 Beiträge) wurden Validitäts- als auch Reliabilitätstests durchgeführt (vgl. dazu Krippendorff 2004). Die Analyse-Validität (Rössler 2005: 194) wurde daran geprüft, inwieweit der vom Forscher[8] vorgegebene Bedeutungsgehalt des Kategorienschemas des Codebooks mit den durch die Codierer getroffenen Klassifizierungen übereinstimmt. Dabei ergab sich eine durchschnittliche Forscher-Codierer-Übereinstimmung von 0,896.[9] Für die Analysen A und B ergab sich ein durchschnittlicher Reliabilitätskoeffizient von 0,793. Dabei variieren die Reliabilitätswerte zu den einzelnen Variablen von 0,715 bis 1,000, was in allen Fällen einer ausreichenden Übereinstimmung entspricht (vgl. dazu Früh 2004; Krippendorff 2004; Merten 1995).

Als Analyseeinheit für alle Variablen des Codebooks galt der einzelne und gesamte Beitrag (Zeitungs- bzw. TV-Beitrag). Dabei waren nicht nur geschriebene oder gesprochene Textelemente, sondern auch visuelle Elemente wie Bilder, Fotos, Karikaturen und unkommentierte Filmsequenzen der TV-Beiträge integraler und somit analyserelevanter Bestandteil eines Beitrags. Diese Studie wurde im Rahmen des vom FWF (Fonds zur Förderung der wissenschaftlichen Forschung

---

7   Kronen Zeitung (N=643); Österreich (N=455); Der Standard (N=538); Die Presse (N=531); Zeit im Bild (N=145); ATV-aktuell (N=61).

8   In diesem Fall der Co-Autor Günther Lengauer.

9   Insgesamt umfasst das Codebook 131 Variablen, die sich aus metrischen, nominal- und ordinal-skalierten Variablen-Typen zusammensetzen. In den Reliabilitäts- und Validitätsprüfungen wurden dabei für die metrischen Variablen die Prozentübereinstimmungen, für nominal-skalierte Variablen Scott's Pi und für ordinal-skalierte Variablen Spearman's Rho zur Anwendung gebracht. Ein Wert von +1,000 bedeutet eine vollständige Übereinstimmung aller Codier-Entscheidungen im Pretest (n=100 Fälle und je 131 Variablen).

in Österreich) geförderten Projektes AUTNES (Austrian National Election Study) und in Zusammenarbeit mit MediaWatch, Institut für Medienanalysen, durchgeführt.[10]

Der angewandte Indikatoren-Katalog umfasst Elemente auf Themen-, Akteurs-, Bewertungs- und *Frame*-Ebene. Dazu wurde etwa auf der Akteursebene der Personalisierungsgrad der Berichterstattung festgehalten. Auf der Themenebene wurde der Grad der Entsachlichung der Politikvermittlung und auf der Ebene der Bewertungen der politischen Akteure der Grad der politischen Äquidistanz in der Wahlkampfvermittlung erhoben. Im Zentrum der Analyse und Gegenüberstellung stand zudem eine *frame*-analytische Untersuchung der Berichterstattungsmuster. Auf Basis einer komprimierenden Faktorenanalyse bildeten drei Dimensionen (Entertainment, Tonalität und Konfrontativität) eine *Meta*-Struktur der Wahlkampfberichterstattung, deren Stellenwert und Ausformung in den einzelnen Medien empirisch untersucht wurde.

Für die folgende Fallstudie diente dabei ein integrativer Ansatz des *Framing*-Konzeptes sowohl als konzeptioneller als auch methodischer Ankerpunkt. Medien spannen mittels Präsentations-, Definitions- und Interpretationsleistungen, durch Mechanismen der Betonung beziehungsweise auch der Exklusion einen Deutungsrahmen zu bestimmten Objekten bzw. Objekt-Clustern (in unserem Fall die Berichterstattung zur österreichischen Politik in der Wahlkampfendphase) auf, der übergeordnet als *media frame* bezeichnet werden kann (Lengauer 2007: 95). In diesem soziologischen Kontext wird der Journalismus als bedeutender konstituierender und vermittelnder Akteur sozialer Rahmen in der Politikvermittlung gesehen (Bonfadelli 2002).

Um die dominierenden *media frames* und die Darstellungslogik der österreichischen Politik-Berichterstattung im Wahlkampf 2008 zu identifizieren, orientierten wir uns zunächst an bereits empirisch-validierten Phänomenen, die sich prominent in der Nachrichtenlogik medienzentrierter Informationsgesellschaften diagnostizieren lassen (*Game*-Zentrierung, Konflikt-Orientierung, Negativismus, etc.). Die drei Dimensionen (Entertainment, Negativismus und Konfrontativität) spannen folglich einen selektiven Deutungsrahmen zur Wahlkampfberichterstattung auf, der es zumindest erlaubt, Grundelemente einer Nachrichtenlogik medien- und themenübergreifend zu identifizieren und vergleichend gegenüberzustellen. Die hier angewandten *generic frame*-Indikatoren (De Vreese, Peter und Semetko 2001) sind einheitlich als Likert-skalierte Erhebungseinheiten konzipiert, die sich auf einem Kontinuum zwischen zwei dichotomen Polen als semantisches Differential (Merten 1995: 31) aufspannen (z.B. *game*-zentriert, ambivalent, *policy*-zentriert). Alle drei Dimensionen dieses Deutungsraums setzen sich dabei aus jeweils einem *frame*-Indikatoren-Paar zusammen. Die Dimension des „Entertainment" etwa speist sich aus den Indikatoren *Game*-Zentrierung (game vs. policy) und dem Dramatisierungs-

---

10 Die Autoren bedanken sich im Besonderen bei den Koordinatoren Iris Höller und Florian Castlunger sowie beim Codierteam bestehend aus Eva-Maria Schönher, Viktoria Paradis, Stefan Eckerieder und Christoph Tauber.

grad (emotional-dramatisierend vs. nüchtern-sachlich). Die Tonalität wiederum ergibt sich aus der Ausrichtung der Darstellung zwischen „Good News" und „Bad
News" (negative vs. positive Tonalität) und dem prospektiven Charakter der journalistischen Darstellung (pessimistische vs. optimistische Perspektive). Die dritte
Dimension, die hier analytisch betrachtet wird, ist die Ebene der „Konfrontativität" des Journalismus gegenüber der Politik. Das Indikatoren-Paar setzt sich dabei
aus den Elementen Konflikt-Zentrierung (konsens- vs. konfliktzentriert) und der
Kompetenz-Darstellung (Inkompetenz- vs. Kompetenz-vermittelnd) zusammen.
Die Ergebnisse der Faktoren-Analyse, auf denen die Zusammensetzung dieser Dimensionen beruhen, werden im betreffenden Abschnitt detailliert dargelegt.

4. Die redaktionelle Reflexion der österreichischen Politik im Wahlkampf 2008

In den folgenden Abschnitten werden die Ergebnisse der vergleichenden Inhaltsanalyse zur Politik-Berichterstattung im Wahlkampf 2008 präsentiert. Die Darstellung folgt zunächst den Indikatoren „Entsachlichung", „Personalisierung", „Media Bias" und schließt mit einer Analyse der *Frame*-Dimensionen Entertainment,
Tonalität und Konfrontativität ab. Diese Analyse-Ebene basiert auf Nachrichten-
und Meinungsbeiträgen (redaktionelle Berichterstattung).

4.1 *Policy vs. Politics:* Das Themenspektrum im Wahlkampf 2008

Als ein zentraler Trend in der journalistischen Wahlkampfvermittlung wird die
zunehmende Abkehr von sachpolitischen Inhalten beschrieben (Patterson 2000;
Cappella und Jamieson 1997). Demzufolge werden inhaltliche Diskussionen und
Standpunkte von Analysen der Wahlkampftaktik, -dynamik und -strategie sowie
sportlichen Metaphern des Gewinnens und Verlierens verdrängt. Die Berichterstattung zur Politik wird somit „entsachlicht". Für Präsidentschaftswahlkämpfe in den
USA wurde wiederholt eine solche Zunahme der entsachlichten Politikvermittlung
konstatiert (z. B. Farnsworth und Lichter 2006; Patterson 1993). Auch die deutsche
Forschung zeichnet solche Tendenzen in der TV-Wahlkampfvermittlung in den
1990er Jahren nach (Genz, Schönbach und Semetko 2001). Der *Non-Policy*-Fokus
(Patterson 2000) kann auf dieser ersten Analyse-Ebene anhand der Themenlandschaft in der massenmedialen Berichterstattung empirisch nachgezeichnet werden
und folglich der Grad an „Entsachlichung" des massenmedialen Politik-Diskurses
im Wahlkampfes identifiziert werden. In der Untersuchung wurde zwischen *fünf*
Meta-Kategorien, die die Themenlandschaft des Nationalratswahlkampfes 2008
abdecken, unterschieden. Dabei wurde die thematische Berichterstattung im Wahlkampf zunächst entlang der dreidimensionalen Kategorisierung *polity, politics* und
policy eingeordnet. Als *polity*-Themen werden dabei Diskussionen kategorisiert,
die die Struktur des politischen Systems ansprechen. Dazu zählen etwa Diskurse

zur Verwaltung, zu politischen Institutionen, zur Sozialpartnerschaft, zum Föderalismus oder zur politischen Kultur im Allgemeinen. Als *policy*-Themen werden die klassischen Sachpolitik-Felder eingeordnet (z. B. Arbeitsmarkt, Soziales, Gesundheit, Budget und Finanzen oder Asylpolitik). Die Themenkategorie *politics* umfasst Berichte über Wahlkampfereignisse und Wahlprognosen, ebenso wie die Berichterstattung zu Kandidaten- und Parteienwettstreit, Wahlkampfführung, Affären politischer Kandidaten oder Spekulationen um Kandidaturen und mögliche Koalitionsvarianten. *Politics*-Themen betreffen zudem die prozessuale Dimension von Politik und beinhalten somit auch Darstellungen zu interessenpolitischen Prozessen (taktisches Verhalten in Abstimmungssituationen, Koalitionsvarianten in Abstimmungen, strategisches Verhalten, etc.), zum Zustand der Regierung oder der Opposition beziehungsweise zum Verhältnis zwischen Parteien und Kandidaten. Zusätzlich werden *Personality Profiles* und *Party Profiles* differenziert, um Berichte abzudecken, die Profile von Parteien und Kandidaten ins Zentrum stellen (z. B. Integrität eines Kandidaten, Leadership-Fähigkeit einer Partei).

Insgesamt waren die Nachrichtenbeiträge in den untersuchten Medien im finalen Wahlkampfmonat 2008 eindeutig von *politics*-Themenfeldern dominiert. Mehr als die Hälfte aller Beiträge (53,1 Prozent) stellten diesen metapolitischen beziehungsweise prozessorientierten Aspekt der Politik in den Mittelpunkt der redaktionellen Berichterstattung. Sachthemen *(policy)* standen dagegen in rund einem Drittel aller Berichte (34,6 Prozent) im Mittelpunkt. *Polity*-(Struktur)-Themen waren dagegen nur in 4,2 Prozent der Berichte das zentrale Element der Politikvermittlung in den österreichischen Medien. Weiters wird deutlich, dass die Kandidaten selbst auf thematischer Ebene stärker in den medialen Vordergrund gerückt wurden als deren Parteien. *Personal Profiles*, also Darstellungen, die die Persönlichkeit des Politikers und dessen Eigenschaften in den Mittelpunkt stellen, betrafen fünfeinhalb Prozent der Berichte im Wahlkampf, während auf die Parteienprofile nur halb so viele redaktionelle Beiträge entfielen.

Vergleicht man die Themenstrukturen der untersuchten Medien im Einzelnen, zeigt sich, dass in allen Medienformaten *politics*-Themen zentrale Politikvermittlungselemente im Wahlkampfendspurt 2008 darstellten. Der *politics*-Anteil reichte dabei von fast drei Viertel (72,1 Prozent) aller Beiträge in ATV-aktuell bis zu knapp unter der Hälfte aller Beiträge im Standard oder der Krone. Die Tageszeitung Österreich und die privaten TV-Nachrichten von ATV zeichneten sich durch die höchsten *politics*- und gleichzeitig die niedrigsten *policy*-Anteile in der Berichterstattung aus. Am stärksten sachpolitik-zentriert präsentierte sich die Berichterstattung der Zeit im Bild[11] (siehe dazu auch Melischek, Rußmann und Seethaler in diesem Band).

---

11 Dabei muss darauf hingewiesen werden, dass diese Kategorisierung nicht die Tiefe und Ausführlichkeit der Berichterstattung zu den Themen berücksichtigt, sondern lediglich den Hauptfokus des Beitrags widerspiegelt. Ein Hintergrundbericht wird in dieser Kategorisierung gleich behandelt und klassifiziert wie eine Kurzmeldung.

Schaubild 1
Meta-Themenstruktur der Wahlkampf-Berichterstattung 2008

In Prozent der redaktionellen Beiträge (N=1.862)

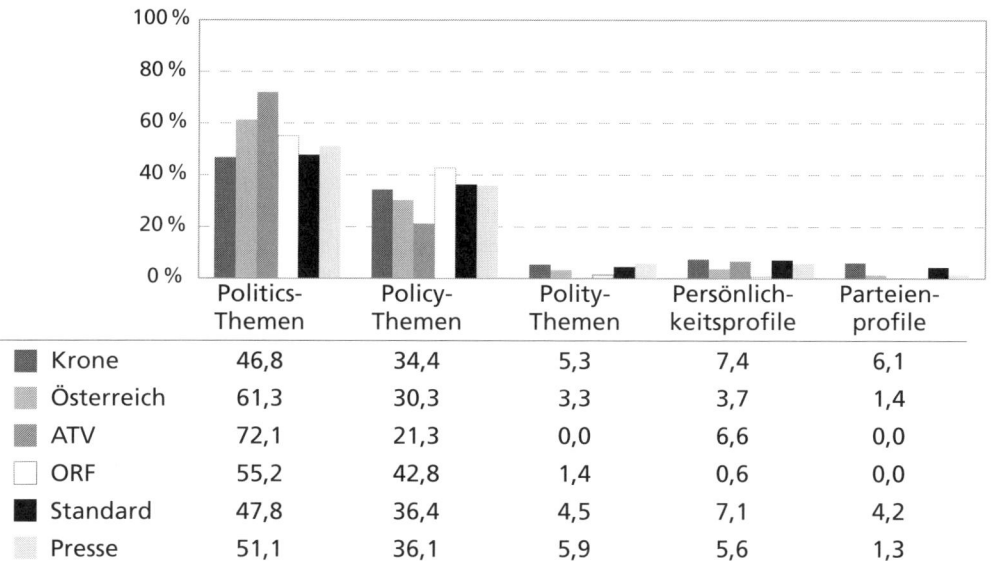

	Politics-Themen	Policy-Themen	Polity-Themen	Persönlich-keitsprofile	Parteien-profile
■ Krone	46,8	34,4	5,3	7,4	6,1
▧ Österreich	61,3	30,3	3,3	3,7	1,4
■ ATV	72,1	21,3	0,0	6,6	0,0
□ ORF	55,2	42,8	1,4	0,6	0,0
■ Standard	47,8	36,4	4,5	7,1	4,2
▨ Presse	51,1	36,1	5,9	5,6	1,3

Polity-Themen, Persönlichkeitsprofile und Parteienprofile nahmen hingegen in allen Medien nur eine rudimentäre Stellung ein. Politik in der Wahlkampfend-phase 2008 wurde in den österreichischen Medien somit hauptsächlich unter *politics*-Themenaspekten vermittelt. Dieser Befund unterstreicht, dass Politik im Wahlkampf vor allem als Wettkampf um Wählerstimmen und interessenpolitische Prozesse (wer positioniert sich wie und warum?) vermittelt wird und weniger als Auseinandersetzung in sachpolitisch-inhaltlichen Fragen. Qualitätsmedien thema-tisieren im Durchschnitt sachpolitische Debatten etwas stärker, jedoch gleichen einander die grundlegenden Berichterstattungsstrukturen auf dieser Meta-Ebene der Thematisierungen: *Politics* dominiert über *policy*.

Eine vergleichbare *politics*-Dominanz in der Wahlkampfberichterstattung zeig-te sich auch im US-Wahlkampf 2008. Eine Studie des *Projects for Excellence in Journalism* (2008: 27) kam für den Zeitraum vom 8. September bis 16. Oktober 2008 zum Schluss, dass in insgesamt 48 TV-Nachrichten, Radio-Sendungen, Zei-tungen und Internet News Sites zum Wahlkampf *politics*-Themen in mehr als 60 Prozent der Beiträge dominierten und demgegenüber die *policy*-Diskussion nur in 20 Prozent der Beiträge im Zentrum stand. Auch für die Bundestagswahlkampf-Berichterstattung 2005 in deutschen Qualitätszeitungen konstatierten Wilke und Reinemann (2006: 316) ein Übergewicht von so genannten Wahlkampf-Themen (58 Prozent der Beiträge) gegenüber sachpolitischen Thematisierungen.

Persönlichkeitsprofile erreichten im US-Wahlkampf 2008 einen Anteil von weniger als zehn Prozent der Berichterstattung. Dies zeigt, dass sich die thematischen Berichterstattungs-Strukturen nicht nur auf der Ebene der Anteile von *politics* und *policy* in aktuellen Wahlkämpfen in Österreich und den USA gleichen. Auch Persönlichkeits- und Spitzenkandidatenzentrierungen auf der thematischen Ebene sind in den USA nur geringfügig stärker ausgeprägt, auch wenn das Persönlichkeitswahlrecht im Rahmen der Präsidentschaftswahl einen deutlich höheren thematischen Kandidatenfokus nahelegen würde.

Aufschlussreich zur Erläuterung dieser Größenordnungen der bisher analysierten Meta-Kategorisierungen der Themenlandschaft zum Wahlkampf 2008 ist die Darstellung der wichtigsten spezifischen Subthemen, die in den einzelnen österreichischen Medien dominierten. Dabei werden für alle Medien die jeweils zehn wichtigsten Themen im Wahlkampf 2008 gegenüberstellend dargestellt.[12] Erstes bemerkenswertes Ergebnis dieser Gegenüberstellung der Themenstrukturen ist der Umstand, dass sich aus insgesamt zwanzig Themenkategorien (von insgesamt 87 vordefinierten Kategorien) die zehn wichtigsten Themen aller untersuchten Medien ableiten lassen. Dies lässt den Schluss zu, dass die Konvergenz der Themenlandschaft auf einer intermediären Ebene im Nationalratswahlkampf 2008 als äußerst *hoch* einzustufen war. Thematische Schwerpunkte einzelner Medien abseits der Mainstream-Thematisierung waren kaum erkennbar. Am ehesten waren es die Krone mit den Themenkomplexen Innere Sicherheit, EU-Politik und Pensionen sowie Die Presse mit den Themen Hochschulpolitik, Wahlkampfstil und -programme sowie der Selbstthematisierung der Rolle der Medien, die eigene und verstärkte Akzente gesetzt haben. Für alle untersuchten Medien kumuliert war „Interessenpolitisches" das wichtigste Wahlkampfthema. Dieser Themenkomplex bündelt den Prozess und das Prozedere zum erwarteten und eingetretenen parlamentarischen Abstimmungsverhalten der Parteien (Nationalrats-Sondersitzung, Stillhalteabkommen der Koalitionsparteien[13]), ohne dabei die der Abstimmung zugrunde liegenden Sachinhalte in den Mittelpunkt zu stellen. Der Prozess und das strategisch-taktische Verhalten standen im Mittelpunkt und nicht das sachpolitische Ergebnis des Abstimmungsverhaltens. Interessenpolitisches dominierte somit die Wahlkampfberichterstattung 2008, gefolgt von der Thematisierung der Medienauftritte der Wahlkandidaten. Dabei handelte es sich vor allem um Vorankündigungen, Vorberichte und Bilanzen zu den TV-Konfrontationen der Spitzenkandidaten. Während in der Wahlkampfendphase 1999 Medienauftritte der Kandidaten nur in durchschnittlich 4,5 Prozent aller politischen Berichte im Mittelpunkt standen, waren es 2006 5,4 Prozent (Lengauer, Pallaver und Pig 2007: 123). 2008 erhöhte sich dieser Wert auf sieben Prozent und

---

12 Die Top-10-Themen sind jeweils grau hinterlegt und die Zahl in Klammer verweist auf die Rang-Positionierung in diesem medieninternen Top-Ten-Ranking.

13 Nationalratssondersitzung: In einer Sondersitzung wurde vier Tage vor der Wahl (24. September 2008) unter anderem über vier der fünf Punkte aus dem Faymann-Programm abgestimmt. Stillhalteabkommen: Eine informelle Vereinbarung zwischen SPÖ und ÖVP, die gegenseitiges Überstimmen durch die Regierungspartner im Parlament bis zur Wahl verhindern sollte und vorzeitig gebrochen wurde.

Medienauftritte wurden zum dominierenden Wahlkampf-Thema (siehe dazu auch Plasser und Lengauer – Wahlkampf im TV-Studio – in diesem Band). In allen untersuchten Medien rangierte die Berichterstattung zu den TV-Konfrontationen im Top-Ten-Ranking der Thematisierungen. In der Qualitätspresse standen die TV-Auftritte der Kandidaten in etwa jedem zwanzigsten Politik-Bericht im Zentrum. Auf ATV war dies demgegenüber in jedem siebten Beitrag der Fall und in Österreich und der Krone traf dies auf jeden zwölften Beitrag zu. Im Durchschnitt widmeten Boulevardmedien den TV-Konfrontationen und -auftritten der Kandidaten nicht weniger als neun Prozent aller Beiträge zur österreichischen Politik. In den Qualitätsmedien waren es immerhin noch 5,6 Prozent.

Auf Position drei des Themenrankings rangierten „Wahlspekulationen", also Berichte, die sich vorwiegend mit Koalitionsspekulationen und mit den Gewinn- und Verlustchancen von Parteien und Kandidaten auseinandersetzten. An vierter Stelle rangierten Berichte, die in ähnlicher Weise das Wettrennen um die Plätze beschrieben *(horse race)*: Wer wird den Einzug in den Nationalrat schaffen? Wer ist von der Wahlkampf-Dynamik begünstigt? Wer wird welchen Platz in der Wählergunst einnehmen können? „Zwei Tage vor der Wahl steigt die Spannung: Die Meinungsforscher sehen ein Kopf-an-Kopf-Rennen zwischen SPÖ und ÖVP" (Die Presse, 26. September 2008, Seite 1). An fünfter Stelle standen Berichte zu Affären und Skandalen der Kandidaten, die knapp fünf Prozent der Politik-Berichterstattung ausmachten. Dazu gehörten etwa die Berichte um die *Paint Ball*-Fotos von FPÖ-Chef Strache oder die Lobbying-Affäre um den LIF-Spitzenkandidaten Zach.

Die Top-Ten der Themen im Wahlkampf 2008 waren eindeutig von *meta*politischer Fokussierung dominiert. Die erste sachpolitik-zentrierte Themenkategorie betraf auf Platz acht die Diskussion um das Wahlrecht. Hier ging es vor allem um die Briefwahl und das neue Wahlrecht mit 16 Jahren. Von den klassischen Sachthemen waren nur die Steuerdebatte (Senkung der Mehrwertsteuer, Entlastung des Mittelstandes) und die Wirtschaftspolitik (politische Dimension der Finanzkrise) im Top-Ten-Themenranking der redaktionellen Wahlkampfberichterstattung 2008 vertreten.

Diese Analyse zeigt, dass zwanzig Themenfelder nicht weniger als drei Viertel der gesamten Wahlkampfberichterstattung abdeckten. Hier reicht das Spektrum von 86,4 Prozent in Österreich bis hin zur größten Themenvielfalt im Standard, in dem diese zwanzig Themenkategorien 61,8 Prozent der Berichterstattung umfassten. Die Top-Ten-Themenkategorien insgesamt machten nicht weniger als die Hälfte der gesamten Wahlkampfberichterstattung in den untersuchten Medien aus und die Top-3-Themen deckten schon zwanzig Prozent ab. Dies deutet auf einen hohen Konzentrations- und Synchronisationsgrad in der österreichischen Wahlkampfberichterstattung hin, was die thematische Ausrichtung betrifft. Bestätigend verweisen etwa Melischek, Rußmann und Seethaler in ihrer *Agenda Building*-Studie zum Wahlkampf 2008 in diesem Band auf einen hohen Grad an Themenkongruenz der Parteien als auch der Medien. Wesentliche Differenzierungen zwischen Qualitäts- und Boulevardmedien ergeben sich auf dieser Analyse-Ebene nicht. Sachthemen spielten insgesamt, bezogen auf deren Anteil an der Gesamt-Berichterstattung zur Politik, eine deutlich *unter*geordnete Rolle (in 34 Prozent der Beiträge).

Tabelle 2
Top-Themenstruktur in der Wahlkampf-Berichterstattung 2008

In Prozent der redaktionellen Beiträge (N=1.862) – Platzierung im Top-10-Ranking in Klammern

	Gesamt	Krone	Öster-reich	ATV	ORF	Standard	Presse
Interessenpolitisches	7,1 (1)	7,1 (3)	6,8 (5)	3,3 (10)	14,5 (1)	7,3 (1)	5,2 (4)
Medienauftritte	7,0 (2)	8,2 (1)	8,6 (3)	14,5 (1)	9,7 (2)	4,9 (4)	5,2 (4)
Wahlspekulationen	6,1 (3)	8,2 (1)	9,7 (1)	4,9 (7)	1,4	3,7 (8)	5,4 (2)
Horse Race / Umfragen	4,9 (4)	2,9	8,8 (2)	9,8 (3)	4,8 (7)	3,2	3,0
Affären und Skandale	4,9 (4)	2,1	7,7 (4)	6,6 (5)	5,5 (6)	4,9 (4)	3,5
Wahlkampfstrategie	4,4 (6)	4,6 (4)	4,8 (6)	11,5 (2)	2,8	4,1 (6)	3,7 (10)
Wahlkampfauftritte	4,2 (7)	2,8	3,3	6,6 (5)	9,7 (2)	3,7 (8)	4,4 (7)
Wahlrecht/-prozedere	4,1 (8)	3,2 (9)	1,5	4,9 (7)	3,4 (8)	3,9 (7)	8,0 (1)
Steuern	4,0 (9)	3,5 (6)	4,2 (8)	0,0	6,2 (5)	4,9 (3)	3,0
Wirtschaft	3,5 (10)	2,1	4,6 (7)	1,6	8,3 (4)	2,8	2,8
Wahlkampfstil	3,4	1,8	3,5 (10)	9,8 (3)	0,7	3,5 (10)	4,2 (8)
Hochschulpolitik	3,0	0,4	1,5	1,6	1,4	5,5 (2)	4,0 (9)
Wahlprogramme	3,0	1,1	2,9	1,6	3,4 (8)	2,0	5,4 (2)
Innere Sicherheit	2,0	3,2 (9)	3,7 (9)	1,6	1,4	0,8	0,9
Kandidaturen	2,0	2,1	2,6	1,6	2,8 (10)	1,2	2,1
Pensionen	1,9	3,5 (6)	1,5	0,0	2,1	2,0	1,4
Rolle der Medien	1,9	2,1	0,2	1,6	0,0	1,4	4,9 (6)
EU – Europapolitik	1,6	3,5 (6)	1,1	0,0	0,7	1,2	1,6
Äußere Sicherheit	1,0	2,1	0,7	4,9 (7)	0,0	0,2	1,2
Integrität der Parteien	0,9	3,9 (5)	0,4	0,0	0,0	0,6	0,0
Anteil dieser Themen an Gesamtberichterstattung	75,0	68,4	78,1	86,4	78,8	61,8	69,9
Anteil der Top-10-Themen an Gesamtberichterstattung	50,2	48,9	62,4	76,8	68,3	46,3	50,4

Wir wollen uns trotzdem eingehender mit der Rolle der wichtigsten Sachthemen im Wahlkampf befassen. Am 25. August kündigte Werner Faymann das 5-Punkte-Programm gegen die Teuerung an, das die Erhöhung des Pflegegeldes, die Abschaffung der Studiengebühren, die Senkung der Mehrwertsteuer auf Lebensmittel, die Verlängerung der so genannten „Hacklerregelung" bei Pensionen und die Erhöhung der Familienbeihilfe vorsah. Dieses 5-Punkte-Programm, die Sondersitzung des Nationalrates und die herannahende Finanzkrise dominierten in der

Folge die öffentliche Wahrnehmung des Wahlkampfes der Regierung als auch der Opposition (Stichwort „Wachteleierkoalition"[14]). Dabei stellt sich allerdings die Frage, inwieweit dies auch die bestimmenden Sachthemen in der massenmedialen Politikvermittlung in den letzten vier Wochen des Wahlkampfes waren.

Tabelle 3
Konkrete Sachthemen in der Wahlkampf-Berichterstattung 2008

In Prozent der redaktionellen Sachpolitik-Beiträge (N=493)

	Gesamt	Krone	Öster-reich	ATV	ORF	Standard	Presse
5-Punkte-Programm zur Teuerung	22,8	21,0	21,3	12,5	26,5	32,5	22,6
Finanzkrise	4,5	1,3	9,7	0,0	9,4	2,1	2,0
Summe	27,3	22,3	31,0	12,5	35,9	34,6	24,6

Tatsächlich waren die fünf Punkte des Teuerungsprogramms ein dominierender und medienübergreifender Sachthemen-Komplex im letzten Wahlkampfmonat. Dieser Themenkreis machte in Summe insgesamt 22,8 Prozent aller Sachpolitik-Beiträge in allen untersuchten Medien aus. Das heißt, in fast jedem vierten Bericht mit sach-politischer Ausrichtung standen Themen des Fünf-Punkte-Programms im Zentrum der journalistischen Wahlkampf-Reflexion. Weitere 4,5 Prozent der Sachpolitik-Berichterstattung entfielen auf die Finanzkrise. Diese beiden Themenkomplexe deckten somit mehr als ein Viertel der gesamten sachthematischen Debatte in der Wahlkampf-Endphase 2008 ab. Auf ATV erhielten diese Themenkomplexe unter-durchschnittliche Aufmerksamkeit, während sie im ORF und im Standard überdurch-schnittlich stark thematisiert wurden. Auf dieser Ebene muss das *Agenda-Building* der SPÖ als grundsätzlich erfolgreich bilanziert werden, auch wenn die reine Präsenz der Thematik noch nichts über die einhergehende journalistische Akteursbewertung aussagt und die Gesamtthematisierung von Sachdebatten im Wahlkampf 2008 als äußerst gering zu bezeichnen ist (zum *Agenda- Building* im Wahlkampf 2008 siehe auch den Beitrag von Melischek, Rußmann und Seethaler im vorliegenden Band).

4.2 *Kandidaten vs. Parteien:* Die Personalisierung im Wahlkampf 2008

Die Personalisierung ist neben der *Game*-Zentrierung bzw. Entsachlichung das am prominentesten diskutierte und zitierte Element einer „Amerikanisierung" der politi-

---

14 Der Begriff „Wachteleier-Koalition" wurde von Alexander Van der Bellen geprägt und bezieht sich auf die von SPÖ und FPÖ als Kompromisslösung aufgestellte Liste jener Luxus-Lebensmittel, die von einer Senkung der Mehrwertsteuer auf Grundnahrungs-mittel ausgenommen werden sollten.

schen Kommunikation im Allgemeinen und der Politik-Berichterstattung im Speziellen (Bennett 2009; Brettschneider 2009; Falter und Römmele 2002). Gleichzeitig gilt der Grad der Personalisierung als potenzieller Differenzierungs-Indikator zwischen Boulevard- und Qualitätsjournalismus (Brants und Neijens 1998; Esser 1999). Personalisierung kann dabei auf *zwei* unterschiedlichen Ebenen untersucht und identifiziert werden. Zum einen kann auf der thematischen Ebene unterschieden werden, ob in der Profilvermittlung eher Parteien oder ihre Kandidaten im Mittelpunkt der Politikdarstellung stehen. Auf einer weiteren Ebene kann Personalisierung als eine Art „Hierarchisierung" (Marcinkowski und Greger 2000; Wilke und Reinemann 2001) und Individualisierung begriffen werden, die zum einen daran gemessen werden kann, welchen Stellenwert der Spitzenkandidat im Vergleich zu seiner Partei in der Berichterstattung einnimmt beziehungsweise inwieweit sich die Kandidatendarstellung weiter auf die Präsentation und Diskussion um Kanzlerkandidaten zuspitzt. Dieses Phänomen wird auch als Elitenzentrierung bezeichnet (Jarren 1998).

Auf der ersten Ebene der Personalisierung zeigt sich in der Berichterstattung, dass Kandidatenprofile in 5,5 Prozent aller redaktionellen Beiträge im Zentrum standen. Damit wurden im Wahlkampf 2008 personenbezogene Profile doppelt so häufig publiziert wie Parteienprofile. Auch wenn somit Persönlichkeitsprofile (Sachkompetenz, Integrität, Stil, etc.) nur in jedem zwanzigsten Beitrag zur österreichischen Politik im Mittelpunkt standen, muss auf dieser Ebene von einem hohen Grad der Personalisierung gesprochen werden, da Parteienprofile (Sachkompetenz, Leadershipfähigkeit, etc.) noch deutlich weniger ins Zentrum der Wahlkampfberichterstattung gerückt wurden.

Während zumindest eine der zehn bundesweit kandidierenden Parteien in drei Viertel aller Berichte zur österreichischen Politik im Wahlkampf 2008 präsent war, traf dies auf die Spitzenkandidaten derselben Parteien in etwas mehr als der Hälfte der Beiträge (55,5 Prozent) zu (Tabelle 4). Die österreichischen Parteien waren somit nur knapp medial präsenter als ihre Spitzenkandidaten (Personalisierungsrate 0,74). Diese Verhältnisse deuten insgesamt auf eine *hohe* Personalisierungsrate im Sinne einer Individualisierungsrate der Berichterstattung hin. Ein einziger Vertreter der jeweiligen Partei, in diesem Fall der Spitzenkandidat, wurde etwa auf ATV (Personalisierungsrate 0,98) oder in der Krone (Personalisierungsrate 0,89) in fast genauso vielen Beiträgen genannt wie seine Partei. Am wenigsten spitzenkandidaten-zentriert beziehungsweise individualisiert zeigte sich dabei die redaktionelle Berichterstattung von Zeit im Bild und Der Standard. Insgesamt war die durchschnittliche Personalisierungsrate in den Boulevardmedien mit einem Wert von 0,81 etwas höher als in den Qualitätsmedien mit einem Wert von 0,70. Vor allem Molterer war deutlich weniger präsent als seine Partei (Personalisierungsrate 0,51). Mit Blick auf Faymann lag dieser Wert bei 0,60.

Tatsächlich war Werner Faymann der medial präsenteste Spitzenkandidat im Wahlkampf 2008. Der SPÖ-Vorsitzende wurde in allen Medien häufiger genannt als der ÖVP-Chef Molterer, ausgenommen auf ATV. Dies liegt vor allem an seiner Nicht-Teilnahme an der ATV-Kandidatenkonfrontation. Durchschnittlich wurde Faymann in drei von zehn politischen Berichten genannt, während dies bei Molterer in jedem vierten Beitrag der Fall war. Im Vergleich dazu erreichte der amtierende Kanzler Schüssel im Wahlkampf 2006 mit einer Präsenz in knapp 24 Prozent aller Beiträge zur österreichischen Politik den damaligen Höchstwert aller Spitzenkandidaten (vgl. dazu Lengauer, Pallaver und Pig 2007: 115).

Tabelle 4
Personalisierungsraten in der Wahlkampf-Berichterstattung 2008

In Prozent der redaktionellen Beiträge (N=1.862) / Personalisierungsrate

	Gesamt	Krone	Öster-reich	ATV	ORF	Standard	Presse
Parteien[1]	74,8	59,9	82,4	75,4	74,5	78,5	72,4
Spitzen-kandidaten[2]	55,5	53,5	61,3	73,8	51,7	52,6	52,5
Personalisie-rungsrate	0,74	0,89	0,74	0,98	0,69	0,67	0,73
SPÖ	48,7	32,3	52,1	41,0	44,8	56,7	48,9
Faymann	29,3	26,6	36,0	36,1	20,0	27,4	28,3
Personalisie-rungsrate SPÖ	0,60	0,83	0,69	0,88	0,45	0,48	0,58
ÖVP	48,0	41,1	53,6	45,9	44,1	49,4	46,4
Molterer	24,3	24,8	27,9	45,9	19,3	20,9	22,5
Personalisie-rungsrate ÖVP	0,51	0,60	0,52	1,00	0,44	0,42	0,48

Anmerkungen: [1] Zumindest eine von zehn bundesweit kandidierenden Parteien wurde im Beitrag genannt; [2] Zumindest einer der zehn Spitzenkandidaten der bundesweit kandidierenden Parteien wurde im Beitrag genannt.

Betrachtet man die Elitenzentrierung, wird deutlich, dass die beiden Kanzlerkandidaten gemeinsam fast die Hälfte der medialen Präsenz aller zehn Spitzenkandidaten auf sich vereinten. Die fünf Spitzenkandidaten der Parlamentsparteien[15] bündelten 90 Prozent der medialen Präsenz auf sich (Tabelle 5). Für die anderen Spitzenkandidaten der nicht im Parlament vertretenen Parteien blieb ein kumulierter Präsenz-Anteil von 10 Prozent. Auch die Qualitätsmedien konzentrierten ihre Berichterstattung auf die Kanzlerkandidaten und die Spitzenkandidaten der Parlamentsparteien. Im Vergleich zwischen Boulevard- und Qualitätsmedien zeig-

---

15 Die fünf Parlamentsparteien und deren Spitzenkandidaten waren Faymann/SPÖ, Molterer/ÖVP, Strache/FPÖ, Haider/BZÖ und Van der Bellen/Grüne.

te sich dennoch, dass erstere stärker – wenn insgesamt auch nur rudimentär – über die Kandidaten der nicht im Parlament vertretenen Parteien berichteten als die Boulevardmedien. Eine ähnliche Elitenzentrierung ergab sich dabei nicht nur für die Kandidaten, sondern auch für die Präsenz der Parteien. Die Parlamentsparteien deckten 90 Prozent der Parteien-Berichterstattung im Wahlkampf ab. Daraus leitet sich eine hohe Elitenzentrierung in der Politikvermittlung im Wahlkampf ab, wenngleich sie in der Qualitätsberichterstattung etwas schwächer ausfiel. Jedenfalls zeichnete sich die Kronen Zeitung auf dieser Analyse-Ebene der Eliten- und Faymann-Zentrierung nicht durch eine Sonderstellung aus, sondern folgte der allgemeinen Nachrichtenlogik der Elitenzentrierung, die auch in den anderen Medien in ähnlichen Dimensionen erkennbar war.

Tabelle 5
Elitenzentrierung in der Wahlkampf-Berichterstattung 2008
In Prozent der Spitzenkandidatenpräsenz der bundesweit kandidierenden Parteien

	Gesamt	Krone	Öster-reich	ATV	ORF	Standard	Presse
Faymann	25,9	27,6	27,2	18,2	24,2	26,7	24,8
Molterer	21,4	25,7	21,1	23,1	23,3	20,4	19,7
Strache	17,5	14,7	19,3	23,1	16,7	16,2	16,8
Haider	14,8	14,3	16,1	14,0	11,7	14,7	14,8
Van der Bellen	10,3	9,9	8,7	14,0	12,5	10,9	10,2
Schmidt	4,6	4,8	3,2	4,1	4,2	5,3	5,3
Dinkhauser	3,4	2,2	4,0	3,3	2,5	2,4	4,5
Adam	0,8	0,6	0,2	0,0	1,7	1,2	1,2
Messner	0,8	0,1	0,1	0,0	2,5	1,4	1,6
Auerbach	0,5	0,1	0,1	0,0	0,8	0,8	1,0

4.3 *Media Bias* – Die journalistische Äquidistanz im Wahlkampf 2008

Die Performance-Beurteilung der Parteien und Kandidaten basiert zum einen auf deren Auftreten im Wahlkampf und zum anderen auf der Reflexion durch Kommentatoren oder Experten, die eingeladen sind, in den Medien Bewertungen und Urteile abzugeben. Des Weiteren sind es die Journalisten selbst, die nicht nur in Meinungsbeiträgen direkt oder indirekt Bewertungen zu Kandidaten und Parteien abgeben. Darauf bezieht sich auch die These, dass politische Journalisten vermehrt bereit sind, auch im Sinne eines bedeutender werdenden Verständnisses des *watchdog journalism* (Bennett und Serrin 2005) in ihren Darstellungen aktive Werturteile einfließen zu lassen, die dabei zumeist negativ ausfallen (vgl. dazu Dalton, Beck und Huckfeldt 1998; Semetko und Schönbach 2003). Diese erhöhte und tendenziell konfrontative Wertungsdichte im Journalismus mündet im Wahlkampf möglicherweise in einen *media bias*, also eine unausgeglichene Darstellung (in Bezug auf Präsenz und Wertung) und im Speziellen in einen *statement bias* (D'Alessio and Allen 2000), der die Ungleichverteilung von positiven und negativen Bewertungen zu einzelnen Akteuren beschreibt. Die Prüfung der politischen Äquidistanz der Medien im Wahlkampf 2008 steht im Zentrum dieses Abschnittes.

Schaubild 2
Performance der Spitzenkandidaten in der Wahlkampf-Berichterstattung 2008

Performance-Index (-1 bis +1)[16]

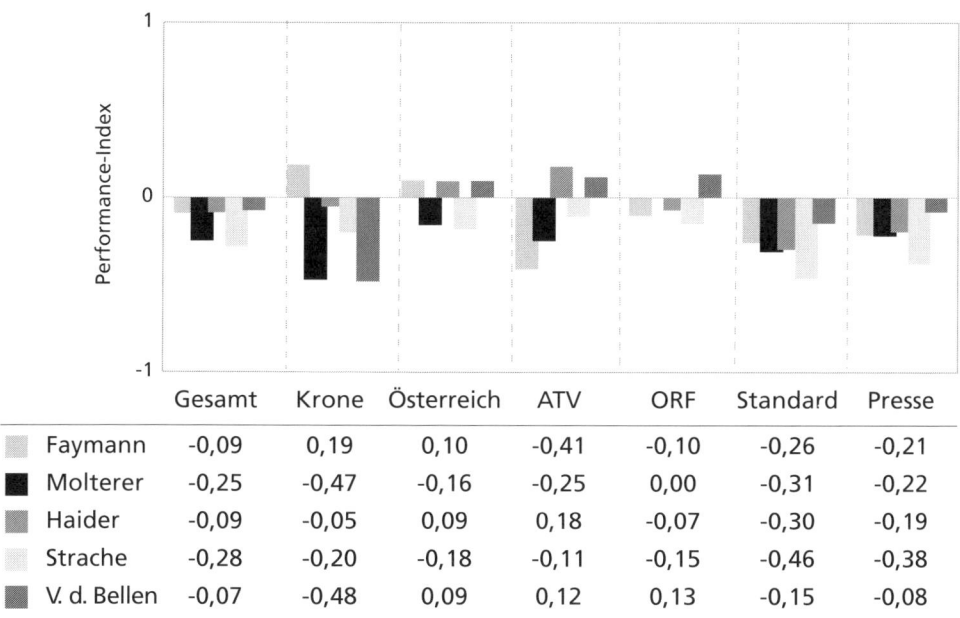

	Gesamt	Krone	Österreich	ATV	ORF	Standard	Presse
Faymann	-0,09	0,19	0,10	-0,41	-0,10	-0,26	-0,21
Molterer	-0,25	-0,47	-0,16	-0,25	0,00	-0,31	-0,22
Haider	-0,09	-0,05	0,09	0,18	-0,07	-0,30	-0,19
Strache	-0,28	-0,20	-0,18	-0,11	-0,15	-0,46	-0,38
V. d. Bellen	-0,07	-0,48	0,09	0,12	0,13	-0,15	-0,08

Das Schaubild verdeutlicht zunächst, dass in Summe keiner der fünf Spitzenkandidaten der Parlamentsparteien eine positive Performance-Bilanz aufweisen konnte. Alle Kandidaten wurden überwiegend *negativ* dargestellt. Vor allem FPÖ-Chef

---

16 Der Performance-Index repräsentiert das arithmetische Mittel aus den Verteilungen der Kandidaten-Berichte zu den TV-Konfrontationen mit insgesamt eher positiven (+1), ambivalenten oder neutralen (0) und eher negativen (-1) Bewertungsbilanzen. Der Index reicht von -1 (alle Beiträge mit Kandidaten-Präsenz vermitteln eine insgesamt eher negative Beurteilung) bis +1 (alle Beiträge mit Kandidaten-Präsenz vermitteln eine insgesamt eher positive Beurteilung).

Heinz-Christian Strache und der ÖVP-Obmann Wilhelm Molterer wurden am negativsten vermittelt. Am wenigsten kritisch wurde über SPÖ-Chef Werner Faymann, BZÖ-Spitzenkandidat Jörg Haider und den Grünen-Bundessprecher Alexander Van der Bellen berichtet. In der Kronen Zeitung gelang es nur Faymann, sich
überwiegend positiv zu präsentieren bzw. kommentieren zu lassen. In Österreich
fielen die Spitzenkandidaten-Bilanzen sehr unterschiedlich aus. Faymann, Haider
und Van der Bellen wurden leicht positiv bewertet, während Molterer und Strache
insgesamt negativ dargestellt wurden. ATV vermittelte die Oppositionspolitiker
Haider und Van der Bellen positiv und die Regierungsmitglieder Faymann und
Molterer negativ, ebenso wie Strache. Im ORF waren Wertungszuschreibungen
selten. Positiv wurde dort Van der Bellen vermittelt. In der Qualitätspresse wurden einheitlich alle Spitzenpolitiker negativ vermittelt, besonders kritisch wurde
Strache beurteilt. In den Boulevard-Tageszeitungen waren es vor allem Faymann
und Haider, die am wenigsten medial vermittelte Kritik hinnehmen mussten. In
der Beurteilung der Qualitätszeitungen zeigte sich insgesamt ein klarer negativer
bias gegenüber Spitzenpolitikern. Dies geschah aber relativ einheitlich und weltanschauliche Differenzierungen zwischen der als konservativ geltenden Presse
und dem als links-liberal angesehenen Standard ließen sich nicht ausmachen. Die
Polarisierungen, also uneinheitliche Beurteilungen, waren vor allem in den Boulevard-Medien Krone, Österreich und ATV erkennbar.

Schaubild 3
Performance der Parlamentsparteien in der Wahlkampf-Berichterstattung 2008

Performance-Index (-1 bis +1)

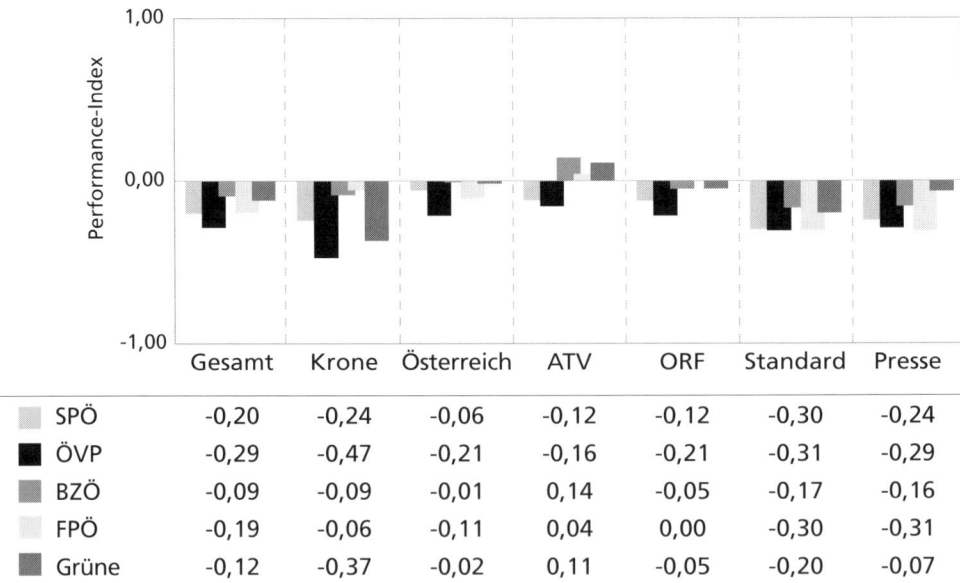

	Gesamt	Krone	Österreich	ATV	ORF	Standard	Presse
SPÖ	-0,20	-0,24	-0,06	-0,12	-0,12	-0,30	-0,24
ÖVP	-0,29	-0,47	-0,21	-0,16	-0,21	-0,31	-0,29
BZÖ	-0,09	-0,09	-0,01	0,14	-0,05	-0,17	-0,16
FPÖ	-0,19	-0,06	-0,11	0,04	0,00	-0,30	-0,31
Grüne	-0,12	-0,37	-0,02	0,11	-0,05	-0,20	-0,07

In der Gesamtschau der medialen Berichterstattung zu den Parlamentsparteien im Wahlkampf 2008 zeigte sich, dass alle fünf Parlamentsparteien in der
redaktionellen Wahlberichterstattung überwiegend negativ vermittelt wurden.
Am stärksten betraf dies die ÖVP, gefolgt von der SPÖ und der FPÖ. Exemplarisch schreibt zur ÖVP-Performance im Wahlkampf 2008 etwa die Presse:
„Dank der bisher gründlich verpatzten Werbelinie könnte der ÖVP-Dampfer am
28. September auf Grund laufen" (Die Presse, 9. September 2008, Seite 1). Am
wenigsten medial vermittelte Kritik mussten dagegen das BZÖ und die Grünen
einstecken. In der Kronen Zeitung waren es besonders die ÖVP und die Grünen, die negativ beurteilt und kommentiert wurden. Im Gegensatz zu Faymann
wurde auch die SPÖ als Partei in der Krone deutlich negativ dargestellt. In
Österreich gelang es keiner Partei, sich in Summe positiv zu positionieren. Auf
ATV ergab sich auf Partei-Ebene eine relativ klare Differenzierung zwischen
Regierung und Opposition. Während die Oppositionsparteien leicht positiv vermittelt wurden, was in keinem anderen Medium der Fall war, wurden auf ATV
die Regierungsparteien negativ bilanziert. Der ORF wiederum zeichnete sich
durch die geringsten Wertungshäufigkeiten aus, während die Qualitätszeitungen alle Parteien wie die Spitzenkandidaten gleichermaßen redaktionell negativ
vermittelten.

Auf Basis dieser Analyse und deren Ergebnisse lassen sich somit keine eindeutigen parteipolitischen Zuordnungen der österreichischen Medien identifizieren.
Nichtsdestotrotz lassen sich übergeordnete Muster erkennen: Vor demselben Er-
eignishintergrund und derselben politischen Nachrichtenlage wiesen die Qualitätszeitungen, sowohl was die Spitzenkandidaten als auch ihre Parteien betrifft, einen
eindeutigen negativen *bias* in der Berichterstattung auf. Der öffentlich-rechtliche
ORF wiederum vermied wertende Beurteilungen am deutlichsten. Demgegenüber
stellte ATV die oppositionellen Parteien und Kandidaten stärker positiv dar, während die Regierung – sowohl auf Partei- als auch auf Kandidaten-Ebene – überwiegend negativ beurteilt wurde. Die Boulevardblätter Kronen Zeitung und Österreich
differenzierten stark zwischen Kandidaten- und Parteien-Darstellung und vermittelten vor allem Faymann positiv.

Die journalistische Äquidistanz der Qualitätsmedien hat sich somit insgesamt in
das negative Darstellungsspektrum verschoben. In den Boulevardmedien war das
Bild uneinheitlich. Hier gab es durchaus Profilierungs- und Identifikationsraum
für „Strahlemänner" und „Buhmänner" unter den im Wahlkampf 2008 männlichen
Spitzenkandidaten der Parlamentsparteien. Hier zeigte sich eine stärkere Polarisierung auf der Ebene der Kandidaten-Darstellung. So stellte der Herausgeber von
Österreich, Wolfgang Fellner, vier Wochen vor der Wahl in seiner Kolumne „Das
sagt Österreich" fest: „Jetzt wird der Wahlkampf spannend. Auf der einen Seite wird Werner Faymann immer mehr zum ‚Darling' der Wähler – sympathisch,
kompetent, mit bewundernswertem Einsatz und perfekter Werbelinie kämpfend.
Auf der anderen Seite versucht jetzt Willi Molterer, nach dem völlig verpatzten
Start zurück ins Rennen um den Kanzler zu kommen" (Österreich, 4. September
2008, Seite 5).

Schaubild 4
Präsenz und Performance der Kanzlerkandidaten in der Wahlkampf-
Berichterstattung 2008

Anzahl der Kanzlerkandidaten-Beiträge / Performance-Index (-1 bis +1) (N=706 Beiträge)

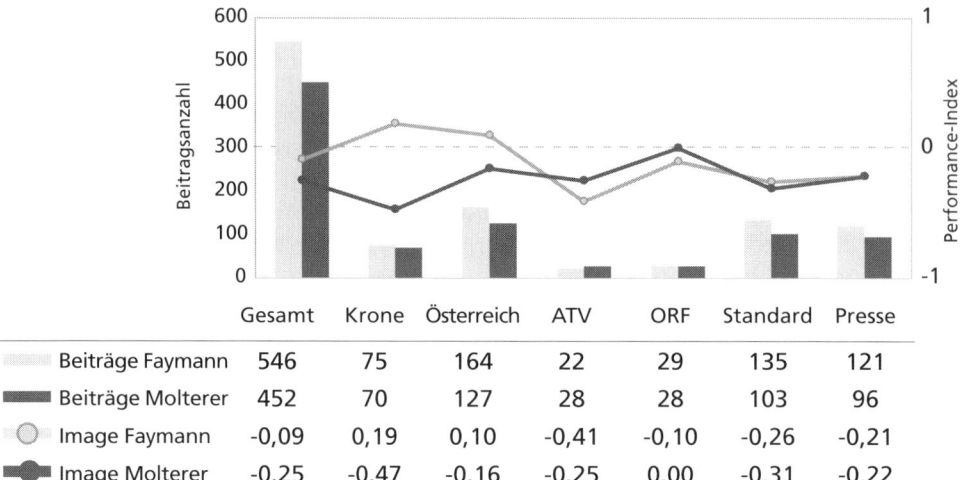

	Gesamt	Krone	Österreich	ATV	ORF	Standard	Presse
Beiträge Faymann	546	75	164	22	29	135	121
Beiträge Molterer	452	70	127	28	28	103	96
Image Faymann	-0,09	0,19	0,10	-0,41	-0,10	-0,26	-0,21
Image Molterer	-0,25	-0,47	-0,16	-0,25	0,00	-0,31	-0,22

Dieser Überblick zur medialen Präsenz und Performance der Kanzlerkandidaten verdeutlicht, dass Faymann medial insgesamt nicht nur deutlich präsenter war als sein Opponent Molterer von der ÖVP, sondern dass er in den Medien vor allem mit einem deutlich weniger kritischen Image vermittelt wurde. Beide Kanzlerkandidaten erreichten in Summe zwar eine negative Bilanz in ihrer Medien-Performance, jedoch wurde Faymann in den Boulevard-Tageszeitungen Krone und Österreich insgesamt *positiv* dargestellt. Die Kronen Zeitung differenzierte auf der Ebene der Kanzlerkandidaten dabei klar: Während Faymann deutlich positiver vermittelt wurde, als es in den anderen Medien der Fall war, wurde Molterer deutlich am negativsten dargestellt. Die Krone belegte Faymann somit mit einem deutlichen Performance-Bonus, während Molterer mit einem deutlichen Performance-Malus konfrontiert war. Der Standard, Die Presse und ATV bewerteten beide Kanzlerkandidaten ähnlich und überwiegend negativ, während der ORF beide Kandidaten ausgeglichen bilanzierte. Während die Präsenz-Verhältnisse zwischen den Kanzlerkandidaten in allen Medien relativ ausgeglichen beziehungsweise vergleichbar waren, ergab sich auf der Bewertungs-Ebene in den Boulevardformaten ein deutlicher *candidate bias* zugunsten Faymann. Insgesamt zeigte sich zu den Kanzlerkandidaten zudem ein leichter *negative bias* in deren medialer Darstellung. Von einer medialen Äquidistanz zu den Kanzlerkandidaten kann somit in mehrfacher Hinsicht nicht gesprochen werden. Zum ersten wurden die Kanzlerkandidaten in Summe überwiegend negativ vermittelt und zum zweiten bewerteten die Boulevardzeitungen Faymann deutlich und im Vergleich zu den anderen Medien überdurchschnittlich besser als seinen Kontrahenten Molterer.

4.4 Die *Frame*-Struktur der Wahlkampf-Berichterstattung 2008

Um eine übergeordnete Nachrichtenlogik aus den für diese Untersuchung selektiv ausgewählten *Frame*-Indikatoren zu extrahieren und so eine *Meta*-Struktur der Berichterstattung im Wahlkampf 2008 zu identifizieren, wurde in einem ersten Schritt eine Faktorenanalyse durchgeführt.[17] Diese Faktorenanalyse gibt Aufschluss darüber, ob sich bestimmte *Frame*-Indikatoren, die in dieser Analyse untersucht wurden, korrespondierend zueinander verhalten und in einem direkten Zusammenhang stehen beziehungsweise sich diametral zueinander verhalten. In die Faktorenanalyse wurden nur jene sechs *Frame*-Indikatoren aufgenommen, die entlang einer einheitlichen Skalierung (dreistufige Likert-Skala) im Rahmen dieser Untersuchung erhoben wurden: Negativer vs. positiver Tenor, pessimistische vs. optimistische Perspektive, *game*- vs. *policy*-Zentrierung, dramatisierend/emotionale vs. sachlich-nüchterne Darstellung, Konflikt- vs. Konsenszentrierung und Inkompetenz- vs. Kompetenz-Darstellung.

Tabelle 6
Faktoren-Struktur in der Berichterstattung zum Wahlkampf 2008

Frame-Indikatoren	Faktor 1	Faktor 2	Faktor 3
Negative vs. positive Tonalität	,844	,223	,078
Pessimistischer vs. optimistischer Tenor	,874	,142	-,052
Konflikt- vs. Konsens-Zentrierung	,080	,862	,088
Inkompetenz- vs. Kompetenz-Vermittlung	,343	,708	,004
Game- vs. Policy-Zentrierung	,171	,278	,708
Dramatisierend/emotionalisiert vs. sachlich/nüchtern	-,129	-,128	,839

Die sechs untersuchten *Frame*-Indikatoren bilden drei klar voneinander abgrenzbare Faktor-Gruppen. Es korrespondieren dabei zunächst die negative bzw. positive Tonalität und der pessimistische und optimistische Charakter besonders stark miteinander. Das heißt, Berichte die von einem negativen Ton geprägt sind, vermitteln häufiger auch eine pessimistische Perspektive, sind aber gleichzeitig statistisch nicht stärker konflikt-zentriert. Daraus lässt sich somit die Berichterstattungs-Dimension „Tonalität" bilden. Ebenso stark korrelieren Konflikt-Zentrierung und Kompetenz-Vermittlung miteinander und formen einen eigenständigen extrahierten Faktor. Daraus entsteht die Dimension „Konfrontativität". In der

---

17 Hauptkomponenten Extraktion und Varimax-Rotation mit Kaiser-Normalisierung. Dabei erklären die extrahierten Faktoren kumuliert 71 Prozent der Gesamt-Varianz.

dritten Dimension lässt sich aus *game*-Zentrierung und Dramatisierung der Grad an „Entertainment" in der Wahlkampfberichterstattung abbilden.

Im folgenden Abschnitt werden diese extrahierten Faktoren als *drei* zentrale Dimensionen der Nachrichtenlogik im Wahlkampf untersucht und als eigenständige und gebündelte Ebenen zur Differenzierung zwischen Boulevard- und Qualitätsmedien herangezogen. Zunächst beleuchten wir den Entertainment-Grad in der österreichischen Wahlkampfberichterstattung. Dieser setzt sich der Faktoranalyse folgend aus den Indikatoren „*game*-Zentrierung" und „Dramatisierung" zusammen. Ist ein Beitrag *game*-zentriert, dann liegt der themenübergeordnete Fokus der Berichterstattung auf der Darstellung von Gewinnern und Verlierern, dem impliziten Eigeninteresse der politischen Akteure sowie deren taktischen Ausrichtung *(strategy focus)*, dem *horse race*, Koalitionsspekulationen, dem nicht sachpolitischen Erscheinungsbild von Parteien und Kandidaten, dem Wahlkampfstil oder dem Kräftespiel zwischen Parteien und Kandidaten: „Der Koalitionspoker beginnt" titelt in diesem Sinn etwa Österreich (26. September 2008, Seite 6). Demgegenüber ist die Berichterstattung dann *policy*-zentriert, wenn sie sich auf den politischen Sachinhalt konzentriert, Fakten und Hintergründe zu politischen Sachthemen und die inhaltliche Auseinandersetzung mit den relevanten tagespolitischen Themen und Problemlagen in den Vordergrund stellt.

Das Dramatisierungsniveau in der Berichterstattung bildet den zweiten Indikator, der den Grad der *Entertainisierung* der Wahlkampfvermittlung in den österreichischen Medien angibt. Dabei erfasst dieser Indikator, ob ein Beitrag die Politik eher sachlich-distanziert, nüchtern und de-eskalierend vermittelt oder ob dramatisierende, zuspitzende und emotional-moralisierende Elemente, wie in der folgenden Schlagzeile, im Mittelpunkt stehen: „Um den Polit-Wahnsinn in Österreich perfekt zu machen, droht nach der Wahl in drei Wochen ein neues Chaos" (Kronen Zeitung, 6. September 2008, Seite 2).

Es zeigt sich, dass sich die Wahlkampfvermittlung in den österreichischen Medien im Darstellungsraum des „Entertainment" deutlich unterscheidet. Während die Zeit im Bild-Sendung des ORF im Vergleich sowohl am wenigsten dramatisierend als auch *game*-zentriert berichtete, waren es vor allem ATV und die Kronen Zeitung und abgeschwächt auch Österreich, die sich durch eine stark dramatisierende und *game*-zentrierte Darstellung auszeichneten. Die Qualitätszeitungen Der Standard und Die Presse reflektierten fast deckungsgleiche Niveaus der Entertainment-Orientierung, die sich ausbalanciert darstellten. So ergibt sich auch in den Qualitätszeitungen ein leichter Überhang des *game*-Fokus, sie berichteten aber zugleich überwiegend sachlich-nüchtern zur Politik in Österreich. Ein Befund sticht dabei heraus: *Game* dominierte in allen Formaten. Auf beiden Ebenen der Dramatisierungsindikatoren ergaben sich jedoch Differenzierungen zwischen Boulevard- und Qualitätsmedien. Boulevardmedien berichteten im Durchschnitt in zwei Drittel aller Berichte mit dramatisierenden und emotionalisierenden Stilelementen, während dies in den Qualitätsmedien in 44 Prozent der Beiträge der Fall war. Dieser Unterschied bestätigte sich auch auf statistisch höchst signifikantem

Niveau, wenn man das Chi-Quadrat-basierte Assoziationsmaß Cramer's V anlegt, um zu prüfen, inwieweit sich die Niveaus der Dramatisierung in Boulevard- und Qualitätsmedien unterscheiden (Cramer's V = ,228; p = ,000).

Schaubild 5
Entertainment-Grad der Wahlkampf-Berichterstattung 2008

Prozentpunkte-Differenz von *game*-Zentrierung und Dramatisierung (-100 bis +100)

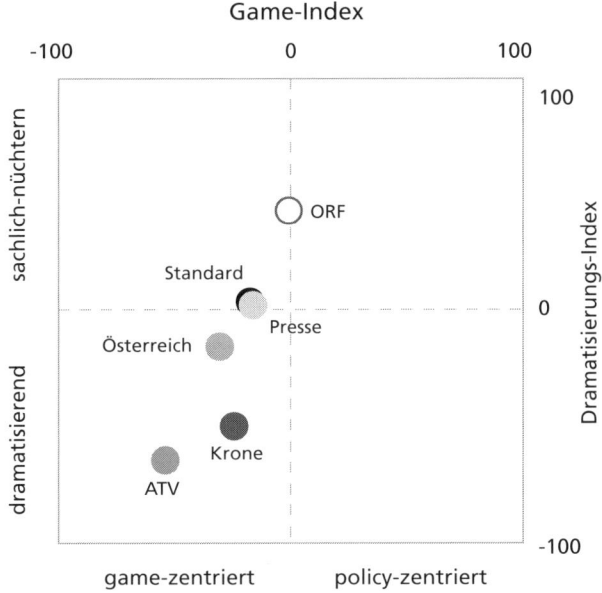

Anmerkung: Die Skalierung von -100 bis +100 orientiert sich an den Prozentpunkte-Differenzen der Pole der *Frame*-Indikatoren (z. B. positiv vs. negativ). Aus den Prozentpunkte-Differenzen (PPD) der beiden Indikatoren wird pro Dimension ein Index gebildet und auf der x- und y-Achse aufgetragen. Beispiel: 28,4 Prozent der Berichte in der Kronen Zeitung sind *policy*-zentriert und 52,8 Prozent *game*-zentriert. Die Prozentpunkte-Differenz aus diesen beiden Polen ergibt einen Wert von -24,4. Dieser wird auf der x-Achse aufgetragen und ergibt eine Koordinate des Datenpunktes. Ein Wert von +100 auf der *game*-Achse etwa bedeutet, dass alle Berichte *policy*-zentriert sind und ein Wert von -100 bedeutet, dass alle Berichte *game*-zentriert sind.

Ähnliches gilt für die *game*-Zentrierung. Auch hier ist der Unterschied statistisch signifikant, allerdings auf etwas abgeschwächtem Niveau (Cramer's V = ,104; p = ,000). Die österreichische Berichterstattung stellt dabei im internationalen Vergleich keine Ausnahme dar. So bestätigt etwa eine Inhaltsanalyse der Berichterstattung zum britischen Parlamentswahlkampf 2005, dass weniger als ein Drittel der Wahlkampfberichterstattung *policy*-Debatten reflektierte (Deacon u. a.

2005: 20). Außerhalb von Wahlkämpfen zeigt Patterson für die US-Berichterstattung, dass der *game (non-policy)*-Anteil in der Politikberichterstattung zwischen 1980 und 1999 von 35 auf 50 Prozent zugenommen hat und zum dominierenden Element aufgestiegen ist (Patterson 2000: 3). Eine vergleichbare Dominanz der *game*-Anteile in der Politikvermittlung in Wahlkämpfen bestätigt De Vreese für die TV- und Tageszeitungsberichterstattung in Holland zwischen 1994 und 2006 (De Vreese 2008: 151). Für die Printberichterstattung zum schwedischen Parlamentswahlkampf 2006 verweist Strömbäck darauf, dass die Boulevardzeitungen vom *game* dominiert sind, während die Qualitätspresse stärker über *policy*-Aspekte berichtet (Strömbäck 2008: 167). Unsere Studie belegt auch für Österreich graduelle Unterschiede zwischen Boulevard- und Qualitätsmedien, es zeigt sich allerdings auch, dass selbst in den Qualitätsmedien der *game*-Frame leicht über dem *policy*-Frame dominierte. Dies mag allerdings mit der spezifischen Dynamik und Nachrichtenlage des Wahlkampfes zusammenhängen. Die *game*-Fokussierung erscheint jedenfalls als transnationales journalistisches Phänomen, das sich unabhängig von spezifischen Wahlkampfszenarien deutlich herauskristallisiert. Auch für die TV- und Tageszeitungsberichterstattung zu israelischen Wahlkämpfen bestätigt sich in der letzten Dekade ein deutlicher *game*-Überhang (Shaefer, Weimann und Tsfati 2008: 211). Dass die *game*-Zentrierung auf einer globalen Wahlkampfebene zum zentralen Element der journalistischen Reflexion geworden ist, verdeutlicht der weltweite Vergleich von Plasser und Lengauer (2009: 260), der unterstreicht, dass der *game*- bzw. *non-policy*-Focus in afrikanischen TV-Wahlkämpfen (Namibia und Südafrika 2004) ebenso dominiert wie in südamerikanischen (Brasilien 2006, Chile 2006), asiatischen (Philippinen 2007), nordamerikanischen (Canada 2000, USA 2004) oder europäischen (Italien 2006, Deutschland 2005, Großbritannien 2005).

Die Tonalität ist die zweite Darstellungs-Dimension in unserer *frame*-Analyse. Techniken des *negative campaigning* gelten dabei als prominente Indikatoren der postmodernen Wahlkampfkommunikation, die mit grundsätzlich für politische Journalisten attraktiven negativ-konfrontativen Nachrichtenwerten korrespondieren (vgl. dazu Galtung und Ruge 1965; Jamieson 1992; Schulz 2008). Negativismus wird somit nicht nur für Wahlkampfführung diagnostiziert, sondern sie nimmt auch in der medialen Reflexion eine dominierende Stellung ein (Graber 2002: 108; Lengauer 2007). Der Nachrichtenfaktor Valenz differenziert dabei zwischen positiver oder negativer Tonalität zu Ereignissen oder Themendarstellungen in der medialen Vermittlung (Schulz 1976). Der Grad des *Negativismus-Bias* (Schulz 2008: 69) in der österreichischen Wahlkampfberichterstattung wird in dieser Studie untersucht. Entscheidend ist dabei, ob die Nachricht grundsätzlich als „Good News" oder „Bad News" zur Politik kategorisierbar ist. Erfolge, Problemlösungen, Konsensfindungen oder optimistische Ausblicke werden als positive Tonalität kategorisiert. Streit, Kritik, Konflikte, Misserfolge oder das politische Scheitern hingegen werden als negative Tonalität gewertet – exemplarisch dafür ist die folgende Schlagzeile: „Demokratie mit Erosionsschäden. Vertrauen auf gefährliches Niveau gesunken" (Der Standard, 20. September 2008, Seite 9).

Als zweiter Indikator der Tonalität wird die Prospektivität in der Politikvermittlung herangezogen. Dabei wird zwischen einer pessimistischen und einer grundsätzlich optimistischen Perspektive differenziert. Ein optimistischer Charakter liegt dann vor, wenn der Beitrag dem durchschnittlichen Rezipienten den Eindruck vermittelt, dass positive Entwicklungen eintreten, möglich oder wahrscheinlich sind oder die derzeitige Lage als positive Ausgangslage für zukünftige Entwicklungen eingeschätzt wird. Dies ist zum Beispiel dann der Fall, wenn Probleme als lösbar dargestellt und zukünftige Entwicklungen und Szenarien als positiv vermittelt werden. Demgegenüber vermittelt ein pessimistischer Tenor den Eindruck, dass eher negative Entwicklungen eintreten werden, möglich beziehungsweise wahrscheinlich sind. Es wird eine skeptische Stimmung gegenüber den politischen zukünftigen Entwicklungen vermittelt: „Auf den Österreichern lastet ein gewaltiger Schuldenberg, der weiter wachsen wird" (Österreich, 27. September 2008, Seite 10).

Schaubild 6
Tonalität der Wahlkampf-Berichterstattung 2008
Prozentpunkte-Differenz von Tonalität und Prospektivität (-100 bis +100)

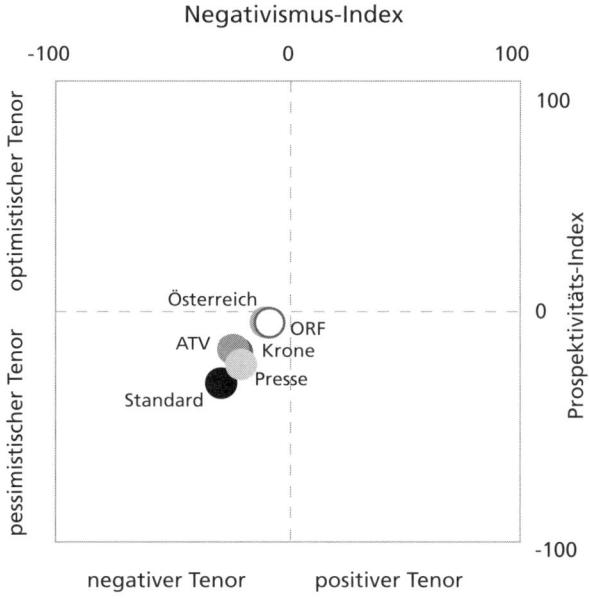

In der Wahlkampfberichterstattung 2008 dominierte in allen Medien die *negative* Darstellung von Ereignissen oder Themenlagen. Politische „Bad News" standen im Mittelpunkt. Dies ist zunächst keine neue Erkenntnis. Bereits in den Wahlkämpfen 1999 und 2006 wurde ein Überhang von negativen gegenüber positiven Politik-Nachrichten attestiert (siehe dazu Lengauer, Pallaver und Pig 2007: 131). In allen untersuchten Medien dominierten *Bad News* über *Good News*. Während im Durchschnitt in mehr als einem Drittel der Politik-Beiträge (36 Prozent) ein negativer Ton erkennbar war, herrschte in nur 16 Prozent der Beiträge ein positiver Grundtenor vor. Am wenigsten negativ war die Tonalität dabei im ORF und in Österreich, während vor allem in den Qualitätszeitungen noch häufiger negative Meldungen zur österreichischen Politik publiziert wurden. Ein stärkerer *Negativismus-Bias* in der Boulevardberichterstattung bestätigte sich für den österreichischen Wahlkampf 2008 allerdings nicht. Boulevardmedien berichteten durchschnittlich sogar häufiger über *Good News* (in 22 Prozent der Beiträge) als Qualitätsmedien (16 Prozent der Beiträge). Diese Differenzierung erwies sich zudem als statistisch moderat signifikant (Cramer's V = ,094; p = ,001). Hinzu kommt ein überwiegend pessimistischer Tenor in der Berichterstattung aller untersuchten Medien. 40 Prozent der Beiträge reflektierten einen pessimistischen Charakter, während nur 20 Prozent der Beiträge eine optimistische Perspektive eröffneten. Auch in dieser Dimension waren es vor allem die Qualitätszeitungen, die einen stärker pessimistischen Ton anschlugen. Insgesamt tendierten die österreichischen Boulevardmedien auf statistisch signifikantem Niveau zu optimistischeren beziehungsweise weniger pessimistischen Darstellungen zur Politik (Cramer's V = ,105; p = ,000). Diese statistisch signifikante Differenzierung setzt allerdings das Muster eines überwiegend negativen und pessimistischen Gesamttenors in der Politikberichterstattung nicht außer Kraft. Ein medienübergreifender *Negativismus-Bias* manifestierte sich in der Wahlkampfberichterstattung 2008. Dass politische *Bad News* deutlich häufiger in den nationalen TV-Nachrichten in Wahlkampfendphasen ausgestrahlt werden als *Good News*, bestätigen etwa auch Deacon u. a. (2005: 32) für den britischen Unterhauswahlkampf 2005.

Die dritte untersuchte Dimension der journalistischen Politikvermittlung ist der Grad an Konfrontativität. In den letzten Jahren werden verstärkt Entwicklungen zu konfrontativen und destruktiven Elementen in der medialen Politikvermittlung attestiert. Dazu gehören etwa die These eines *adversarial spirit* (Bennett 2009; Blumler und Kavanagh 1999: 216) und einer journalistischen *fighting back strategy* (Blumler 1997: 399). Dies wird als journalistische Antwort auf intensivierte Instrumentalisierungsversuche professionalisierter Wahlkampfführung gesehen und gleichzeitig als Indikator für tendenziell schwindenden politischen Parallelismus beziehungsweise zunehmender journalistischer Autonomisierung herangezogen. Bennett (2006: 6) und Patterson (1993: 19) sprechen in diesem Zusammenhang sogar von einem *„antipolitics bias – some call it cynicism"*. Diese Konfrontativität in der journalistischen Reflexion von Wahlkämpfen wird in dieser Untersuchung anhand zweier Indikatoren empirisch gemessen: Zum ersten am Grad der Konflikt-Zentrierung und zum zweiten an der Art der Kompetenz-Vermittlung in der Berichterstattung. Im Zentrum dieser Dimension stehen somit die Fragen, ob die Berichterstattung eher konflikt- oder konsens-orientiert ist bzw. ob eher die Kompetenz oder die Inkompetenz zu politischen Akteuren medial vermittelt wird. Bennett (2009) sieht die Konflikt-Zentrierung als ein zentrales Element des modernen Politikjournalismus und als Ausdruck eines Vertrauensverlustes in politische Institutionen und Autoritäten.

In der vorliegenden Untersuchung wurde differenziert, ob Konsensfindungen und -bemühungen beziehungsweise Kompromiss- und Gesprächsbereitschaft der politischen Kontrahenten in den Vordergrund gestellt wurden oder ob Kontroversen zwischen politischen Akteuren sowie Disput und Streit in den Mittelpunkt der Politikvermittlung rückten: „Der Bruderzwist im rechten Lager ist offenbar nicht mehr zu kitten" (Kronen Zeitung, 8. September 2008, Seite 2). Als weiterer Indikator für das Niveau der Konfrontativität kann die Kompetenz- und Inkompetenz-Vermittlung zu politischen Akteuren gesehen werden. Hier wurde unterschieden, ob politische Institutionen, Parteien oder Kandidaten mit deren Vorhaben, Zielen oder politischen Leistungen (Kompetenz) medial vermittelt wurden oder ob deren Unvermögen, Versagen, Scheitern und Versäumnisse (Inkompetenz) in den Vordergrund der Politikvermittlung gestellt wurden: „Österreicher wollen einen neuen Stil: Weg mit diesen Polit-Versagern" (Kronen Zeitung, 20. September 2008, Seite 1).

Schaubild 7
Konfrontativität der Wahlkampf-Berichterstattung 2008

Prozentpunkte-Differenz zu Konflikt und Kompetenz (-100 bis +100)

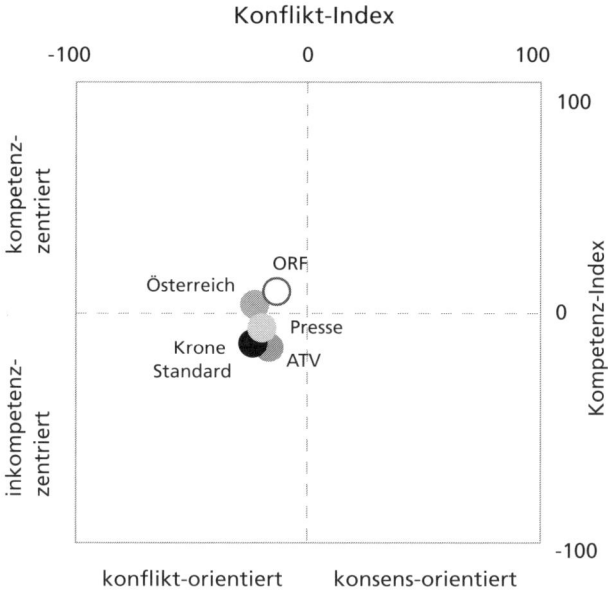

Insgesamt zeigte sich, dass die *Konflikt*-Orientierung in der Politikdarstellung in allen untersuchten österreichischen Medien nicht nur gegenüber der Konsens-Darstellung dominierte, sondern sich zudem auf ähnlichem Niveau einpendelte. Während im Durchschnitt jeder vierte Politikbericht im Wahlkampf einen politischen Konflikt vermittelte, stellte nur jeder zwanzigste Beitrag Konsensbestrebungen und -findungen ins Zentrum der Darstellung. Dass Konflikt-Stories häufiger in der Politikberichterstattung thematisiert werden als Kooperations- und Konsens-Darstellungen, zeigen auf internationaler Ebene auch Canel, Holtz-Bacha und Mancini (2007) in ihrer TV-Nachrichtenanalyse deutscher und spanischer Abendnachrichten in politischen Routinephasen. Hohe Konflikt-Anteile in der Wahlkampf-Berichterstattung bestätigen außerdem De Vreese für holländische TV-Nachrichten und Tageszeitungen zwischen 1994 und 2006 (De Vreese 2008: 151) oder Strömbäck und Garcia-Luengo (2007: 16–17) für die Qualitätspresse-Berichterstattung im schwedischen und spanischen Parlamentswahlkampf 2002 bzw. 2004. Die österreichische Wahlberichterstattung 2008 stellt in dieser Hinsicht somit keinen Sonderfall dar. Zwischen Boulevard- und Qualitätsmedien ergaben sich zudem auf der Konflikt-Ebene keine signifikanten Unterschiede in der Darstellungslogik (Cramer's V = ,041; p = ,366). Ein hoher Konfrontativitätsgrad gegenüber der Politik gehört offenbar zur übergeordneten Nachrichtenlogik aller hier analysierten Medien.

Als besonders konfrontativ in Bezug auf die Inkompetenz-Darstellung der Politik und der politischen Akteure erwies sich ATV-aktuell, gefolgt vom Standard, der Kronen Zeitung und der Presse. In Österreich und im öffentlich-rechtlichen ORF wurde häufiger auf politische Leistungen als auf Fehlverhalten oder Versäumnisse verwiesen. Auch auf dieser Ebene zeigten sich aber keine durchgängigen signifikanten Unterschiede zwischen Qualitäts- und Boulevard-Logik (Cramer's V = ,040; p = ,387). Besonders Der Standard erwies sich als konfrontativer Politik-Vermittler, in vergleichbarer Intensität wie etwa die Kronen Zeitung.

Erwartete Differenzierungen entlang der Unterscheidung von Boulevard- und Qualitätsmedien im *redaktionellen Framing* des österreichischen Wahlkampfes 2008 bestätigten sich nur zum Teil. Vielmehr zeigten sich format- und medienübergreifende Muster in der Nachrichtenlogik. So dominierten in allen Medien der negative Ton und ein pessimistischer Blick auf die österreichische Politik. Dabei kam jedoch auch zum Vorschein, dass Boulevardmedien tendenziell weniger negativ und pessimistisch über Politik berichteten als die Qualitätsmedien. In der Dimension „Entertainment" wurde deutlich, dass nicht nur Boulevardmedien überwiegend auf den *game*-Faktor in der Politikvermittlung setzten, sondern auch die Qualitätsmedien, wenn auch in etwas abgeschwächter Form. Die deutlichsten Unterschiede in der Vermittlungslogik auf der *frame*-Ebene in Bezug auf Boulevard vs. Qualität ergaben sich in Bezug auf die Niveaus an Dramatisierung und Emotionalisierung. Alle untersuchten Boulevardmedien fokussierten auf die Dramatisierung, während alle Qualitätsmedien überwiegend sachlich-nüchtern berichteten.

In der Dimension des „Entertainment" ergaben sich somit klare Differenzierungen entlang dieser Kategorisierung. Die Dimension der „Konfrontativität" verdeutlichte, dass alle untersuchten Medien stärker Konflikte denn Konsensuales in den Mittelpunkt der Wahlkampfvermittlung stellten. Das geschah zudem auf sehr ähnlichen Niveaus. Uneinheitlich ist dabei die Positionierung der Medien entlang der politischen Kompetenz-Vermittlung: während ORF und Österreich stärker die Kompetenz in den Mittelpunkt stellten, richteten Kronen Zeitung, ATV und Qualitätszeitungen ihren Fokus auf politische Inkompetenz und Versäumnisse. Dies bestätigt den starken negativ-konfrontativen Charakter der Qualitätszeitungen bei gleichzeitig abgeschwächter Entertainisierung. Bei den Boulevardmedien waren es vor allem Kronen Zeitung und ATV, die eine ähnliche Ausrichtung verfolgten, während Österreich den allgemeinen konfrontativ-negativen Charakter etwas abgeschwächt widerspiegelte und auch etwas weniger dramatisierend auftrat. Statistisch bestätigten sich zwischen Boulevard und Qualität allerdings keine signifikanten Differenzierungen auf der Ebene der Konfrontativität.

5. Der Wahlkampf 2008 in und mit der Kronen Zeitung

Wie Plasser und Seeber in ihrem Beitrag in diesem Band festhalten, ist Österreich nicht nur eine hochentwickelte Mediendemokratie, sondern vor allem eine „*Boulevard*-Demokratie", in der der Boulevard-Journalismus eine prägende Rolle im Verhältnis zwischen Politik, Medien und Bevölkerung spielt. Der uneingeschränkte Marktführer Kronen Zeitung erreicht seit Jahren konstant täglich mehr als vierzig Prozent der Österreicher. Ein internationaler Vergleich verdeutlicht die Stellung der Kronen Zeitung auf dem nationalen Tageszeitungsmarkt: Die meistgelesene Zeitung in Deutschland, die Bild-Zeitung, erreicht knapp 18 Prozent der Bevölkerung. Die beliebtesten *tabloids* in Großbritannien (The Sun) und in der Schweiz (die Gratiszeitung „20 Minuten") erreichen jeweils ein Fünftel der Bevölkerung. Hinzu kommt der Umstand, dass jeder sechste Krone-Leser in Österreich mit keiner weiteren Tageszeitung in Berührung kommt und sich exklusiv aus dem Kleinformat informiert.

Über den Einfluss der Kronen Zeitung auf das politische Geschehen in Österreich wird viel spekuliert und gemutmaßt. Empirische Befunde dazu haben Seltenheitswert. In einer Studie zur kultivierenden Wirkung der Kronen Zeitung kommt Arendt (2009) zum Schluss, dass jene Personen, die die Kronen Zeitung häufiger lesen, auch eher jene Einstellungen und Bewertungen etwa zur EU zeigen, wie sie in der Krone-Berichterstattung vermittelt werden. Je mehr eine Person die Kronen Zeitung nutzt, desto stärker ist ihre implizite EU-Skepsis (233). Arendt schreibt der Kronen Zeitung somit einen Kultivierungseffekt zu. Ebenso weisen Plasser und Seeber (in diesem Band) deutliche und statistisch signifikante Zusammenhänge zwischen der regelmäßigen Lektüre der Kronen Zeitung und Themengewichtung, Urteilskriterien und Wahlentscheidung für den Wahlkampf 2008 nach. Vor diesem empirischen Hintergrund wird an dieser Stelle der Fokus auf die Berichterstattung der Kronen Zeitung im finalen Wahlkampfmonat 2008 gerichtet. Dabei werden zusätzlich die Leserbriefe in die Untersuchung aufgenommen. Diese nehmen in der Krone-Berichterstattung eine zentrale Stellung ein. Von den insgesamt 643 Beiträgen zur österreichischen Politik publizierte die Kronen Zeitung im letzten Wahlkampfmonat 162 Nachrichtenbeiträge und Interviews sowie 120 Meinungsbeiträge (Kolumnen, Glossen, Cartoons, etc.) und 361 Leserbriefe. Somit bestand die Wahlkampfberichterstattung der Kronen Zeitung in der Schlussphase aus 25 Prozent Nachrichten, 19 Prozent Kommentaren und zu 56 Prozent aus Leserbriefen.

Die Kronen Zeitung übernahm im Wahlkampf nach Einschätzung von Experten und Kommentatoren das *positive campaigning* für den SPÖ-Kandidaten Faymann (Tóth 2008: 108). Nicht zuletzt die Leserbriefe spielten in diesem Zusammenhang eine wesentliche Rolle. Die Diskussion um die Rolle der Kronen Zeitung in der Unterstützung von Werner Faymann ging sogar soweit, dass das Gerücht kursierte, Werner Faymann wäre möglicherweise ein unehelicher Sohn Dichands. Der Krone-Herausgeber sah sich deshalb veranlasst, in einem Leitartikel dazu Stellung zu nehmen und klarzustellen: „Das ginge sich zwar altersmäßig aus, ist aber nicht so. Ich habe eine Tochter und zwei Söhne und bin stolz auf meine Kinder. Natürlich könnte ich auch auf einen Sohn wie Faymann stolz sein" (Kronen Zeitung, 21. Juli 2008, Seite 3). Die Journalistin Barbara Tóth resümiert die Pro-Faymann-Berichterstattung der Krone folgendermaßen: „Angefangen bei anhimmelnden Reportagen, über jubilierende Leserbriefseiten bis hin zu an penetranter Deutlichkeit nicht zu überbietenden Kommentaren des Herausgebers Hans Dichand selbst – Faymannismus überall" (Tóth 2008: 106). Und Der Standard bilanzierte am Vorabend der Wahl den Wahlkampf in der Krone wie folgt: „Hans Dichands Personenkult um den großen Führer der Sozialdemokratie erreicht nordkoreanische Ausmaße – in Bild, Prosa und Poesie" (Der Standard, 27. September 2008, Seite 3).

In einem Interview am 3. Oktober im Magazin „Live" nahm der Herausgeber der Kronen Zeitung, Hans Dichand, zum Einfluss seiner Zeitung auf den Wahlausgang Stellung und meinte dazu im Gespräch mit Nadia Weiss: „Ich glaube schon, dass wir einen Beitrag zu diesem Ergebnis geleistet haben. Deshalb werden manche auf uns böse sein, aber gut, da kann man nichts machen". Als Weiss nachfragt, für wie realistisch er die Schätzung des Politologen Peter Filzmaier einordnet, dass die Krone einer Partei plus/minus drei Prozent Stimmen bringen beziehungsweise kosten könnte, antwortet Dichand: „Das kommt mir ein bisserl wenig vor" (Live, 3. Oktober 2008, Seite 82).

Die Rolle der Kronen Zeitung im Wahlkampf 2008 wurde selbst zum medialen Wahlkampfthema. So fokussierten 2,5 Prozent der Beiträge (Nachrichten, Kommentare und Leserbriefe) in den untersuchten sechs Medien im Kern auf die Rolle der Kronen Zeitung. Dabei waren es vor allem die Qualitätszeitungen, die die Rolle des Boulevardblattes im Wahlkampf thematisieren. Daneben war es die Krone selbst, die diese mediale (Selbst-)Reflexion ihrer zugeschriebenen Bedeutung für die Politik durchaus zelebrierte und vor allem ihre Leserbriefschreiber dazu – allerdings auch durchaus kritisch – zu Wort kommen ließ. So heißt es in einem Leserbrief etwa: „Seit es Neuwahlen heißt, liest man [Anmerkung: in der Krone] nur noch: Faymann hier und Faymann dort, Faymann ist der Beste … Sehr schade, dass nicht einmal die ‚Krone' unparteiisch bleiben kann und somit ca. 70% der Wähler ausgrenzt!" (Kronen Zeitung, 20. September 2008, Seite 28). Zu diesen und ähnlichen Leserstimmen formulierte die Krone-Redaktion eine Stellungnahme in derselben Ausgabe mit dem folgenden Wortlaut: „Es ist nicht richtig, dass die ‚Krone' nur für Faymann ist. Allerdings muss bedacht werden, dass er ein Politiker ist, der es fertig brachte, Bundeskanzler Gusenbauer und einen Teil seiner

Partei zu überzeugen, dass man von der ‚Parteiendiktatur' wegkommen müsste. Ein solcher politischer Mut verdient Beachtung" (Kronen Zeitung, 20. September 2008, Seite 28). Die Presse widmete der Kronen Zeitung am 6. September 2008 sogar den Titelaufmacher ihrer Wochenendausgabe und fragte im Titel: „Wie weit darf eine Zeitung gehen?" (Die Presse, 6. September 2008, Seite 1). Dabei wurden vor allem die Verflechtungen der Kronen Zeitung zur Politik, insbesondere zu SPÖ-Spitzenkandidat Werner Faymann so ausgiebig wie kaum in einem anderen Wahlkampf zuvor thematisiert. Die Berichterstattung konzentrierte sich dabei vor allem auf die ökonomischen und personellen Verflechtungen zwischen dem Boulevardblatt und Werner Faymanns Umfeld sowie seine persönliche Beziehung zu „Onkel Hans", wie der Krone-Herausgeber in Kommentaren anderer Tageszeitungen und Magazine mit Blick auf seine Beziehung zu Werner Faymann wiederholt süffisant bezeichnet wurde.

Der folgende Abschnitt widmet sich der Rolle der Kronen Zeitung aus empirischer Perspektive und analysiert, inwieweit sich die zugeschriebene und mehr oder weniger unverblümt vom Herausgeber selbst beanspruchte Rolle der Kronen Zeitung, vor allem in Bezug auf die Unterstützung des SPÖ-Kandidaten Faymann, auch in den Ergebnissen einer empirischen Untersuchung widerspiegelt. Bereits am 10. August 2008 gab Herausgeber Dichand als „CATO" in einem Leitartikel eine relativ unmissverständliche Empfehlung für den Wahltag ab und legte somit die Linie der Krone offen: „Dabei müsste der Wähler, so meine ich, darauf achten, nur eine Partei zu wählen, die unsere demokratischen Grundrechte respektiert und damit FÜR eine Volksabstimmung [Anmerkung: in Bezug auf die SPÖ-Forderung nach Volksabstimmungen zu EU-Verträgen] eintritt. So einfach wird es am 28. September sein, das Richtige zu tun!" (Kronen Zeitung, 10. August 2008, Seite 3).

Die folgende Analyse umfasst neben Nachrichtenbeiträgen und Kommentaren auch die Leserbriefe zur österreichischen Politik im finalen Wahlkampfmonat. Leserbriefe („Das freie Worte") stellen traditionell Kernelemente der Krone-Berichterstattung dar, die täglich meist auf einer Doppelseite begleitend zur aktuellen Nachrichtenlage in der Krone publiziert werden. Der Krone-Kolumnist „Herr Strudl" reimte dazu etwa: „Die Krone spricht aus, was die Menschen denken. Ja mehr no: In ihr dürfen des die Bürger a selber aussprechen!" (Kronen Zeitung, 19. September 2008, Seite 3).

Das ÖVP-Wahlkampfteam machte sich sogar die Mühe, die Leserbriefschreiber der Krone zu analysieren und fand heraus, dass 1.812 Krone-Leserbriefe seit Herbst 2005 von nur 18 verschiedenen Schreibern stammten (zitiert in Tóth 2008: 110). Ob dies nun das hartnäckige Gerücht bestätigt, dass der Krone-Herausgeber höchstpersönlich und regelmäßig Leserbriefe unter Verwendung von Pseudonymen selbst verfasst, kann diese Untersuchung nicht beantworten. Jedenfalls weigerte sich die Krone in der Folge, ÖVP-Inserate zu schalten, die ihre tendenziösen Leserbriefseiten aufs Korn nahmen.

Faymann spielte in der Krone-Darstellung, was die qualitative Performance (Bewertungen) betrifft, eine herausragende Rolle und er wurde wiederholt als

Hoffnungsträger der österreichischen Politik präsentiert. Am 14. September reimte der Krone-Kolumnist Wolf Martin: „Der Faymann ist schon imposant, fesch, attraktiv, charmant, gewandt. Nur reicht an dies sein Stimmorgan (perfekt ist keiner!) nicht heran. Würd' auch noch dieses prächtig tönen. Es wär' beinah zu viel des Schönen". (Kronen Zeitung, 14. September 2008, Seite 4). Diese Tendenz bestätigte sich im Vergleich der redaktionellen Performance der fünf Spitzenkandidaten und Parteien, die im Parlament vertreten sind, in der Berichterstattung der Kronen Zeitung. Auf der quantitativen Performance-Ebene (Präsenz) jedoch nahm Faymann keine Sonderstellung ein.

Schaubild 8
Präsenz und Performance der Parteien und Spitzenkandidaten in der Kronen Zeitung

Beitragsanzahl beziehungsweise Performance-Index (-1 bis +1) (N=396 Beiträge)

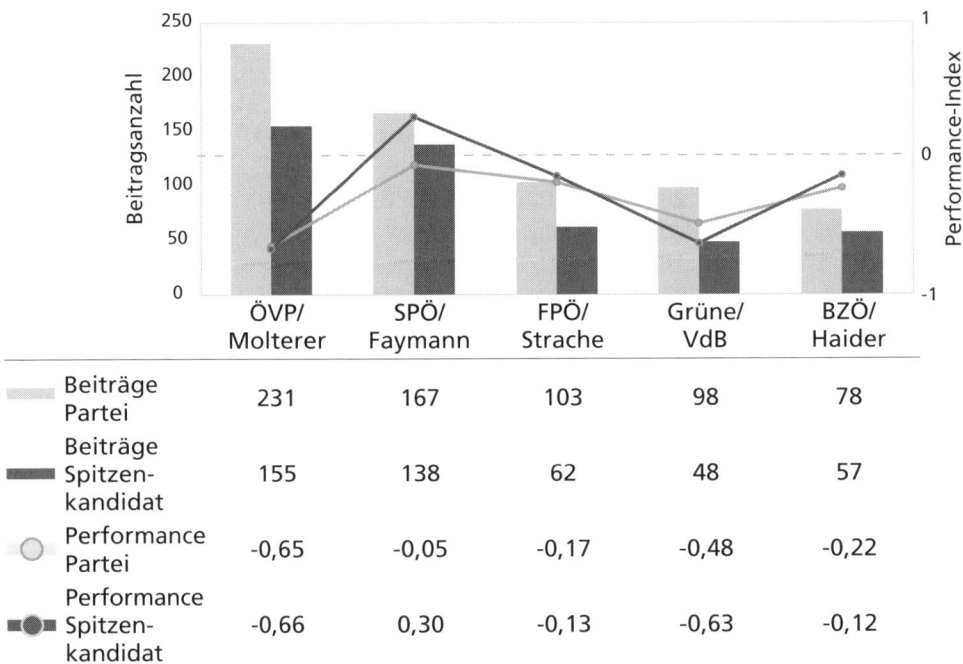

	ÖVP/ Molterer	SPÖ/ Faymann	FPÖ/ Strache	Grüne/ VdB	BZÖ/ Haider
Beiträge Partei	231	167	103	98	78
Beiträge Spitzenkandidat	155	138	62	48	57
Performance Partei	-0,65	-0,05	-0,17	-0,48	-0,22
Performance Spitzenkandidat	-0,66	0,30	-0,13	-0,63	-0,12

Zunächst überraschend, zeigt ein Blick auf die Präsenz der Parteien und Spitzenkandidaten in der Kronen Zeitung, dass die ÖVP und Molterer häufiger thematisiert wurden als die SPÖ und ihr Spitzenkandidat Faymann. Dies hielt die Kronen Zeitung allerdings nicht davon ab, Faymann mit dem positivsten Image aller Spitzenkandidaten der Parlamentsparteien zu vermitteln. Dabei trat Faymann in der Berichterstattung besonders dadurch hervor, dass er als einziger politischer Akteur (Spitzenkandidat und Partei) in der Kronen Zeitung überwiegend positiv dargestellt wurde. Demgegenüber wurden die ÖVP und ihr Spitzenkandidat im

Kleinformat mit den negativsten Performance-Werten belegt. Die ÖVP und Molterer wurden demnach zwar am häufigsten thematisiert, erfuhren dabei aber auch die negativste Beurteilung. Ähnlich negativ wurden in der Kronen Zeitung nur noch die Grünen und ihr Spitzenkandidat Van der Bellen vermittelt. Auffallend ist dabei weiter, dass die Kronen Zeitung in den Wertungen sehr deutlich zwischen Faymann und seiner Partei differenzierte, wobei letztere insgesamt leicht negativ dargestellt wurde. Bezogen auf die ÖVP und Molterer wurde eine ähnliche Differenzierung nicht vollzogen. Molterer wurde genauso negativ dargestellt wie die ÖVP selbst. Dem eindeutig positiv reflektierten Faymann wurde also in der Kronen Zeitung ein überaus präsenter, aber stark negativ beurteilter Molterer gegenübergestellt. Zu Molterer reimte Kolumnist Wolf Martin etwa: „Und Phrasen drischt er und färbt schön / und will die Menschen nicht verstehen / und redet sich um Kopf und Kragen / Es reicht! Das kann man wirklich sagen" (Kronen Zeitung, 19. September 2008, Seite 2). Der ÖVP richtete der Krone-Journalist Peter Gnam zusätzlich Folgendes aus: „Das wehleidige Jammern der ÖVP, von der ‚Krone' nicht nett genug behandelt zu werden, ist einer staatstragenden Partei wirklich nicht würdig" (Kronen Zeitung, 1. September 2008, Seite 3). Besonders die Person Faymann wurde von der Kronen Zeitung somit als Hoffnungträger der Politik in Österreich vermittelt, während gegenüber den Parlamentsparteien und deren anderen Spitzenkandidaten kritische und zum Teil resignative Urteile überwogen. Diese Personen-Zentrierung in Bezug auf Faymann und die deutliche Stilisierung zwischen „Strahlemann" Faymann und „Buhmann" Molterer wird auch in Kommentaren des Herausgebers deutlich. So fordert Dichand selbst schon im August 2008: „Neue Gesichter müssen her. Es gibt sie. Wir wollen helfen, sie zu finden!" (Kronen Zeitung, 17. August 2008, Seite 3).

Aus dieser Darstellung wird deutlich, dass es vor allem – wenig überraschend – die Leserbriefe waren, die Wertungen und Urteile zu Faymann und Molterer transportierten. Auch auf quantitativer Ebene waren es vor allem die Leserbriefe, die den Kanzlerkandidaten Kronen Zeitungs-Präsenz verliehen. Allerdings vermittelten auch die Nachrichtenbeiträge selbst deutlich differenzierende Urteile zu Faymann und Molterer, jedoch in geringerer Dichte. Faymann wurde in den Nachrichtenbeiträgen deutlich positiver vermittelt als Molterer. Dieser klare Faymann-*Bias* setzte sich fort und intensivierte sich in den Kommentaren und Leserbriefen (Schaubild 9). Mehr als die Hälfte der Kronen Zeitungs-Präsenz von Molterer entfiel auf Leserbriefe, in denen er fast ausschließlich negativ beurteilt wurde. Faymanns Image in der Kronen Zeitung war hingegen durchgängig überwiegend positiv. „Die Summe aller Eigenschaften macht aus Faymann einen Verbinder, einen Politiker, auf der Suche nach Gemeinsamkeiten und einen Manager des Machbaren" (Kronen Zeitung, 19. September 2008, Seite 4). Drei Viertel aller Kronen Zeitungs-Beiträge, in denen Molterer präsent war, transportierten Wertungen zu seiner Person. Bei Faymann war dies nur in jedem zweiten Beitrag der Fall. Alleine die Nachrichtenbeiträge beinhalteten in vierzig Prozent der Fälle negative Wertungen zu Molterer. Zu Faymann war dies nur in 14 Prozent der Nachrichtenbeiträge der Fall, während derselbe dort zu 20 Prozent positiv dargestellt wurde. Faymann wurde in vier von zehn Kommentaren, in denen er thematisiert wurde, positiv dargestellt. Molterer hingegen wurde in fast zwei Drittel seiner Kommentare (66 Prozent) insgesamt negativ vermittelt. In den Leserbriefen wurde Faymann in 40 Prozent positiv und in 10 Prozent negativ beurteilt. Molterer kam nur in vier Prozent seiner Leserbriefe mit einer positiven Bewertung vor. In 87 Prozent seiner Beiträge im „Freien Wort" wurde der ÖVP-Chef eindeutig negativ beurteilt.

Schaubild 9
Präsenz und Performance von Faymann und Molterer in der Kronen Zeitung
Beitragsanzahl beziehungsweise Performance-Index (-1 bis +1) (N=111 Beiträge)

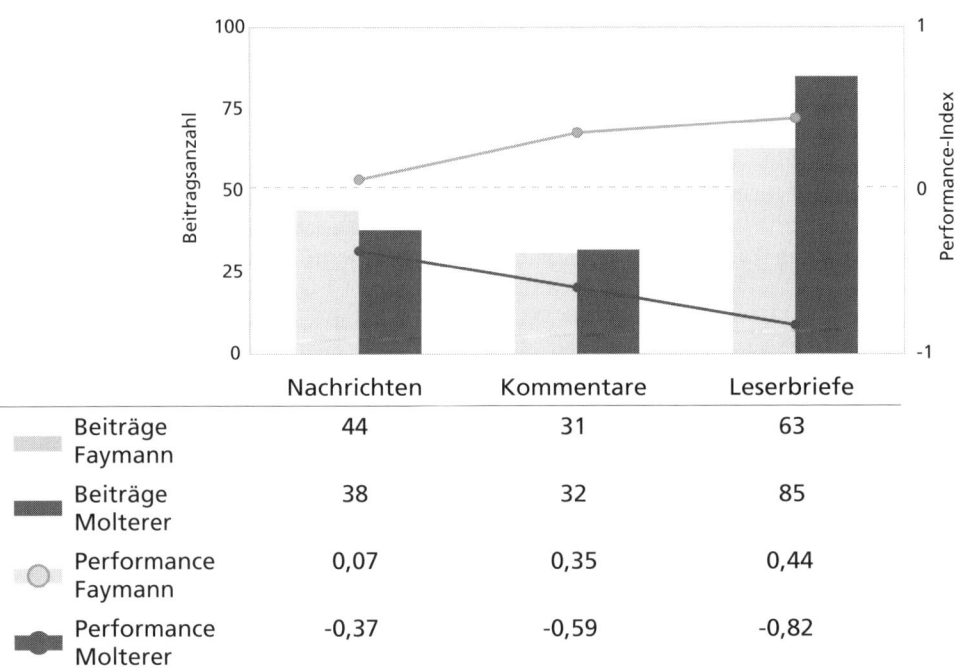

	Nachrichten	Kommentare	Leserbriefe
Beiträge Faymann	44	31	63
Beiträge Molterer	38	32	85
Performance Faymann	0,07	0,35	0,44
Performance Molterer	-0,37	-0,59	-0,82

Ähnliches gilt für die ÖVP, die in zwei Drittel aller Beiträge, in der sie angesprochen wurde, auch aktiv von Journalisten, Kommentatoren oder Leserbriefschreibern bewertet wurde. Der Kolumnist „Herr Strudl" reimte etwa einen Tag vor der Wahl in Bezug auf Missstände im Tierschutz: „Des olles is fürn Molterer völlig in Ordnung und bedarf keinerlei Verbesserung. Wenn Tiere wählen könnten, müsst die ÖVP um ihren Wiedereinzug ins Parlament bangen!" (Kronen Zeitung, 27. September 2008, Seite 2). Die SPÖ als Partei wurde im Vergleich dazu nur in der Hälfte ihrer Berichte eindeutig bewertet.

Die qualitative Performance-Dominanz von Faymann in der Kronen Zeitung bestätigt sich zum Teil auch in deren Sachthemen-Landschaft in Nachrichten, Kommentaren und Leserbriefen.

Tabelle 7
Top-3 Sachthemen in der Kronen Zeitung im Wahlkampf 2008

In Prozent der Sachbeiträge in Nachrichten, Kommentaren und Leserbriefen (N=199 Beiträge)

1. Fünf-Punkte-Programm Faymann	21,0
2. EU-Themen	21,0
3. Sicherheit und Kriminalität	17,0

Mehr als jeder fünfte Kronen Zeitungs-Beitrag mit sachthematischem Bezug stellte zumindest einen Aspekt von Faymanns Fünf-Punkte-Programm ins Zentrum. Dasselbe gilt für den Themenkomplex EU. Hier manifestierte sich zum Teil zusätzlich die thematische Parallele zum SPÖ-Brief in Bezug auf Volksabstimmungen zu EU-Verträgen, den die SPÖ-Spitze Ende Juni 2008 an die Kronen Zeitung verschickt hatte. Somit nahm Faymann auf der Themeneben mit seinem Fünf-Punkte-Programm und der EU-Debatte fast die Hälfte der gesamten Sachdebatte (42 Prozent aller Beiträge) in der Kronen Zeitung ein. An dieser Stelle muss jedoch einschränkend festgehalten werden, dass in diesen Themenkomplexen die SPÖ nicht als alleinige Themensetzerin in der Kronen Zeitung auftrat, sondern dass auch andere Parteien und Akteure mit diesen Themenkomplexen in der Berichterstattung verknüpft wurden (siehe dazu Melischek, Rußmann und Seethaler in diesem Band). An dritter Stelle des Sachthemen-Rankings im Wahlkampf stand in der Kronen Zeitung der Themenkomplex Sicherheit und Kriminalität. Diese drei Top-Themenkomplexe vereinten fast 60 Prozent der gesamten politischen Sachdebatte in der Kronen Zeitung auf sich. Für andere, breitere Debatten blieb somit im Kleinformat kaum publizistischer Raum.

Die abschließende Gegenüberstellung zeigt die drei bereits eingeführten Darstellungsräume des „Entertainment", der „Tonalität" und der „Konfrontativität" für die Kronen Zeitungs-Berichterstattung in Bezug auf deren Nachrichtenbeiträge, Kommentare und Leserbriefe.

Die Kronen Zeitung präsentierte sich in allen drei publizistischen Stilelementen eindeutig dramatisierend und *game*-zentriert. Kommentare und Leserbriefe vermittelten dabei einen äußerst emotionalisierten und dramatisierenden Stil, während die Nachrichtenbeiträge – wenig überraschend – etwas weniger dramatisierend und zuspitzend ausfielen. Kommentare in der Kronen Zeitung widmeten sich dabei noch stärker dem *game*-Charakter der Politik, als es in den Nachrichtenbeiträgen und den Leserbriefen der Fall war, die etwas häufiger auch die *policy*-Dimension von Politik im Wahlkampf ansprachen.

Schaubild 10
Entertainment-Grad der Kronen Zeitung im Wahlkampf 2008

Prozentpunkte-Differenz (-100 bis +100)

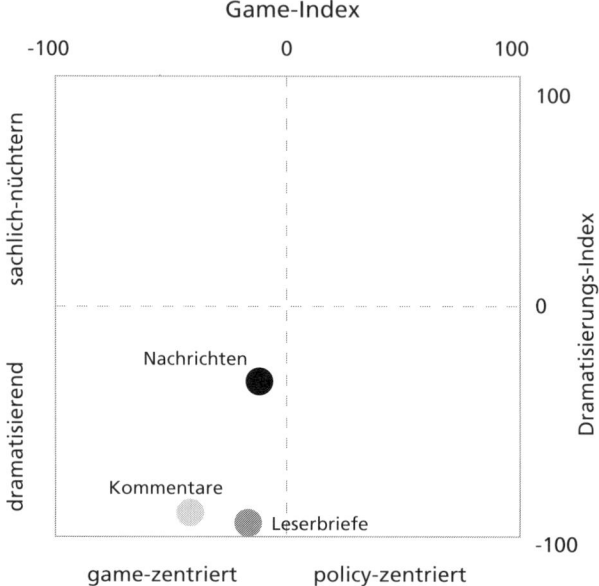

Schaubild 11
Tonalität der Kronen Zeitung im Wahlkampf 2008

Prozentpunkte-Differenz (-100 bis +100)

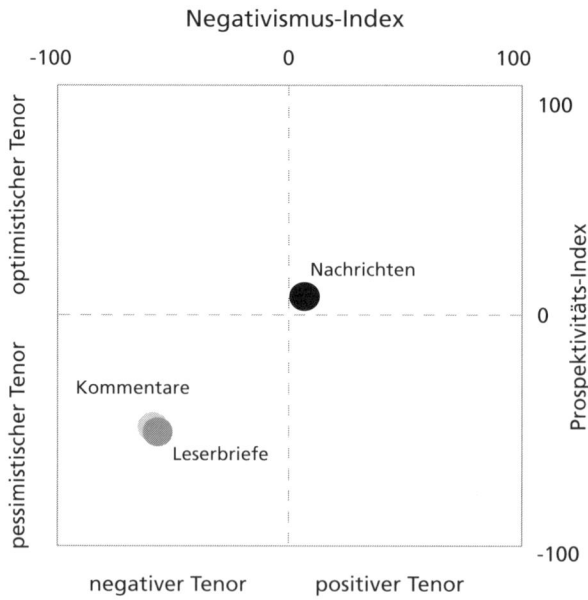

Was die allgemeine Tonalität der Politik-Berichterstattung in der Wahlkampf-endphase in der Kronen Zeitung betrifft, zeigte sich zum einen eine klare Differen-zierung zwischen Nachrichtenbeiträgen und Kommentaren bzw. Leserbriefen und zum anderen eine hohe Übereinstimmung in Kommentaren und den Meinungen der Leser (Schaubild 11). Während die Nachrichtenbeiträge zur österreichischen Politik sogar von einem leicht positiven und optimistischen Tenor geprägt waren, stellten sich Kommentare und Leserbriefe deutlich konträr dar. Diese vermittelten in hoher Übereinstimmung eine überwiegend negative und pessimistische Bilanz.

Schaubild 12
Konfrontativität der Kronen Zeitung im Wahlkampf 2008

Prozentpunkte-Differenz (-100 bis +100)

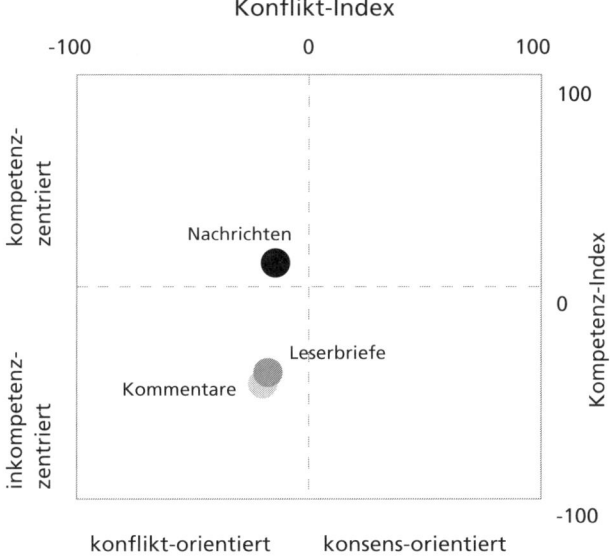

Ein ähnliches Muster wie in Bezug auf die Tonalität lässt sich in der Konfrontati-vität der Kronen Zeitung gegenüber der Politik erkennen. Auch hier unterscheiden sich Nachrichtenbeiträge deutlich von Kommentaren und Leserbriefen. Während sich Nachrichten, Kommentare und Leserbriefe in ähnlicher Weise auf Konflikte konzentrierten, zeigten sich die Nachrichtenbeiträge überwiegend kompetenz-ver-mittelnd, Leserbriefe und Kommentare dagegen stellten in auffallender Überein-stimmung vorwiegend Inkompetenz-Zuschreibungen (nicht zuletzt die der ÖVP und die Molterers) zur Politik in den Vordergrund. Zusammenfassend kann hier festgehalten werden, dass sich zum einen Nachrichtenbeiträge in der Kronen Zei-tung wenig überraschend sachlicher und weniger dramatisierend darstellten, als es in den Krone-Kommentaren und -Leserbriefen der Fall war. Zum anderen wird aber auch deutlich, dass die Nachrichtenbeiträge zur österreichischen Politik in der

Kronen Zeitung überwiegend von einer positiv-konstruktiven Grundstimmung geprägt waren, während Kommentare und Leserbriefe einhellig negativ-destruktive
und frustrierte Beurteilungen zur österreichischen Politik abgaben und vermittelten. Weiters zeigt sich, dass der Tenor in den selektierten Leserstimmen im Kleinformat die redaktionelle Linie, die vor allem in den Leitartikeln und Kolumnen
zum Ausdruck kommt, weitgehend stützte und bekräftigte.

Zusammenfassend kann an dieser Stelle zur Kronen Zeitung festgehalten werden, dass in der Berichterstattung des Kleinformats nicht nur Faymann und seine
Themen intensiv und positiv dargestellt wurden, sondern dass vor allem die ÖVP
und ihr Parteichef Molterer eindeutig und übereinstimmend negativ vermittelt wurden. Dem eindeutigen Performance-Bonus zu Faymann steht ein noch stärker ausgeprägter Performance-Malus zu Molterer gegenüber. Vor dem Hintergrund derselben
Nachrichten- und Ereignislagen im Wahlkampf 2008 ergibt sich in der Kronen Zeitung somit ein deutlicher *candidate bias* zugunsten Faymanns. Ein *party bias* hingegen ist kaum erkennbar. Die SPÖ wurde ähnlich negativ beurteilt wie alle anderen
Parlamentsparteien. Das Kleinformat spielte somit, vor allem vor dem Hintergrund
seiner enormen Reichweite, eine sehr prägende Rolle in der Vermittlung des Duells
Faymann vs. Molterer und scheute nicht davor zurück, dabei einen eindeutigen Sieger ausfindig zu machen und gleichzeitig auch einen Verlierer zu benennen. Zum
zweiten wurde dieser *candidate bias* der Kronen Zeitung im Wahlkampf 2008 selbst
zum medialen Wahlkampfthema, allerdings meist nur auf das Phänomen Faymann
reduziert. Die sich noch weit intensiver darstellende Negativ-Berichterstattung der
Kronen Zeitung zu Molterer und zur ÖVP wurde in der öffentlichen Diskussion dagegen kaum beachtet.

Hans Dichand, der Herausgeber der Kronen Zeitung, gab sich offensichtlich
mit dem praktizierten *candidate bias* im Wahlkampf nicht zufrieden und fragte
sich und seine Leser bereits in der Ausgabe am Tag nach der Wahl unter seinem
Pseudonym Cato „Was wird geschehen?" und gab auch gleich die Antwort: „Eine
Koalition wird für Faymann weder mit Strache noch mit Haider zu akzeptieren
sein. Er hat nun die große Möglichkeit, das zu tun, was schon längst hätte geschehen müssen: Auch in der ÖVP gibt es einzelne sehr gute Politiker. Er wird versuchen, sie in eine Koalition zu holen und hat gute Chancen, dass ihm das gelingt"
(Kronen Zeitung, 29. September 2008, Seite 2). Dichand sollte Recht behalten.

6. Resümee

Die in der Einleitung dieser Studie zitierten Einschätzungen der österreichischen Wähler zum Wahlkampf in dessen Endphase lassen sich zum überwiegenden Teil auch in den Ergebnissen der empirischen Analyse der Medienberichterstattung zum Wahlkampf erkennen. Fast drei Viertel der Österreicher bezeichneten den Wahlkampf als oberflächlich. Legt man diese Oberflächlichkeit auf die Thematisierungsstrukturen in der Wahlkampfberichterstattung um, zeigt sich, dass in der massenmedialen Reflexion des Wahlkampfes entsachlichte Darstellungen deutlich über Sachinhalten dominierten. Nur ein Drittel der Berichterstattung zur österreichischen Politik fokussierte im Kern auf sachpolitische Fragen, während sich mehr als die Hälfte auf metapolitische Darstellungen (*Horse Race*, Koalitionsspekulationen, Interessenpolitisches, etc.) konzentrierte. Die Hälfte der Befragten beurteilte den Wahlkampf zudem als überwiegend personenbezogen. Dies lässt sich auch für die Berichterstattung zumindest eingeschränkt erkennen, indem Kandidatenprofile stärker im Vordergrund standen als Parteienprofile und die Individualisierung und Elitenzentrierung (Fokussierung auf die Spitzenkandidaten und besonders die Kanzlerkandidaten) ein hohes Niveau erreichten. Daneben stilisierte vor allem der journalistische Boulevard ein personalisiertes Kanzlerduell zwischen Faymann und Molterer. Nicht weniger als drei Viertel der Befragten beurteilten den Wahlkampf zudem als aggressiv. Analog dazu ließ sich für die Berichterstattung ein eindeutiges Maß an *Negativismus-Bias* und Konflikt-Zentrierung attestieren. *Bad News* und Kontroversen zur Politik im Wahlkampf dominierten insgesamt, und in Summe wurden alle fünf Spitzenkandidaten und Parteien, die im Parlament vertreten waren, überwiegend negativ in den Medien vermittelt. Insofern kommen sich die Wahrnehmungen der Bevölkerung und die Strukturen der Berichterstattung zum Wahlkampf sehr nahe.

In Bezug auf die Unterscheidung der Nachrichtenlogik von Boulevard- und Qualitätsmedien im österreichischen Nationalratswahlkampf 2008 ergeben sich folgende Befunde: Was den *media bias* in der österreichischen Wahlkampfberichterstattung betrifft, lassen sich keine eindeutigen parteipolitischen Zuordnungen erkennen, jedoch zeigt sich vor allem in den Boulevardmedien ein deutlich polarisierender *Kandidaten-Bias*, während vor allem die Qualitätszeitungen von einem noch eindeutigeren und allgemeinen *Negativismus-Bias* gegenüber der österreichischen Politik geprägt sind. Dies mag mit deren investigativem Journalismus-Anspruch zusammenhängen. In Bezug auf den Entertainment-Grad der Berichterstattung wird deutlich, dass die Boulevardmedien noch stärker auf das politische *game* und auf emotionale Dramatisierung zentriert waren als die Qualitätsmedien. Diese Befunde decken sich mit früheren Untersuchungen zur Differenzierung der Politikvermittlung in Boulevard- und Qualitätsmedien (vgl. dazu Esser 1999; Donsbach und Büttner 2005). Andere Hypothesen zur Unterscheidung von Boulevard- und Qualitätsjournalismus bestätigen sich hingegen nicht. So war die Boulevardberichterstattung in Österreich nicht konflikt-zentrierter und nicht pessimistischer in ihrer perspektivischen Darstellung als die Qualitätsmedien. Obwohl auch die Boulevardmedien überwiegend negativ und pessimistisch berichteten, erfolgte dies dort in abgeschwächter Form. Kein Unterschied ergab sich im Konfrontativitätsniveau. So berichteten sowohl Boulevard- als auch Qualitätsmedien im Durchschnitt überwiegend konflikt- und inkompetenz-zentriert zur Politik. Dies mündete in einen deutlichen *Negativismus-Bias* mit einem hohen Grad an Konfrontativität. Hinzu kamen in Boulevard- und Qualitätsmedien variierende Aktivierungsniveaus in der Entertainment-Dimension, vor allem auf der Ebene der Dramatisierung. Aus diesen Akzentuierungen lässt sich ein übergeordneter *media frame* des „Confrontainment" (Lengauer 2007) im Wahlkampf 2008 ableiten, der die Elemente der Konfrontativität, des Negativismus und des Entertainment bündelt. In den Qualitätsmedien lag der Schwerpunkt dabei stärker auf der negativen *Confrontation*-Dimensionen und in den Boulevardmedien vergleichsweise stärker in der *Entertainment*-Dimension. *Confrontation* und *Entertainment* repräsentieren jedenfalls prägende Elemente der medialen Wahlkampflogik, sowohl auf als auch abseits des journalistischen Boulevards.

Die viel zitierte und diskutierte Sonderstellung der Kronen Zeitung bestätigte sich auf empirischer Ebene zumindest teilweise. Während sich die Kronen Zeitung auf der *frame*-analytischen Ebene durchaus in das Darstellungs-Spektrum der österreichischen Medien einordnet (was etwa die *game*- und Konflikt-Zentrierung oder die Tonalität betrifft), ergaben sich auf der Kandidaten- und Themen-Darstellungsebene markante Unterschiede zu den anderen Medien. Vor dem Hintergrund derselben Nachrichten- und Ereignislage zeichnete sich die Berichterstattung der Kronen Zeitung in besonderer Weise durch einen *candidate bias* in Bezug auf die beiden Kanzlerkandidaten aus. Faymann wurde mit einem deutlichen Performance-Bonus belegt, während Molterer eindeutig mit einem Performance-Malus (bei höherer Präsenz) im Kleinformat dargestellt wurde. Auch die zweite Boulevardzeitung Österreich folgte diesem Grundmuster, allerdings in deutlich abgeschwächter Form. Zudem zeigte sich in der Kronen Zeitung, dass es vor allem die Leserbriefe und Kommentare waren, die die redaktionelle Tendenz, die schon in den Nachrichtenbeiträgen erkennbar war, weiter verstärkten und im auffallenden Gleichklang manifestierten. Faymann war in der Kronen Zeitung nicht nur der einzige Kandidat der Parlamentsparteien, der überwiegend positiv präsentiert wurde, sondern dominierte auch mit seinem Fünf-Punkte-Programm die sachpolitische Berichterstattung der Kronen Zeitung. Offensichtlich führte die Neuausrichtung der SPÖ in Sachen EU zu einer inhaltlichen Allianz mit der Kronen Zeitung. Die empirische Wahlkampf-Bilanz in und mit den Medien bestätigt somit einen Erfolg Faymanns auf Thematisierungs- und Performance-Ebene – vor allem im Boulevard. Die Politik insgesamt jedoch erscheint als Verlierer – mit einer eindeutig negativen Performance-Bilanz ihrer zentralen Wahlkampfakteure sowie einem negativ-konfrontativen und entsachlichten Bild, das die Medien vom Wahlkampf 2008 zeichneten.

Literaturverweise

Arendt, Florian (2009). Explizite und implizite kultivierende Wirkung der Kronen Zeitung. *Medien und Kommunikationswissenschaft* 57 (2), 217–237.

Bennett, Lance (2006). *News – The Politics of Illusion* (7. Auflage). New York.

Bennett, Lance (2009). *News – The Politics of Illusion* (8. Auflage). New York.

Bennett, Lance W. und Robert M. Entman (eds.) (2001). *Mediated politics: Communication in the future of democracy*. Cambridge.

Bennett, Lance und William Serrin (2005). The Watchdog Role. In Geneva Overholser und Kathleen Hall Jamieson (eds.). *The Press*, Oxford, 169–188.

Blumler, Jay G. (1997). Wandel des Mediensystems und sozialer Wandel: Auf dem Weg zu einem Forschungsprogramm. *Publizistik* 42 (1), 16–36.

Blumler, Jay G. und Dennis Kavanagh (1999). The third age of political communication: Influences and features. *Political Communication* 16 (3), 209–230.

Bonfadelli, Heinz (2002). *Medieninhaltsforschung. Grundlagen, Methoden, Anwendungen*. Konstanz.

Brants, Kees und Peter Neijens (1998). The Infotainment of Politics. *Political Communication* 15, 149–164.

Brettschneider, Frank (2009). Die 'Amerikanisierung' der Medienberichterstattung über Bundestagswahlen. In Oscar W. Gabriel, Bernhard Weßels und Jürgen W. Falter (Hg.). *Wahlen und Wähler. Analysen aus Anlass der Bundestagswahl 2005*, Wiesbaden, 510–535.

Canel, Maria Jose, Christina Holtz-Bacha und Paolo Mancini (2007). Conflict as a Frame in Television Coverage of Politics: A Comparative Study in Italy, Spain, and Germany. Paper presented at the Annual Meeting of the International Communication Association, May 2007, San Francisco, USA.

Cappella, Joseph N. und Kathleen Hall Jamieson (1997). *Spiral of cynicism: The press and the public good*. New York.

Connell, Ian (1998). Mistaken Identities. Tabloid and Broasheet News Discourse. *Javnost – The Public* 5 (3), 11–31.

D'Alessio, Dave und Mike Allen (2000). Media Bias in Presidential Elections: A Meta-Analysis. *Journal of Communication* 50, 133–156.

Dalton, Russel J., Paul Beck und Robert Huckfeldt (1998). Partisan cues and the media: Information flows in the 1992 presidential election. *American Political Science Review* 92 (1), 111–126.

De Vreese, Claes (2008). The Netherlands: Media logic and floating voters? In Jesper Strömbäck und Lynda Lee Kaid (eds.). *The Handbook of Election News Coverage around the World*, New York, 145–159.

De Vreese, Claes, Jochen Peter und Holli Semetko (2001). Framing politics at the Launch of the Euro: A Cross-National Comparative Study of Frames in the News. *Political Communication* 18, 107–122.

Deacon, David, Dominic Wring, Michael Billing, John Downey, Peter Golding und Scott Davidson (2005). *Reporting the 2005 U.K. General Election*. Loughborough.

Donsbach, Wolfgang und Katrin Büttner (2005). Boulevardisierungstrend in deutschen Fernsehnachrichten. *Publizistik* 50 (1), 21–38.

Entman, Robert M. (1993). Framing: Toward clarification of a fractured paradigm. *Journal of Communication* 43 (4), 51–58.

Esser, Frank (1999). Tabloidization of News. A Comparative Analysis of Anglo-American and German Press Journalism. *European Journal of Communication* 14, 291–324.

Falter, Jürgen und Andrea Römmele (2002). Professionalisierung bundesdeutscher Wahl-kämpfe, oder: Wie amerikanisch kann es werden? In Thomas Berg (Hg.). *Moderner Wahlkampf. Blick hinter die Kulissen*, Opladen, 49–63.

Farnsworth, Stephen J. und Robert Lichter (2006). *The nightly news nightmare. Network television's coverage of U.S. presidential elections, 1998-2000*. Lanham.

Früh, Werner (2004). *Inhaltsanalyse*. Konstanz.

Galtung, Johan und Marie Ruge (1965). The structure of foreign news: the presentation of the Congo, Cuba and Cyprus crises in four Norwegian newspapers. *Journal of Peace Research* (2) 1, 64–91.

Genz, Andreas, Klaus Schönbach und Holli A. Semetko (2001). „Amerikanisierung"? Politik in den Fernsehnachrichten während der Bundestagswahlkämpfe 1990-1998. In Max Kaase (Hg.). *Wahlen und Wähler: Analysen aus Anlass der Bundestagswahl 1998*, Wiesbaden, 401–413.

Graber, Doris (2002). *Mass Media and American Politics*. Washington, D.C.

Habermas, Jürgen (1962). *Strukturwandel der Öffentlichkeit. Untersuchungen zu einer Kategorie der bürgerlichen Gesellschaft*. Berlin.

Habermas, Jürgen (2006). Political Communication in Media Society – Does Democracy still Enjoy an Epistemic Dimension? The Impact of Normative Theory on Empirical Research. *Communication Theory* 16, 411 426.

Hofer, Thomas (2008). Die Kampagnen machten den Unterschied. In Thomas Hofer und Barbara Tóth (Hg.). *Wahl 2008. Strategien – Sieger – Sensationen*, Wien, 10–31.

Hofer, Thomas und Barbara Tóth (Hg.) (2008). *Wahl 2008. Strategien – Sieger – Sensationen*. Wien.

Jamieson, Kathleen Hall (1992). *Dirty Politics*. Oxford.

Jarren, Otfried (1998). Medien, Mediensystem und politische Öffentlichkeit im Wandel. In Ulrich Sarcinelli (Hg.). *Politikvermittlung und Demokratie in der Mediengesell-schaft: Beiträge zur politischen Kommunikationskultur*, Opladen, 74–96.

Kaltenbrunner, Andy und Daniela Kraus (2008). Was Österreich bewegt. *Medienimpulse* 65, 19–24.

Krippendorff, Klaus (2004). *Content Analysis. An Introduction to its Methodology*. Thousand Oaks.

Krüger, Udo Michael (1985). „Soft news – kommerzielle Alternative zum Nachrichten-angebot öffentlich-rechtlicher Rundfunkanstalten. SAT1, RTLplus, ARD und ZDF im Vergleich. *Media Perspektiven* 6, 479–490.

Lengauer, Günther (2007). *Postmoderne Nachrichtenlogik. Redaktionelle Politikvermittlung in medienzentrierten Demokratien*. Wiesbaden.

Lengauer, Günther, Günther Pallaver und Clemens Pig (2007). Redaktionelle Politik-vermittlung in österreichischen Wahlkämpfen, 1999–2006. In Fritz Plasser und Peter A. Ulram (Hg.). *Wechselwahlen. Analysen zur Nationalratswahl 2006*, Wien, 103–151.

Mancini, Paolo und Gianpietro Mazzoleni (1995). Verso campagne sempre più mediatizzate. In Paolo Mancini und Gianpietro Mazzoleni (Hg.). *I Media scendono in campo. Le elezioni politiche 1994 in televisione*, Torino, 6–67.

Marcinkowski, Frank und Volker Greger (2000). Die Personalisierung politischer Kommunikation im Fernsehen. In Klaus Kamps (Hg.). *Trans-Atlantik – Trans-Portabel? Die Amerikanisierungsthese in der politischen Kommunikation*, Wiesbaden, 179–197.

Mazzoleni, Gianpietro und Winfried Schulz (1999). „Mediatization" of politics: A challenge for democracy? *Political Communication* 16, 247–261.

MediaWatch (2009). *Primetime TV-News 2008. Analyse der Berichterstattung in der Zeit im Bild 19:30 Uhr und ATV-aktuell 19:20 Uhr.* Innsbruck.

Merten, Klaus (1995). *Inhaltsanalyse. Einführung in Theorie, Methode und Praxis* (2. Auflage). Opladen.

Patterson, Thomas E. (1993). *Out of Order.* New York.

Patterson, Thomas E. (2000). *Doing Well and Doing Good: How Soft News and Critical Journalism are Shrinking the News Audience and Weakening Democracy – and What News Outlets Can Do About It.* Cambridge.

Plasser, Fritz und Günther Lengauer (2009). Television Campaigning Worldwide. In Dennis W. Johnson (ed.). *Routledge Handbook of Political Management*, New York und London, 253–271.

Plasser, Fritz, Günther Pallaver und Günther Lengauer (2009). Die (trans-)nationale Nachrichtenlogik in Mediendemokratien – Politischer TV-Journalismus im Wahlkampf zwischen transnationaler Konvergenz und nationaler Divergenz. In Frank Marcinkowski und Barbara Pfetsch (Hg.). *Politik in der Mediendemokratie.* PVS Sonderheft 42, Wiesbaden, 174–202.

Project for Excellence in Journalism (2008). *The Color of News: How Different Media Have Covered the General Election.* Washington.

Reese, Stephen D., Oscar H. Gandy und August E. Grant (eds.) (2001). *Framing public life. Perspectives on media and our understanding of the social world.* Mahwah.

Rössler, Patrick (2005). *Inhaltsanalyse.* Konstanz.

Schmitt-Beck, Rüdiger und Christian Mackenrodt (2009). Politikvermittlung durch Massenmedien bei der Bundestagswahl 2005: Nutzungsintensität und Einflüsse auf Einstellungen und Wahlverhalten. In Frank Marcinkowski und Barbara Pfetsch (Hg.). *Politik in der Mediendemokratie.* PVS Sonderheft 42, Wiebaden, 415–446.

Schulz, Winfried (1976). *Die Konstruktion von Realität in den Nachrichtenmedien.* Freiburg, München.

Schulz, Winfried (2008). *Politische Kommunikation.* Wiesbaden.

Semetko, Holli A. und Klaus Schönbach (2003). News and Elections. German Bundestag campaigns in the *Bild*, 1990-2002. *Harvard International Journal of Press/Politics* 8 (3), 54–69.

Shaefer, Tamir, Gabriel Weimann und Yariv Tsfati (2008). Campaigns in the Holy Land: The Content and Effects of Election News Coverage in Israel. In Jesper Strömbäck und Lynda Lee Kaid (eds.). *The Handbook of Election News Coverage around the World*, New York, 209–225.

Sparks, Colin (1998). Introduction „Tabloidization and the Media". *Javnost – The Public* 5 (3), 5–10.

Sparks, Colin und John Tulloch (eds.) (2000). *Tabloid tales: Global debates over media standards*. New York.

Stark, Birgit und Melanie Magin (2009). Willkommen im „neuen Österreich"! Wolfgang Fellners Vision einer Zeitung für die „moderne gebildete Mitte". In Birgit Stark und Melanie Magin (Hg.). *Die österreichische Medienlandschaft im Umbruch*, Wien, 41–66.

Strömbäck, Jesper (2007). Four phases of mediatization. An analysis of the mediatization of politics. Paper presented at the Annual Meeting of the International Communication Association, May 2007, San Francisco, USA.

Strömbäck, Jesper (2008). Swedish Election News Coverage: Towards Increasing Mediatization. In Jesper Strömbäck und Lynda Lee Kaid (eds.). *The Handbook of Election News Coverage around the World*, New York, 160–174.

Strömbäck, Jesper und Oscar Garcia-Luengo (2007). Polarized Pluralist and Democratic Models: Electoral Campaign News Coverage in Spain and Sweden. Paper presented at the Annual Meeting of the International Communication Association, May 2007, San Francisco, USA.

Strömbäck, Jesper und Lynda Lee Kaid (eds.) (2008). *The Handbook of Election News Coverage around the World*. New York.

Swanson, David L. und Paolo Mancini (eds.) (1996). *Politics, Media, and Modern Democracy: An International Study of Innovations in Electoral Campaigning and their Consequences*. Westport.

Tóth, Barbara (2008). Wenn man zu viel in die „Krone" schaut. In Thomas Hofer und Barbara Tóth (Hg.). *Wahl 2008. Strategien – Sieger – Sensationen*, Wien, 103–116.

Udris, Linards und Jens Lucht (2009). Öffentliche Kommunikation im Umbruch? Wandel der Medienstrukturen und Medieninhalte in ländervergleichender und diachroner Perspektive. In Birgit Stark und Melanie Magin (Hg.). *Die österreichische Medienlandschaft im Umbruch*, Wien, 17–40.

Wilke, Jürgen und Carsten Reinemann (2001). Do the Candidates Matter? Long-Term Trends of Campaign Coverage – A Study of the German Press since 1949. *European Jounal of Communication* 16 (3), 291–314.

Wilke, Jürgen und Carsten Reinemann (2006). Die Normalisierung des Sonderfalls? Die Wahlkampfberichterstattung der Presse 2005 im Langzeitvergleich. In Christina Holtz-Bacha (Hg.). *Die Massenmedien im Wahlkampf. Die Bundestagswahl 2005*, Wiesbaden, 306–337.

Wahlkampf im TV-Studio: Konfrontationen in der Medienarena

Fritz Plasser
Günther Lengauer

Gliederung

Kein Medienformat entspricht der Metapher „Medienarena" besser als live übertragene TV-Duelle zwischen Spitzenkandidaten. Kein politisches Medienformat erregt mehr öffentliche Aufmerksamkeit. Keinem Medienformat werden mehr direkte und indirekte Wirkungen auf das Wahlverhalten und den Ausgang von Wahlen zugeschrieben. Tatsächlich können TV-Konfrontationen Höhe- und Wendepunkte des Wahlkampfgeschehens darstellen – wie gelegentlich auch Tiefpunkte der Debattenkultur. Noch während die Kontrahenten im TV-Studio debattieren, versuchen Partei- und

Pressesprecher bei den im ORF-Auditorium das Streitgespräch auf Großbildschirmen verfolgenden Journalisten Stimmung für ihren Kandidaten zu machen, werden von Journalisten und Zaungästen noch vor der Halbzeit der Diskussion Punktesieger gekürt. Nur Minuten nach Ende der Diskussion treten bereits erste Experten vor die Kamera, die Instant-Analysen über Stärken und Schwächen der Diskutanten vornehmen, die sich auf ihre subjektive Wahrnehmung des Diskussionsverlaufs stützen. Nach der obligaten Werbeunterbrechung werden von diensthabenden Redakteuren bereits während der Diskussion ausgewählte charakteristische Sequenzen in einer Endlosschleife in nachfolgenden Nachrichtensendungen ausgestrahlt, die von Moderatoren interpretiert und gewertet werden. Oft nur Minuten nach Diskussionsende trudeln bereits erste Daten telefonischer Blitzumfragen unter Sehern der TV-Diskussion ein, die mit sich häufig widersprechenden Zahlen belegen, welcher Kandidat von den Sehern als der eindrucksstärkste Diskutant wahrgenommen wurde. In den Zeitungsredaktionen wiederum werden mit Hochdruck für die Spät- bzw. Morgenausgaben Seiten montiert und Analysen, Kommentare und Meinungsbilder über den Diskussionsverlauf in den Druck gegeben, die auch Wähler, die die TV-Konfrontation nicht mitverfolgt haben, über Ausgang und Sieger des TV-Duells informieren. Welchen Stellenwert TV-Konfrontationen in österreichischen Wahlkämpfen einnehmen, welche Bedeutung sie für die Entscheidungsfindung noch unentschlossener Wähler tatsächlich haben, mit welchen Themen und Argumenten in den Diskussionen operiert wird und wie diese Medienereignisse in der redaktionellen Nachberichterstattung behandelt werden, steht im Mittelpunkt des vorliegenden Beitrags, der sich seinem Thema behutsam, auf empirische Fakten gestützt, annähert.

1. TV-Debatten: Mythos und Realität

Seit den vier legendären live ausgestrahlten Nixon-Kennedy-Debatten im amerikanischen Präsidentschaftswahlkampf 1960 zählen TV-Duelle zwischen den Spitzenkandidaten zu den Höhe- und Wendepunkten von Wahlkämpfen, um die sich Legenden und Mythen ranken, die vielfach konträr zum Erkenntnisstand wissenschaftlicher Forschung stehen (McKinney und Carlin 2004; Schroeder 2008; Blais und Perrella 2008). Ob TV-Debatten tatsächlich Wahlen entscheiden können, wie aufgeregte Kommentatoren und scharfsinnige Experten mit kühner Selbstsicherheit behaupten, ob visuelles Erscheinungsbild, Mimik, Gestik und Gesprächstaktik wichtiger sind als die vorgebrachten Argumente, wie Mediencoaches nicht müde werden zu behaupten, wird ebenso kontrovers diskutiert wie die Frage, ob das Publikum vorrangig am Unterhaltungswert solcher *Confrontainments* interessiert ist oder ob es primär Informationen und Anhaltspunkte für seine Wahlentscheidung sucht. Tatsächlich haben TV-Debatten Wirkungen und kann man unter bestimmten Rahmenbedingungen davon ausgehen, „dass im Schnitt immerhin rund fünf Prozent der Zuschauer von TV-Duellen ihre Wahlentscheidung in die eine oder andere Richtung verändern" (Maier und Reinemann 2007: 327), was aber keineswegs bedeutet, dass diese Effekte per se den Ausgang von Wahlen beeinflussen.

Selbstverständlich spielen Erscheinungsbild und Stilfragen in einem szenisch-visuellen Medium eine wichtige Rolle, wobei aber empirische Forschungsergebnisse darauf verweisen, „dass die visuellen Eindrücke weit weniger entscheidend sind als oft angenommen wird" (Maurer und Reinemann 2007: 233). Unbestritten entsprechen Wortgefechte in TV-Diskussionen auch Unterhaltungsbedürfnissen des Publikums, was aber nicht bedeutet, dass Fernsehdiskussionen ausschließlich Show-Charakter haben. So belegen Ergebnisse der Debatten-begleitenden Forschung, „dass TV-Duelle erhebliche Lerneffekte bei den Zusehern verursachen" (Maurer und Reinemann 2007: 236), dass sie für zahlreiche Seher durchaus relevante Entscheidungshilfen darstellen und Kandidatenbewertungen in die eine oder andere Richtung verändern können (Dehm 2005; Scheufele, Schünemann und Brosius 2005). Wirkungen entfalten TV-Diskussionen aber nicht nur beim unmittelbaren Publikum. Mindestens so relevant wie das Medienereignis selbst ist die redaktionelle Nachberichterstattung (Maier 2007), wobei man davon ausgehen kann, „dass TV-Duelle und Nachberichterstattung etwa gleich große Wirkungen entfalten" (Maier und Reinemann 2007: 328).

Zu direkten und indirekten (aus der Aufbereitung und Wertung der TV-Diskussionen in der redaktionellen Nachberichterstattung resultierenden) Wirkungen von Medienereignissen wie TV-Konfrontationen zählen zunächst *Aktivierungseffekte*. Die Vorberichterstattung in den Massenmedien und dramaturgische Vorankündigungen der übertragenden Sendeanstalten steigern das Interesse für den Wahlkampf, mobilisieren auch Wählerschichten, die sich bis dato nur am Rande für das Wahlkampfgeschehen interessiert haben und erhöhen insgesamt die Bereitschaft, sich an der Wahl zu beteiligen (Reinemann und Maurer 2007). Gleichermaßen bedeutsam sind politische *Lerneffekte*. TV-Konfrontationen erhöhen den subjektiven Informationsstand über die zentralen Themen der Wahlauseinandersetzung wie die unterschiedlichen inhaltlichen Zugänge und Positionen der Kandidaten bzw. Parteien (Hofrichter 2004; Maier und Faas 2005; Maier 2009). Von TV-Konfrontationen können aber auch folgenreiche *Agenda Setting-* und *Priming-Effekte* ausgehen. Dies ist dann der Fall, wenn es einem der Diskutanten gelingt, ein bestimmtes Thema bzw. Problemfeld in den Mittelpunkt der Diskussion zu stellen, das von Teilen der Zuseher als Kriterium der Bewertung der Problemlösungskompetenz der Kandidaten/Parteien herangezogen wird (Plasser und Ulram 2004: 414).

Verändert sich aufgrund einer TV-Konfrontation bei Teilen der Zuseher die Bewertung eines Kandidaten bzw. werden die dem Kandidaten ursprünglich zugeschriebenen Image-Merkmale wie Glaubwürdigkeit, Durchsetzungsfähigkeit oder Sympathie neu bewertet, spricht man von *Evaluierungseffekten* einer TV-Konfrontation, wie sie bei den TV-Duellen in den deutschen Bundestagswahlkämpfen 2002 und 2005 empirisch nachgewiesen wurden (Maurer und Reinemann 2003; Donsbach und Jandura 2005; Maurer u.a. 2007). TV-Konfrontationen bieten den Zusehern aber auch Hilfestellung und Anhaltspunkte für die persönliche Wahlentscheidung. Informationen und Eindrücke aus den Diskussionen können bestehende Kandidatenneigungen bzw. Parteibindungen verstärken (*Reinforcement*-Effekt), latente Präferenzen und Wahlabsichten verfestigen (*Crystallization*-Effekt) wie ein Abrücken von einer bestehenden Präferenz und eine Änderung der Wahlabsicht bewirken (*Konversions*-Effekt).

Ausgang und öffentliche Wertung von TV-Konfrontationen, eine starke oder schwächliche Selbstpräsentation des präferierten Kandidaten im TV-Studio können ebenso *Motivations-* wie *De-Mobilierungseffekte* unter den jeweiligen Parteianhängerschaften auslösen, die umso kräftiger ausfallen, je eindeutiger der präferierte Kandidat in der redaktionellen Nachberichterstattung zum Sieger bzw. Verlierer erklärt wird (Maier 2007). TV-Duelle haben schließlich Auswirkungen auf die Dynamik von Wahlkämpfen. Die sportive Konzentration der massenmedialen Berichterstattung auf ein näher rückendes TV-Duell, Spekulationen über mögliche wahlentscheidende Wirkungen, Kommentierungen eines Ereignisses, das noch gar nicht stattgefunden hat, waghalsige Prognosen und ungebetene Ratschläge selbsternannter Medienexperten verdichten sich zu einem Media-Hype (Plasser und Ulram 2004: 412–413), der in den Tagen vor dem TV-Duell zu einem temporären Stillstand der inhaltlichen Wahlkampfauseinandersetzung führt (*Freezing*-Effekt auf die Kampagnedynamik). TV-Duelle zwischen Kanzlerkandidaten können – finden sie zum ersten Mal statt wie im deutschen Bundestagswahlkampf 2002 – die öffentliche Aufmerksamkeit nachgerade obsessiv auf ein Medienereignis fokussieren (Maurer und Reinemann 2003).

Unzweifelhaft haben TV-Konfrontationen vielschichtige Effekte, die sich aber in Summe überlagern und neutralisieren können. Dass sich manche der Effekte nur als kurzfristiges Strohfeuer herausstellen, dass sich die Effektgrößen auf das Wahlverhalten in multivariaten Schätzmodellen weit nüchterner darstellen als die spekulativen Übertreibungen der Boulevardpresse, sollte nicht zur Unterschätzung der Funktion und Relevanz solcher *kritischen* Medienereignisse führen. Gegen eine Unterschätzung von TV-Debatten als medieninduziertes *Politainment* (Dörner 2005) sprechen schließlich Befunde aus den USA, die davon ausgehen, dass TV-Debatten in mehr als der Hälfte der elf Präsidentschaftskampagnen seit 1960, in denen solche Debatten stattfanden, nachweisbare Effekte auf den Ausgang der Präsidentschaftswahlen hatten (McKinney 2008: 163). Welche Rolle TV-Diskussionen in österreichischen Wahlkämpfen gespielt haben, was TV-Konfrontationen für die persönliche Entscheidungsfindung der Wähler leisten und was ihre Effekte waren, steht im Mittelpunkt der folgenden Abschnitte.

2. TV-Duelle in österreichischen Wahlkämpfen

Folgten die ersten TV-Diskussionen, beginnend mit der legendären Studiokonfrontation zwischen Klaus und Kreisky im Nationalratswahlkampf 1970, einem „Duell-Format", bei dem sich die Moderatoren auf die Funktion des Zeitgebers beschränkten, setzte sich Mitte der achtziger Jahre das moderierte Diskussionsformat durch, bei dem ein bzw. mehrere Journalisten als Fragesteller in Erscheinung traten und die Themenfelder der Diskussion strukturierten bzw. durch ergänzende Nachfragen den Diskussionsverlauf thematisch zu fokussieren versuchten. Seit dem Nationalratswahlkampf 1994 wurden aus den ursprünglich auf die Kanzlerkandidaten der SPÖ bzw. ÖVP konzentrierten TV-Duellen Serien von TV-*con-*

frontainments (Plasser 1996), zu denen die Spitzenkandidaten aller im Parlament vertretenen Parteien eingeladen werden, wobei bis 2008 auch Stellvertreter der Spitzenkandidaten akzeptiert wurden, wenn diese zeitlich verhindert waren oder sich aus taktischen Überlegungen einer bestimmten Konfrontation nicht persönlich stellen wollten (Plasser und Ulram 2004: 412–413).

Die erste live übertragene TV-Konfrontation zwischen zwei Kanzlerkandidaten in der österreichischen Wahlkampfgeschichte fand am Abend des 28. Jänner 1970 statt.[1] Der amtierende Bundeskanzler Klaus, der sich in TV-Studios unwohl und befangen fühlte, traf auf den späteren „Medienkanzler" Kreisky, der Studioauftritte in einer scheinbar entspannten, persönlich locker wirkenden Form absolvierte.[2] Klaus hatte sich auf die TV-Konfrontation intensiv vorbereitet, trat im Streitgespräch selbstbewusst auf, überzog mehrfach seine Redezeit und bot dem vergleichsweise entspannt diskutierenden Herausforderer Paroli. Die Mehrzahl journalistischer Kommentatoren vermuteten ein Patt bzw. einen knappen Punktesieg von Klaus (Plasil 2008: 22–23), der trotzdem wenige Wochen später eine definitive Wahlniederlage erlitt und sich nur wenig später aus dem politischen Leben zurückzog. Über Einfluss und mögliche Effekte des ersten TV-Duells auf das Wahlverhalten kann mangels aussagekräftiger Daten nur spekuliert werden. Tatsächlich befand sich die ÖVP bereits zu Beginn des Wahlkampfes auf der Verliererstraße und konnte auch ein selbstbewusstes Auftreten des Kanzlers im ORF-Studio seine verfestigten Image- und Kommunikationsschwächen nur unwesentlich abmildern (Plasser 1993). Auch die Effekte des TV-Duells zwischen Kanzler Kreisky und dem Obmann der oppositionellen ÖVP Schleinzer im Nationalratswahlkampf 1971 waren angesichts des Siegerimages eines überaus populären Kanzlers und einer am traumatischen Machtverlust laborierenden ÖVP nicht spielentscheidend.

Entgegen der Legendenbildung war auch die spektakuläre, an Finten und rhetorischen Fallen reiche TV-Konfrontation zwischen Kreisky und Taus im Nationalratswahlkampf 1975 im Rückblick nicht wahlentscheidend. Zwar hat das unglückliche Auftreten von Taus in dieser Studiokonfrontation sein Image beschädigt und umgekehrt Kreisky zum scheinbar unbesiegbaren Gladiator in der Medienarena gemacht, wie 1971 stand aber auch 1975 der Wahlausgang bereits vor dem TV-Duell mehr oder weniger fest.[3] Ähnlich festgefahren war die demoskopische Aus-

---

1 Österreich zählt zu den ersten Ländern außerhalb der USA, in denen Spitzenkandidaten im TV-Studio live Streitgespräche ausfochten. In den USA fand nach den vier Nixon-Kennedy-Debatten 1960 erst wieder im Wahlkampf 1976 eine *Presidential TV-Debate* statt.

2 Kreisky forderte Klaus noch im TV-Studio zu einer zweiten TV-Diskussion auf, was dieser aber ablehnte.

3 Seit den siebziger Jahren fanden in Österreich auch bei Bundespräsidentschaftswahlkämpfen TV-Diskussionen statt, wenn SPÖ und ÖVP kompetitive Kandidaten bzw. Kandidatinnen ins Rennen schickten. Zuletzt war dies im Präsidentschaftswahlkampf 2004 der Fall.

gangslage auch im Nationalratswahlkampf 1979. Neuerlich trafen Kreisky und Taus im ORF-Studio zu einem live übertragenen, vergleichsweise unspektakulär verlaufenden TV-Duell aufeinander, wobei Taus diesmal intensiver vorbereitet das Studio betrat und den rhetorischen und stilistischen Fallen des souverän und selbstbewusst agierenden Medienkanzlers auswich. 57 Prozent der Wähler sahen 1979 die zweite TV-Konfrontation zwischen Kreisky und Taus. Von den Wählern, die sich überdurchschnittlich für den Wahlkampf interessierten, verfolgten 73 Prozent das TV-Duell, das aber auch 47 Prozent der Wähler erreichte, die das Wahlkampfgeschehen mit nur mäßiger Anteilnahme verfolgten. Auf 53 Prozent der Seher machte Kreisky den besseren Eindruck, während nur 28 Prozent Taus als den besseren Diskutanten wahrnahmen. Differenzierter waren die Wertungen der Seher, die sich erst rund um die TV-Konfrontation definitiv auf eine Partei festlegten. Unter den *late deciders* war die Bewertungslage ausgeglichener: jeweils 34 Prozent sahen Kreisky bzw. Taus als überzeugenderen Diskutanten, ein Drittel legte sich nicht fest bzw. erkannte keine Unterschiede im Auftreten der beiden Kanzlerkandidaten.[4] Nur wenige Tage später feierte Kreisky mit einem Stimmenanteil von 51 Prozent seinen ultimaten Wahlerfolg.

Vier Jahre später, im Wahlkampf 1983, saß ein von schwerer Krankheit bereits gezeichneter, erschöpft wirkender Kreisky im ORF-Zentrum dem Kanzlerkandidaten der ÖVP Mock gegenüber. Mock hatte sich auf diese Konfrontation intensiv vorbereitet und sah sie als Chance, am Nimbus des unbesiegbaren Medienkanzlers zu kratzen, was ihm aber trotz der spürbaren Erschöpfung Kreiskys nur punktuell gelang. Zwar drängte Mock den Kanzler mehrfach in die Defensive, musste aber auch selbst rhetorische Angriffe wie Untergriffe des debattenerfahrenen Kanzlers hinnehmen (Redl und Schlössl 1983). 51 Prozent der Wähler verfolgten das live übertragene TV-Duell zwischen Kreisky und Mock. Von den Wechselwählern 1983 sahen zwei Drittel die TV-Konfrontation. Immerhin sieben Prozent der Seher gaben bei Nachwahlbefragungen zu Protokoll, dass die TV-Diskussion für ihre persönliche Wahlentscheidung eine Rolle gespielt habe. Von den Spätentscheidern unter den Sehern berichtete jeder Dritte, von den tatsächlichen Parteiwechslern jeder Fünfte, dass die TV-Diskussion für seine Wahlentscheidung konkrete Anhaltspunkte geliefert hätte.[5] Trotz der Unschärfe der verfügbaren Daten zeichneten sich 1983 stärkere Effekte der TV-Konfrontation ab, als sie die kursorischen Datenbilder für die vorangegangenen TV-Duelle signalisieren (Burkart 1985). Kreisky verfehlte mit einem Stimmenanteil von 47,7 Prozent das selbstgesteckte Ziel der absoluten Mehrheit und übergab seine politischen Ämter und Parteifunktionen seinem Nachfolger Sinowatz.

Im Nationalratswahlkampf 1986 kam es zu einer einschneidenden Veränderung des Formats der TV-Konfrontationen. Waren die TV-Diskussionen zwischen den

---

4   Daten nach der Nachwahlbefragung 1979 des FESSEL-GfK-Instituts (N=1.746).

5   Daten nach der Nachwahlbefragung 1983 des FESSEL-GfK-Instituts (N=1.661).

Kanzlerkandidaten 1970 bis 1983 *live-Duelle*, die ohne Beisein eines Moderators ausschließlich von den beiden Diskutanten bestritten wurden, die sich an einem kleinen Tisch gegenübersaßen, wobei der ORF-Moderator nur zur Halbzeit kurz in Erscheinung trat, um die Verteilung der Redezeit bekanntzugeben, fand die TV-Diskussion 1986 erstmals in *moderierter* Form statt. Zwei Spitzenjournalisten des ORF saßen 1986 Kanzler Vranitzky und Herausforderer Mock gegenüber, stellten Fragen und strukturierten den Diskussionsablauf. Der oppositionelle Herausforderer Mock hatte sichtlich Probleme, sich diesem Format anzupassen, wirkte nervös und hinterließ einen fahrigen Eindruck, während der Kanzlerkandidat der SPÖ, Vranitzky, betont kühl seine fachliche Kompetenz als Finanzminister und Wirtschaftsexperte ins Treffen führte. Die Daten mehrerer Umfragen unter Sehern der Diskussion deuteten darauf, dass es Vranitzky durch *impression management* offensichtlich besser gelang, seine Kompetenzstärken im Studio zur Entfaltung zu bringen als dem Herausforderer Mock. Der Ausgang der TV-Diskussion 1986, die unmittelbaren Eindrücke der Seher wie der Tenor der massenmedialen Nachberichterstattung neigten dazu, Vranitzky als Punktesieger zu sehen, was die Kampagne der oppositionellen ÖVP phasenweise in die Defensive brachte. Angesichts der Knappheit des Wahlausgangs spricht einiges für Effekte dieser TV-Diskussion, wobei bei der Erklärung für das Verfehlen des selbstgesteckten Wahlziels der ÖVP weniger die verunglückte Auftrittsleistung ihres Spitzenkandidaten ins Gewicht fällt als der rasante wahlpolitische Aufstieg von Haider, der Proteststimmen an sich zog, die unter anderen Umständen von der oppositionellen ÖVP zu mobilisieren gewesen wären.

Das Kommunikationsgeschick von Haider, seine kamera- und publikumsgerechte Selbstpräsentation wie die rhetorische Schärfe, mit der er Schwachpunkte seiner Gegenüber ansprach (Plasser 1996), überschatteten das von drei Spitzenjournalisten moderierte TV-Duell der Kanzlerkandidaten 1990, die beide bereits Haider im TV-Studio gegenübersaßen und von ihm punktuell in die Defensive getrieben worden waren. Dementsprechend wenig spektakulär verlief die Konfrontation zwischen Kanzler Vranitzky und Vizekanzler Riegler. Letzterer versuchte im TV-Studio durch punktuelle Offensiven eine sich abzeichnende erdrutschartige Niederlage der ÖVP zu mildern, was angesichts der negativen Wählerstimmungen wie dem kühlen Selbstbewusstsein seines Gegenübers aber zum Scheitern verurteilt war.

Eine folgenreiche Innovation in der österreichischen Medienarena war 1994 die Serie von 11 Kandidatenkonfrontationen im Rahmen der „Runden Tische" des ORF. Die Entscheidung der ORF-Führung, die Spitzenkandidaten der fünf Parlamentsparteien zu live-ausgestrahlten Streitgesprächen unter der Leitung eines Moderators in das Fernsehstudio zu bitten, prägte den Nationalratswahlkampf 1994 in einer unverkennbaren Weise (Plasser, Scheucher und Sommer 1995). Rund 50 Prozent der österreichischen Wahlberechtigten hatten zumindest eine bzw. mehrere der Streitgespräche am „Runden Tisch" gesehen. Immerhin 42 Prozent der Seher gaben zu Protokoll, durch diese Sendungen neue bzw. für ihre Wahlentscheidung relevante Informationen erhalten zu haben. 44 Prozent berichteten, dass sich durch die „Runden Tische" ihr Eindruck von bestimmten Kandidaten oder Kandidatinnen verändert habe. Anhaltspunkte für ihre persönliche Entscheidungsfindung bezogen 21 Prozent der Seher, die zumindest Teile mehrerer dieser Streitgespräche verfolgt hatten. Unter den Wechselwählern waren es 43 Prozent, was mit gebotener Vorsicht die Bedeutung solcher *kritischen* Medienereignisse unterstreicht (Plasser und Ulram 2004: 415).

Einzelne Politiker wie Haider nutzten die strategischen Möglichkeiten der *Telepolitik* gezielt und konsequent aus (Plasser 1993). In der TV-Konfrontation zwischen Bundeskanzler Vranitzky und Haider, die von 650.000 Wählern mitverfolgt wurde, setzte der FPÖ-Spitzenkandidat mittels einer mitgebrachten Tafel, die auf exorbitante, vertraglich zugesicherte Pensionsansprüche des damaligen Direktors der SPÖ-dominierten steirischen Arbeiterkammer verwies, einen thematischen Akzent, der das Wahlkampfgeschehen der letzten Wochen entscheidend prägte. Diese die Multiplikatorwirkung kalkuliert ausnutzende Aktion hatte eine nachhaltige *Agenda Setting*-Wirkung: Das Thema Privilegien und Funktionärsgehälter dominierte die Themenlandschaft der Schlussphase des Nationalratswahlkampfes. Die Aktion steht aber auch für *Priming*-Effekte, nach denen die dominanten Themen in der massenmedialen Berichterstattung nicht nur das Problembewusstsein der Wähler (mit)prägen, sondern auch den Bewertungsmaßstab für die Beurteilung der Spitzenkandidaten bzw. konkurrierenden Parteien darstellen. Beide Effekte – *Agenda Setting* und *Priming* – waren im Wahlkampf 1994 empirisch nachweisbar (Plasser und Ulram 2004: 415–416). Mit der zunehmenden negativen Akzentuierung der Themenlandschaft veränderte sich die Motivlage der Wähler grundlegend. Kontroverse Wirtschafts- und Sozialthemen verloren aus Sicht der Wähler kurzfristig an Dringlichkeit, während klassische Oppositionsthemen, Kritik an den Regierungsparteien und Denkzettelmotive die Aufmerksamkeit wie emotionale Reaktionen bestimmten. Jeder zweite Wechsler zur FPÖ (vorwiegend ehemalige SPÖ- und ÖVP-Wähler) begründete seine persönliche Wahlentscheidung spontan (ohne Antwortvorgaben) mit dem Motiv „Privilegien/Skandale" bzw. mit gegen die beiden Koalitionsparteien gerichteten Protest- und Denkzettelmotiven (Plasser, Scheucher und Sommer 1995: 240–244). Die Daten gaben Hinweise auf erhebliche *indirekte* Effekte auf das Wahlverhalten (Plasser 1996: 101).

Im Nationalratswahlkampf 1995 war das ORF-Zentrum neuerlich Schauplatz von insgesamt zwölf TV-Diskussionen, wobei Wirkungen der TV-Konfrontationen auf das Wählerverhalten nachzuweisen aufgrund methodischer Restriktionen nur ansatzweise möglich war. Unbestritten ist aber, dass die TV-Konfrontationen zumindest einen *indirekten* – wenn auch empirisch nicht im Detail quantifizierbaren – Einfluss auf das Wahlverhalten ausübten (Posselt und Rieglhofer 1996). Daten aus Wahltagsbefragungen legten den Schluss nahe, dass Wähler ohne Parteibindung wesentlich stärker unter dem Einfluss der TV-Konfrontationen standen als parteigebundene Stammwähler (Plasser und Ulram 2004: 417). So erklärten insgesamt 32 Prozent der Befragten, die TV-Konfrontationen hätten Einfluss auf ihre persönliche Wahlentscheidung gehabt. Unter deklarierten Wechselwählern war dieser Anteil mit 57 Prozent nahezu doppelt so hoch. Und im Wählersegment der *late deciders* (Befragten, die sich erst in den letzten Tagen vor dem Wahlsonntag auf eine bestimmte Partei festlegten) lag der Anteil der Befragten, die nach eigenen Angaben in ihrer persönlichen Wahlentscheidung von den TV-Konfrontationen (mit)beeinflusst wurden, sogar über zwei Drittel (Plasser, Sommer und Scheucher 1996: 97–99).

Im Nationalratswahlkampf 1999 organisierte der ORF wiederum eine Serie von zehn TV-Konfrontationen wie eine abschließende Diskussionsrunde mit den Spitzenkandidaten der fünf Parlamentsparteien. Obwohl die Einschaltquoten deutlich unter den Reichweiten der Diskussionsserien in den Wahlkämpfen 1994 bzw. 1995 lagen, zeigen die Daten einer begleitenden Panelstudie vergleichsweise dichte Kontakte der Wähler mit zumindest Teilen der im Spätabendprogramm ausgestrahlten Sendungen (Plasser, Ulram und Sommer 2000: 155–156). 14 Prozent der Panelteilnehmer haben nach eigenen Angaben die meisten dieser TV-Diskussionsformate zumindest teilweise mitverfolgt, 36 Prozent haben fünf bis zehn der ORF-Wahlkonfrontationen rezipiert, weitere 35 Prozent kamen mit zumindest zwei bis drei dieser TV-Formate in Kontakt, nur 15 Prozent der Panelteilnehmer wurden von keiner dieser Sendungen erreicht.

Für 36 Prozent hatten die TV-Konfrontationen zwischen den Spitzenkandidaten in einem bestimmten Ausmaß Einfluss auf ihre persönliche Wahlentscheidung, wobei sich jeder Zehnte von den Fernsehdiskussionen stark beeinflusst sah. 37 Prozent wiesen auch redaktionellen Kommentaren und Analysen in Tageszeitungen und Nachrichtenmagazinen einen entscheidungsrelevanten Stellenwert zu. Ebenso viele berichteten aber auch, dass persönliche Gespräche im Familien-, Bekannten- oder Kollegenkreis ihre Wahlentscheidung zumindest mit beeinflusst hätten (Plasser, Ulram und Sommer 2000: 161). Selbstverständlich handelt es sich dabei um *subjektive* Einschätzungen, die nur vorsichtige Rückschlüsse auf tatsächliche Medienwirkungen zulassen (Plasser und Ulram 2004: 418).

Die ORF-Wahlkonfrontationen 2002 stießen bei den Wählerinnen und Wählern wiederum durch das Zusammenspiel mehrerer Faktoren auf überdurchschnittliches Interesse: dem für österreichische Verhältnisse zeitlich verknappten Wahlkampf wie der als realistisch erachteten Chance eines Koalitions- und Regierungswechsels. Berichteten in der Wahltagsbefragung 1999 16 Prozent der Befragten, dass die Fernsehdiskussionen zwischen den Spitzenkandidaten ihre persönliche Wahlentscheidung *stark* beeinflusst hätten, waren es 2002 25 Prozent. Von den Wechselwählern verwiesen 30 Prozent auf einen entscheidungsrelevanten Einfluss der Kandidatendiskussionen. 1999 begründeten 23 Prozent der Wechselwähler ihre Entscheidung u.a. mit Eindrücken, Informationen und Anhaltspunkten, die sie den TV-Diskussionen entnommen hätten (Plasser, Ulram und Sommer 2000: 153). Einschätzungen des Einflusses unterschiedlicher Kommunikationskanäle auf die persönliche Wahlentscheidung zeigen, dass gegenüber 1999 insbesondere *zwei* politische Informationsangebote deutlich wirkungsstärker beurteilt wurden: die Fernsehdiskussionen zwischen den Spitzenkandidaten sowie politische Gespräche im persönlichen Umfeld (Plasser, Ulram und Sommer 2003: 39). Beide Informationsquellen sollten zehn Jahre später eine noch höhere Relevanz für die Entscheidungsfindung der Wähler haben.

Tabelle 1
**Subjektive Einflussstärke politischer Kommunikationskanäle auf die Wahlent-
scheidung 2002 und 1999**

In Prozent gaben an, dass diese Informationsangebote ihre Wahlentscheidung **stark** beeinflusst haben	Wähler und Wählerinnen	Wechsel-wähler
Fernsehdiskussionen zwischen Spitzenpolitikern	25 (16)	30 (23)
Gespräche im Familien- bzw. Bekanntenkreis	20 (16)	26 (20)
Aussagen der Spitzenkandidaten in Fernsehen und Radio	16 (16)	22 (23)
Gespräche mit Parteimitarbeitern	11 (10)	10 (10)
Kommentare und Analysen in Zeitungen und Zeitschriften	10 (10)	14 (20)
Wahlkampfveranstaltungen	6 (4)	6 (4)
Inserate in Tageszeitungen und Zeitschriften	5 (3)	4 (4)
Veröffentlichte Meinungsforschungsergebnisse	3 (4)	4 (5)
Politische Informationen im Internet	3	3
Plakate der wahlwerbenden Parteien	3 (3)	3 (5)
Briefe, Prospekte und Postwürfe der Parteien	3 (2)	3 (2)

Anmerkung: Werte in Klammern = 1999.

Quelle: FESSEL-GfK, Exit Polls (1999–2002).

55 Prozent der Wählerinnen und Wähler, die 2002 zumindest eine der ORF-Wahlkonfrontationen gesehen hatten, fühlten sich durch die Kandidatendiskussionen in
ihrer persönlichen Wahlpräferenz bestärkt. 40 Prozent verneinten einen Einfluss
der ORF-Wahlkonfrontationen auf ihre persönliche Wahlentscheidung. 5 Prozent
der Zuseher berichteten hingegen, dass sie Argumente und Erscheinungsbild der
Kandidaten in ihrer Entscheidung unsicher gemacht haben. Fühlten sich nur 3 Prozent der Stammwähler durch die TV-Konfrontationen verunsichert, berichtete jeder zehnte Wechselwähler von einer punktuellen Verunsicherung seiner Wahlpräferenz.

Die Tatsache, dass sich 66 Prozent der Wechselwähler in ihrer Entscheidung
bestätigt sahen, sollte aber nicht missverständlich als *status quo*-Effekt solcher
TV-Konfrontationen interpretiert werden (Plasser und Ulram 2004: 419). *Keine*
Auswirkungen auf ihre persönliche Wahlentscheidung konstatierten 40 Prozent
der Seher mehrerer TV-Konfrontationen, wobei sich 46 Prozent der Stammwähler, aber nur 25 Prozent der Wechselwähler von den TV-Streitgesprächen gänzlich
unbeeindruckt zeigten. 55 Prozent der Seher (66 Prozent der Wechselwähler) berichteten, dass sie sich durch die TV-Diskussionen in ihrer Wahlabsicht *bestärkt*
fühlten, während sich 5 Prozent der Seher und Seherinnen (9 Prozent der Wech-

selwähler unter der Seherschaft) nach Rezeption der TV-Konfrontation *unsicherer* waren, welche Partei sie tatsächlich wählen sollten, als vorher (Plasser, Ulram und Sommer 2003: 44).

Wenig überraschend spielte sich auch der Nationalratswahlkampf 2006 überwiegend in der Medienarena ab. Der ORF veranstaltete diesmal insgesamt zwölf TV-Debatten, die von durchschnittlich vier von zehn Österreichern, die zur Ausstrahlungszeit vor dem Fernsehgerät saßen, gesehen wurden. Die zwölf TV-Konfrontationen erreichten durchschnittlich 658.000 Seher bzw. insgesamt mehr als 3,6 Millionen Österreicher (ORF-Medienforschung 2006). Das Kanzler-Duell zwischen Schüssel und Gusenbauer verfolgten 1,149.000 Seher, die abschließende Diskussion der Spitzenkandidaten der wahlwerbenden Parteien knapp 1,3 Millionen. Nach Daten einer Nachwahlbefragung von OGM gaben 15 Prozent der Befragten an, dass die TV-Konfrontationen für ihre persönliche Wahlentscheidung sehr wichtig gewesen wären, 22 Prozent bezeichneten sie als eher wichtig (Renner 2007: 122–123). In der Diskussion der Kanzlerkandidaten sahen die Zuseher einen selbstbewusst angriffig auftretenden Gusenbauer wie einen punktuell irritierten, phasenweise rhetorisch scharf agierenden Kanzler. Was Kommentatoren an dieser Konfrontation auffiel, war weniger der Debattenstil des Kanzlers als die – für manche überraschende – punktuelle Schlagfertigkeit des Herausforderers. Trotz leichter Vorteile für Schüssel, wie sie die Daten mehrerer Seherbefragungen andeuteten, konnte der Kanzler die sich bereits abzeichnende Niederlage seiner Partei durch einen Studioauftritt nicht mehr abwenden (Plasser, Ulram und Seeber 2007). Angesichts der Knappheit des Wahlausgangs – der Vorsprung der SPÖ vor der ÖVP betrug nur rund 47.000 Stimmen – hätten aber bereits *minimale* Effekte der TV-Konfrontation in eine Richtung hypothetisch zu folgenreichen Konsequenzen für die Regierungsbildung führen können. Einen ähnlich knappen Wahlausgang brachte auch die Nationalratswahl 1986. Damals betrug der Vorsprung der SPÖ vor der zweitplatzierten ÖVP nur knapp 88.000 Stimmen. Auch 1986 hätten bereits moderate Effekte der TV-Konfrontation in eine Richtung zu einer völlig anderen Regierungskonstellation führen können.[6]

---

6 Dies gilt mit Einschränkungen auch für den TV-Wahlkampf 1979. Hätte Kreisky die absolute Mehrheit knapp verfehlt, wäre es mit höchster Wahrscheinlichkeit zu einer Koalitionsregierung der ÖVP unter Taus mit der FPÖ unter Götz gekommen. Der Koalitionspakt war bereits informell besiegelt.

Tabelle 2
TV-Konfrontationen 2008

Datum	Sender	Teilnehmer	Reichweite	Marktanteile (KaSat)
22.08.	ORF 2	Strache – Haider	868.000	43%
26.08.	ORF 2	Faymann – Van der Bellen	796.000	31%
28.08.	ORF 2	Molterer – Haider	862.000	37%
02.09.	ORF 2	Molterer – Strache	712.000	29%
04.09.	ORF 2	Van der Bellen – Haider	881.000	38%
09.09.	ORF 2	Van der Bellen – Strache	758.000	32%
11.09.	ORF 2	Faymann – Haider	787.000	36%
15.09.	ORF 1	Jörg Haider / Stefan Petzner	140.000	20%
17.09.	ORF 2	Faymann – Strache	948.000	36%
17.09.	PULS 4	Spitzenkandidaten	153.000	7%
17.09.	ORF 2	Diskussion der Spitzen-politikerinnen	579.000	20%
17.09.	ORF 1	Heinz-Christian Strache / Herbert Kickl	130.000	15%
18.09.	ORF 2	Molterer – Van der Bellen	765.000	28%
19.09.	ORF 1	Alexander Van der Bellen / Hikmet Arslan	117.000	13%
21.09.	ATV	Spitzenkandidaten (ohne Faymann)	324.000	12%
21.09.	ORF 2	Spitzenkandidaten der nicht im Parlament vertretenen Parteien	511.000	25%
22.09.	ORF 1	Wilhelm Molterer / Silvia Fuhrmann	161.000	20%
23.09.	ORF 2	Faymann – Molterer	1,094.000	38%
24.09.	ORF 1	Werner Faymann / Laura Rudas	94.000	14%
25.09.	ORF 2	Spitzenkandidaten	1,084.000	42%

Quelle: ORF-Teletest und SevenMedia (2008).

Das abrupte vorzeitige Ende der Koalitionsregierung im Juli und ein Wahltermin Ende September konzentrierten die Wahlkampfaktivitäten 2008 nahezu ausschließlich auf die Medienarena, in der wiederum die vom ORF veranstalteten TV-Konfrontationen das Hauptprogramm darstellten. Insgesamt fünf Millionen sahen die von Ingrid Thurnher geleiteten zehn Konfrontationen und Diskussionen, ein *„Im*

Zentrum spezial" mit den Spitzenkandidaten der nicht im Parlament vertretenen Wahlwerber, eine Diskussion der Spitzenpolitikerinnen und die „Elefantenrunde" zur Wahl. In Summe erreichten die Diskussionssendungen auf ORF 2 57 Prozent der österreichischen TV-Bevölkerung ab 12 Jahren (ORF-Medienforschung 2008). Das Polit-Diskussionsformat für junge Wähler im Spätabendprogramm von ORF 1 (*„Wahl 08 – Ihre Frage"*), in dem sich jeweils die Spitzenkandidaten der Parlamentsparteien und ein Jungabgeordneter den Fragen von Schulklassen stellten, erreichte durchschnittlich knapp 130.000 Seher. Für eine *Innovation* des TV-Wahlkampfes sorgten erstmals von privaten TV-Anstalten organisierte TV-Diskussionen zwischen den Spitzenkandidaten. So erreichte die Diskussionssendung „*ATV Meine Wahl"* durchschnittlich 324.000 Seher, wobei Befragungen des weitesten Seherkreises zeigten, dass 20 Prozent der Seher von „ATV Meine Wahl" zuvor keine der TV-Konfrontationen im ORF gesehen hatten. Ebenfalls beachtlich war die Premiere der „*PULS 4 Wahlarena"*, die von durchschnittlich 153.000 Sehern mitverfolgt wurde. Die mit Abstand reichweitenstärksten Diskussionssendungen waren aber die vom ORF veranstaltete TV-Konfrontation zwischen Faymann und Molterer, die von 1,094.000 Sehern verfolgt wurde, wie die abschließende „Elefantenrunde", die ähnlich große Seherzahlen erreichte. Nach Umfragen im Auftrag des ORF haben zwei Drittel der Befragten mehrere der TV-Konfrontationen gesehen (Wagner 2008: 143–144).

3. Effekte der TV-Wahlkonfrontationen

Im Rahmen wahlkampfbegleitender Forschungen haben Plasser, Ulram und Sommer (2003) den Versuch unternommen, die *Verstärkerhypothese* differenzierter zu überprüfen. Tatsächlich haben 1994 88 Prozent und 2002 82 Prozent der Wählerinnen und Wähler, die zumindest eine der TV-Konfrontationen gesehen haben, die gleiche Partei gewählt, die sie ursprünglich wählen wollten. Daraus aber abzuleiten, dass es sich bei TV-Konfrontationen lediglich um inszeniertes *Politainment* handelt, wäre eine Unterschätzung des Wirkungspotenzials solcher Diskussionsrunden (Maurer und Reinemann 2003; 2007). Immerhin haben sich 1994 5 Prozent und 2002 6 Prozent der Befragten nach eigenen Angaben durch die TV-Konfrontationen überhaupt erst für die Wahl einer bestimmten Partei entschlossen, und 12 Prozent haben 2002 nicht zuletzt aufgrund der TV-Konfrontationen eine andere Partei gewählt, als sie ursprünglich wählen wollten. Über einen auf die ORF-Wahlkonfrontationen rückführbaren *Konversionseffekt* berichteten 35 Prozent der Wechselwähler und 37 Prozent jener, die sich erst in der Schlussphase des Wahlkampfes definitiv auf eine bestimmte Partei festlegten. War der wahlpolitische Effekt der TV-Konfrontationen bei parteigebundenen Stammwählern nahezu Null – 98 Prozent hätten in jedem Fall die von ihnen präferierte Partei gewählt –, verweist jeder zweite Wechselwähler auf entscheidungsrelevante Anhaltspunkte, die er (sie) dem Diskussionsverlauf entnommen hat (Plasser, Ulram und Sommer 2003: 44–45).

Verstärker- bzw. *status quo*-Effekte zeichneten sich 2002 erwartungsgemäß auch unter Wechselwählern ab. 53 Prozent der Seher einer der ORF-Wahlkonfrontationen, die letztlich eine andere Partei als 1999 wählten, zeigten sich von den Inhalten und Argumenten, die von den Kandidaten im TV-Studio vorgebracht wurden, entweder unbeeindruckt – was sie aber nicht vom Parteiwechsel abhielt – oder interpretierten diese als Bestätigung der bereits getroffenen Entscheidung für einen Parteiwechsel. Immerhin 12 Prozent der Seherinnen und Seher der ORF-Wahlkonfrontationen wählten aufgrund der Eindrücke von diesen Fernsehdiskussionen nach eigenen Angaben eine andere Partei als sie ursprünglich wählen wollten. Weitere 6 Prozent entschieden sich erst aufgrund der Diskussionssendungen definitiv für die Wahl einer bestimmten Partei. Von den Wechselwählern, die mehrere der ORF-Wahlkonfrontationen verfolgt hatten, führten 35 Prozent ihre definitive Wechselentscheidung auf Eindrücke und Informationen aus den TV-Diskussionen zurück (Plasser und Ulram 2004: 420–421).

Tabelle 3
TV-Konfrontationen und Wahlentscheidung 1994

Basis: Wählerinnen und Wähler, die mehrere der „Runden Tische" (TV-Konfrontationen) gesehen haben.

In Prozent haben aufgrund der TV-Konfrontationen letztlich ...	Seher (insgesamt)	Stammwähler	Wechselwähler
Eine andere Partei gewählt als sie ursprünglich wählen wollten	7	0	22
Sich überhaupt erst für die Wahl einer bestimmten Partei entschieden	5	6	10
Die gleiche Partei gewählt, die sie ursprünglich wählen wollten	88	94	68

Quelle: FESSEL+GfK Institut, Track Polling zur NRW 1994.

Dass TV-Konfrontationen den Sehern durchaus *relevante* Anhaltspunkte für die persönliche Wahlentscheidung vermitteln, bestätigen neuerlich Analysen der TV-Diskussionen 2008 im Rahmen des Nationalen Forschungsnetzwerkes AUTNES. Nach Daten des AUTNES Post-Post-Election-Survey bezogen 18 Prozent der Wähler für sie relevante Informationen über das politische Geschehen in Österreich aus den TV-Konfrontationen. 11 Prozent der Wähler haben nach eigenen Angaben fast alle der TV-Konfrontationen gesehen, weitere 21 Prozent sehr viele. Jeder dritte Wähler hat die Serie der abendlichen TV-Konfrontationen intensiv verfolgt, 40 Prozent wurden nur punktuell von einzelnen Konfrontationen erreicht, rund 30 Prozent haben keine der TV-Diskussionen gesehen.

Tabelle 4
TV-Konfrontationen und Wahlentscheidung 2002

Basis: Wählerinnen und Wähler, die mehrere der TV-Konfrontationen gesehen haben.

In Prozent haben aufgrund der TV-Konfrontationen letztlich …	Seher (insgesamt)	Stamm-wähler	Wechsel-wähler	Late deciders
Eine andere Partei gewählt als sie ursprünglich wählen wollten	12	0	35	37
Sich überhaupt erst für die Wahl einer bestimmten Partei entschieden	6	2	12	12
Die gleiche Partei gewählt, die sie ursprünglich wählen wollten	82	98	53	50

Quelle: FESSEL-GfK, Exit Poll (2002).

Parteigebundene Wähler, die bereits am Beginn des Wahlkampfes definitiv auf eine bestimmte Partei festgelegt waren, haben die TV-Konfrontationen etwas intensiver verfolgt als Spätentscheider, die sich erst in der Schlussphase des Wahlkampfes definitiv festlegten. Dafür bezeichneten aber *late deciders* die TV-Konfrontationen für ihre persönliche Entscheidungsfindung als wichtiger als bereits am Beginn des Wahlkampfes festgelegte *early deciders*. Für 14 Prozent der Spätentscheider waren die TV-Konfrontationen für ihre Entscheidungsfindung sehr wichtig, für weitere 30 Prozent immerhin eher wichtig. Knapp jeder zweite *late decider* hat offensichtlich aus den TV-Konfrontationen relevante Anhaltspunkte bzw. entscheidungsrelevante Eindrücke bezogen, was neuerlich die Informationsfunktion solcher TV-Diskussionen unterstreicht (Maurer und Reinemann 2007: 236), die auch durch multivariate Modellschätzungen nachgewiesen werden konnte. Tendenziell den größten Nutzen dürften dabei die TV-Auftritte dem mittlerweile verstorbenen Spitzenkandidaten des BZÖ gebracht haben. Rund 70 Prozent der BZÖ-Wähler gaben in der Wahltagsbefragung spontan die Persönlichkeit von Haider als ihr vorrangiges Entscheidungsmotiv an.

Die vorliegenden Daten zeigen, dass TV-Diskussionen trotz ihres inszenatorischen Charakters, des professionellen, mit Medienberatern einstudierten Argumentationsstils der Diskutanten, der Stilisierung zu *media hypes* und Quotenkalkülen der Sendeanstalten einen nicht zu unterschätzenden Beitrag zur Entscheidungsfindung der Wähler leisten. Sie erhöhen den subjektiven Wissens- und Informationsstand der Zuseher und bieten auch jenen Wählerinnen und Wählern verknappte Einblicke in thematische Problemfelder und Problemlösungszugänge der Kandidaten *(information sthortcuts)*, die sich nur punktuell über das politische Geschehen informieren *(low information rationality)* (Plasser, Ulram und Sommer 2003: 46–47).

Tabelle 5
Relevanz von Informationsquellen für die Wahlentscheidung 2008

Frageversion: „Sagen Sie mir bitte im Rückblick zu jedem Informationsangebot, ob es für Ihre persönliche Wahlentscheidung sehr wichtig, wichtig, eher unwichtig war oder überhaupt keine Rolle gespielt hat."

In Prozent*	Sehr wichtig	Wichtig	Eher unwichtig	Keine Rolle gespielt
Gespräche im Familien- oder Bekanntenkreis	13	33	24	30
Fernsehdiskussion zwischen den Spitzenkandidaten	12	23	24	40
Berichterstattung in anderen Massenmedien	8	21	30	41
Berichterstattung in der Kronen Zeitung	8	13	20	60
Gespräch mit Parteimitarbeitern	5	13	16	66
Veröffentlichte Meinungs- forschungsergebnisse	4	9	19	69
Wahlkampfveranstaltungen der Parteien	4	10	14	72
Politische Informationen im Internet	3	10	13	72
Plakate der Parteien	3	9	24	65

* Basis: Wähler und Wählerinnen 2008. Differenz auf 100 % = weiß nicht.

Quelle: GfK Austria, AUTNES Post-Post-Election Survey 2008 (April-Juni 2009, N=1.203).

Effekte von TV-Diskussionen entfalten sich realiter in Wechselwirkung mit anderen Einflussfaktoren, zu denen die dichte massenmediale Präsenz der Spitzenkandidaten in Nachrichtensendungen wie in der tagesaktuellen Berichterstattung der Printmedien ebenso zu zählen ist wie der urteilsverstärkende Einfluss des persönlichen Gesprächsumfelds (Plasser und Ulram 2004: 422). Konsequenterweise berichten auch Seher der Wahlkonfrontationen, die aufgrund ihrer Eindrücke von einer der TV-Diskussionen eine andere Partei wählten als sie ursprünglich wählen wollten, von mehreren Einflussquellen, die sie in ihrer Wechselwahlentscheidung verstärkten, wobei insbesondere die redaktionelle Nachberichterstattung einen nicht zu unterschätzenden Beitrag zur Einschätzung und Bewertung der Diskutanten leistet. Einblicke in thematische Argumentationslinien der Kandidaten und deren Diskussionsstil wie Ergebnisse einer Inhaltsanalyse der redaktionellen Nachberichterstattung zu den TV-Konfrontationen 2008 stehen im Mittelpunkt der folgenden Abschnitte.

4. TV-Konfrontationen als Wahlkampfereignis und Analysegegenstand

Die TV-Konfrontationen im österreichischen Fernsehen zählten zu den Höhepunkten des Wahlkampfes 2008 und wurden zum Publikumsmagneten. Das Fernsehstudio wurde zur zentralen Wahlkampfarena, in der sich die Gladiatoren der Parteien gegenüberstanden und auch die TV-Sender widmeten den Konfrontationen so viel Sendezeit wie noch in keinem anderen Wahlkampf zuvor. Der stellvertretende Info-Chef von ORF 2, Wolfgang Wagner, schreibt dazu in seiner TV-Wahlkampfanalyse: „Schließlich schreiben die Printmedien [Anmerkung: im Vorfeld des Wahlkampfes] bereits, dass wegen der Kürze des Wahlkampfs den Fernsehauftritten besondere Bedeutung zukommen werde. Der ORF trägt dem Rechnung. Ein Gesamtpaket wird geschnürt – so groß wie nie zuvor" (Wagner 2008: 135). Mehr als 1.000 Sendeminuten widmeten private und öffentlich-rechtliche Sender den Wahlkampf-Diskussionsformaten in den letzten fünf Wochen vor der Wahl. Achtzig Prozent der Sendezeit dieser *Live*-Berichterstattung entfiel dabei auf den ORF, zwanzig Prozent auf die großen Diskussionsrunden im Hauptabendprogramm der privaten TV-Sender Puls 4 und ATV. Ein Großteil dieser Debattenformate wurde zudem zur *Primetime* zwischen 20.15 Uhr und 22 Uhr ausgestrahlt. Man setzte dabei auf die erste politische Garde und ließ keine Stellvertreter-Besetzungen in unliebsamen TV-Begegnungen mit dem politischen Kontrahenten zu (Wagner 2008). Die Spitzenkandidaten folgten dieser Einladungspolitik. Nur der SPÖ-Chef Werner Faymann blieb den TV-Diskussionen in den privaten Sendern fern, wofür er harsche Kritik der Sendungsverantwortlichen und auch von anderen Medien einstecken musste, die darin einen Kniefall vor dem ORF vermuteten. Erstmals wiesen diese Formate auch eine eingeschränkte interaktive Komponente auf, indem sie es der Bevölkerung für die Sendungen ATV-„Meine Wahl", Puls 4-„Wahlarena" und für das Jugendformat des ORF, „Wahl 08 – Ihre Frage", ermöglichten, per Internet-Videobotschaft Fragen an die Spitzenkandidaten zu richten. Zudem hatte das Publikum im TV-Studio die Möglichkeit, direkt Fragen zu stellen.

Allein die ORF-Diskussionssendungen (zehn Zweier-Konfrontationen, „Elefantenrunde"[7], „Ameisenrunde"[8], „Diskussion der Spitzenpolitikerinnen" der Parlamentsparteien und das Jugendformat „Wahl 08 – Ihre Frage") wurden von 5,1 Millionen Menschen zumindest kurz gesehen. Das waren kumuliert nicht weniger als 73 Prozent der TV-Bevölkerung Österreichs. Hinzu kamen noch knapp 330.000

---

7   Diese Bezeichnung hat sich in den letzten Jahren journalistisch als Titulierung der abschließenden TV-Diskussionsrunde der Spitzenkandidaten der im Parlament vertretenen Parteien eingebürgert.

8   Diese Bezeichnung wurde von den österreichischen Journalisten als Titulierung der TV-Diskussion der nicht im Parlament vertretenen Parteien, die bundesweit kandidieren, und als Gegenstück zur Elefantenrunde eingeführt.

Zuseher auf ATV und 150.000 auf Puls 4, die die dort ausgestrahlten Diskussionssendungen der Spitzenkandidaten mitverfolgten. Die Sendungen entwickelten sich
zu Quotenhits. Besonders die Privaten erreichten mit diesen neuen Polit-Formaten
Publikumszahlen, die sie ansonsten nur mit Blockbustern á la „Harry Potter" erzielen. Somit erreichte der Wahlkampf im TV-Studio im Jahr 2008 in vielerlei Hinsicht eine neue Dimension.

Das *Live*-Publikum mag sich während der Übertragung der jeweiligen Diskussion selbst ein differenziertes Bild über Sieger und Verlierer gebildet haben.
Doch ist die *Live*-Übertragung der TV-Duelle nicht isoliert zu betrachten. Zunächst können bereits die Vorberichte mit der Darstellung von Ausgangslagen
und Erwartungshaltungen an die Duellanten die eigenen Eindrücke der TV-
Zuseher präjudizieren. Zusätzlich sind es die Nachberichte in den Medien, Ad-
hoc-Analysen von Journalisten, Experten, Demoskopen, Motivforschern oder
Mediencoaches und Politikberatern, die die Auftritte der Kandidaten in den TV-
Debatten analytisch einrahmen und begleiten. Was von einer TV-Konfrontation
somit im kollektiven und subjektiven Gedächtnis bleibt, ist nicht nur die wahrgenommene Performance der Diskutanten in der *Live*-Debatte, sondern zudem
die begleitende und ausgedehnte Vor- und Nachberichterstattung in den Medien.
Solche Analysen und Bilanzierungen der TV-Konfrontationen können dabei zu
Umdeutungen und Umbewertungen der subjektiven Eindrücke der TV-Konsumenten führen (Reinemann 2007). Nicht notwendigerweise müssen die von
Analysten und Journalisten als ausschlaggebend identifizierten Aspekte und Elemente der TV-Konfrontation auch den subjektiven Wahrnehmungen der Zuseher
entsprechen. Außerdem ist die Nachberichterstattung eine wichtige Urteilsquelle
für jene Wähler, die die TV-Konfrontationen nicht selbst verfolgen konnten. In
diesem Zusammenhang ist von Interesse, welche Rolle der Journalismus in der
Vermittlung und Beurteilung der TV-Diskussionen und der Diskutanten spielt.
Zentrale Fragen sind: Werden medial vorwiegend Inhalte oder Äußerlichkeiten
zu den TV-Konfrontationen thematisiert? Welche Kandidaten werden als Gewinner und Verlierer porträtiert? Agieren Österreichs Journalisten und Medien
vornehmlich als Chronisten und distante Beobachter oder als quasi-politische
Akteure, die ihre eigenen Interpretationen und Urteile in den Vordergrund der
Konfrontationsvermittlung stellen? Und inwieweit entsprechen die Schwerpunkte der medialen Reflexion dabei den Selbstpositionierungen der Kandidaten in
den TV-Konfrontationen?

Bevor die Vor- und Nachberichterstattung zu den TV-Konfrontationen in den
österreichischen Medien eingehend inhaltsanalytisch diskutiert wird, untersucht
der Beitrag die so genannte „Elefantenrunde", die Abschlussdiskussion zwischen
den Spitzenkandidaten der im Parlament vertretenen Parteien. Die am Donnerstag,
den 25. September 2008, ausgestrahlte, von Ingrid Thurnher moderierte „Elefantenrunde" dauerte eine Stunde und 40 Minuten. Die folgende Inhaltsanalyse der
TV-Diskussion erfasst verschiedene Dimensionen der ausgewählten *Live*-Debatte

auf Aussagen-Ebene[9] (siehe dazu Rössler 2005: 75ff.). Die Analyse-Einheit ist dabei die Aussage eines Diskutanten. Die vorliegende Studie wurde im Rahmen des vom FWF (Fonds zur Förderung der wissenschaftlichen Forschung in Österreich) geförderten Projektes AUTNES (Austrian National Election Study) und in Zusammenarbeit mit MediaWatch, Institut für Medienanalysen, durchgeführt. Die in ausführlichen Pre-Tests erhobene Intercoder-Reliabilität der TV-Konfrontationsanalysen liegt bei allen erhobenen Variablen zwischen 0,709 und 1,000.[10] Die durchschnittliche Übereinstimmung der Codierung erreicht einen Wert von 0,789. Die Pre-Tests basieren auf einer zwanzigprozentigen Stichprobe (20 Minuten) der Sendezeit der untersuchten TV-Konfrontation.

In dieser Analyse werden unter anderem die Themen, das *Agenda-Setting*-Verhalten, der Argumentationsstil, das *positive* und *negative campaigning*, die Visionarität und der Gesprächsstil der Kandidaten empirisch erhoben und analysiert. Es werden die Themen-Aussagen der Diskutanten festgehalten und dabei auch differenziert, welcher Diskutant mit welchen Themen konfrontiert wird, d. h. zum einen welche Themen er selbst setzen kann *(active agenda-setting)* und zum anderen, zu welchen Themen er von anderen (z. B. von der Moderatorin oder einem Kontrahenten) aufgefordert wird, Stellung zu beziehen *(passive agenda-setting)*. Diese Dimension beantwortet zudem die Frage, welche Themenstränge die Diskussion dominieren. Der Argumentationsstil gibt Aufschluss darüber, welche Kandidaten sich als offensive bzw. defensive Diskutanten präsentieren. Offensiv bedeutet in diesem Zusammenhang, dass der Kandidat das Gespräch definiert und dominiert, seine Gegenüber angreift, zur Rede stellt, attackiert oder mit Aufforderungen konfrontiert bzw. aktiv Fragen in die Runde wirft. Bei einem defensiven Argumentationsstil hingegen wird der Kandidat vom Kontrahenten angegriffen und bezieht zu diesen Angriffen bzw. Aufforderungen Stellung, verteidigt sich und kann selbst keine aktiven Diskussionspunkte einbringen, sondern ist mit Umdeutungen fremder Themensetzungen beschäftigt (siehe dazu Laux und Schütz 1996; Rieglhofer und Posselt 1996).

Als weiteren spezifischen Aspekt der Diskussionen wird im Rahmen dieser Analyse erhoben, wer in welchem Ausmaß *positive* bzw. *negative campaigning* betreibt. Dabei wird unterschieden, ob die Aussagen der Kandidaten positive Selbstdarstellungen (der Person oder der Inhalte und politischen Ziele) betreffen oder ob sie negative Darstellungen (der Person oder der Inhalte, Ideen und Ziele) der Gegenüber betreffen. In der Dimension Visionarität bzw. Konstruktivität wird zudem

---

9 Aussagen setzen sich dabei aus mindestens einem Urheber (Akteur, Sprecher, Setzer der Aussage) und einem Objekt (thematischer, inhaltlicher Fokus) zusammen. Aussagen grenzen sich voneinander dadurch ab, dass sie entweder einen neuen Urheber, ein neues Objekt oder eine neue Bewertung (des Akteurs, des Objekts) betreffen. Jeder Wechsel eines der drei Aussagen-Elemente bedeutet eine neue Aussage.

10 Je nach Skalenniveau der Variablen wurden Scott's Pi (nominal-skalierte Variablen) und Spearman's Rho (ordinal-skalierte Variablen) als Reliabilitäts-Koeffizienten herangezogen.

erhoben, ob der Diskutant in seinen Aussagen politische Problembeschreibungen und Problemdefinition bzw. eher retrospektive Verantwortlichkeitszuschreibungen für Missstände artikuliert oder ob er eigene, zukunftsgerichtete Visionen, Ziele und Zielerreichungsstrategien präsentiert. Kurz – befasst sich ein Diskutant mit der Problembeschreibung oder der Problemlösung?

Neben inhaltlichen Dimensionen setzt die Analyse auch stilistische Schwerpunkte. So wird etwa erhoben, wer wen wie oft unterbricht. Diese *cut-off rate* gilt als Indikator eines gepflegten oder eher unhöflichen Diskussionsstils der Kandidaten. Dies gilt ebenso für die *response rate*, also dem Grad der Antwortverweigerung durch die Diskutanten. In dieser Dimension wird erhoben, ob die Kandidaten auf die Fragen, die ihnen gestellt werden, tatsächlich antworten, sie sich also konstruktiv-responsiv verhalten, oder ob die Kandidaten eher evasiv reagieren und Fragen negieren, umdeuten oder anderweitig ausweichend behandeln und im Kern unbeantwortet lassen. Dabei kann eine Aussage gleichzeitig mehrere dieser Dimensionen reflektieren. So können sich Aussagen mit *positive campaigning*-Aspekten gleichzeitig als Lösungsdarstellungen präsentieren, ebenso wie *active agenda-setting* und offensive Argumentationsstile oft zusammentreffen.

Aus diesen Parametern lässt sich eine Performance-Matrix, die sich aus den drei zentralen Dimensionen Aktion, Konstruktivität und Stil zusammensetzt, bündeln. Aus den Indikatoren *active vs. passive agenda-setting* und dem offensiven vs. defensiven Argumentationsstil ergibt sich der Aktions- und Kontroll-Index.[11] Er gibt Aufschluss über das Aktivitäts- und Kontrollniveau, das der Diskutant im Rahmen der Debatte erreicht. Die Dimension *positive vs. negative campaigning* und die Visionarität im Sinne von Problemdarstellung vs. Lösungsdarstellung ergeben den Konstruktivitäts-Index, während sich aus den Anteilen an den *cut-off rates* der Kandidaten und aus der *response rate* ein Stil-Index generiert. Diese AKS-Matrix[12] spannt somit einen komprimierten Rahmen für die Einordnung des Auftrittsverhaltens und des Debattenstils der Diskutanten auf, der sowohl für die Analyse der TV-Konfrontationen selbst als auch für die massenmediale Vor- und Nachberichterstattung zu den Fernsehdiskussionen angewandt werden kann. In den folgenden Abschnitten werden die empirischen Ergebnisse der Inhaltsanalysen zur „Elefantenrunde" und zur Vor- und Nachberichterstattung in den wichtigsten österreichischen Boulevard- und Qualitätsmedien zu allen *Live*-TV-Diskussionsrunden (öffentlich-rechtlich als auch privat) präsentiert.

---

11 Dabei wird in der Inhaltsanalyse erhoben, ob eine Aussage/ein Beitrag einem der beiden dichotomen Pole (z. B. offensiv oder defensiv) entspricht, und anschließend in einem Index von -1 bis +1 umgerechnet und als eine Koordinate des zweiteiligen Datenpunktes in die Matrix aufgenommen.

12 „A" steht für Aktion und Kontrolle, „K" steht für Konstruktivität und „S" steht für Stil.

5. Die „Elefantenrunde" 2008

Nicht nur die Medien nahmen die TV-Konfrontationen als „News" im kurzen Wahlkampf dankbar auf, sondern auch die Partei- und Wahlkampfstrategen ordneten die Fernsehduelle der Spitzenkandidaten als zentrales Element ihrer Wahlkämpfe ein (Hofer und Tóth 2008). In einem so kurzen Wahlkampf wurden die TV-Konfrontationen für die Parteien zum besonders wichtigen Wahlkampfereignis in der heißen Phase. Am 25. September 2008, drei Tage vor der Wahl, fand die TV-*Live*-Konfrontation der Spitzenkandidaten der Parlamentsparteien in der Säulenhalle des österreichischen Parlaments statt.[13] Das Duell der Adjutanten am Vorplatz des Hohen Hauses begann schon deutlich vor dem offiziellen Sendetermin zur abendlichen *Primetime*. Funktionäre und Sympathisanten der Diskutanten versammelten sich, versprühten Optimismus und feierten schon vorab den eigenen Diskussionsteilnehmer als Sieger. Transparente wurden in Stellung gebracht, Schlachtrufe skandiert, Luftballone in Parteifarben verschenkt und selbst eine Blaskapelle versuchte, die Stimmung anzuheizen. Der erwartete Höhepunkt der TV-Konfrontationen wurde mit 1,084.000 Zusehern tatsächlich zu einem Quotenhighlight unter den ausgestrahlten TV-Debatten.

Der folgende Abschnitt präsentiert die empirischen Ergebnisse der Inhaltsanalyse der Elefantenrunde, die untersucht, wie sich die einzelnen Diskutanten in der abschließenden TV-Konfrontation präsentieren. Da nicht alle TV-Konfrontationen einer solchen aufwendigen Analyse unterzogen werden konnten, wurde jenes Duell, das alle Spitzenkandidaten der Parlamentsparteien repräsentiert, zur exemplarischen Analyse entlang der bereits erläuterten AKS-Matrix herangezogen.

Die Elefantenrunde – nicht zuletzt gelenkt von den Fragestellungen der Moderatorin – war überwiegend von sachpolitischen Thematisierungen geprägt. Acht von zehn Aussagen der Diskutanten betrafen im Kern *policy*-Themenbereiche. Nur zwei von zehn Stellungnahmen fokussierten auf den *politics*-Aspekt von Politik und konzentrierten sich dabei auf eine allgemeine Bilanz und den Zustand der Regierungskoalition, auf das Verhältnis der Parteien und Koalitionsspekulationen. Inhaltlich war die Elefantenrunde vor allem von den Themen „Steuern", „Regierungsbilanz Rot-Schwarz" und der EU dominiert. Weiters standen Wirtschaftspolitisches und Gesundheitspolitik im Zentrum der Debatte. Diese Top-Fünf-Themen bündelten knapp 50 Prozent aller Themenaussagen der Kandidaten in der Diskussionssendung. Dabei wurde die Steuerdiskussion vor allem von Haider dominiert, der dieses Thema zu einem Drittel für sich beanspruchte. Beim Thema Regierungsbilanz waren es vor allem die Oppositionspolitiker, die ihre Sendezeit mit einer kritischen Beurteilung des SPÖ-ÖVP-Kabinetts prominent füllten. Allen voran thematisierte FPÖ-Parteichef Strache diese Regierungskritik ebenso wie EU-Kritik.

---

13 Die Spitzenkandidaten der fünf Parlamentsparteien für die Nationalratswahl 2008 waren Werner Faymann (SPÖ), Wilhelm Molterer (ÖVP), Alexander Van der Bellen (Grüne), Heinz-Christian Strache (FPÖ) und Jörg Haider (BZÖ).

Schaubild 1
Top-15 Themen in der Elefantenrunde im Wahlkampf 2008

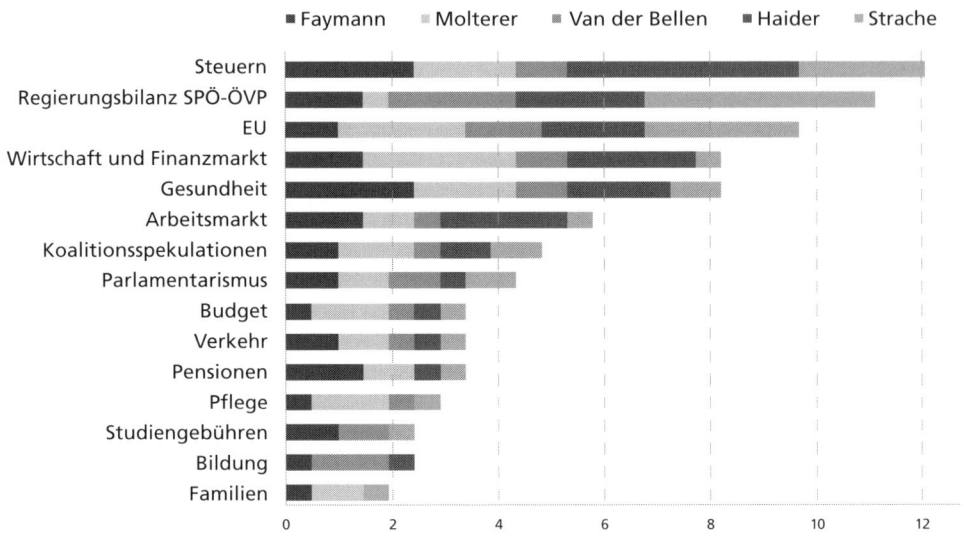

in Prozent der Themen-Aussagen (N=207 Themen-Aussagen der Kandidaten)

Faymann übernahm in der Diskussionsrunde vor allem in den Themenkreisen Gesundheit und Pensionen die Themenführerschaft, während Molterer wiederum besonders die Kernkompetenzen seines damaligen Fachressorts thematisierte – Budget, Wirtschafts- und Finanzkrise. Van der Bellen gelang es nur zum relativ wenig diskutierten Thema Bildung die Themenführerschaft zu übernehmen. Haider hingegen brachte sich vor allem bei den intensiv diskutierten Themensträngen als bedeutender *Agenda-Setter* ein, besonders in die Steuer- und Arbeitsmarkt-Debatte. Strache konzentrierte sich fast ausschließlich auf Kritik an Regierung und EU. Daneben konnte sich der FPÖ-Chef nur noch in der Steuerdebatte punktuell als *Themensetzer* positionieren.

Die folgenden drei Schaubilder geben einen Überblick über die Positionierungen der Kandidaten auf den drei Dimensionen der AKS-Matrix in der ORF-Elefantenrunde – Aktion, Konstruktivität und Stil. Die Größe des Datenpunktes indiziert dabei, in welchem Ausmaß die jeweilige Dimension durch den einzelnen Kandidaten (im Vergleich zu den anderen Diskutanten) in der Diskussionsrunde aktiviert wurde.

Haider gelang es, sich in der Diskussion sowohl als aktivster *Agenda-Setter* als auch als offensivster Diskutant zu positionieren. An zweiter Stelle in dieser Dimension findet sich FPÖ-Chef Strache, der ebenfalls als sehr offensiver Gesprächsteilnehmer auftrat, ebenso wie Van der Bellen, dem es dabei allerdings weniger häufig gelang, selbst aktiv Themen zu setzen. Die Oppositionspolitiker nutzten somit vor allem die Regierungskritik, um sich selbst offensiv zu präsentieren. Etwas weniger aktiv und offensiv zeigten sich demgegenüber die Regierungsvertreter Faymann und Molterer, wobei der ÖVP-Chef noch etwas stärker in die argumentative Defensive gedrängt wurde als Faymann. An der Spitze des Aktions- und Kontroll-Rankings rangierte somit Haider, während sich Molterer am Ende findet. Allen Diskussionsteilnehmern gelang es aber im Verlauf der TV-Diskussion, sich überwiegend offensiv und als aktive Themensetzer zu präsentieren. Keiner der Diskutanten war überwiegend passiver *Agenda*-Empfänger oder hauptsächlich in die Defensive gedrängt. Alle Diskussionsteilnehmer positionierten sich in vergleichbarem Ausmaß in dieser Analyse-Dimension. Strache bündelte 22 Prozent der Aussagen, die das Aktions- und Kontrollniveau aktivieren, auf sich, während Faymann in dieser Dimension mit einem Anteil von 19 Prozent am wenigsten präsent war.

Schaubild 2
AKS-Matrix – Aktions- und Kontroll-Index in der Elefantenrunde

Index[14] der jeweils zweidimensionalen Matrix-Elemente (-1 bis +1) – (N=294 Aussagen)

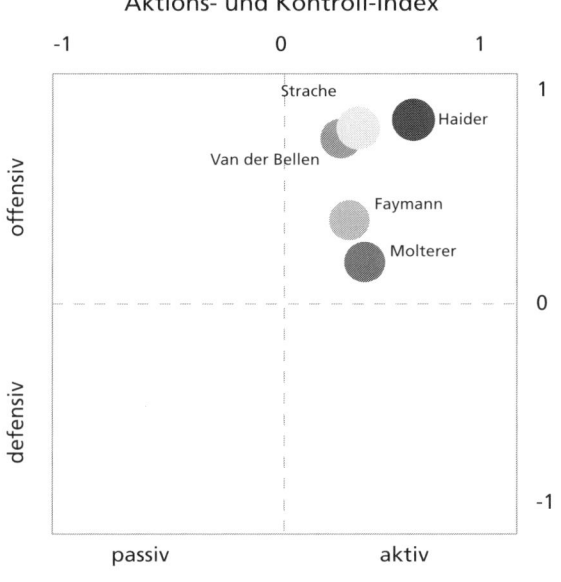

14 Der Index berechnet sich jeweils aus der Anzahldifferenz eindeutig zuordenbarer Aussagen (z. B. offensive vs. defensive Aussagen), dividiert durch die daraus resultierende Aussagen-Summe. Der Wert -1 bedeutet im Zusammenhang der defensiven vs. offensiven y-Achse etwa, dass alle eindeutig kategorisierbaren Aussagen auf diesem Kontinuum des betreffenden Kandidaten eindeutig defensiv sind, und der Wert +1 bedeutet, dass alle entsprechenden Aussagen des Kandidaten offensiv geprägt sind. Die Größe der Datenpunkte verdeutlicht, wie häufig diese Dimension (entlang der Aussagen-Summe der beiden Indikatoren auf der x- und y-Achse) für einen Kandidaten im Vergleich zu den anderen Diskutanten in der Diskussion in Erscheinung tritt. D. h. je größer der Datenpunkt, desto stärker positioniert sich der Kandidat mit dieser Dimension im Vergleich zu den anderen Diskutanten in der TV-Konfrontation.

Schaubild 3
AKS-Matrix – Konstruktivitäts-Index in der Elefantenrunde

Index der jeweils zweidimensionalen Matrix-Elemente (-1 bis +1) – (N=224 Aussagen)

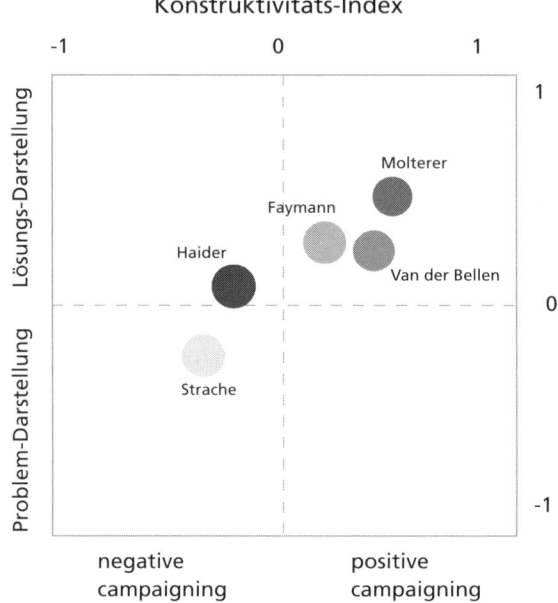

Auf der Ebene des Konstruktivitäts-Levels, den die Kandidaten in die Diskussion einbringen, zeigte sich Molterer als jener Diskutant, der sowohl am stärksten Elemente der positiven Selbstdarstellung *(positive campaigning)* als auch politische Lösungs-Darstellungen und -angebote in die Diskussion einbrachte. Er zeichnete sich somit auf dieser Ebene durch das höchste Niveau an Konstruktivität in der Diskussion aus. Demgegenüber zeigte sich FPÖ-Chef Strache als der destruktivste Gesprächspartner, indem er am stärksten restrospektive Betrachtungen von politischen Problemen und Verantwortungszuschreibungen zu politischen Missständen lieferte, wie er ebenso überwiegend Attacken gegen die Kontrahenten in der Diskussion ritt *(negative campaigning)*. Strache positionierte sich als einziger vorwiegend auf *negative campaigning* und Problemdarstellungen fokussierter Diskutant. Haider platzierte sich ebenfalls alleinstehend in einem eigenen Quadranten dieser Dimension der Konstruktivität: Er griff zwar auch häufiger seine Gegner an, als er sich und seine Positionen selbst positiv darstellte, im Gegensatz zu Strache thematisierte er allerdings häufiger auch zukunftsgerichtete Lösungsansätze zu politischen Problemen. Überwiegend konstruktiv präsentierten sich neben Molterer noch Faymann und Van der Bellen, wobei der Grünen-Chef etwas stärker *positive campaigning* betrieb. Was die Aktivierung dieser Dimension in der Debatten-Performance der einzelnen Kandidaten betrifft, zeigt sich Ähnliches wie beim Aktions- und Kontrollniveau: Alle Kandidaten aktivierten diese Dimension in ähnlich großem Ausmaß. Hier sind keine kandidatenspezifischen Besonderheiten oder Akzentuierungen erkennbar.

Schaubild 4
AKS-Matrix – Stil-Index in der Elefantenrunde

Index der jeweils zweidimensionalen Matrix-Elemente (-1 bis +1) – (N=251 Aussagen bzw. Unterbrechungs-versuche)

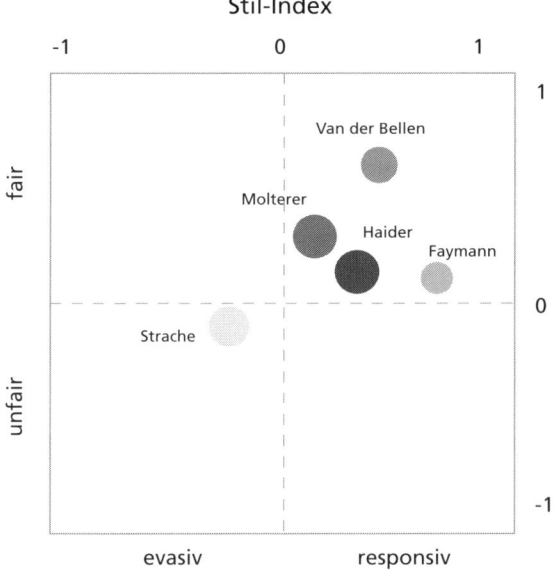

Was den Stil der Gesprächsteilnehmer betrifft, präsentierte sich Van der Bellen als der höflichste Gesprächsteilnehmer. Er gab sich fair, indem er die anderen am wenigsten unterbrach und häufiger auf die an ihn gerichteten Fragen einging (responsives Verhalten) als er ihnen auswich (evasives Verhalten). Ein ähnliches Grundmuster im Stil gilt für Haider, Molterer und Faymann, die allerdings stärker ausweichend reagierten bzw. häufiger ihre Gesprächspartner unterbrachen als der Grünen-Chef. Aus dem Grundmuster des überwiegend fairen und responsiven Gesprächsstils fällt nur Strache, der seine Gesprächspartner häufiger unterbrach als er selbst unterbrochen wurde und der an ihn gerichteten Fragen häufiger auswich als er sie beantwortete.

Resümierend kann an dieser Stelle festgestellt werden, dass sich Haider als Kandidat mit dem höchsten Aktions- und Kontrollniveau in der Diskussion auszeichnete, während sich Molterer als der konstruktivste Gesprächsteilnehmer erwies und Van der Bellen den gepflegtesten und höflichsten Gesprächsstil an den Tag legte. Molterer präsentierte sich als Diskutant mit dem geringsten Aktions- und Kontrollniveau. Strache hingegen zeigte sich als der destruktivste Teilnehmer mit dem unhöflichsten Gesprächsstil.

Die empirische Analyse von Diskussionssituationen im Rahmen der hier angewandten AKS-Matrix soll es erlauben, eine objektivierbare Einordnung der Diskutanten-Performance zu ermöglichen und diese von subjektiven Eindrücken

und von bestimmten vorkonditionierten Erwartungshaltungen gegenüber den Diskutanten zu lösen. Während die Feststellung von Gewinnern und Verlierern in solchen TV-Konfrontationen auf subjektiven Urteilen basieren muss, ermöglicht die
AKS-Matrix eine Kategorisierung und Klassifizierung der Performance auf verschiedenen Dimensionen, die zumindest in einem selektiven Rahmen Aufschluss
über die Qualität des Debattenstils der Diskutanten geben können. Diese Ebenen
werden folglich auch für die Inhaltsanalyse der massenmedialen Reflexion der TV-
Konfrontationen im Wahlkampf 2008 angewandt, um zu sehen, welche Dimensionen durch die Medien in den Vordergrund gestellt werden und welche Kandidaten
mit welchen Attributen in Verbindung gebracht werden.[15]

6. Die Berichterstattung zu den TV-Konfrontationen 2008

Analysen, die sich in der Vergangenheit mit TV-Duellen und -Diskussionssendun-
gen in Wahlkämpfen auseinandergesetzt haben, stellen zumeist entweder Auftrittsverhalten und Debattenstil der Kandidaten in der TV-Konfrontation selbst oder die
Frage nach der Wirkung dieser TV-Auftritte auf das Wahlverhalten der Rezipienten in den Mittelpunkt ihrer Analysen (Blais und Perrella 2008; Benoit, McKinney
und Stephenson 2002; Maurer u.a. 2007; Maier und Faas 2005; Maurer und Reinemann 2003). Untersuchungen zur medialen Reflexion dieser TV-Ereignisse nehmen zumeist nur eine randständige Rolle ein. Die Analyse der Berichterstattung zu
TV-Duellen hat vor allem in den USA Tradition, deshalb fokussiert die Mehrzahl
der wissenschaftlichen Studien auf US-Präsidentschaftsdebatten (z.B. Kaid, Mc
Kinney und Tedesco 2000; Benoit, Stein und Hansen 2004). In den letzten Jahren beschäftigten sich allerdings auch zunehmend deutsche Kommunikations- und
Politikwissenschafter mit der Berichterstattung zu den TV-Duellen in deutschen
Bundestagswahlen (Reinemann 2007; Maurer und Reinemann 2003; Donsbach
und Jandura 2005; Scheufele, Schünemann und Brosius 2005). Was die Rolle der
österreichischen TV-Konfrontationen insgesamt und insbesondere die Rolle der
massenmedialen Berichterstattung zu diesen wichtigen Wahlkampfereignissen betrifft, muss dieses Analysefeld als weitgehend unerforscht beurteilt werden. Nur
vereinzelte Studien lassen dazu analytische Anknüpfungspunkte und empirische
Datenfragmente erkennen (Burkart 1985; Plasser 1996; Plasser 2004; Posselt und
Rieglhofer 2000; Renner 2007; Wagner 2008).

   Die folgende Inhaltsanalyse fokussiert auf die Vor- und Nachberichterstattung
in tagesaktuellen Medien (Tageszeitungen und TV-Abendnachrichten) zu allen
TV-Konfrontationen im österreichischen privaten und öffentlich-rechtlichen Fernsehen in den letzten acht Wochen des Wahlkampfes (1. August bis zum 27. Sep-

---

15 In der Inhaltsanalyse der TV-Konfrontationsberichterstattung dient allerdings nicht die
   Aussage, sondern der Beitrag als Analyse-Einheit.

tember 2008). In Analogie zur Inhaltsanalyse der Gesamtberichterstattung zum Nationalratswahlkampf 2008 (siehe Beitrag von Lengauer und Vorhofer in diesem Band) werden der Untersuchung ebenfalls die Berichte der wichtigsten Boulevard- und Qualitätsmedien der Tagespresse und des Fernsehens in Österreich gegenübergestellt: *Kronen Zeitung, Österreich, ATV-aktuell, ORF-Zeit im Bild 19:30 Uhr, Die Presse* und *Der Standard*. Im Gesamtzeitraum wurden insgesamt 234 Beiträge in diesen sechs ausgewählten Medien publiziert, die sich als Hauptthema und nicht nur in Randnotizen den TV-Konfrontationen widmeten.

Auch für diese Analyse werden die bereits besprochenen AKS-Matrix-Indikatoren übernommen. Das heißt, es wird auch für die massenmediale Berichterstattung erhoben, inwieweit und in welcher Form die Kandidaten in der medialen Reflexion mit ihrem Aktionsniveau, ihrem Konstruktivitätsniveau und ihrem Stil in Verbindung gebracht und vermittelt werden. Dabei werden die Quantität als auch die Qualität dieser Dimensionsausprägungen empirisch festgehalten. Diese Studie wurde im Rahmen des vom FWF geförderten Projektes AUTNES (Austrian National Election Study) durchgeführt.[16] Da die Codierung dieser Analyse von einer einzelnen Person durchgeführt wurde, wurden die Validität und Reliabilität der Analyse anhand folgender Verfahren ermittelt. Zum einen wurde die Übereinstimmung der Codierung durch Codierer und Researcher[17] in einem Pre-Test ermittelt. Dabei wurde eine zehnprozentige Zufallsstichprobe der Grundgesamtheit herangezogen. Dieser Reliabilitätswert beläuft sich im Durchschnitt aller nominal- und ordinal-skalierten Variablen der Untersuchung auf 0,845. Gleichzeitig wurde das Codier-Ergebnis des Pre-Test zu einem späteren Zeitpunkt (nach der Codierung der Hälfte der Analyse-Gegenstände) noch einmal im Rahmen eines Intracoder-Reliabilitätstests wiederholt, um festzustellen, ob sich die Einschätzungen und Kategorisierungen der Codiererin im Verlauf der Inhaltsanalyse verändert haben. Die Übereinstimmung der zeitlich versetzten Codierung desselben Basismaterials ergab eine Übereinstimmung von 0,941 und kann somit als fast perfekt bezeichnet werden.[18] Sowohl Validitäts- als auch Reliabilitätswerte reflektieren ein befriedigendes Niveau der Codier-Übereinstimmung.

Die Analyse setzt sich aus insgesamt 234 Medienbeiträgen mit dem thematischen Schwerpunkt auf die TV-Konfrontationen zusammen, die in den letzten beiden Wahlkampfmonaten in *Österreich, Kronen Zeitung, Die Presse, Der Standard, Zeit im Bild 19:30 Uhr und ATV-aktuell 19:20 Uhr* publiziert wurden. Insgesamt besteht die Grundgesamtheit aus 146 Nachrichtenbeiträgen, 47 Meinungsbeiträ-

---

16 Die Autoren bedanken sich an dieser Stelle bei Frau Mag.[a] Iris Höller, die die Codierung dieser Analyse vorgenommen hat. Frau Mag.[a] Höller ist Pre-Doc-Researcher im Rahmen des AUTNES-Projektes an der Universität Innsbruck.

17 In diesem Fall der Co-Autor Günther Lengauer.

18 Je nach Skalenniveau der Variablen wurden Scott's Pi (nominal-skalierte Variablen) oder Spearman's Rho (ordinal-skalierte Variablen) als Reliabilitäts-Indikatoren angewandt.

gen (Glossen, Kommentare, Cartoons, etc.) und 41 Leserbriefen. Die nachstehen-
den Ergebnisse der Inhaltsanalyse beziehen sich auf alle TV-Konfrontationen im
Vorfeld der Nationalratswahl 2008.

Schon Tage und vereinzelt sogar Wochen vor der jeweiligen Ausstrahlung der
Debatten setzten die Eigenwerbungen und Ankündigungen der TV-Sender für Ihre
Konfrontationssendungen ebenso ein wie das „Erwartungsmanagement" (Reinemann 2007: 168) von Seiten der Wahlkämpfer und der Printjournalisten. Die Medi-
en schufen einen Erwartungsrahmen zu den Duellen und spannten einen Bogen von
möglichen Themen, den Ausgangspositionen der Kandidaten und den zu erwartenden Gesprächsverläufen:Von „Vor bisher brutalstem Duell" (Österreich, 16. September 2008, Seite 4) bis hin zum „Kanzlerduell als entscheidender Wahlfaktor" (Österreich, 4. September 2008, Seite 5) reichten die Voreinschätzungen der televisionären
Kandidatenkonfrontationen. Auch die Erwartungen an die Diskutanten-Performance
wurden thematisiert und Umfragen dazu präsentiert: „Die Erwartungen an den BZÖ-
Chef sind jedenfalls groß. 47 Prozent rechnen laut Gallup-Umfrage mit einem Sieg,
nur 33 mit einem Molterer-Triumph" (Österreich, 28. August 2008, Seite 10).

US-amerikanische Studien haben beleuchtet, dass sich die Vorberichterstattung
zu den US-Präsidentschafts-Debatten vorwiegend auf den erwarteten Ausgang der
Konfrontation und die potenziellen Effekte der Debatte auf den Wahlausgang fokussiert. Demgegenüber spielen in den USA die Spekulation um mögliche Themenschwerpunkte oder erwartete Argumentationsstrategien und deren Erfolgschancen
eine eher untergeordnete Rolle in der Vorberichterstattung (Kaid, McKinney und
Tedesco 2000). Auch Maurer und Reinemann (2003) bestätigen für die TV-Duell-
Berichterstattung in Deutschland, dass in der Vorberichterstattung eher die Stilisierung der zu erwartenden „Winner" und „Loser" oder die Medientauglichkeit der
Kandidaten im Vordergrund der medialen Beachtung stehen.

Ebenfalls für die USA zeigen Studien, dass selbst in der medialen Nachbetrachtung der TV-Duelle sachpolitische Inhalte oder die Sachkompetenz der Kandidaten
zumeist einen untergeordneten Stellenwert einnehmen. Es wird zudem deutlich, dass
Medien offenbar stark auf wertende Elemente und Beurteilungen setzen und häufig
die konfrontativen, negativen und konfliktgeladenen Elemente der Debatte thematisieren und reflektieren (Benoit, Stein und Hansen 2004). Weitere Kernaspekte der
bisher identifizierten Inhalte der Nachberichterstattung zu TV-Konfrontationen sind
die sportive Metapher von Gewinnern und Verlierern und die Spekulation um die allgemeine und spezifische Auswirkung von TV-Duellen auf den Wahlausgang und das
Wahlverhalten (Maurer und Reinemann 2003; Donsbach und Jandura 2005). Für den
TV-Journalismus in den USA zeigt sich dabei, dass die Fernsehredakteure selbst verstärkt die Funktion des Analysten einnehmen (Lemert, Wanta und Tien-Tsung 1999).
Dass es dabei in der journalistischen Reflexion und Analyse zusätzlich zu parteipolitischen Schieflagen kommen kann, beleuchten für die deutschen TV-Duelle 2002
Maurer und Reinemann (2003). Die redaktionelle Linie wirkt sich offenbar auch auf
die Beurteilung und Bilanzierung der TV-Duelle aus. Dies sind nur einige interessante
Befunde, die als Fragestellungen in unsere österreichische Untersuchung mit aufgenommen wurden und deren empirische Ergebnisse in der Folge dargestellt werden.

Um die TV-Konfrontationen im komprimierten Wahlkampf 2008 entstand ein regelrechter *media hype*. Sie zählten insgesamt zu den dominierenden journalistischen Thematisierungen der wichtigsten Boulevard- und Qualitätsmedien in Österreich (siehe dazu Beitrag von Lengauer und Vorhofer in diesem Band). Nicht weniger als sieben Prozent aller Beiträge zur österreichischen Politik im finalen Wahlkampfmonat befassten sich im Kern mit den *Live*-Auftritten der Spitzenkandidaten im Fernsehen. Das Medienereignis TV-Konfrontation wurde zum zentralen Faktor der Wahlberichterstattung 2008. Dabei folgte die Thematisierung der TV-Auftritte der Kandidaten der innersten Logik des Journalismus. Zum einen stellen solche inszenierte Ereignisse relativ kostengünstige und planbare Fixpunkte in der Produktion von *content* dar und bieten dabei Elemente, die zentralen und attraktiven Nachrichtenfaktoren im Journalismus entsprechen: Neuigkeitswert, Spannung, Duell-Charakter, das Bild von Gewinnern und Verlierern.

In den letzten beiden Wahlkampfmonaten (inkl. drei Wochen vor dem ersten TV-Duell) publizierten die sechs hier untersuchten Medien 234 Beiträge, die TV-Konfrontationen in ihren thematischen Mittelpunkt stellen. Davon erschienen 88 Prozent der Beiträge in den vier untersuchten Tageszeitungen und 12 Prozent in den Fernsehnachrichten Zeit im Bild 19:30 Uhr und ATV-aktuell 19:20 Uhr. Es zeigte sich auch, dass vor allem der journalistische Boulevard die Debatte um die TV-Diskussionen ins Zentrum der Wahlberichterstattung stellt. Nicht weniger als zwei Drittel (68,4 Prozent) aller TV-Konfrontationsberichte erschienen in den drei untersuchten Boulevard-Formaten (Kronen Zeitung, Österreich und ATV-aktuell) und nur ein knappes Drittel entfiel auf die Qualitätsmedien Die Presse, Der Standard und Zeit im Bild 19:30 Uhr.

Tabelle 6
TV-Konfrontationsberichte im Wahlkampf 2008

N=234 TV-Konfrontations-Beiträge (Nachrichten, Kommentare und Leserbriefe)

Medium	Anzahl der Beiträge	Prozent der Beiträge
Österreich	80	34,2
Kronen Zeitung	67	28,6
Der Standard	29	12,4
Die Presse	29	12,4
Zeit im Bild 19:30 Uhr	16	6,8
ATV-aktuell 19:20 Uhr	13	5,6
Summe	234	100,0

Vor allem die Boulevard-Tageszeitungen *Österreich* und *Kronen Zeitung* machten die TV-Konfrontationen zu zentralen Elementen ihrer Wahlkampf-Berichterstattung. Fast zwei Drittel aller TV-Konfrontationsberichte in den ausgewählten Medien gehen auf ihr Konto. Österreich publizierte mehr als ein Drittel aller TV-Duell-Berichte und in der Krone war es mehr als ein Viertel. Während es in Österreich dabei vor allem Nachrichtenbeiträge sind, die sich mit den TV-Duellen auseinandersetzen, sind es in der Kronen Zeitung insbesondere auch die Leserbriefe, in denen diese angesprochen und abgehandelt werden (mehr als die Hälfte der Krone-Beiträge). Die Krone zog zudem in regelmäßigen Kolumnen „TV-Duelle: Die Wahl 2008" von Peter Gnam und Dieter Kindermann Bilanz zu den TV-Konfrontationen. Die Kronen Zeitung berichtete somit häufiger zu den TV-Konfrontationen als die beiden Qualitätszeitungen *Die Presse* und *Der Standard* zusammengenommen. Dabei ließ Der Standard die politische Rhetorik der TV-Duellanten von der Politiker-Profilerin Tatjana Lackner in Kolumnen regelmäßig analysieren. In den TV-Formaten blieb aufgrund der knappen Sendezeit verhältnismäßig weniger Platz für die TV-Konfrontationen. Nichtsdestotrotz wurde auch in den Fernsehnachrichten in den letzten beiden Monaten an jedem vierten Sendetag zumindest ein Beitrag zu den TV-Duellen ausgestrahlt.

Am häufigsten wurde über das TV-Duell Haider gegen Strache berichtet (31 Berichte). Damit war den Medien die Konfrontation zwischen den oppositionellen Parteichefs von BZÖ und FPÖ noch mehr Publizität wert als etwa das postulierte Kanzlerduell zwischen Faymann und Molterer (30 Berichte). Die finale Elefantenrunde der fünf Spitzenkandidaten der Parlamentsparteien wurde nur in halb so vielen Beiträgen reflektiert und thematisiert (15 Beiträge). Auch auf Platz drei liegt eine Konfrontation mit Strache-Beteiligung. Das Aufeinandertreffen von Molterer und dem FPÖ-Chef wurde 29mal thematisiert. Unterdurchschnittliche Medienresonanz erreichten die Konfrontationen mit Van der Bellen-Beteiligung.

Die Berichterstattung zu den TV-Konfrontationen beschränkte sich nicht auf die Analyse und Bilanzierung nach den jeweiligen *Live*-Übertragungen (punktuell sogar von Blitzumfragen begleitet), sondern bereits im Vorfeld der TV-Debatten wurden diese massenmedial ausgedehnt aufgearbeitet und ins Zentrum gerückt. Insgesamt 29 Prozent (67 Beiträge) der TV-Konfrontationsberichte wurden als Vorberichte und Ankündigungen konzipiert und publiziert. In Österreich erschienen nicht weniger als 45 Prozent aller Vorberichte, gefolgt von der Zeit im Bild mit 21 Prozent und ATV mit 13 Prozent, wobei es sich in den Fernsehnachrichten vor allem um Ankündigungen und Vorbetrachtungen der sendereigenen TV-Konfrontationen handelte. Die Kronen Zeitung wiederum veröffentlichte die meisten Nachberichte zu den Konfrontationen (38 Prozent), gefolgt von Österreich mit 30 Prozent. Mehr als zwei Drittel der medialen Reflexion der TV-Konfrontationen in den hier analysierten Medien entfiel somit auf die beiden Boulevard-Zeitungen, während die Qualitätszeitungen zusammen nur auf einen Anteil von knapp 30 Prozent kamen. Nur knapp vier Prozent der Nachberichterstattung entfielen jeweils auf die von der Sendezeit stark beschränkten Nachrichtenformate im Fernsehen.

Tabelle 7
Umfang der Berichterstattung zu den TV-Konfrontationen 2008

N=234 TV-Konfrontations-Beiträge (Nachrichten, Kommentare und Leserbriefe)

Konfrontation	Anzahl der Beiträge	Prozent der Beiträge
ORF-Duell Haider vs. Strache	31	13,2
ORF-Duell Faymann vs. Molterer	30	12,8
ORF-Duell Molterer vs. Strache	29	12,4
TV-Konfrontationen allgemein	29	12,4
ORF-Duell Molterer vs. Haider	17	7,3
ORF-Duell Faymann vs. Strache	16	6,8
ATV-Meine Wahl	16	6,8
ORF-Elefantenrunde	15	6,4
ORF-Duell Faymann vs. Van der Bellen	13	5,6
ORF-Duell Molterer vs. Van der Bellen	9	3,8
ORF-Duell Strache vs. Van der Bellen	9	3,8
ORF-Duell Faymann vs. Haider	8	3,4
ORF-Duell Haider vs. Van der Bellen	7	3,0
ORF-TV-Konfrontation der Spitzenpolitikerinnen	2	0,9
ORF-Wahl 08 – Ihre Frage	1	0,4
ORF-Ameisenrunde	1	0,4
Puls 4-Wahlarena	1	0,4

Betrachtet man die inhaltlichen Schwerpunkte der Medienbeiträge zu den TV-Konfrontationen, dann wird deutlich, dass ein Drittel aller Berichte eine direkte Bilanz des Auftrittsverhaltens und Debattenstils der Kandidaten zog. Dabei spielte die Darstellung von Gewinnern und Verlierern ebenso eine Rolle wie Reflexionen zur Beliebtheit und Überzeugungskraft der Diskutanten. Somit wurde die Kandidaten-Performance dreimal häufiger in den Mittelpunkt der Berichterstattung gestellt als die sachpolitische Bilanz der Diskussion (11,1 Prozent der Beiträge). Dieser Befund bestätigt zum einen eine Analyse zu den österreichischen TV-Konfrontationen im Nationalratswahlkampf 2006, worin der ORF-Journalist Franz Renner resümiert: „Über die Inhalte der TV-Debatten wird davor und danach weniger berichtet als über die Feststellung von Sieg oder Niederlage" (Renner 2007: 131). Ähnliche Befunde zeigt eine Analyse des TV-Duells zwischen Schröder und Merkel in Deutschland im Wahlkampf 2005. Reinemann (2007: 183) kommt zu Schluss, dass 30 Prozent aller Berichte im TV und in Tageszeitungen Gewinner und Verlierer stilisieren, während nur 16 Prozent der Beiträge eine sachpolitische Bilanz

ziehen. Die Performance-Darstellung in den Medien überflügelt somit deutlich die
Policy-Bilanz der televisionären Debatten. Dies wiederum stellt sich konträr zum
Thematisierungsverhalten der Diskutanten etwa in der Elefantenrunde dar. In ihr
war eine große Mehrheit der Aussagen (80 Prozent) überwiegend *policy*-zentriert.

Tabelle 8
Themen der TV-Konfrontationsberichte im Wahlkampf 2008

In Prozent der TV-Konfrontationsberichte (N=234 Beiträge)

Inhaltlicher Hauptaspekt des Beitrages	Prozent der Beiträge
Performance-Bilanz der Kandidaten	33,4
Sachthematische und inhaltliche Debatten-Bilanz	11,1
Allgemeine Bilanz der TV-Konfrontation	10,7
Prognose über den Verlauf kommender Konfrontationen	9,8
Allgemeine Bedeutung der TV-Konfrontationen für die Wahl	8,5
Ankündigung einer Konfrontation	6,8
Strategisch-taktische Vorbereitung/Planung der Diskutanten	3,4
Rezeption/Reichweiten der TV-Konfrontationen	3,0
Allgemeine Vorbereitung/Planung der Diskutanten	2,1
Bedeutung der TV-Konfrontation für die Wahlchancen der Kandidaten und Parteien	1,7
Rahmen(bedingungen) der TV-Konfrontation	1,3
Strategisch-taktische Ausrichtung und Positionierung der Diskutanten in der Diskussion	0,4
Andere Themenschwerpunkte	7,8

Im Zentrum der medialen Vermittlung stand ohne Zweifel die Bilanz des Auftrittsverhaltens der Diskutanten. Dabei durften Anekdoten rund um die TV-Duelle und
Berichte zu den Vorbereitungen der Kandidaten nicht fehlen. So wurde zum Beispiel darauf verwiesen, dass sich Jörg Haider am Nachmittag vor seinem TV-Duell
mit Alexander Van der Bellen noch einer Notoperation wegen eines Insektensti-
ches unterziehen musste und trotzdem das Duell bestritt. Dazu berichtete etwa *Österreich* unter dem Titel „Haider: Not-OP nach Insektenstich: Nur wenige Stunden
vor seinem TV-Duell stand Jörg Haider am Donnerstag noch unter Vollnarkose"
(5. September, Seite 4). Oder es werden die Kandidaten am Tag des TV-Duells
begleitet und deren Tagesablauf und Vorbereitungen skizziert: „Der VP-Chef steht
im Wahlkampf-Volleinsatz, hat fünf Termine, legt erst beim Abendessen mit sei-

nem Team die Linie fürs Duell fest" (Österreich, 23. September, Seite 6). Solche Aspekte wurden vor allem von den Boulevardmedien ins Zentrum gestellt. Sachpolitisch-inhaltliche Bilanzen finden sich in Krone, Österreich und ATV zusammengenommen in nur knapp sieben Prozent der Beiträge. In den Qualitätsmedien fand der *policy*-Fokus dreimal mehr Bedeutung und wurde zumindest in jedem fünften Bericht in den Mittelpunkt gestellt. Allerdings dominierte auch in Der Standard, Die Presse und Zeit im Bild die Bilanz zur Kandidaten-Performance in 21 Prozent der Beiträge. Dabei stellte Die Presse die sachpolitische Bilanz in 38 Prozent aller Beiträge am häufigsten in den Vordergrund, während dies in Österreich etwa nur in fünf Prozent und in der Krone in zehn Prozent der Reflexionen der Fall war. Dabei variierten die Schlagzeilen zu den Duellen in diesen Medien exemplarisch zwischen „Harte Bandagen um Minarette und Zuwanderung" (Die Presse, 10. September 2008, Seite 5) und „Ein Jungstar [Anmerkung: Faymann] und ein Oldie [Anmerkung: Van der Bellen] auf Kuschelkurs" (Österreich, 27. August 2008, Seite 2).

Schaubild 5
Gewinner- und Verlierer-Darstellungen in den TV-Konfrontationsberichten

In Prozent der TV-Konfrontationsberichte mit dem Gewinner/Verlierer-Schema (N=85 Beiträge)

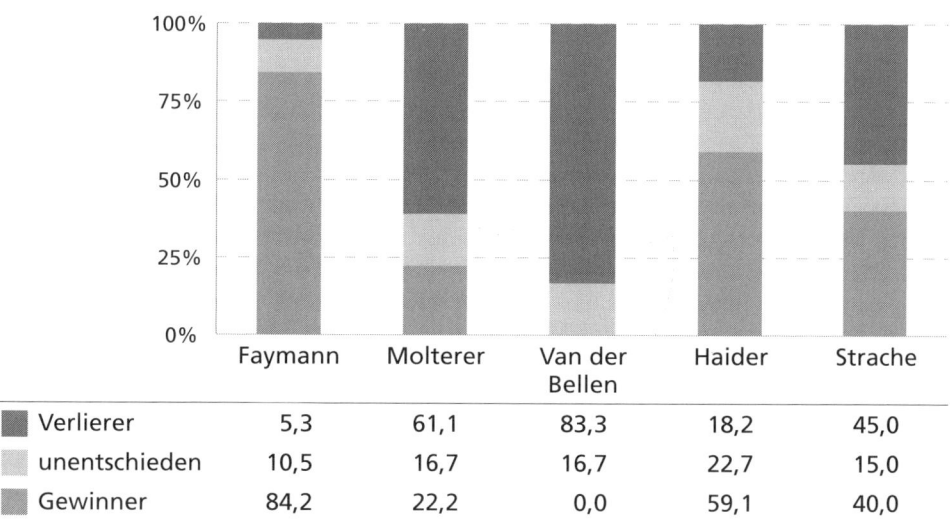

	Faymann	Molterer	Van der Bellen	Haider	Strache
■ Verlierer	5,3	61,1	83,3	18,2	45,0
unentschieden	10,5	16,7	16,7	22,7	15,0
■ Gewinner	84,2	22,2	0,0	59,1	40,0

Wie bereits dargestellt, steht in der TV-Konfrontations-Berichterstattung vor allem die Performance der Kandidaten und insbesondere das Gewinner- und Verlierer-Schema im Mittelpunkt. Die mediale Bilanz der Spitzenkandidaten in der Schema-Einordnung von Verlierern und Gewinnern spricht eine eindeutige Sprache: Werner Faymann wurde von allen Spitzenkandidaten am häufigsten als Gewinner porträtiert. Wenn sein Auftritt im Schema des Gewinners oder Verlierers präsentiert wurde, dann betrafen 84 Prozent dieser Darstellungen das Bild des Siegers und nur 5 Prozent das Bild des Unterlegenen. In 11 Prozent der Fälle blieb ein ambivalentes Bild mit Sieg- und Niederlage-Aspekten. Eine überwiegend positive Bilanz erreichte neben dem SPÖ-Vorsitzenden nur Jörg Haider, der zu 59 Prozent als Sieger skizziert wurde. Heinz-Christian Strache, Wilhelm Molterer und vor allem Alexander Van der Bellen wurden hingegen in der redaktionellen Berichterstattung überwiegend als Verlierer porträtiert.

In Österreich vermittelte rund ein Drittel der Berichte das Bild von Gewinnern und Verlierern (31 Prozent). In der Krone war dies in jedem fünften Beitrag der Fall. Während die TV-Nachrichten gänzlich darauf verzichteten, wurde in den Qualitätszeitungen jeweils in fünf Prozent der Beiträge ein Gewinner oder ein Verlierer ausgemacht. In den Boulevardmedien standen somit die Darstellungen von Gewinnern und Verlieren in durchschnittlich jedem vierten Beitrag und folglich viermal so häufig im Zentrum wie in den Qualitätsmedien, in denen nur jeder zwanzigste Beitrag eine Sieg- und Niederlagen-Bilanz vermittelte.

Das vermittelte Bild von Gewinnern und Verlierern ist allerdings nur ein Aspekt der Beurteilung des Auftrittsverhaltens und Diskussionsstils. Im folgenden Schaubild wird zum einen die Präsenz als auch die allgemeine Performance-Bewertung (schlechte Performance, ambivalente Performance, gute Performance) in einem Index[19] pro Medium dargestellt.

Richtet man den analytischen Blick zunächst auf die Präsenz (Säulendarstellung) der Kandidaten in der medialen Reflexion zu den TV-Diskussionen, so erkennt man, dass Molterer und Strache mit Nennungen in je 130 Beiträgen am häufigsten mit ihren Fernseh-Auftritten in Verbindung gebracht wurden. Molterer und Strache wurden dabei vor allem in der Kronen Zeitung überdurchschnittlich häufig thematisiert. Dahinter folgten Haider (117 Beiträge) und Faymann (113 Beiträge). Am wenigsten oft wurde Van der Bellen mit den TV-Konfrontationen in Verbindung gebracht. Er war nur in 72 Beiträgen präsent. Mit Blick auf die Qualität der Performance wird deutlich, dass Faymann mit einem Performance-Index von +0,10 knapp vor Haider (+0,09) medial am besten abschnitt. Beide erreichten als einzige der fünf Spitzenkandidaten eine überwiegend positive Beurteilung in der Berichterstattung. Van der Bellen, Strache und insbesondere Molterer erzielten hingegen eine negative Performance-Bilanz.

---

19 Der Performance-Index repräsentiert den arithmetischen Mittelwert aus den Verteilungen der Kandidaten-Berichte zu den TV-Konfrontationen mit insgesamt positiven (+1), negativen (-1), ambivalenten oder neutralen (0) Performance-Bewertungen. Der Performance-Index reicht von -1 (alle Beiträge mit Kandidaten-Präsenz vermitteln eine insgesamt schlechte Performance-Beurteilung) bis +1 (alle Beiträge mit Kandidaten-Präsenz vermitteln eine insgesamt gute Performance-Beurteilung).

Schaubild 6
Kandidaten-Performance in den TV-Konfrontationsberichten
In Prozent der Kandidaten-Beiträge bzw. Performance-Index (−1 bis +1)

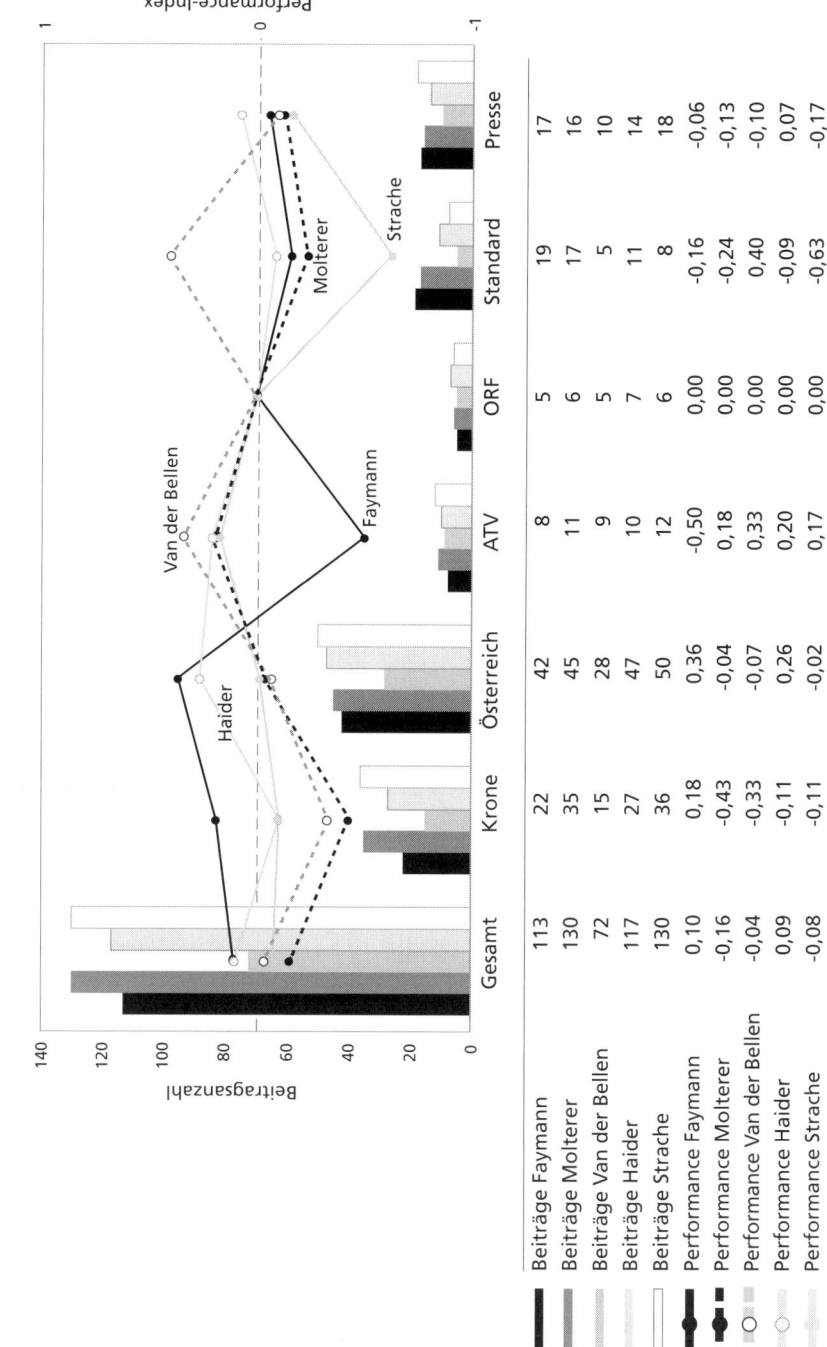

	Gesamt	Krone	Österreich	ATV	ORF	Standard	Presse
Beiträge Faymann	113	22	42	8	5	19	17
Beiträge Molterer	130	35	45	11	6	17	16
Beiträge Van der Bellen	72	15	28	9	5	5	10
Beiträge Haider	117	27	47	10	7	11	14
Beiträge Strache	130	36	50	12	6	8	18
Performance Faymann	0,10	0,18	0,36	−0,50	0,00	−0,16	−0,06
Performance Molterer	−0,16	−0,43	−0,04	0,18	0,00	−0,24	−0,13
Performance Van der Bellen	−0,04	−0,33	−0,07	0,33	0,00	0,40	−0,10
Performance Haider	0,09	−0,11	0,26	0,20	0,00	−0,09	0,07
Performance Strache	−0,08	−0,11	−0,02	0,17	0,00	−0,63	−0,17

Die Reflexion von Molterers und Straches TV-Konfrontationsperformance zeichnet dabei einen deutlichen Präsenz-Image-Kontrast: Während sie insgesamt die höchsten Präsenzwerte erreichten, waren gleichzeitig ihre Performancewerte in den Medien die schlechtesten aller Spitzenkandidaten. Dieses Paradoxon trifft vor allem auf die Berichterstattung über Molterer in der Kronen Zeitung zu. Dort wurde er etwa deutlich häufiger als Faymann genannt, gleichzeitig aber auch weit negativer beurteilt.

Am dichtesten war die Kandidaten-Präsenz in der Berichterstattung von Österreich und der Kronen Zeitung. In Österreich führten dabei sogar die Oppositionspolitiker Strache und Haider das Präsenz-Ranking an. Besonders in der Kronen Zeitung wurde Molterers Performance als schlecht vermittelt, während Faymann vor allem auf ATV im Verhältnis zu seiner Präsenz intensiv kritisiert wurde, was sich vor allem aus seiner Weigerung der Teilnahme an der ATV-Debatte erklärt. Während Faymann vor allem in den Boulevard-Tageszeitungen deutlich positiver dargestellt wurde als Molterer, wurden die beiden Kanzlerkandidaten in der Zeit im Bild 19:30 Uhr und in der Qualitätspresse ähnlich beurteilt. Während sich Journalisten etwa über Molterers Fauxpas beim argumentativen Einsatz eines „Taferls" in Haider-Tradition[20] im Kanzlerduell lustig machten[21], wurde Faymann vom Boulevard wiederholt als guter Darsteller gezeichnet oder gar als Sieger ausgerufen. In Österreich wurde Faymanns erster Fernsehduell-Auftritt gegen den Grünen-Chef Van der Bellen folgendermaßen kommentiert: „Werner Faymann gelang eine exzellente TV-Premiere – er wirkte locker, extrem gut vorbereitet, dynamisch" (Österreich, 27. August 2008, Seite 2) und die Krone titelte zum Duell zwischen dem SPÖ-Chef und FPÖ-Vorsitzenden Strache: „Faymann war der Chef im Ring" (Kronen Zeitung, 17. September 2008, Seite 2). In der Kronen Zeitung erreichte Faymann als einziger der fünf Spitzenkandidaten eine insgesamt positive Performance-Zuschreibung. In Österreich erzielten Faymann und Haider positive Performance-Werte, während die anderen Kandidaten leicht negativ bewertet wurden. ATV nahm das neue Format im Privatfernsehen zum Anlass, um dieses nicht nur selbst als Gewinn für den Wahlkampf zu präsentieren, sondern auch den Kandidaten Performance-Komplimente zu machen. Der Standard etwa porträtierte demgegenüber im Spitzenkandidaten-Vergleich Van der Bellen als überproportional guten und Strache als besonders schlechten TV-Performer. Van der Bellen erreichte im Standard als einziger eine positive Gesamtnote über seine TV-Performance. Die Zeit im Bild enthielt sich solcher Beurteilungen[22] und Die

---

20 Dabei wird eine Schautafel mit Zitaten, Zahlen oder Grafiken in die Kamera gehalten. Diese Form der visuell-gestützten Argumentation wurde von Jörg Haider bereits in den TV-Diskussionen 1999 eingesetzt und geprägt.

21 Molterer präsentierte ein Zitat aus der Tageszeitung „Der Standard". Das Taferl enthielt einen Druckfehler: Aus „Der Standard" wurde „Der Standart".

22 Dies hängt vor allem auch damit zusammen, dass die analytische Aufarbeitung der TV-Konfrontationen unmittelbar nach der *Live*-Übertrag den ORF-Spätnachrichten, der Zeit im Bild 2, vorbehalten bleibt. Im Rahmen dieser Sendung liefern der Politologe Peter Filzmaier und die Motivforscherin Sophie Karmasin regelmäßig Analysen zu den TV-Debatten ab.

Presse bewertete alle Kandidaten in einem engen Rahmen um die Neutral-Linie. Haider erreichte dort jedoch als einziger einen positiven Performance-Index.

Für die Berichterstattung zum deutschen TV-Duell zwischen Merkel und Schröder im Bundestagswahlkampf 2005 stellt Reinemann (2007: 184) fest, dass ein knappes Drittel aller debattenbezogenen Aussagen von Journalisten selbst kommen, 30 Prozent entstammen der Meinungsforschung, 18 Prozent der Aussagen stammen von Politikern und sieben Prozent entfallen auf Experten. Für die TV-Konfrontations-Berichterstattung im österreichischen Wahlkampf 2008 ergeben sich vergleichbare Dimensionen. So waren es in fast der Hälfte aller Berichte die Journalisten selbst, die die TV-Konfrontationen analytisch kommentierten (48,7 Prozent). Dahinter folgten in fast einem Fünftel aller Berichte Autoren von Leserbriefen, die bilanzierend berichteten. Dies gilt vor allem für die Berichterstattung der Kronen Zeitung. In jedem achten Bericht wurden Urteil und analytische Einordnung Experten überlassen. In vier Prozent der Berichte waren es Umfrageergebnisse, die die Beurteilung transportierten und in insgesamt fünf Prozent wurde die Bewertung dem politischen Gegner oder auch politischen Mitstreitern überlassen. Diese Befunde betonen die hohe Selbstreferenzialität des politischen Journalismus. Externe Expertenstimmen fanden nur am Rande Eingang in die Berichterstattung. Dies gilt vor allem für die Kronen Zeitung. Dort lieferten ausschließlich Leserbrief-Schreiber (54 Prozent der *Analyst Comments*) und Journalisten selbst (46 Prozent der *Analyst Comments*) analytisch-bilanzierende Kommentare zur TV-Performance der Spitzenkandidaten ab. Externe Experten kamen überhaupt nicht zu Wort. In die Schlagzeilen der Konkurrenzmedien geriet die Krone in diesem Zusammenhang, als deren Journalist Dieter Kindermann in der Abendausgabe, die vor der TV-Konfrontationsübertragung in Druck ging, bereits unter dem Titel „Sachargumente haben Vorrang" Bilanz zum abendlichen TV-Duell zwischen Faymann und Van der Bellen zog (Kronen Zeitung, 27. August 2008, Seite 2). In der zweiten Boulevard-Tageszeitung Österreich übernahm zu 52 Prozent ebenfalls die Redaktion selbst die Bewertungsfunktion. Österreich war allerdings jenes Medium, das seine Beurteilungen und Bilanzen auch auf mehr oder weniger repräsentative Umfragen stützte. So publizierte Österreich regelmäßig zum einen exklusive Umfrage-Daten des *Gallup-Instituts* zur Bewertung und Beliebtheit der Spitzenkandidaten im Wahlkampf und zum anderen rief Österreich mit den Ergebnissen von nicht-repräsentativen User-Abstimmungen Gewinner und Verlierer der TV-Duelle auf der Homepage aus. Dort veröffentlichte Österreich nicht nur einen *Live-Ticker* zu den jeweiligen TV-Konfrontationen mit chronologischen, *real time*-Einträgen zur Entwicklung der Diskussion, sondern gab den Lesern dabei auch die Möglichkeit, per Mausklick für einen Gewinner zu votieren. In einem Drittel der Artikel mit Bilanzierungen zur TV-Kandidatenperformance in der Printversion der Tageszeitung zog Österreich Experten oder Umfrageergebnisse zur Ermittlung von Gewinnern und Verlierern heran: „Erste Online-Umfrage. Haider siegte im Duell" (Titelaufmacher in Österreich, 23. August 2008, Seite 1). In Österreich enthielten nicht weniger als 30 Prozent aller Berichte Verweise auf demoskopische Befunde. Das waren 89 Prozent aller Demoskopie-Verweise in der TV-Konfrontations-Berichterstattung in den untersuchten österreichischen Medien. In den Qualitätsmedien kamen Experten mit einem *Analyst Comment*-Anteil von 20 Prozent doppelt so häufig zu Wort wie in den untersuchten Boulevardmedien mit einem Anteil von 10 Prozent. Umfrageergebnisse wurden in diesem Kontext fast ausschließlich in Österreich herangezogen und machten somit im Boulevard sechs Prozent der Beurteilungen aus, während sie in der Qualitätsberichterstattung nur in einem einzigen Bericht als Gradmesser in den beiden letzten Wahlkampfmonaten herangezogen wurden.

Abschließend wird die bereits eingangs beschriebene AKS-Matrix auf die Berichterstattung und die darin enthaltenen Performance-Darstellungen der Kandidaten in den TV-Konfrontationen umgelegt. Die Dimensionen der Aktion und Kontrolle sowie der Konstruktivität und des Stils werden nicht nur in der Inhaltsanalyse der TV-Konfrontationen selbst, sondern auch in der Inhaltsanalyse der medialen Reflexion erhoben. Daraus ergibt sich folgende Performance-Matrix zu den Kandidaten und Diskussionsteilnehmer: Mit Blick auf das Aktions- und Kontrollniveau der Diskutanten ergibt die Berichterstattungsanalyse, dass vor allem die aktiv und offensiv gesetzten Debattenelemente Eingang in die mediale Reflexion fanden. Bei allen Diskutanten wurden vor allem die offensiven Elemente der Debatten medial transportiert und weniger die defensiven. Van der Bellen wurde als einziger Kandidat überwiegend passiv vermittelt. Gleichzeitig wurde der Grünen-Kandidat in der Berichterstattung am wenigsten mit Aktions- und Kontrollelementen in Verbindung gebracht.[23] Als Diskutanten mit dem höchsten Aktions- und Kontrollniveau in der Gesprächsführung der TV-Konfrontationen wurden vor allem Faymann und Haider vermittelt. Auf dieser Analyseebene ergibt sich somit eine relativ hohe Übereinstimmung mit der Selbstpositionierung der Kandidaten in der Diskussion selbst.

Mit Blick auf das Konstruktivitätsniveau in der Gesprächsführung ist besonders auffallend, dass alle Diskutanten vorwiegend mit ihren *negative campaigning*-Elementen und mit ebenfalls konfrontativ angelegten Darstellungen ungelöster Probleme oder Verantwortungszuschreibungen zu Missständen und weniger mit politischen Lösungsdarstellungen reflektiert wurden. Während Faymann medial noch am wenigsten mit den negativen Gesprächspraktiken porträtiert wurde, war es vor allem Strache, der am häufigsten mit destruktiven Gesprächselementen in Verbindung gebracht wurde. Darin unterscheidet sich die mediale Darstellung sehr stark von der Eigendarstellung und Selbstpräsentation der Kandidaten etwa in der Elefantenrunde 2008. Die *live*-übertragene Diskussion der fünf Spitzenkandidaten enthielt deutlich stärker konstruktive Diskurselemente, als es in der medialen Gesamtreflexion der TV-Debatten der Fall war. Dabei muss angemerkt werden, dass die direkte Vergleichbarkeit der Daten aus der TV-Konfrontations- und der Berichterstattungsanalyse nur eingeschränkt gegeben ist, da sich die Inhaltsanalyse der Medieninhalte auf alle TV-Konfrontationen bezieht und davon auszugehen ist, dass besonders die Duellsituationen der Zweierkonfrontationen den *negative campaigning*-Charakter noch

---

23 Die Größe des Datenpunktes in der Grafik spiegelt den Anteil der jeweiligen Elemente in der Berichterstattung in Bezug auf die einzelnen Kandidaten wider.

stärker reflektieren als die Diskussionsrunde der fünf Spitzenkandidaten. Wir sehen aber auch eine ausgeglichene Positionierung im Konstruktivitätsniveau beider Kandidaten im Kanzlerduell zwischen Faymann und Molterer.[24] Die Berichterstattung hingegen stilisierte das Duell zum „harten Schlagabtausch" (Österreich, 24. September 2008, Seite 6) und zur „überraschend aggressiven Diskussion der Spitzenkandidaten von SPÖ und ÖVP" (Die Presse, 24. September 2008, Seite 2) und stellte die *negative campaigning*-Thematisierungen eindeutig in den Mittelpunkt: „Das war ein beinhartes Duell um den nächsten Kanzler, bei dem von Beginn der Streit angesagt war" (Kronen Zeitung, 24. September, Seite 3).

Schaubild 7
AKS-Matrix – Aktions- und Kontroll-Index in den TV-Konfrontationsberichten

Index der jeweils zweidimensionalen Matrix-Elemente (-1 bis +1) – (N=143 Beiträge)

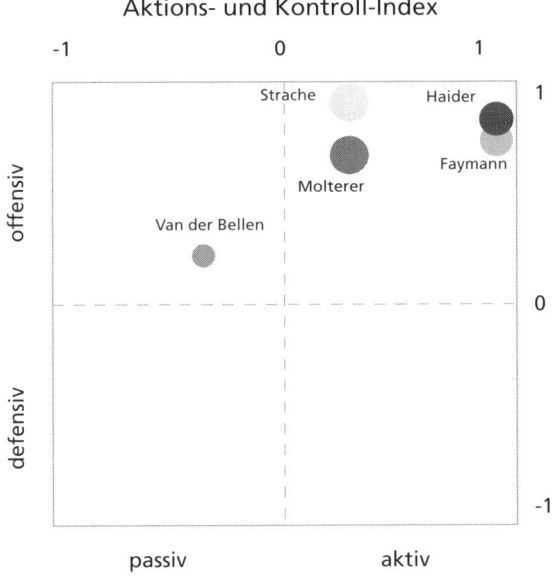

Durch die selektiv-komprimierte Nachbetrachtung der Debatten in den Medien kann es somit zu durchaus signifikanten journalistischen Umdeutungen und Perspektivenwechseln kommen, die deutlich von der *Live*-Performance der Kandidaten in der Diskussionssituation abweichen können. In Summe wurden im Kontext der TV-Konfrontationen alle Kandidaten als überwiegend destruktive Diskutanten vermittelt, was auch mit dem allgemein negativen Ton und der konfrontativen Be-

---

24 Aus Platzgründen können die detaillierten AKS-Matrix-Analysen zum Kanzlerduell zwischen Faymann und Molterer an dieser Stelle nicht dargestellt werden.

richterstattung zu politischen Akteuren insgesamt in Einklang steht (siehe dazu Lengauer und Vorhofer in diesem Band). In der redaktionellen Berichterstattung wurde insbesondere Strache mit negativen Attributen in Verbindung gebracht, während Van der Bellen in dieser Dimension die wenigsten medialen Zuschreibungen erhielt.

Schaubild 8
AKS-Matrix – Konstruktivitäts-Index in den TV-Konfrontationsberichten
Index der jeweils zweidimensionalen Matrix-Elemente (-1 bis +1) – (N=103 Beiträge)

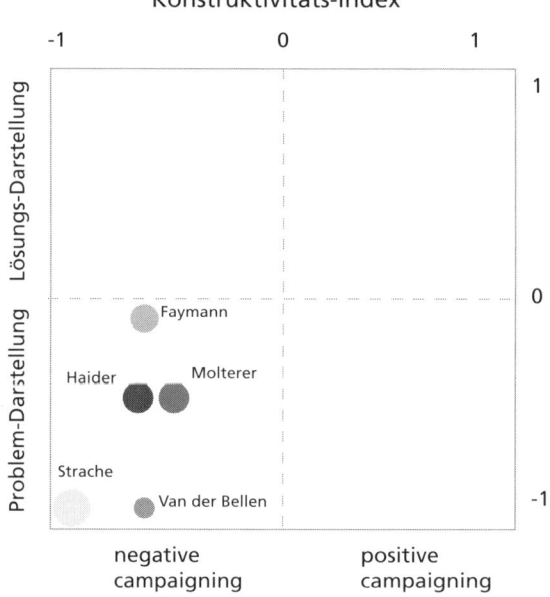

Auf der Ebene der Beurteilung des Gesprächsstils der einzelnen Diskutanten kamen die Medien in ihrer Reflexion zum Schluss, dass Van der Bellen und Haider als die höflichsten Diskutanten zu beurteilen waren. Besonders Strache und Molterer wurden medial als unfaire und unhöfliche Diskussionsteilnehmer dargestellt, wobei der Debattenstil vor allem bei Faymann und Haider diskutiert wurde und Van der Bellen am wenigsten damit in Verbindung gebracht wurde. Van der Bellen und Haider wurden als responsiv und fair vermittelt, während Faymann zwar als responsiv („… er war sachlicher und hat die Fragen von Frau Thurnher klar beantwortet" – Kronen Zeitung, 19. September 2008, Seite 31), aber eher unfair dargestellt wurde („Das hinderte ihn [Anmerkung: Faymann] nicht, dem ÖVP-Chef wiederholt ins Wort zu fallen" – Die Presse, 24. September, Seite 2). Strache und Molterer wurden in ähnlicher Weise sowohl als unfair als auch als überwiegend klaren Antworten ausweichend beurteilt.

Schaubild 9
AKS-Matrix – Stil-Index in den TV-Konfrontationsberichten

Index der jeweils zweidimensionalen Matrix-Elemente (-1 bis +1) – (N=103 Beiträge)

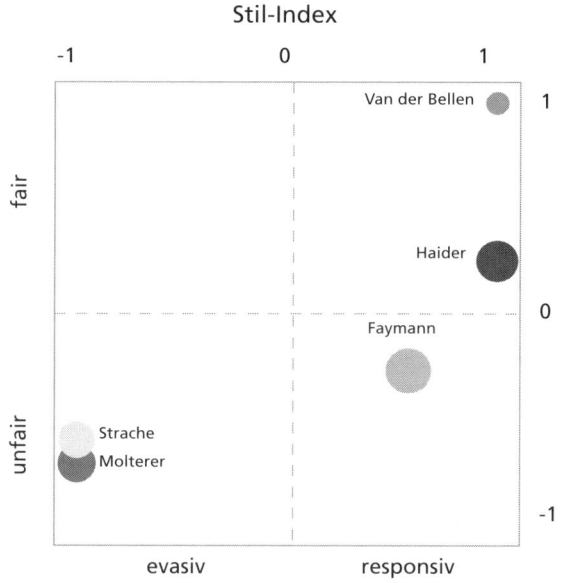

Zusammenfassend kann man zur Medien-Performance auf Basis der AKS-Matrix zu den einzelnen Kandidaten feststellen, dass Haider medial der Kandidat war, dem das höchste Aktions- und Kontrollniveau zugeschrieben wurde. Alle Kandidaten wurden als eher destruktive Diskutanten dargestellt, wobei Faymann noch als der konstruktivste Politiker beurteilt wurde. Mit Blick auf den Gesprächsstil wurde Van der Bellen zwar als höflichster Diskutant vermittelt, jedoch wurde er von allen fünf Kandidaten mit diesen Stil-Elementen medial am wenigsten häufig in Verbindung gebracht. Van der Bellen war ebenfalls jener Kandidat, der von den Medien das geringste Aktions- und Kontrollniveau zugeschrieben bekam. Strache wurde in der Berichterstattung eindeutig als destruktivster Diskussionsteilnehmer vermittelt, wobei diese Dimensionen offenbar besonders der medialen Vermittlungslogik entsprechen. Auch was den generellen Gesprächsstil betrifft, rangiert Strache gemeinsam mit Molterer am Ende der medialen Performance-Skala der Spitzenkandidaten.

Vergleicht man nun noch einmal die Dimensionen der AKS-Matrix, die zum einen die Kandidaten selbst in der Elefantenrunde in den Vordergrund stellen, mit jenen Dimensionen, die von den Medien zu den TV-Konfrontationen insgesamt ins publizistische Scheinwerferlicht gerückt werden, ergeben sich folgende Befunde: Hohe Niveaus von Aktion und Kontrolle in der Debattenführung werden ebenso von den Medien stark thematisiert. Offensive und aktive Thematisierungen finden starken Eingang in die Performance-Berichterstattung. Dagegen betont die mediale Reflexion der TV-Konfrontationen die destruktiven Dimensionen der Diskussionen ungleich mehr als die Kandidaten selbst in der Elefantenrunde. So berichten die Medien intensiver über *negative campaigning* und Missstandsanklagen der Kandidaten als über konstruktive und zukunftsorientierte, politische Problemlösungskompetenzen, welche die meisten Kandidaten in ihrer Selbstdarstellung in den Diskussionen durchaus zu platzieren versuchen. Der Gesprächsstil an sich wird von den Medien grundsätzlich weniger häufig thematisiert als das Aktions- und Kontrollniveau oder der Grad der Konstruktivität.

7. Die Performance-Bilanz der TV-Diskutanten im Wahlkampf 2008

In der letztlich entscheidenden Beurteilung der Wähler wurde vor allem Faymann als jener Kandidat gesehen, der in den Fernsehdiskussionen im Wahlkampf 2008 am besten abgeschnitten hat. Jedenfalls gibt dies in einer Wahltagsbefragung einer von fünf befragten Österreichern an (21 Prozent). Dahinter folgen Molterer (15 Prozent) und Haider (14 Prozent) Kopf an Kopf. Am Ende dieses Bevölkerungsrankings rangierten Strache (11 Prozent) und Van der Bellen. Nur neun Prozent der Österreicher sahen den Grünen-Chef als den besten Darsteller in den TV-Diskussionen (Sora 2008). Natürlich muss bei solchen Rankings mitbeachtet werden, dass die Befragten dabei nicht nur die TV-Performance isoliert beurteilen, sondern dass Prädispositionen, Erwartungshaltungen, politische Identifikationsniveaus und nicht zuletzt die Medienberichterstattung zu den Duellen eine Rolle in der Bewertung spielen können.

Damit Auftrittsverhalten und Diskussionsstil der Kandidaten überhaupt Wirkungen auf die Rezipienten und Wähler erzielen können, müssen die Spitzenkandidaten und ihre TV-Auftritte zu allererst wahrgenommen werden. Die Voraussetzung dafür sind entsprechende Reichweiten und Marktanteile der TV-Konfrontationen. Im Reichweiten-Ranking der Spitzenkandidaten der fünf Parlamentsparteien ergibt sich dieselbe Rangfolge wie in der Beurteilung der TV-Performance durch die Wähler. Was die Reichweiten-Attraktivität der Spitzenkandidaten in all ihren TV-Duellen betrifft, nimmt Faymann mit einer durchschnittlichen Reichweitenquote von 941.800 Zusehern die Spitzenposition vor Molterer ein (903.400 Zuseher). Auf Rang drei folgt auch in diesem Ranking Haider mit durchschnittlich 896.400 Zuschauern. Auf den Plätzen folgen Strache mit einem Publikum von 874.000 und Van der Bellen mit einem durchschnittlichen Zuseheranteil von 856.800 (eigene Berechnung auf Basis der publizierten Reichweitdaten – ORF 2008). Sowohl in der Erreichung des Publikums als auch in der Performance-Bewertung durch das Medienpublikum erreichte Faymann Platz eins, während Van der Bellen das Schlusslicht bildet.

Etwas differenzierter ist die Performance-Bilanz der Spitzenkandidaten entlang der hier entworfenen AKS-Matrix zu beurteilen. Diese dreidimensionale Matrix erlaubt es, zumindest einen relevanten Ausschnitt der Kandidaten-Performance in den TV-Diskussionen selbst und in deren medialen Reflexion objektivierbar und empirisch messbar zu machen. So gelang es etwa Haider, sich mit dem höchsten Aktions- und Kontrollniveau in der Elefantenrunde wie in der medialen Berichterstattung zu den TV-Konfrontationen zu positionieren. Dabei dürfte ihm auch die große Routine in Sachen TV-Duelle zu Gute gekommen sein. Van der Bellen hingegen konnte nur mit seinem Gesprächsstil sowohl in der Diskussion als auch in der medialen Reflexion überdurchschnittlich punkten, wenngleich diese Dimension in der AKS-Matrix den geringsten quantitativen Stellenwert – vor allem im medialen Widerhall – einnahm. Besonders in der medialen Vermittlung seiner TV-Performance gelang es Van der Bellen nicht zu reüssieren. Ebenso wie bei Molterer fruchtete die konstruktive Inhaltsvermittlung – positive Selbstdarstellung bei lösungsorientierter Perspektive – offensichtlich medial nicht. Die Nachrichten zu den TV-Konfrontationen konzentrierten sich ungleich stärker auf destruktive und konfrontative Inhalte in der Performance der Kandidaten.

Medial erzielten Faymann und Haider die höchsten Aktions-, Kontroll- und Konstruktivitätsniveaus und generierten daraus auch insgesamt positive Performance-Bewertungen. Molterer und Strache waren zwar jene Kandidaten, die medial am häufigsten mit den TV-Konfrontationen in Verbindung gebracht wurden, gleichzeitig waren sie aber auch jene Diskutanten, deren Debattenleistung am negativsten bilanziert wurde.

8. Resümee

Die Frage nach den Siegern, Nutznießern und Verlierern der TV-Konfrontationen, die von Medien gerne gestellt wird, muss dieser Beitrag unbeantwortet lassen. Die vorliegende empirische Analyse hatte zum Ziel, einen Analyse- und Indikatorenraster zu entwerfen, der für die Kategorisierung des TV-Auftrittsverhaltens und Debattenstils herangezogen werden kann. Gleichzeitig wurden diese Indikatoren getestet und sowohl für die Kandidaten-Performance in den Fernsehdiskussionen als auch für deren mediale Reflexion herangezogen. Diese Untersuchung gestattet kein Urteil über eindeutige Sieger und Verlierer, allerdings liefert sie Anhaltspunkte und Performance-Kategorisierungen, die die TV-Auftritte der Spitzenkandidaten im Wahlkampf 2008 kategorisierbar, unterscheidbar und vergleichbar machen. Am 10. September 2008 titelte die Tageszeitung Österreich: „Haider, Faymann, ORF als Sieger der TV-Duelle" (Seite 4). So eindeutig kann der wissenschaftliche Ausschnittsbefund an dieser Stelle nicht ausfallen, aber die Schlagzeile trifft einige wesentliche Erkenntnisse: Sowohl in der Wahrnehmung der TV-Performance der Kandidaten als auch mit Blick auf die Reichweiten wie den Umfang in der medialen Berichterstattung nahm der SPÖ-Spitzenkandidat Werner Faymann eine überdurchschnittlich positive Stellung ein. Ähnliches gilt für Jörg Haider, während vor allem die Auftritte von Alexander Van der Bellen und Heinz-Christian Strache unterdurchschnittlich – sowohl von der Bevölkerung als auch von den Medien – beurteilt wurden.

Die Frage nach Siegern und Verlierern verdeutlicht noch einen weiteren Aspekt: TV-Konfrontationen werden zunehmend zu „apolitischen Angelegenheiten", wie der ORF-Journalist Franz Renner (2007: 131) schon für den Wahlkampf 2006 resümierte. Dieser Befund trifft zumindest für die mediale Reflexion der TV-Duelle zu. Im Mittelpunkt standen die Performance-Beurteilungen der Diskutanten und weniger sachpolitische Bilanzen. Die TV-Elefantenrunde etwa war stark *policy*-zentriert, während die Berichterstattung zu den Fernsehdiskussionen in Summe das Auftrittsverhalten und den Debattenstil in den Vordergrund stellte. Die Wirkungen von TV-Konfrontationen und der Performances der Diskutanten auf das Wahlverhalten werden wohl weiterhin von Wahl zu Wahl widersprüchlich diskutiert werden. Folgendes scheint allerdings unbestritten: Nicht nur die Performance der Kandidaten in der *Live*-Diskussion ist bedeutend, sondern vor allem die mediale Reflexion in deren Umfang und Bewertung. Daneben kann die selektiv-komprimierte und begleitende Berichterstattung in den Medien zu durchaus bedeutenden journalistischen Umdeutungen der Diskussionsverläufe und -bilanzen führen, die von der *Live*-Performance der Kandidaten abweichen können. Die *Gatekeeping*- und Definitionsmacht des Journalismus kommt dabei deutlich zum Tragen. TV-Konfrontationen folgen zudem der inneren Darstellungs- und Vermittlungslogik von Politik. Medien nehmen solche Ereignisse dankbar an, um relativ kostengünstigen *content* zu produzieren, der überdurchschnittliche Quoten und Reichweiten bringt. Weiters profitieren Medien von diesen Wahlkampf-Inszenierungen, indem sie daraus Neuigkeiten – auch in inhaltsleeren oder spannungsarmen Wahlkämpfen – generieren, die wenig Rechercheaufwand erfordern und gleichzeitig Spannungselemente der Konfrontationen, des *Horse Race* und des Duell-Charakters liefern. Ein Sieger steht somit in jedem Fall fest: die Medien selbst.

Literaturverweise

Benoit, William, Mitchell McKinney und Michael Stephenson (2002). Effects of watching primary debates in the 2000 U.S. presidential campaign. *Journal of Communication* 52, 316–331.

Benoit, William, Kevin Stein und Glenn Hansen (2004). Newspaper coverage of presidential debates. *Argumentation & Advocacy* 41, 17–27.

Blais, Andre und Andrea M.L. Perrella (2008). Systemic Effects of Televised Candidates' Debates. *Harvard International Journal of Press/Politics* 13 (4), 451–464.

Brady, Henry und Richard Johnston (eds.) (2006). *Capturing Campaign Effects*. Ann Arbor.

Brettschneider, Frank (2002). Kanzlerkandidaten im Fernsehen. *Media Perspektiven* 6, 263–276.

Burkart, Roland (1985). Medienereignis „TV-Duell". In Fritz Plasser, Peter A. Ulram und Manfried Welan (Hg.). *Demokratierituale*, Wien, 75–92.

Coleman, Stephen (ed.) (2000). *Televised Election Debates. International Perspectives*. Houndsmill.

Dehm, Ursula (2005). Das TV-Duell 2005 aus Zuschauersicht. *Media Perspektiven* 12, 627–637.

Donsbach, Wolfgang und Olaf Jandura (2005). Urteile mit Verfallsdatum. Einflüsse auf die Wahrnehmung des ersten Fernsehduells. In Elisabeth Noelle-Neumann, Wolfgang Donsbach und Hans Mathias Kepplinger. *Wählerstimmungen in der Mediendemokratie. Analysen auf der Basis des Bundestagswahlkampfes 2002*, Freiburg und München, 141–163.

Donsbach, Wolfgang, Olaf Jandura und Matthias Hastall (2004). Neues aus der Fernsehdemokratie. Wahrnehmung und Wirkung des ersten TV-Duells. In Heinrich Oberreuter (Hg.). *Der versäumte Wechsel. Eine Bilanz des Wahljahres 2002*, München, 136–155.

Dörner, Andreas (2005). *Politainment. Politik in der medialen Erlebnisgesellschaft*. Vierte Auflage. Frankfurt a.M.

Faas, Thomas und Jürgen Maier (2004). Chancellor-candidates in the 2002 televised debates. *German Politics* 13 (2), 300–316.

Hofer, Thomas und Barbara Tóth (Hg.) (2008). *Wahl 2008. Strategien. Sieger. Sensationen*. Wien.

Hofrichter, Jürgen (2004). Die Rolle der TV-Duelle im Bundestagswahlkampf 2002. In Frank Brettschneider, Jan van Deth und Edeltraud Roller (Hg.). *Die Bundestagswahl 2002. Analysen der Wahlergebnisse und des Wahlkampfes*, Wiesbaden, 51–74.

Kaid, Lynda Lee und Daniel Bystrom (Hg.) (1999). *The electronic election: Perspectives on the 1996 campaign communication*. Mahwah.

Kaid, Lynda Lee, Mitchell McKinney und John Tedesco (2000). *Civic dialogue in the 1996 presidential campaign: Candidates, media, and public voices*. Creskill.

Kepplinger, Hans Mathias und Marcus Maurer (2005). *Abschied vom rationalen Wähler. Warum Wahlen im Fernsehen entschieden werden*. Freiburg und München.

Laux, Lothar und Astrid Schütz (1996). *„Wir, die wir gut sind". Die Selbstdarstellung von Politikern zwischen Glorifizierung und Glaubwürdigkeit*. München.

Lemert, James, Wayne Wanta und Lee Tien-Tsung (1999). Winning by staying ahead: 1996 debate performance verdicts. In Lynda Lee Kaid und Daniel Bystrom (eds.). *The electronic election: Perspectives on the 1996 campaign communication*, Mahwah NJ, 179–189.

Maier, Jürgen (2009). „Frau Merkel wird doch noch Kritik ertragen können …": Inhalt, Struktur, Wahrnehmung und Wirkung des wirtschaftspolitischen Teils der Fernsehdebatte 2005. In Oscar W. Gabriel, Bernhard Weßels und Jürgen W. Falter (Hg.). *Wahlen und Wähler. Analysen aus Anlass der Bundestagswahl 2005*, Wiesbaden, 177–201.

Maier, Jürgen und Thorsten Faas (2005). Schröder gegen Stoiber: Wahrnehmung, Verarbeitung und Wirkung der Fernsehdebatten im Bundestagswahlkampf 2002. In Jürgen W. Falter, Oscar W. Gabriel und Bernhard Weßels (Hg.). *Wahlen und Wähler. Analysen aus Anlass der Bundestagswahl 2002*, Wiesbaden, 77–101.

Maier, Jürgen und Michaela Maier (2007). Das TV-Duell 2005: Katalysator für die Per-
    sonalisierung des Wahlverhaltens? In Frank Brettschneider, Oskar Niedermayer und
    Bernhard Weßels (Hg.). *Die Bundestagswahl 2005. Analysen des Wahlkampfes und der
    Wahlergebnisse*, Wiesbaden, 219–232.

Maier, Jürgen und Carsten Reinemann (2007). TV-Duelle als Instrument der Wahl-
    kampfkommunikation: Mythen und Fakten. In Nikolaus Jackob (Hg.). *Wahlkämpfe
    in Deutschland. Fallstudien zur Wahlkampfkommunikation 1912–2005*, Wiesbaden,
    317–331.

Maier, Michaela (2007). Viel Spielraum für die eigene Interpretation. Wahrnehmung und
    Wirkung der Nachberichterstattung. In Marcus Maurer, Carsten Reinemann, Jürgen
    Maier und Michaela Maier. *Schröder gegen Merkel*, Wiesbaden, 195–227.

Maurer, Marcus (2007). Themen, Argumente, rhetorische Strategien. In Marcus Maurer,
    Carsten Reinemann, Jürgen Maier und Michaela Maier. *Schröder gegen Merkel*, Wies-
    baden, 33–52.

Maurer, Marcus und Carsten Reinemann (2003). *Schröder gegen Stoiber. Nutzung, Wahr-
    nehmung und Wirkung der TV-Duelle.* Wiesbaden.

Maurer, Marcus und Carsten Reinemann (2007). Warum TV-Duelle Wahlen entscheiden
    können. Befunde und Konsequenzen der TV-Duell-Studie 2005. In Marcus Maurer,
    Carsten Reinemann, Jürgen Maier und Michaela Maier. *Schröder gegen Merkel*, Wies-
    baden, 229–246.

Maurer, Marcus, Carsten Reinemann, Jürgen Maier und Michaela Maier (2007). *Schröder
    gegen Merkel. Wahrnehmung und Wirkung des TV-Duells 2005 im Ost-West-Vergleich.*
    Wiesbaden.

McKinney, Mitchell S. (2008). Debates. In Lynda Lee Kaid und Christina Holtz-Bacha
    (eds.). *Encyclopedia of Political Communication*, Los Angeles und London, 159–
    165.

McKinney, Mitchell S. und Diana B. Carlin (2004). Political Campaign Debates. In
    Lynda Lee Kaid (ed.). *Handbook of Political Communication Research*, Mahwah
    NJ, 203–235.

ORF-Kundendienst (2009). ORF-Fernsehen im Jahr 2008. Wien.
    Online unter: http://kundendienst.orf.at/unternehmen/zahlen/kasat812.html

ORF-Kundendienst (2008). Rückblick: ORF-TV-Konfrontationen. Wien.
    Online unter: http://kundendienst.orf.at/aktuelles/nrwwahl.html

Plasil, Rita (2008). *Klare Verhältnisse für ein modernes Österreich. Die Nationalrats-
    wahlen 1970 und 1971.* Österreichische Mediathek. Wien.

Plasser, Fritz (1993). Tele-Politik, Tele-Image und die Transformation demokratischer
    Führung. *Österreichische Zeitschrift für Politikwissenschaft* 22 (4), 409–425.

Plasser, Fritz (1996). TV-Confrontainments und Strategien populistischer Politikvermitt-
    lung. In Otfried Jarren u.a. (Hg.). *Medien und politischer Prozess*, Opladen, 95–113.

Plasser, Fritz (Hg.) (2004). *Politische Kommunikation in Österreich. Ein praxisnahes
    Handbuch.* Wien.

Plasser, Fritz, Franz Sommer und Christian Scheucher (1996). Medienlogik: Themenma-
    nagement und Politikvermittlung im Wahlkampf. In Fritz Plasser, Peter A. Ulram und
    Günther Ogris (Hg.). *Wahlkampf und Wählerentscheidung*, Wien, 85–118.

Plasser, Fritz, Peter A. Ulram und Franz Sommer (2000). Do Campaigns Matter? Massenmedien und Wahlentscheidung im Nationalratswahlkampf 1999. In Fritz Plasser, Peter A. Ulram und Franz Sommer (Hg.). *Das österreichische Wahlverhalten*, Wien, 141–173.

Plasser, Fritz, Christian Scheucher und Franz Sommer (1995). Massenmedien und Wahlkampf in Österreich: Personalisierung, Dethematisierung und Videopolitik. In Wolfgang C. Müller, Fritz Plasser und Peter A. Ulram (Hg.). *Wählerverhalten und Parteienwettbewerb*, Wien, 227–264.

Plasser, Fritz, Peter A. Ulram und Franz Sommer (2003). Kampagnedynamik, Mediahypes und der Einfluss der TV-Konfrontationen 2002. In Fritz Plasser und Peter A. Ulram (Hg.). *Wahlverhalten in Bewegung. Analysen zur Nationalratswahl 2002*, Wien, 19–53.

Plasser, Fritz und Peter A. Ulram (2004). Parteienwettbewerb in der Mediendemokratie. In Fritz Plasser (Hg.). *Politische Kommunikation in Österreich. Ein praxisnahes Handbuch*, Wien, 377–428.

Plasser, Fritz, Peter A. Ulram und Gilg Seeber (2007). Was Wähler(innen) bewegt: Parteien-, Themen- und Kandidatenorientierungen 2006. In Fritz Plasser und Peter A. Ulram (Hg.). *Wechselwahlen. Analysen zur Nationalratswahl 2006*, Wien, 155–194.

Posselt, Michael und Manfred Rieglhofer (1996). Wahlkampfarena „TV-Konfrontationen": Das TV-Auftrittsverhalten österreichischer Spitzenpolitiker im Nationalratswahlkampf 1995. *Österreichisches Jahrbuch für Politik 1995*, München und Wien, 115–144.

Posselt, Michael und Manfred Rieglhofer (2000). Impression-Management: Kandidatendiskussionen im TV 1994, 1995 und 1999. In Fritz Plasser, Peter A. Ulram und Franz Sommer (Hg.). *Das österreichische Wahlverhalten*, Wien, 207–224.

Redl, Elisabeth und Eva Schlössl (1983). Das Diskussionsverhalten des Dr. Kreisky und seine Auswirkungen. In Ruth Wodak (Hg.). *„Hier darf jeder alles!" Diskursanalytische Untersuchungen zum Diskussionsstil im österreichischen Fernsehen*, Wien, 59–72.

Reinemann, Carsten (2007). Völlig anderer Ansicht. Die Medienberichterstattung über das TV-Duell. In Marcus Maurer, Carsten Reinemann, Jürgen Maier und Michaela Maier. *Schröder gegen Merkel*, Wiesbaden, 167–194.

Reinemann, Carsten und Marcus Maurer (2007). Schröder gegen Merkel. Wahrnehmung und Wirkung des TV-Duells. In Frank Brettschneider, Oskar Niedermayer und Bernhard Weßels (Hg.). *Die Bundestagswahl 2005. Analysen des Wahlkampfes und der Wahlergebnisse*, Wiesbaden, 197–218.

Renner, Franz (2007). Die Qual der Fernsehwahl. Wahlentscheidende Entscheidungshilfe oder Medienhype: Die TV-Debatten im Nationalratswahlkampf 2006. In Thomas Hofer und Barbara Toth (Hg.). *Wahl 2006. Kanzler, Kampagnen, Kapriolen*, Wien und Berlin, 119–134.

Rieglhofer, Manfred und Michael Posselt (1996). *Wahlkampfarena Fernsehen: Videostil und Tele-Image österreichischer Spitzenpolitiker*. Wien.

Rössler, Patrick (2005). *Inhaltsanalyse*. Konstanz.

Schenk, Michael (2007). *Medienwirkungsforschung*. Dritte Auflage. Tübingen.

Scheufele, Bertram, Julia Schünemann und Hans-Bernd Brosius (2005). Duell oder Be-
    richterstattung? Die Wirkung der Rezeption des ersten TV-Duells und der Rezep-
    tion der Nachberichterstattung im Bundestagswahlkampf 2002. *Publizistik* 50 (4),
    399–421.
Schroeder, Alan (2008). *Presidential Debates: Fifty Years of High-Risk TV*. Second revised
    edition. San Francisco.
SORA Institut und Institut für Strategieanalysen (2008). *Nationalratswahl 2008*. Wien.
    Link: http://www.sora.at/images/doku/SORA_ISA_Analyse_NRW_2008.pdf
Strömbäck, Jasper und Lynda Lee Kaid (eds.) (2008). *The Handbook of Election News
    Coverage around the World*. New York und London.
Tapper, Christoph und Thorsten Quandt (2006). „Trotzdem noch mal nachgefragt, Frau
    Kirchhof …". Eine dialoganalytische Untersuchung des Fernsehduells im Wahlkampf
    2005. In Christina Holtz-Bacha (Hg.). *Die Massenmedien im Wahlkampf. Die Bundes-
    tagswahl 2005*, Wiesbaden, 246–276.
Tenscher, Jens und Christian Schicha (Hg.) (2002). *Talk auf allen Kanälen. Angebot,
    Akteure und Nutzer von Fernsehgesprächssendungen*. Wiesbaden.
Wagner, Wolfgang (2008). Der TV-Wahlkampf. In Thomas Hofer und Barbara Tóth (Hg.).
    Wahl 2008. Strategien. Sieger. Sensationen, Wien, 135–145.

Politische Werbung in der Wahlkampfarena: Analysen politischer Werbekommunikation

Andreas Lederer

Gliederung

„Es reicht!", sagte Vizekanzler Wilhelm Molterer am 7. Juli 2008 in einer eilig einberufenen morgendlichen Pressekonferenz und der Republik wurde schlagartig klar: es ist wieder soweit – Wahlkampf! Und in den Medien machte sich fast schon rituell eine wohlbekannte Debatte breit: dass in der Wahlwerbung immer stärkere Trends zu Personalisierung, Negativität und Entpolitisierung zu beobachten wären, dass Programme und Inhalte im Wahlkampf zugunsten einzelner Personen in den Hintergrund gedrängt würden und Angriffe auf den Gegner zunehmend positive Kompetenzdarstellungen der Parteien ersetzen. Aber, was ist dran an der vielbeschworenen „Amerikanisierung" politischer Werbung in Österreich?

Während für Österreich mit Blick auf Trends redaktioneller Politikvermittlung in Wahlkämpfen bereits umfangreiche Befunde vorliegen (vgl. die Beiträge von Melischek, Rußmann und Seethaler bzw. Lengauer und Vorhofer in diesem Band), wurde die werbliche Wahlkampfkommunikation für Österreich bislang kaum empirisch untersucht. Dieser Beitrag versucht die Lücke zu schließen und eine dichte Analyse der Produktion und vor allem der Strategien politischer Werbung in Österreich zu bieten.

Bezahlte Werbung eignet sich besonders gut, Kommunikationsstrategien von Parteien zu untersuchen. Denn der Inhalt und die Gestaltung politischer Werbung liegt im Gegensatz zur redaktionellen Berichterstattung vollständig in der Hand der Wahlkampfleitung in den Parteizentralen, während die PR-Botschaften der Parteien redaktionell bearbeitet und oft verändert oder kommentiert werden. In der politischen Werbung werden strategische Positionierungen in Kampagnen daher am deutlichsten sichtbar. Der vorliegende Beitrag versucht durch die empirische Analyse der wichtigsten politischen Werbekanäle – Wahlplakate, TV- und Radiospots – aus den Nationalratswahlkämpfen 2006 und 2008 sowie der Europaparlamentswahl 2009 generelle Trends der werblichen Wahlkampfkommunikation in Österreich aufzuzeigen und – wo möglich – auch im internationalen Vergleich zu verorten.

1. Politische Werbung in Österreich

„Politische Werbung", „Politisches Marketing" oder „Propaganda" von Parteien werden in der medialen Berichterstattung meistens synonym zur pauschalen Bezeichnung der gesamten Wahlkampfaktivitäten einer Partei verwendet (Jarren und Donges 2006: 226–228; Kamps 2007: 24–28). In diesem Beitrag wird „Politische Werbung" sehr spezifisch und technisch verstanden und stellt innerhalb des breiten Spektrums der Wahlkampfkommunikation nur einen *sektoralen*, streng abgegrenzten Kommunikationskanal dar. Nach Bentele (1998: 131f.) ist Werbung Einwegkommunikation und durch die Verwendung bestimmter sprachlicher Instrumente wie Slogans und eine grundsätzlich persuasive Ausrichtung gekennzeichnet. Werbung grenzt sich gegenüber PR und direkter Kommunikation, den beiden anderen Hauptkanälen politischer Kommunikation, dadurch ab, dass sie im Gegensatz zu PR bezahlte und kontrollierbare Kommunikation und im Gegensatz zu direkter Kommunikation medial vermittelt ist, also durch Medien wie Plakaten, TV, Radio, Kino, Internet oder Zeitungen transportiert wird.

Im Vergleich zu anderen Ländern wie zum Beispiel Deutschland oder den USA, in denen sich die politische Kommunikationsforschung sehr eingehend mit der Form, der Entstehung, der Wirkung und dem Inhalt von Werbung in Wahlkämpfen auseinandergesetzt hat, wurde das Thema für Österreich in der Forschung bis jetzt weitgehend ignoriert. Es gab für Österreich bis jetzt keine regelmäßigen, wahlbegleitenden Studien zum Thema „Politische Werbung" wie in anderen Ländern (für Deutschland vgl. z.B. Holtz-Bacha 2002; 2003; 2006; Dörner und Schicha 2008; für die USA siehe u.a. Kaid 2006). In der Vergangenheit haben sich wissenschaftliche Wahlanalysen nur sporadisch dem Thema Werbung auch empirisch gewidmet (über den Produktionskontext z. B. Schaller und Vretscha 1995; zur empirischen Analyse des Stils und der Strategien von Belangsendungen siehe Plasser, Scheucher und Sommer 1995; zur Analyse der Wahlwerbung im Nationalratswahlkampf 2006 siehe Lederer 2007). Der Großteil der empirischen Forschung wurde durch unveröffentlichte Diplomarbeiten und Dissertationen geleistet (z. B. die Dissertation von Haunold 1997). Journalistisch wurde das Thema Wahlwerbung systematisch von Hölzl (1974) für die ersten Nachkriegswahlkämpfe aufgearbeitet. Im Frühjahr 2009 nahm das Forschungsnetzwerk „Austrian National Election Study" (AUTNES) die Arbeit auf, die sich neben empirischen Wahlanalysen und der redaktionellen Politikvermittlung auch dem Thema Wahlwerbung widmen wird.

Anhand einer statistischen Inhaltsanalyse der Plakatsujets, TV- und Radiospots aller Parlamentsparteien aus den Nationalratswahlkämpfen 2006 und 2008 sowie dem Europaparlamentswahlkampf 2009 wurden die Werbestrategien der Parteien insbesondere mit Blick auf Personalisierungs- und Angriffsstrategien untersucht. Vercodet und analysiert wurden insgesamt 18 TV/Kinospots, 44 Radiospots und 134 Plakatsujets, die im Großflächenformat oder als Dreieckständer affichiert waren[1], der wahlwerbenden Parteien, die entweder bereits im Parlament vertreten waren oder durch den Wahlgang neu ins Parlament gekommen sind. Konkret waren das ÖVP, SPÖ, Grüne, FPÖ und BZÖ (2006: Bund und Kärnten) sowie die Liste von Hans-Peter Martin bei der Europaparlamentswahl. Parteien wie das LIF, die zur Zeit des Wahlkampfes weder im Parlament vertreten waren noch durch die Wahl den Einzug geschafft haben, wurden nicht berücksichtigt. Es wurden nur Plakate und Spots aus der „heißen" Wahlkampfphase untersucht[2]. Die Ergebnisse beziehen sich lediglich auf die Gestaltung der einzelnen Werbemittel, Daten über die Produktion und Streuung der einzelnen Werbemittel waren nicht erhältlich. Daher konnte nicht evaluiert werden, welchen Anteil jedes untersuchte Werbemittel im Kommunikationsmix hatte. Überdies wurden 456 Inseratensujets nach der zeitlichen und medialen Streuung ihrer Schaltungen ausgewertet. Der Untersuchung des Produktionskontextes liegt eine Interviewserie zugrunde, bei der jeweils ein Hauptverantwortlicher aus dem Wahlkampfteam jeder Partei sowie ein Verantwortlicher jeder im Wahlkampf beteiligten Werbeagentur zur Entstehung und Umsetzung der Wahlkampagne des Nationalratswahlkampfes 2006 befragt wurden. Im Zentrum des Interesses stehen Planung und Strategie der Kampagnen sowie die Auswahl, die Einbindung, der Tätigkeitsbereich und der Einfluss der Agenturen. Die empirische Analyse der Werbestrategien von Wahlwerbeplakaten und -spots orientiert sich jeweils an den *drei* Dimensionen Negativität, Personalisierung und Inhalt. Im Folgenden sollen diese Dimensionen theoretisch erläutert und die Operationalisierung dargelegt werden.

---

1 Untersuchungsgegenstand waren die Werbemittel, die von den Bundesparteizentralen im Rahmen einer zentral koordinierten Kampagne verwendet wurden, aber nicht die Werbekampagnen von Landesparteiorganisationen.

2 Die Werbemittel wurden einer Inhaltsanalyse unterzogen, wobei das jeweilige Werbemittel die Analyseeinheit war. Der Datensatz wurde mittels SPSS ausgewertet.

Prinzipiell existieren *zwei* Grundstrategien der politischen Werbung: erstens das positive Darstellen der eigenen Kompetenzen, Erfolge, Personen und inhaltlichen Vorschläge und zweitens das Angreifen und Kritisieren dieser Aspekte bei anderen Parteien. Im Vergleich zu kommerziellen Produkten operiert politische Werbung viel stärker in Relation zu und in Abgrenzung von anderen Ideen und Konzepten, weshalb das Mittel des Vergleiches für die Politik zur Natur der Sache gehört und prinzipiell legitim ist. Vergleichende Werbung im kommerziellen Bereich ist in Österreich erlaubt, sofern die Gegenüberstellung anhand objektiv überprüfbarer Kriterien stattfindet und der Vergleich den Konkurrenten nicht herabsetzt (Fachverband Werbung & Marktkommunikation). Für politische Werbung bestehen solche gesetzlichen Einschränkungen in Österreich prinzipiell nicht. Diskussionen über Negativität in der politischen Werbung entzünden sich oftmals an der aggressiven Tonalität von politischer Werbung, der Verwendung von stereotypen Ressentiments sowie negativen Emotionen wie Angst und einer zunehmend persönlichen Ausrichtung der Angriffe. Für die Zukunft zeichnet sich ein verstärktes Bemühen um Kontrolle der politischen Werbung durch den Österreichischen Werberat ab, der angekündigt hat, aufgrund steigender Beschwerden über politische Werbekampagnen über eine Erweiterung seiner Prüfkompetenz über Wirtschaftsthemen hinaus zu diskutieren (Falter, 30/09).

Der Grad der Negativität wurde in Anlehnung an das Schema von Johnston-Cartee und Copeland (1997) analysiert, das zwischen impliziten (kritischen) Vergleichen, expliziten (kritischen) Vergleichen und direkten Attacken unterscheidet. Beim *impliziten* Vergleich wird ein Thema kritisch angesprochen, ohne jedoch explizit einen Adressaten der Kritik zu nennen. *Explizite* Vergleiche adressieren die Kritik an einen genannten Gegner, bleiben aber tendenziell sachlich und sind nicht vordergründig angriffig. *Direkte* Angriffe machen explizite Vorwürfe an einen namentlich genannten Gegner, die aggressiv formuliert oder unsachlicher Natur sein können. Der Begriff „Negativstrategie" im Rahmen dieser Kategorisierung bezeichnet alle nicht-positiven Strategien. Er beinhaltet auch den impliziten und expliziten Vergleich und bezeichnet daher nicht notwendigerweise eine illegitime, aggressive oder persönlich diffamierende Art der politischen Werbestrategie.

Mit Blick auf die *Personalisierung* in der politischen Werbung können mehrere Aspekte und Thesen unterschieden werden:

- die zahlenmäßige Reduktion der in der Öffentlichkeit agierenden Politiker auf eine immer kleinere politische Elite, d.h. Werbekampagnen fokussieren immer stärker auf immer weniger Politiker;
- die Verlagerung von der inhaltlichen Kompetenzdarstellung der Partei zur Präsentation ihres Personalangebotes, d.h. statt Inhalte und Programme in den Vordergrund ihrer Werbekampagnen zu stellen, setzen Parteien ihr Personal als vorrangiges Werbeargument ein;
- die Zunahme von genuin unpolitischen, privaten Aspekten in der werblichen Kommunikation, d.h. Politiker werden verstärkt in privater Rolle dargestellt oder es werden Eigenschaften kommuniziert, die sie als Privatpersonen auszeichnen, für die politische Arbeit aber nicht relevant sind.

Die dritte Analysedimension betrifft schließlich die *inhaltliche* Ausrichtung des Werbemittels, besonders die Verteilung der inhaltlichen Schwerpunkte über die verschiedenen Werbekanäle. Die Anatomien der drei untersuchten Wahlkämpfe unterscheiden sich zum Teil erheblich, was sich auch auf die Natur der drei bundesweiten Wahlkämpfe zurückführen lässt. Der Nationalratswahlkampf 2006 hatte den breitesten Kommunikationsoutput, gemessen an der Anzahl der produzierten Werbesujets bzw. -spots und der Verwendung von Werbung in elektronischen Medien durch alle Parteien. Es wurden insgesamt 68 Plakatsujets produziert, 213 Inseratensujets und 38 Radiospots bzw. 12 TV/Kinospots von jeweils vier Parteien. Die beiden anderen Wahlkämpfe zeigen in beiden Kategorien einen deutlich geringeren Output der Parteien. Im Nationalratswahlkampf 2008 wurden 45 Plakatsujets, 122 Inseratensujets und 4 TV/Kinospots bzw. 6 Radiospots von jeweils zwei Parteien produziert. Die Werbung im Europawahlkampf 2009 wurde hingegen auf 26 Plakatsujets, 121 Inseratensujets und 4 TV/Kinospots verknappt.

Zurückzuführen ist das im Fall des Nationalratswahlkampfes 2008 – bedingt durch das plötzliche Ende der Regierungskoalition – auf die enorm kurze Zeitspanne zur Vorbereitung der Wahlkampagne. Das hat im Vergleich zur Nationalratswahlkampagne 2006, die die einzelnen Parteien bis zu zwei Jahre vor dem Wahltag bereits zu planen begonnen haben, zu Kampagnen mit deutlich reduziertem quantitativen Output an Werbemitteln geführt, was die Anzahl der Werbesujets als auch die Verwendung von elektronischen Medien als Werbeträger betrifft.

Der Europaparlamentswahlkampf 2009 stellt sich in beiden Hinsichten noch reduzierter dar. Der Hauptgrund dafür liegt wohl darin, dass die Parteien dieser Wahl subjektiv nur geringe Relevanz zuschrieben, was sich auch in einem deutlich reduzierten Wahlkampfbudget quer durch alle Parteien zeigte. Das hat in weiterer Folge zur Reduktion der Werbekanäle (keine Radiowerbung, nur zwei Parteien verwendeten TV-Spots) wie der Werbesujets geführt. So bestritten die Grünen den Wahlkampf mit lediglich einem Wahlplakat, das für die Vollständigkeit der Dreiecksständer um zwei Textplakate ergänzt wurde.

2. Strategien der Wahlwerbung in Österreich

2.1. Fernsehwerbung

TV-Spots werden von vielen Beratern, die im Bereich der politischen Kommunikation tätig sind, oft als „Königsdisziplin" der politischen Werbung bezeichnet (Kaid und Holtz-Bacha 2006). In Ländern wie den USA ist Fernsehwerbung in Form von 30-sekündigen TV-Spots das bei weitem dominierende Werbeinstrument in Wahlkämpfen, und generell ist durch die *Amerikanisierung* der Wahlkämpfe (Wagner 2004) ein globaler Trend hin zu einer TV-Orientierung feststellbar, die sich auch in einer allgemein steigenden Relevanz von TV-Spots niederschlägt (Plasser 2003:

370ff.). Dieser Trend lässt sich anhand verschiedener Indikatoren auch für Österreich feststellen, bewegt sich aber international gesehen – vor allem durch regulatorische Hürden – noch immer auf niedrigem Niveau: während bei Wahlkämpfen in den USA mitunter zwischen 50 und 60 Prozent des gesamten Wahlkampfbudgets für die Schaltung von TV-Spots aufgewendet werden (Plasser und Lengauer 2008; 2009), lag in Österreich der Anteil der Ausgaben für Fernsehwerbung im Nationalratswahlkampf 2006 bei weniger als 5 Prozent des Gesamtwerbebudgets aller Parteien. Im Vergleich mit den 90er Jahren, als bezahlte TV-Werbung im 30-Sekunden-Format in Österreich noch unbekannt war, bedeutet das aber trotzdem einen eindeutigen Zuwachs der objektiven Bedeutung von TV-Werbung in österreichischen Wahlkämpfen. Stärker ist allerdings die *subjektive* Bedeutung von Fernsehwerbung bei österreichischen Wahlkampfverantwortlichen. Bei einer Befragung 2002 schrieben 70 Prozent der interviewten Verantwortungsträger in Parteizentralen Fernsehwerbung für die Zukunft eine steigende Bedeutung zu. Kein einziger gab an, der Meinung zu sein, dass die Bedeutung von Fernsehwerbung in der Zukunft abnehmen werde (Lederer 2005: 50).

In Österreich unterliegt der Zugang der Parteien zu politischer Fernsehwerbung gesetzlichen Beschränkungen. Bis 2001 wurden den Parteien entsprechend ihrer Mandatsstärke im Parlament mehrminütige Slots für Belangsendungen im ORF vor den ZiB 1-Nachrichten zur Verfügung gestellt, der Kauf von Werbezeit im öffentlich-rechtlichen Rundfunk war ihnen untersagt. Einem Wunsch der Parteien entsprechend wurden bei der Nationalratswahl 1994 die Dauer der Belangsendungen von 5 auf 4 Minuten verkürzt, um eine seherfreundlichere Gestaltung der Spots zu ermöglichen (Plasser, Scheucher und Sommer 1995: 246f.). 2001 wurde in Österreich mit dem neuen Rundfunkgesetz schließlich die gebührenfreie Werbezeit für Parteien im öffentlich-rechtlichen Rundfunk zur Gänze gestrichen. Das Verbot für Parteien, im öffentlich-rechtlichen Fernsehen und Radio Sendezeit zu kaufen, blieb unangetastet. Die Parteien haben daher nur die Möglichkeit, in den Österreichwerbefenstern deutscher Privatfernsehsender sowie bei österreichischen Privatradio- und Fernsehstationen Werbespots zu schalten, die allerdings im Vergleich mit dem ORF auf eine relativ niedrige Reichweite kommen, die für Parteien nur eingeschränkt interessant ist. Diese Zugangsbeschränkungen sind im internationalen Vergleich sehr *restriktiv*, da die meisten Staaten entweder bezahlten Zugang zu öffentlich-rechtlichen Sendern gewähren oder gratis Sendezeit zur Verfügung stellen (Kaid und Holtz-Bacha 2006: 8–11). Lediglich die Schweiz kann hier als vergleichbares Land herangezogen werden (Plasser 2003: 293f.). Während in anderen Ländern Europas wie Frankreich, Italien und Finnland mitunter bestimmte gesetzliche Regulierungen bezüglich Format, Stil und Inhalt politischer Fernsehwerbung bestehen (vgl. Plasser 2003: 303ff. bzw. Kaid und Holtz-Bacha 2008: 8–11), ist politische Werbung in Österreich, solange sie sich inhaltlich im gesetzlichen Rahmen bewegt, frei gestaltbar.

Die Parteien hatten in der Vergangenheit die Gelegenheit, mit den Belangsendungen im ORF in der besten Sendezeit – vor der ZiB 1 – eine enorme Reichweite
zu erzielen, was angesichts der bis in die späten 90er Jahre fehlenden Verfügbarkeit
österreichischer und deutscher Privatsender als Werbekanal attraktiv war. Da viele
Belangsendungen nur einmal ausgestrahlt wurden, waren die Produktionskosten
in Relation zum Nutzen aber sehr hoch. Die Attraktivität der Belangsendungen
war auch dadurch beschränkt, dass diese fünfminütigen, oft trägen politischen
Informationsformate mit den ästhetisch aufwändig produzierten, entertainment-
lastigen und durchschnittlich nur 30-sekündigen kommerziellen TV-Spots um die
Aufmerksamkeit der Seher immer weniger konkurrenzfähig waren. Der kommu-
nikative Nutzen wurde weiters dadurch geschmälert, dass durch die soziodemographische Breite der ZiB 1-Seherschaft zielgruppengerichtete Kommunikation
nicht möglich war. 1999 gab es erstmals in Österreich bezahlte Fernsehspots von
Parteien in den Werbefenstern deutscher Privatsender. Gemessen an der Anzahl
der produzierten TV-Spots und der Anzahl der Parteien, die ihren Wahlkampf mit
TV-Spots bestritten haben, stellt der Nationalratswahlkampf 2006 den bisherigen
Höhepunkt dar. 12 Spots wurden von zwei Parteien produziert, 2008 und 2009 reduzierte sich die Anzahl der Spots jeweils auf 4 und lediglich zwei Parteien setzten
auf TV-Werbung.

30-sekündige TV-Spots sind eine relative Neuerung in Österreich, daher gibt
es bis jetzt nur wenige Erfahrungswerte, auf die man sich beziehen kann. Focus
Media Research hat im Wahlkampf 2006 die Werbeaktivitäten der Parteien im
Fernsehen beobachtet. Der Datensatz erlaubt eine detaillierte Analyse der Art des
Einsatzes von TV-Spots. Generell ist die quantitative Bedeutung von TV-Spots in
österreichischen Wahlkämpfen weiterhin gering. Das zeigen auch die Daten des
Wahlkampfes 2006: wohl aufgrund der hohen Schaltungskosten von TV-Werbung
wurden 2006 30-sekündige TV-Spots in Österreich nur sehr selektiv, nicht von
allen Parteien und nur unmittelbar vor der Wahl verwendet. Im Nationalratswahlkampf 2006 haben ÖVP, SPÖ und Grüne TV-Werbung nur in den letzten vier Wochen vor der Wahl eingesetzt. Gemeinsam haben die drei Parteien knapp 400.000
Euro in die Schaltung der Fernsehwerbung investiert, was lediglich 3 Prozent des
Gesamtwahlkampfwerbebudgets im September darstellte. Der Grund dafür war
vermutlich die begrenzte Reichweite der privaten Österreichwerbefenster und die
Seherstruktur.

2.2. Werbestrategien in TV-Spots

Die TV- und Kinospots des Nationalratswahlkampfes 2006 wurden u.a. auch
nach dem Codebook der Videostyleanalyse von Lynda Lee Kaid analysiert, soweit die Kategorien sinnvoll in den österreichischen Kontext übertragbar waren.
Diese Methode wurde in der politischen Kommunikationsforschung international
bereits breit angewendet, was die Möglichkeit der unmittelbaren internationalen
Vergleichbarkeit bietet (Kaid und Johnston 2001; Kaid und Holtz-Bacha 2006). Im
Folgenden werden österreichische TV-Spots mit den Wahlwerbespots zu den ame-

rikanischen Kongress- und Präsidentschaftswahlen 2004 verglichen. Aufgrund der bei weitem größten Fallzahl sind die empirischen Ergebnisse des Nationalratswahlkampfes 2006 für den Vergleich am aussagekräftigsten. Der Vergleich dieser beiden Wahlen bietet sich darüber hinaus auch aufgrund der zeitlichen Nähe und der vergleichbaren bundespolitischen Relevanz an. Auf der anderen Seite müssen aber auch die grundsätzlichen Unterschiede in der politischen Kultur, den Wahlsystemen und dem medialen Umfeld der beiden Staaten berücksichtigt werden (Plasser 2008).

Österreich und die USA haben gänzlich verschiedene Wahlsysteme. Während in Österreich nach Listenwahlrecht gewählt wird, verwenden die USA ein kandidatenzentriertes Mehrheitswahlrecht. Die naheliegende These ist, dass sich auch in der werblichen politischen Kommunikation dieser Unterschied – zumindest graduell – manifestiert und daher alleine durch das Personenwahlrecht in den USA die *Personalisierung* in amerikanischen Wahlkämpfen viel ausgeprägter ist als in Österreich. Eine These der politischen Kommunikation besagt, dass die Personalisierung durch eine stärkere Präsenz von Politikern in politischen Werbemitteln zunimmt (Brettschneider 2002). Und gemessen an diesem Indikator sind TV-Spots tatsächlich die am weitesten personalisierten Wahlwerbemittel, wie die Daten zeigen. In durchschnittlich 75 Prozent aller Werbemittel im Nationalratswahlkampf 2006 war ein Kandidat präsent. Für Österreich als Land mit einem Parteienwahlrecht liegt dieser Wert über den Erwartungen, da ein Listenwahlrecht eine stärkere Fokussierung auf die Parteien nahe legt.

Zwischen den einzelnen Werbekanälen gab es aber starke Unterschiede. Während auf beinahe der Hälfte der Plakate keine Politiker gezeigt wurden, gab es 2006 fast keinen TV-Spot, in dem kein Politiker präsent war. Der Personalisierungsgrad von TV-Spots in Österreich ist nach diesem Indikator also hoch, was den strukturellen Grund haben kann, dass audiovisuelle Medien aufgrund ihrer starken Emotionalität besonders dazu geeignet sind, Menschen zu präsentieren. Da sich der Anteil der TV-Spots an der Zahl der anderen untersuchten Werbemittel sehr gering ausnimmt, kann daraus nicht der Schluss auf eine allgemein hohe Personalisierung der österreichischen Wahlwerbung gezogen werden (siehe Tabelle 1). Die Personalisierung ist zumindest in der werblichen Kommunikation abseits der TV-Spots nur eine Strategie unter vielen.

Der Vergleich mit den Daten aus amerikanischen Wahlkämpfen zeigt, dass sich die Spots in der Quantität der Politikerpräsenz wenig unterscheiden (Kaid 2006). In beiden Ländern gibt es nur einen sehr geringen Anteil an Spots, in denen kein Politiker vorkommt (10 bzw. 15 Prozent). In Anbetracht der systemischen Unterschiede (Personenwahlrecht vs. Listenwahlrecht) stützt das die These, dass politische Werbung in audiovisuellen Medien strukturell eine stärkere Präsenz von Politikern fördert (Franz u.a. 2008; West 2010). Dafür spricht auch der durchgehende deutliche Unterschied von TV-Spots zu anderen Werbekanälen (Tabelle 1).

Tabelle 1
Präsenz von Politikern in verschiedenen Werbekanälen, NRW 2006 und 2008,
EPW 2009 (in Prozent)

	Eigener Politiker	Kein Politiker	Gegnerischer Politiker
Nationalratswahl 2006			
TV/Kino	20	10	70
Radio	44,7	36,8	18,4
Plakate	49	51	0
Nationalratswahl 2008			
TV/Kino	25	0	75
Radio	83,3	16,7	0
Plakate	55,2	44,7	0
Europaparlamentswahl 2009			
TV/Kino	100	0	0
Plakate	65,4	34,6	0

Tabelle 2
Kandidatenpräsenz in TV-Spots, Vergleich Österreich – USA (in Prozent der Spots)

Kandidatenpräsenz	USA 2004*	NRW 2006	NRW 2008	EPW 2009
Kandidat der eigenen Partei	54	20	25	100
Kandidat einer anderen Partei	15	70	75	0
Kandidaten aus mehreren Parteien	24	0	0	0
Kein Kandidat	15	10	0	0

* Quelle: Videostyleanalyse der US-Präsidentschafts- und Kongresswahlen 2004 durch Lynda Lee Kaid.

Eine andere These der politischen Kommunikation behauptet eine zunehmende Fokussierung auf eine immer kleinere Anzahl an Spitzenpolitikern. Für die USA macht die Prüfung dieser These keinen Sinn, da durch das Personenwahlrecht traditionell Politiker im Vordergrund ihrer Kampagnen stehen. Für Österreich bestätigen die Daten diese These. Der empirische Vergleich zeigt, dass sich tatsächlich im Wandel von 5-minütigen Belangsendungen zu 30-sekündigen TV-Spots in den letzten 15 Jahren die Anzahl der präsenten Politiker deutlich *verringert* hat. 1994 entfiel nicht einmal die Hälfte der Zeit, in der Politiker präsent waren, auf die Spitzenkandidaten (Plasser, Scheucher und Sommer 1995: 248), in den Wahlkämpfen

2006, 2008 und 2009 lag die Präsenz von Politikern in TV-Spots fast exklusiv bei den Spitzenkandidaten. Damit geht auch einher, dass sich die Zahl der präsentierten Politiker von 12 im Wahlkampf 1994 auf zwei im Jahr 2006 und auf jeweils drei in den Wahlkämpfen 2008 und 2009 stark reduziert hat.

Diese Verengung kann neben der zunehmenden Personalisierung aber auch auf das geänderte Format zurückgeführt werden. 4-minütige Belangsendungen können alleine schon aufgrund ihrer Länge eine starke gestalterische Notwendigkeit entfalten, die Breite an präsentierten Themen und Personen zu erhöhen. Tabelle 3 ist ein Indikator dafür, dass diese Verengung in anderen Werbekanälen nicht so extrem ausgeprägt ist, aber durchaus auch zu beobachten ist. Auf kaum 20 Prozent der Werbemittel sind andere Politiker außer dem Spitzenkandidaten zu sehen.

Tabelle 3
Politikerpräsenz in allen Werbekanälen (in Prozent aller TV/Kino/Radiospots und Plakate der jeweiligen Partei), Nationalratswahl 2006

	SPÖ	ÖVP	Grüne	FPÖ	BZÖ	BZÖ Ktn
Eigener Spitzenkandidat	55,2	28,6	56,3	80	36,4	14,3
Anderer Politiker	10,3	14,3	12,5	0	18,2	0
Kein Politiker präsent	34,5	57,1	31,3	20	45,5	85,7

Die These einer zunehmenden *Entpolitisierung* politischer Werbung in dem Sinn, dass sich durch die Personalisierung politischer Werbung vor allem in emotionalen TV-Formaten die Darstellung von Politikern stärker an privaten Aspekten orientiert, gilt für TV-Spots in Österreich nicht. Darüber hinaus zeigt sich, dass sich dieser Trend auch in den USA in Grenzen hält, wobei er dort stärker zum Vorschein kommt. Gemessen wurde diese Dimension an der Präsenz der Familie und am äußeren Erscheinungsbild der Politiker. Während die Familien von Politikern in österreichischen Spots nie vorkommen, sind sie in 10 Prozent der US-Spots präsent. Das Auftreten der Politiker z. B. gemessen an ihrer Kleidung ist sowohl in den USA als auch in Österreich überwiegend formal (USA: 64 Prozent der Auftritte 2004; Österreich: zwischen 75 und 100 Prozent 2006 bis 2009).

Schärfere Unterschiede zeigen sich mit Blick auf die *Negativität* politischer Werbung. Die vergleichende Auswertung der österreichischen Daten mit denen der USA – dem Mutterland des *negative campaigning* – bringt ein überraschendes Ergebnis: der Anteil negativer österreichischer TV-Werbung ist *höher* als der in den USA 2004. Betrachtet man die Verteilung negativer Werbestrategien über alle Kanäle (Tabelle 4), fällt der absolute Spitzenwert von Angriffsstrategien bei TV-Spots ins Auge.

Tabelle 4
Verteilung von Positiv- und Negativstrategien in diversen Werbekanälen, NRW 2006 und 2008, EPW 2009 (in Prozent des jeweiligen Werbemittels)

Nationalratswahl 2006				
Strategie (% aller Kanäle)*	Positiv (41,4)	Impliziter Vergleich (25,9)	Direkter Vergleich (4,3)	Direkter Angriff (28,4)
TV/Kinospots	0	10	10	80
Radiospots	44,7	15,8	5,3	34,2
Plakate	45,6	33,8	1,5	19,1

Nationalratswahl 2008				
Strategie (% aller Kanäle)*	Positiv (66,7)	Impliziter Vergleich (14,6)	Direkter Vergleich (10,4)	Direkter Angriff (8,3)
TV/Kinospots	25	0	0	75
Radiospots	33,3	0	50	16,7
Plakate	76,3	18,4	5,2	0

Europaparlamentswahl 2009				
Strategie (% aller Kanäle)*	Positiv (80)	Impliziter Vergleich (20)	Direkter Vergleich (0)	Direkter Angriff (0)
TV/Kinospots	76,9	23,1	0	0
Plakate	100	0	0	0

* Bezieht sich auf die Anzahl der Sujets.

Ein Grund dafür mag sein, dass sich TV-Spots aufgrund ihres emotionalen Darstellungspotentials am besten für Angriffe eignen. Fernsehen bietet durch die audiovisuelle Beschaffenheit gegenüber anderen, statischen Werbeformaten wie Plakaten oder Inseraten für Kampagnen den Vorteil einer starken Emotionalität, den vor allem die SPÖ im Nationalratswahlkampf 2006 mit ihren „Lügen"-Spots für sich zu kapitalisieren versucht hat: „Nichts wirkt so sehr in der Frage des Aufzeigens der mangelnden Vertrauenswürdigkeit des Bundeskanzlers als wenn man ihn sieht – das Fernsehbild, die Originalstimme. Kein Zeitungsbericht wirkt so stark, wie wenn ich ihn direkt im Fernsehen sehe, dann haben die Leute das subjektive Gefühl: wenn es im Fernsehen ist, dann ist es wahr. Deshalb haben wir uns für dieses Mittel entschieden: weil es das stärkste war", meinte der damalige SPÖ-Wahlkampfleiter Josef Kalina (vgl. Lederer 2007: 68).

2.3. Österreichische TV-Spots im internationalen Vergleich

Österreich liegt bei vielen der gemessenen Indikatoren für Negativität vor den USA (Buell und Sigelman 2008). Beinhalteten in den USA 2004 68 Prozent der ausgestrahlten TV-Spots direkte Angriffe auf Opponenten, waren es in Österreich 2006 90 Prozent und im Nationalratswahlkampf 2008 75 Prozent. Tabelle 5 zeigt, dass Österreich mit dem Anteil an TV-Spots, die schwerpunktmäßig *Kritik* an politischen Gegnern artikulieren statt eigene inhaltliche Vorschläge oder eigene Kandidaten zu präsentieren, im internationalen *Spitzen*feld liegt (Ausnahme Europaparlamentswahl 2009), während die USA – durchaus überraschend – nur im internationalen Mittelfeld liegen. Diese Kategorie beschreibt den strategischen Fokus des Spots, sagt aber nichts darüber aus, ob der Spot aggressiv oder sachlich gestaltet ist, ob er legitime, inhaltliche Kritik formuliert oder persönliche Angriffe setzt.

Tabelle 5
Internationaler Vergleich der Verteilung von schwerpunktmäßig positiven und negativen TV-Spots (in Prozent der Spots)

	Österreich			USA	USA	GR	Russland
	2006	2008	2009	2000	2004	1996	1996
Positiv	20	25	100	45	51	71	72
Negativ	80	75	0	55	49	29	28

	UK	Türkei	Polen	FR	Italien	Israel	Spanien	Korea
	92&97	1995	1995	2002	1992	1992	96&00	1992
Positiv	69	89	93	90	85	58	91	55
Negativ	31	11	7	10	15	42	9	45

Quellen: Plasser, Scheucher und Sommer 1995: 248; Kaid, Tedesco u.a. 2003: 22; Kaid (Videostyleanalyse) 2004; eigene Erhebungen und Berechnungen.

Der quantitative Vergleich der angewandten Angriffsstrategien zeigt zwar keine grundsätzlichen Unterschiede, aber unterschiedliche Akzentuierungen. Bemerkenswert ist, dass in den USA immerhin 20 Prozent der Angriffe in Werbespots direkt von Kandidaten artikuliert werden, während in österreichischen Spots Angriffe primär durch anonyme Sprecher vorgetragen werden. Überraschend ist, dass in österreichischen Werbespots trotz des Listenwahlrechtes 78 Prozent der Angriffe auf Politiker gerichtet sind. Weniger überraschend ist hingegen, dass in österreichischen Werbespots 10 Mal öfter gegnerische Parteien attackiert werden als in den USA (West 2010).

Tabelle 6
Quantitativer Vergleich der Angriffsstrategien (in Prozent der Angriffe)

Absender des Angriffes	USA 2004*	NRW 2006	NRW 2008	EPW 2009	Ziel des Angriffes	USA 2004*	NRW 2006	NRW 2008	EPW 2009
Eigener Politiker	20	0	0	0	Gegnerischer Politiker	94	78	0	0
Andere identifizierbare Person (z. B. ein Bürger)	8	11	0	0	Gegnerische Partei	2	22	100	0
Anonymer Sprecher	72	89	100	0	Familie eines gegnerischen Politikers	0	0	0	0

* Quelle: Videostyleanalyse der US-Präsidentschafts- und Kongresswahlen 2004 durch Lynda Lee Kaid.

Zumindest im Nationalratswahlkampf 2006 waren die TV-Spots stärker auf persönliche Eigenschaften gerichtet als in den USA (70 zu 90 Prozent). Ausschlaggebend dafür waren die Spots der SPÖ, in denen der amtierende Bundeskanzler Wolfgang Schüssel (ÖVP) explizit der Lüge bezichtigt wurde – was einen klaren Angriff auf die persönliche Integrität darstellt, der inhaltlich begründet wurde.

Tabelle 7
Gegenstand von Angriffen in Negativspots (in Prozent der Spots, mehrfache Zuteilung möglich)

Gegenstand des Angriffes	USA 2004*	NRW 2006	NRW 2008	EPW 2009
Persönliche Eigenschaften des Politikers	9	70	0	0
Inhaltliche Positionen / Widerspruchsfreiheit	48	80	75	0
Mit dem Politiker assoziierte Gruppen	11	0	0	0
Regierungsbilanz	42	70	0	0

* Quelle: Videostyleanalyse der US-Präsidentschafts- und Kongresswahlen 2004 durch Lynda Lee Kaid.

Die Daten scheinen deutlich zu sein: Österreich schlägt bei TV-Spots die USA – das Mutterland des *negative campaigning* –, was deren Negativität betrifft, in den meisten Kategorien (Buell und Sigelman 2008). Macht uns das deshalb zum neuen Mutterland politischer Schlammschlachten? Der scheinbar klare Befund muss in zweierlei Hinsicht relativiert werden:

Der Befund ist nicht ganz durchgängig. Während die Nationalratswahlkämpfe 2006 und 2008 ein konsistentes Bild zeichnen, fällt der Europaparlamentswahlkampf 2009 aus dem Rahmen, indem die Spots zu 100 Prozent positiv ausgerichtet waren. Die nächsten Wahlkämpfe werden für einen endgültigen Befund abzuwarten sein.

Der unmittelbare 1:1-Vergleich zwischen österreichischen und amerikanischen TV-Spots ist nicht haltbar (Plasser 2008). TV-Spots stellen in den USA das mit deutlichem Abstand meistverwendete Werbemittel dar, in Österreich haben sie einen Anteil von gerade drei Prozent des gesamten Werbebudgets und bilden ein Nischeninstrument im Kommunikationsmix. Darüber hinaus sind die Reichweiten der TV-Stationen, bei denen politische Werbung in Österreich möglich ist, noch immer sehr gering und in keinster Weise mit den Reichweiten von Wahlwerbespots in den USA zu vergleichen. TV-Spots in Österreich werden scheinbar in einer Art Arbeitsteilung verwendet, um in einem emotionalen Werbemittel einen ganz speziellen Aspekt (Negativität) der Gesamtkampagne zu ergänzen. Die Ausrichtung der österreichischen TV-Spots ist daher nicht repräsentativ für die Ausrichtung der gesamten Wahlwerbekampagne. Die Daten über die Ausrichtung der amerikanischen Spots können aufgrund ihrer dominierenden Bedeutung im Kommunikationsmix hingegen sehr wohl als repräsentativ für die gesamte Wahlwerbekampagne genommen werden (Kaid 2006; Goldstein und Strach 2004).

Differenzierter stellt sich auch die inhaltliche Ausrichtung der TV- und Radio-Spots dar. „Inhalt" meint nicht unbedingt sachpolitische Themen, sondern allgemeine politische Themen, die in einem Wahlkampf angesprochen werden können. Neben sachpolitischen Themen können das die Person eines Politikers sein, seine sachliche Bilanz oder auch Charaktereigenschaften. Die dritte Möglichkeit ist die Thematisierung von Werten, auf die sich politische Parteien in der Wahlwerbung konzentrieren wollen. Meistens lassen sich in einem Spot mehrerer solcher Themen feststellen, die nicht unbedingt alle aus derselben Kategorie kommen müssen. Thematisch fällt die durchgehend hohe Relevanz der Themen „Soziales", „Steuer/Budget" und „Bildung" auf, wobei die ersten beiden Themen traditionelle Positionierungsschwerpunkte der beiden Großparteien darstellen. Während der ÖVP traditionell hohe Kompetenzwerte bei strukturpolitischen Themen wie Budgetpolitik zugeschrieben werden, verhält es sich bei der SPÖ mit der Sozialpolitik so. Konsequenterweise legen beide Parteien in der Kommunikation einen Schwerpunkt auf ihre Stärken. Bei der Europaparlamentswahl 2009 lag der inhaltliche Schwerpunkt wenig überraschend auf Europathemen. Auffällig ist, dass Persönlichkeitseigenschaften über alle drei untersuchten Wahlen zusammengenommen *stärker* thematisiert werden als Sachthemen. Im Vergleich zur inhaltlichen Ausrichtung der Plakate ist interessant, dass in TV-Spots bei den Persönlichkeitseigenschaften angriffige Items häufiger vorkommen. Das spiegelt die vorher festgestellte höhere Negativität der Spots in elektronischen Medien im Vergleich zu den Plakaten wider.

2.4. Werbestrategien bei Plakaten

Obwohl sie in Umfragen über das politische Informationsverhalten regelmäßig weit unten rangieren, sind Plakate in diversen Formaten noch immer das Lieblingswahlkampfmedium der österreichischen Parteien. Zur Analyse der Personalisierungsstrategien wurde ein Kontinuum zwischen reiner Themenorientierung und reiner Personenorientierung angenommen (vgl. Schaubild 1). Die Themenorientierung steht als Pol für eine nicht-personalisierte Kommunikationsstrategie, die Personenorientierung für den anderen Pol, der ausschließlich die Person als Hauptinhalt eines Werbemittels thematisiert und damit eine reine Form der Personalisierung im Sinne des Ersatzes von inhaltlicher Kommunikation durch Charaktereigenschaften darstellt. Darunter fällt auch die Verkörperung von Werthaltung durch Politiker, da die Kommunikation von Werthaltungen/Ideologien mittels Personen statt Parteilabels eine ganz ursprüngliche Form der Personalisierung darstellt. Die graphische Umsetzung von Plakaten mit Themenorientierung beinhaltet sowohl reine Textplakate als auch emotional gestaltete Bildplakate, die aber ohne die Präsenz des Spitzenkandidaten auskommen. Zwischen den beiden Polen wurde ein abgeschwächter Grad der Personalisierung in Form der bildlichen Präsenz eines Kandidaten bei gleichzeitigem inhaltlichem Fokus angenommen. Das spiegelt die Personalisierungsstrategie wider, bei der Inhalte in Verbindung mit einem Politiker kommuniziert werden und damit der Akteur den Inhalt bis zu einem gewissen Grad verkörpert und der Inhalt damit personalisiert wird. Als zweite theoretische Ebene dazu wurde eine Achse bezüglich der Privatisierung, also dem Fokus auf unpolitische Rollendarstellungen von Politikern in der Werbung, eingezogen. Die empirischen Ergebnisse zeigen aber, dass es kaum eine Hinwendung zu privaten Inhalten oder Rollendarstellungen gibt. Die Ausnahme markiert die Werbekampagne des BZÖ im Nationalratswahlkampf 2008, die die Person Jörg Haider bewarb und unpolitisch in Szene setzte.

Die Verteilung der Personalisierungsstrategien ist im Vergleich über die drei nationalen Wahlkämpfe konstant. Fazit ist, dass Parteien weit davon entfernt sind, ihre Spitzenkandidaten als ausschließlichen Inhalt ihrer Werbekampagnen zu präsentieren. Eine generelle Personalisierungsstrategie kann jedoch konstant bei rund der Hälfte aller Plakate der drei Wahlgänge festgestellt werden. Beim Rest standen Themen im Vordergrund, wobei sich kein Trend bei den Gestaltungsarten als reines Textplakat, graphischen oder szenischen Illustrationen feststellen lässt. Die personalisierten Plakate teilen sich relativ konstant in eine Hälfte, bei der ein Thema durch die Präsenz eines Kandidaten personalisiert wird, und eine Hälfte, die die Person des Kandidaten selbst zum Inhalt hat. Nur bei der Europawahl 2009 gab es einen etwas höheren Anteil an kandidatenorientierten Plakaten. Wenn Themen durch die Präsenz von Personen kommuniziert wurden, dominierten durchgehend die Kandidatenporträts, szenische Inszenierungen waren hingegen selten.

Schaubild 1
Themen/Personen-Kontinuum in 3 Stufen* (NRW 2006 und 2008, EPW 2009)

Themenorientiert		Kandidat verkörpert Thema	Personen- orientiert	
Form der Werbe- präsentation: Reines Textplakat	Nur Sachthemen werden kommuni- ziert, ohne Kandi- datenpräsenz (reine Textplakate) 2006: 33% 2008: 10,5% 2009: 15,4 (bebildert/ illustriert) 2006: 16,5% 2008: 34,2% 2009: 15,3%	Kandidatenprä- senz (offizielle Rol- le) personalisiert kommuniziertes Sachthema (szenische Inszenierung mit Kandidat) 2006: 7,5% 2008: 0% 2009: 0% (nur Kandidaten- porträt) 2006: 14,9% 2008: 21% 2009: 23%	Kandidat ist präsent und seine Person oder Eigenschaften, Werthaltungen sind Hauptinhalt des Werbemittels 2006: 27% 2008: 26,3% 2009: 34,3%	In offi- zieller Rolle
	Nicht anwendbar	Kandidatenprä- senz (private Rolle) personalisiert kommuniziertes Sachthema 2006: 1,5% 2008: 0% 2009: 0%	2006: 0% 2008: 7,9% 2009: 0%	In unpoli- tischer Rolle

* Jedes Plakat wurde nur einer Kategorie zugeordnet. Rest auf 100%: Sonstige; nicht eindeutig zuordenbar.

Deutliche *Unterschiede* zeigen sich hingegen in den Strategien einzelner Partei-en, die sich jeweils auch durch das politische Umfeld bestimmen, in dem eine Kampagne stattfindet, und natürlich auch durch die konkrete Person des Spitzen-kandidaten. Als Fallbeispiel zur Analyse wird die Nationalratswahl 2006 heran-gezogen. Die Kampagne mit dem höchsten Personalisierungsgrad hatte das BZÖ auf Bundesebene, das keine rein themenorientierten Plakate hatte. Auf allen Sujets war ein Kandidat präsent, der als Träger für zu vermittelnde Themen fungierte, die Personen selbst wurden aber kaum thematisiert. Eine zweigeteilte Kampagne führ-te die ÖVP, die Bundeskanzler Wolfgang Schüssel auf der Hälfte ihrer Sujets als

(Führungs)-Persönlichkeit thematisierte und die Plakate durch die Unterschrift des Kanzlers sehr persönlich gestaltete, während die andere Hälfte der Sujets inhaltlich orientiert war, wobei keine Personalisierungsstrategie für die Kommunikation gewählt wurde, sondern die Themen auf reinen Textplakaten aufschienen. Die Grünen hoben in der zweiten Welle ihrer Kampagne die beiden Spitzenkandidaten zwar auf ihre Wahlplakate, fokussierten aber auf politische Inhalte, die anhand der beiden Politiker kommuniziert werden sollten. Der personalisierte Kampagnenclaim „Van der Bellen vertrauen", der auf beinahe allen Plakaten nur sehr klein zu sehen war, war werbestrategisch hierarchisch nachgeordnet. Tatsächlich fokussieren Parteien bei ihren Werbekampagnen auf eine sehr kleine Anzahl von Akteuren. Während sich die beiden großen Parteien und die FPÖ jeweils auf die Darstellung ihres Spitzenkandidaten beschränkten, haben die Grünen zwei Kandidaten und das BZÖ in Kärnten und im Bund jeweils drei Kandidatenporträts affichiert.

Tabelle 8
Verteilung der Plakatsujets im Themen/Personen-Kontinuum

(Auswertung nach Parteien und nach Strategien)*

Nach Parteien	Themen-orientiert (50%)	Kandidat verkörpert Inhalt (22,5%)	Personen-orientiert (27%)	
ÖVP	50%	0%	50%	100%
SPÖ	55,6%	27,8%	16,7%	100%
Grüne	71,4%	28,6%	0%	100%
FPÖ	44,4%	22,2%	33,3%	100%
BZÖ Bund	0 %	87,5%	12,5%	100%
BZÖ Kärnten	66,7%	0%	33,3%	100%

Nach Strategien	Themen-orientiert (50%)	Kandidat verkörpert Inhalt (22,5%)	Personen-orientiert (27%)
ÖVP	24,2%	0%	44,4%
SPÖ	30,3%	31,3%	16,7%
Grüne	15,2%	12,5%	0%
FPÖ	12,1%	12,5%	16,7%
BZÖ Bund	0%	43,8%	5,6%
BZÖ Kärnten	18,2%	0%	16,7%
	100%	100%	100%

* Differenz auf 100 sind Rundungsfehler.

Wie Schaubild 1 zeigt, spielt die private Inszenierung von Politikern auf Plakatsujets eine nachgeordnete Rolle. Eine Detailauswertung der Plakate des Nationalratswahlkampfes 2006 ergibt: lediglich sieben Prozent der Sujets, die einen Politiker zeigen, inszenieren ihn in einem privaten oder zumindest nicht-offiziellen Kontext. In 45 Prozent der Fälle zeigen sich Politiker auf den Plakaten in offiziellem Outfit in Anzug und Krawatte, in 51 Prozent der Fälle wird das durch ein offenes Hemd ohne Krawatte oder das Tragen einer Jeans aufgeweicht und in lediglich drei Prozent der Fälle präsentieren sich Politiker in eindeutiger Freizeitkleidung (T-Shirt, Polo-Shirt oder Pullover). Wenn die Person des Spitzenkandidaten auf Plakaten thematisiert wird, handelt es sich immer um politisch relevante und nie um private Eigenschaften. Insgesamt zeigt das den Vorrang, den die *offizielle* Präsentation von Politikern in ihrer Rolle auf Wahlplakaten einnimmt. Für Plakate kann kein Trend zur Privatisierung von Politik festgestellt werden. Dieser Befund lässt sich auf die anderen beiden untersuchten Wahlkämpfe im Großen und Ganzen übertragen.

Während bei TV-Spots ein eindeutiger Trend zur Negativität zu beobachten ist, sind Plakatkampagnen im Wahlkampf überwiegend *positiv* gehalten. Zwischen 50 und 80 Prozent der Plakate waren rein positiv und verzichteten auf implizite Kritik am politischen Gegner. Direkte Angriffe sind im Zeitverlauf betrachtet eher unüblich, die Nationalratswahl 2006 bildet hier die Ausnahme, wobei sich vor allem die beiden Großparteien gegenseitig Skandale und Wortbrüche vorwarfen. Die dominierende Negativstrategie in den Plakatkampagnen bestand durchwegs aus implizit kritischen Thematisierungen. Direkte Vergleiche spielten in der Strategie bei Plakaten nur eine untergeordnete Rolle. Das ist darauf zurück zu führen, dass Plakate nur sehr eingeschränkt Informationen präsentieren können, was bei einer unmittelbar vergleichenden Art der Werbestrategie aber notwendig wäre.

Tabelle 9
Verteilung von Positiv- und Negativstrategien auf Plakaten im Vergleich über drei Wahlen (in % der Wahlplakate)

	Positiv	Impliziter Vergleich	Direkter Vergleich	Direkter Angriff
NRW 2006	45,6	33,8	1,5	19,1
NRW 2008	76,3	18,4	5,2	0,0
EPW 2009	76,9	23,1	0,0	0,0

Bei der Analyse der Verwendung von Positiv- und Negativstrategien auf den Plakaten von 2006 zeigt sich, dass, wie erwartbar, Regierungsparteien im Durchschnitt mit 60 Prozent positiver Sujets einen wesentlich konstruktiveren Kampagnenansatz

verfolgt haben als die Oppositionsparteien, die im Schnitt nur 26 Prozent positive
Sujets in ihren Kampagnen verwendet haben. Fast 70 Prozent der positiven Sujets
kamen demnach auch von den regierenden Parteien, hingegen nur knapp 40 Prozent
der eindeutig angriffigen (für Details vgl. Lederer 2007: 64). Ein konsistenter Trend
lässt sich daraus aber nicht ableiten, da die Verteilung von Positiv- und Negativstrategien zwischen Regierungs- und Oppositionsparteien in den folgenden zwei Bun-
deswahlkämpfen fast gleich blieb. Für die Nationalratswahl 2008 überrascht dieses
Ergebnis, für Europawahlen spielen die Rollenbilder der Parteien im nationalen politischen Kontext aber erwartungsgemäß eine geringere Rolle, obwohl sich immer
wieder die Absicht einiger Parteien zeigt, Europawahlen zu nationalen Abstimmungen zu stilisieren (Holtz-Bacha 2005; Tenscher 2005; Maier und Tenscher 2006).

Nicht jeder Angriff ist illegitim, Politik lebt von der (sachlichen) Auseinandersetzung zwischen Parteien, die auch Personen – in politisch relevanten Punkten –
kritisieren kann. Eine Detailanalyse des Nationalratswahlkampfes 2006 bringt Aufschluss über die Qualität der Vergleiche und Angriffe. Im Gegensatz zu stilistischen
Ausschweifungen wie dem „Lügen"-Vorwurf der SPÖ gegenüber dem Bundeskanzler in anderen Werbeträgern stellen sich Negativstrategien auf Plakaten überwiegend
sachlich dar. 2006 waren 80 Prozent der expliziten Vergleiche und direkten Attacken
auf Plakaten rein inhalts- oder ideologiebasiert, rund 20 Prozent beinhalteten zumindest persönliche Aspekte, wenn sie auch nicht immer primär darauf fokussierten.
Der Durchschnittswert auf einer Skala von 1 (rein inhaltsbasierter Vergleich) bis 7
(rein persönlicher Angriff) liegt bei 1,5 und spiegelt auf den Plakaten im Gegensatz
zu den TV- und Radiospots eine geringe Rolle persönlicher Angriffsstrategien wider.
Bei expliziter Kritik und Angriffen wurde in 85 Prozent der Fälle die gegnerische
Partei namentlich als Adressat der Kritik auf dem Plakat genannt, nur in 15 Prozent wurden gegnerische Politiker mit der Kritik direkt in Verbindung gebracht. Die
explizite Kritik fokussierte ausschließlich auf die beiden Großparteien und da vor
allem auf die Regierungspartei ÖVP: 73 Prozent der Angriffe galten ihr, die SPÖ
wurde nur in 27 Prozent der Fälle als Adressat eines Vorwurfes genannt.

Im Gegensatz zu Spots haben Plakatkampagnen offenbar einen Kanon weniger,
wiederkehrender *inhaltlicher* Schwerpunkte: Im Bereich der Werte ist das „Hei-
mat", was hauptsächlich von der FPÖ – konstant und durchgängig – thematisiert
wurde. Wiederkehrende sachthematische Schwerpunkte sind Sozialpolitik und
Migration. Die häufigsten personellen Positionierungsstrategien sind „Leadership"
und die Darstellung eines Politikers als staatsmännisch. Wenig thematisiert wurde
zum Beispiel aber die eigentliche Sachkompetenz von Politikern. Andere im Wahlkampf oft prominent diskutierte Sachthemen wie Arbeitsmarkt-, Gesundheits- und
Steuerpolitik spielten hingegen bezogen auf die Nennung auf den einzelnen Plakatsujets eine nachgeordnete Rolle. Die Analyse der Inhalte zeigt, dass die Personen der Spitzenkandidaten selbst stark thematisiert werden, dass es jedoch keinen
Grund für die Annahme gäbe, Personen hätten die Sachthemen aus der politischen
Werbung verdrängt. Klar ist aber, dass Plakate durch ihre Beschränkung auf ein
Bild und einen kurzen Slogan nicht für argumentatives Ansprechen von Sachthe-
men geeignet sind.

2.5. Analyse von Inseraten als Wahlwerbekanal

Inserate nehmen als Werbekanal eine besondere Stellung ein: für die Politik, weil Inserate das Werbemittel sind, für das im Wahlkampf am meisten Geld ausgegeben wird. Für die Wissenschaft, weil Inseratenkampagnen nicht nur wegen ihres Inhaltes, sondern auch in ihrer Streuung, Umfang und Zielgruppenstrategie gut rekonstruierbar sind, während die Streuung von Plakaten nicht mit Beobachtung zu erheben ist und auch ein Monitoring der Schaltung von TV-Spots in der Regel am Aufwand scheitert. Die Analyse der Inseratenkampagnen fokussiert in diesem Artikel daher auf Aspekte, die bei den anderen Werbeträgern für eine Analyse nicht zugänglich sind: 1. die Ressourcenverteilung im zeitlichen Wahlkampfverlauf und 2. die Ressourcenverteilung auf die diversen Werbeträger (Zielgruppenstrategien durch Streuung).

Methodisch ist anzumerken, dass sich die hier präsentierten Prozentzahlen nur auf die Anzahl der Inseratenschaltungen der einzelnen Parteien beziehen. Nicht berücksichtigt werden können die Größe der Schaltung (ob das Inserat zum Beispiel ganzseitig ist oder nur einen kleinen Teil der Seite bedeckt). Daher bilden die präsentierten Zahlen den *Impact* auf die Wähler nur mit Unschärfen ab. Eine detaillierte Aufschlüsselung der Werbeausgaben im Nationalratswahlkampf 2006 (siehe Abschnitt 3) zeigt die Konzentration der finanziellen Ressourcen auf die letzten drei Wochen des Intensivwahlkampfes, in denen rund 75 Prozent des Budgets ausgegeben werden. Durch die Analyse der Inseratenschaltungen kann dieser Befund verallgemeinert werden, indem eine Kongruenz zwischen der Verteilung der Inseratenschaltungen zu den allgemeinen Werbeausgaben angenommen wird. In allen drei untersuchten Wahlkämpfen konzentrieren sich die Inseratenschaltungen zu jeweils mindestens 75 Prozent auf die letzten drei Wochen. Die Verteilung der Ressourcen verläuft kongruent über alle Parteien, wobei auffällt, dass einerseits kleine Parteien mit niedrigerem Budget ihre Werberessourcen noch stärker auf die Schlussphase des Wahlkampfes fokussieren. Andererseits fällt auf, dass die SPÖ in allen drei untersuchten Wahlkämpfen ihre Mittel gleichmäßiger über die letzten Wochen vor der Wahl verteilte als die anderen Parteien.

Es gibt aber Unterschiede in der Verteilung der Inseratenschaltungen auf die einzelnen Medien. Im Durchschnitt finden sich rund 16 Prozent der Schaltungen in Qualitätsmedien, rund 30 Prozent in Boulevardmedien wie Regionaltageszeitungen und rund 10 Prozent in Wochen- und Monatsmagazinen. Der durchschnittliche Anteil an den Inseratenschaltungen in jedem Medium nähert sich im Allgemeinen der jeweiligen Reichweite des Mediums an. Die Ausnahme bildet die bei den Schaltungen relativ geringe Bedeutung der Boulevardmedien (30 Prozent Inseratenanteil bei über 50 Prozent Reichweite) gegenüber den regionalen Tageszeitungen, die mit 27 Prozent Reichweite ebenfalls durchschnittlich 30 Prozent der Inserate erhalten. Beachtlich ist auch die gleichmäßige Verteilung der Inserate auf die Wochenzeitungen (zwischen 1 und 3 Prozent), unabhängig von der jeweiligen Reichweite. Interessanter ist eine detaillierte Aufschlüsselung, welche Schwerpunkte die einzelnen Parteien in den diversen Wahlkämpfen gesetzt haben.

Ähnlich wie bei der zeitlichen Verteilung der Werberessourcen lässt sich auch bei der medialen Streuung beobachten, dass kleinere Parteien klarere Schwerpunkte setzen, während große Parteien ihre Inserate breiter streuen. Bei vielen Parteien lassen sich durch die Analyse indirekte Schlüsse auf ihre Zielgruppenstrategien im Wahlkampf ziehen. So hat das BZÖ im Nationalratswahlkampf 2008 und im Europaparlamentswahlkampf 2009 jeweils mehr als 90 Prozent seiner Inserate in der Kleinen Zeitung (wohl für die Bearbeitung des Kärntner Wählermarktes durch Kampagnen in der Kärntner Ausgabe) und in den Boulevardmedien Kronen Zeitung und Österreich geschaltet. Ähnliches gilt für die FPÖ, die durchgehend um die 80 Prozent ihrer Inserate in den Boulevardmedien „heute" (wohl für die Bearbeitung von H.-C. Straches „Heimatwählermarkt" Wien), Kronen Zeitung, Österreich und im Kurier schaltet. Einen durchgehenden Schwerpunkt bilden auch die FPÖ-Schaltungen in der „Ganzen Woche", die – ungewöhnlich hoch für Schaltungen in Wochenmagazinen – bis zu 10 Prozent der Inseratenschaltungen einnahmen.

Bei den Grünen lassen sich keine vergleichbaren Schwerpunkte finden, allerdings sind Schaltungen im Standard, der Kleinen Zeitung und im Kurier bei allen drei Wahlen prominent vertreten. Auch der Falter spielte im Medienmix der Grünen eine große Rolle. Dass Die Presse beim Europaparlamentswahlkampf die meisten Schaltungen der Grünen erhalten hat, ist wohl mit der europaaffinen Blattlinie und wohl auch der Einstellung ihrer Leser zu erklären. Hingegen hat Hans-Peter Martin nicht in der Kronen Zeitung inseriert – wohl aufgrund seiner *opulenten* redaktionellen Präsenz in diesem Medium. Den Schwerpunkt seiner Inseratenschaltungen hat er beim Boulevardmedium Österreich gesetzt, der Rest verteilt sich auf Regionalzeitungen in Westösterreich, wo er auch regelmäßig überdurchschnittliche Wahlergebnisse erzielt. Durchgehende und wiederkehrende Schwerpunkte der Schaltungen sind hingegen bei den Großparteien – mit Ausnahme der Tendenz, sich auf die auflagenstarken Tageszeitungen zu konzentrieren – nicht zu finden. Das korreliert mit dem wesentlich höheren Budget, das eine weitere Streuung der Inserate erlaubt und dadurch der Bildung von deutlichen Schwerpunkten entgegenwirkt.

3. Wahlkampfbudgets und Werbeausgaben

Die Skepsis, Geld für bezahlte Werbeeinschaltungen auszugeben, ist offensichtlich so alt wie Werbung selbst. Schon Henry Ford wird die Aussage zugeschrieben: „Die Hälfte meiner Werbeausgaben ist hinausgeschmissenes Geld – ich weiß nur noch nicht, welche Hälfte es ist." Über Geld wird in Österreich geschwiegen. Das gilt auch und vor allem für Wahlkampfbudgets der Parteien. Befragungen von Wahlkampfverantwortlichen stoßen spätestens bei der Frage nach den finanziellen Ressourcen und ihrer Verteilung an ihre Grenzen. Wie viel Geld geben die Parteien im Wahlkampf tatsächlich aus?

Nach offiziellen Angaben der Parteien kosteten die Nationalratswahlkämpfe 2006 und 2008 jeweils zwischen 25 und 28 Mio. Euro und der Europaparlamentswahlkampf 2009 rund 11 Mio. Euro. Parteieigene Angaben liegen aber gewöhnlich unter den Schätzungen externer Experten (Sickinger 2009: 406). Für den Nationalratswahlkampf 2006 schätzt Sickinger (2006: 176), dass die von den beiden Großparteien offiziell genannten 7 Mio. Euro mindestens verdoppelt werden müssen, um die tatsächlichen Wahlkampfkosten abzubilden. Und auch so manche Partei gesteht das offen ein, zum Beispiel BZÖ-Finanzreferent Harald Fischl nach der Wahl 2006: „Wir haben im Wahlkampf mehr ausgegeben als budgetiert" (o.A. 2007).

Für den Nationalratswahlkampf 2006 lässt sich der Verdacht auch an empirischen Daten festmachen: für die Monate August und September 2006 kommt das Medienforschungsinstitut Focus Media Research auf ein Gesamtausgabenvolumen bei politischer Werbung von fast 16 Mio. Euro und von knapp 22 Mio. Euro in den ersten 9 Monaten des Wahljahres 2006. Dabei sind aber nur die Schaltungskosten der Werbemittel berücksichtigt, noch nicht die Agenturhonorare und Herstellungskosten der Werbemittel, geschweige denn allgemeine Wahlkampfkosten für Personal, Events oder Direct Mails. Aus diesen Daten kann zumindest für die Nationalratswahl 2006 der Schluss gezogen werden, dass die Parteien deutlich mehr Geld ausgaben als die offiziell deklarierten 28 Mio. Euro.

Die Gegenüberstellung der Werbeausgaben von Parteien im Nationalratswahljahr 2006 mit den Jahren 2005, 2004 und 2003 (es wurden aus Gründen der direkten Vergleichbarkeit die Ausgaben in den ersten 9 Monaten der Vergleichsjahre sowie die Ausgaben im gesamten Jahr dargestellt, siehe Tabelle 10) zeigt, dass Nationalratswahlen gegenüber kleineren Wahlkämpfen die bei weitem größte finanzielle Belastung für Parteien darstellen. So kosteten 2005 drei Landtagswahlen und Gemeinderatswahlen in drei Bundesländern knapp genauso viel Geld wie die Nationalratswahl 2006. Auch im gesamten Jahr 2004 mit zwei Bundeswahlen (Europawahl, Bundespräsidentschaftswahl) und drei Landtagswahlen bezahlten die Parteien für Werbung in etwa nur gleichviel wie für den Nationalratswahlkampf 2006. Klassische Werbung – also Plakate, Inserate und Spots aller Art – ist für Parteien im Wahlkampf der bei weitem größte Budgetposten. Durch freiwillige Offenlegungen der Wahlkampfkosten und Erkenntnisse aus Interviews mit Kampagnenmanagern kann auch für österreichische Wahlkämpfe konstatiert werden, dass die Ausgaben für klassische Werbung bei allen Parteien zumindest die Hälfte des Gesamtbudgets ausmachten.

Tabelle 10
Vergleich der Werbeausgaben aller Parteien in den Jahren 2003 bis 2006*

	2003	2004	2005	2006
Werbeausgaben (1. Jänner - 1. Oktober)	14,727.590	16,425.706	13,344.775	21,988.842
Werbeausgaben (1. Jänner - 31. Dezember)	16,538.751	20,564.328	21,152.074	-
Wahlen	26. Jänner: Gemeinderatswahl Graz 30. März: Landtagswahl Niederösterreich 28. September: Landtagswahl/Gemeinderatswahlen Oberösterreich 28. September: Landtagswahl Tirol	7. März: Landtagswahl Kärnten 7. März: Landtagswahl Salzburg 25. April: Bundespräsidentschaftswahl 13. Juni: EU-Parlamentswahl 19. September: Landtagswahl Vorarlberg; Gemeinderatswahlen in Niederösterreich, Steiermark und Vorarlberg	6. März: Gemeinderatswahlen Niederösterreich 13. März: Gemeinderatswahl Steiermark 10. April: Gemeinderatswahlen Vorarlberg 2. Oktober: Landtagswahl in der Steiermark 9. Oktober: Landtagswahlen Burgenland 23. Oktober: Landtagswahl Wien	23. April: Gemeinderatswahl Innsbruck 1. Oktober: Nationalratswahl

* Die Ausgaben sind in Euro und beinhalten die Ausgaben für die klassischen Werbemittel Plakate, Inserate, TV-, Kino- und Radiospots aller politischen Akteure, die werblich aktiv geworden sind. Die Kosten für Direct Mails sind in der Aufstellung nicht enthalten. Neben den Ausgaben der Parteien ÖVP, SPÖ, FPÖ, BZÖ (seit 2005), Grüne und den beiden (eigenständig ausgewiesenen) Kampagnen zur Präsidentschaftswahl 2004 sind in der Summe der Werbeausgaben noch einige kleine Listen beinhaltet, die jedoch kein relevantes Werbevolumen hatten. Die Zahlen spiegeln daher im Wesentlichen die Gesamtwerbeausgaben der Parlamentsparteien wider.

Quelle: Focus Media Research.

3.1. Finanzielle Ressourcenverteilung für Werbung am Beispiel des Nationalratswahlkampfes 2006

Strategie ist die Ökonomie der Kräfte, wie Carl von Clausewitz definierte. Angesichts eines endlichen Budgets stehen auch Parteien in jedem Wahlkampf vor der
Entscheidung, wie die finanziellen Ressourcen für Werbeausgaben in verschiedene Kommunikationskanäle und im Zeitverlauf des Wahlkampfes am effizientesten
verteilt werden sollen. Für den Nationalratswahlkampf 2006 kann die Verteilung
im Detail nachvollzogen werden. Es ist anzunehmen, dass die genaue Verteilung
der Ressourcen auf bestimmte Kanäle über den Zeitverlauf von Wahlkampf zu
Wahlkampf leicht variiert. Große Trends sollten jedoch über die Wahlkämpfe
gleich bleiben, wie die Analyse der Inseratenschaltungen aus drei Wahlkämpfen
nahe legt.

Obwohl in Österreich einer lieb gewonnenen, aber durch den erzielten Effekt
kaum mehr zu rechtfertigenden Tradition nach noch immer Plakate das dominierende Werbemedium in Wahlkämpfen sind, stellen Inserate den mit Abstand größten Budgetposten dar. So wird für Inserate ca. *doppelt* so viel Geld wie für Plakate
aufgewendet. Der Anteil von Radio-, TV- und Kinospots nimmt sich dagegen im
einstelligen Prozentbereich verschwindend gering aus. In Interviews mit Kampag-
nenverantwortlichen wurde für Österreich übereinstimmend eine Ressourcenkon-
zentration auf die letzten 14 Tage vor der Wahl konstatiert, vor allem in Bezug
auf die elektronischen Medien. Tatsächlich wurden von den Werbeausgaben 2006
zwei Drittel in der heißen Wahlkampfphase im September ausgegeben; die Werbeausgaben steigerten sich von Jänner bis September kontinuierlich (siehe dazu eingehend Lederer 2007: 71–73).

Eine Analyse der Verteilung der Werbeausgaben der einzelnen Parteien über
die letzten fünf Wochen vor der Wahl zeigt (mit Ausnahme der Grünen) eine hohe
Übereinstimmung im Streuungsverhalten (für Details vgl. Lederer 2007: 73). Im
Schnitt haben die Parteien über 60 Prozent ihres Budgets, das in der heißen Phase
(= fünf Wochen vor der Wahl) ausgegeben wurde, in den letzten 14 Tagen investiert, was ungefähr der Hälfte der Gesamtwerbeausgaben für das ganze Jahr
2006 entspricht. Dahinter steht die wachsende Bedeutung von Wechselwählern,
die eine andere Partei wählen und sich oft erst innerhalb der letzten 14 Tage vor
der Wahl definitiv auf eine Partei festlegen. Ihr Anteil ist generell im Steigen begriffen, betrug bei den Nationalratswahlen 2006 26 Prozent und bei den Nationalratswahlen 2008 28 Prozent (siehe den Beitrag von Plasser und Seeber). Parteien
versuchen mit der immer stärkeren Konzentration der Ressourcen gegen Ende des
Wahlkampfes diese immer größer werdende Wählergruppe anzusprechen, was
sich nicht nur, aber auch in der Konzentration des Werbebudgets auf das Wahl-
kampffinale niederschlägt.

Noch ein Trend ist kennzeichnend: tendenziell ist die Konzentration in den 14
Tagen vor der Wahl umso größer, je *niedriger* das Budget der Partei ist. Kleinst-
parteien und Personenkomitees im Wahlkampf 2006, die nur den Bruchteil des
Budgets einer Parlamentspartei zur Verfügung hatten, haben auf Werbeaktionen

außerhalb der letzten zwei Wochen zur Gänze verzichtet. So beschränkten sich die Werbeausgaben der Liste Hans Peter Martin auf die letzte Woche des Wahlkampfes (allerdings mit einem Zwei-Drittel-Schwerpunkt auf die erste Hälfte der Woche). Diverse Personenkomitees haben außerhalb der letzten 10 Wahlkampftage lediglich einen einstelligen Prozentanteil ihres Budgets ausgegeben.

Unter den Parlamentsparteien wendeten die Grünen das mit Abstand niedrigste Werbebudget auf und verzeichneten die bei weitem größte Konzentration auf die letzten 14 Tage. Nahezu 90 Prozent des Werbebudgets der heißen Phase wurden für das Finale reserviert, was gleichermaßen strategische und budgetäre Gründe haben dürfte. Die Grünen haben unter allen Parteien den höchsten Anteil an Wechselwählern, die bei jeder Wahl aufs Neue überzeugt werden müssen: nur 61 Prozent der Grünwähler 2006 hatten sich auch 2002 für die Grünen entschieden, bei der SPÖ waren es 74 Prozent und bei der ÖVP 84 Prozent (Plasser, Ulram und Seeber 2007). Aufgrund ihrer volatilen Wählerschaft müssen die Grünen daher strategisch stärker auf die Gruppe der sich spät entschließenden Wechselwähler setzen. Aber auch das kleine Budget dürfte für diese Entscheidung ausschlaggebend gewesen sein, da es darum ging, am Ende ein gewisses Grundmaß an werblicher Präsenz sicherzustellen.

Aus den Analysen des Nationalratswahlkampfes 2006 können *drei* konkrete Trends abgeleitet werden:

1. Ähnlich wie in anderen Ländern fokussieren auch in österreichischen Wahlkämpfen die Parteien ihre finanziellen Ressourcen zu über 50 Prozent auf die letzten 14 Tage vor dem Wahltag.

2. Bei Parteien und Komitees mit niedrigem Wahlkampfbudget ist diese Fokussierung sogar noch stärker zu beobachten.

3. Bezahlte politische Werbung in elektronischen Medien gewinnt an Bedeutung, findet derzeit in Österreich aber noch auf sehr niedrigem Niveau statt.

Obwohl für die beiden Wahlkämpfe 2008 und 2009 keine vergleichbaren Daten vorliegen, kann die Annahme begründet werden, dass sich die Daten 2006 tendenziell auf andere Wahlkämpfe übertragen lassen. So zeigt ein Vergleich der Kostenverteilung der Gesamtwerbeausgaben 2006 mit der Verteilung der Inseratenschaltungen 2006 eine hohe Kongruenz. Daraus kann mit aller gebotenen Vorsicht umgekehrt geschlossen werden, dass die vorhandene Verteilung der Inseratenschaltungen für die Wahlkämpfe 2008 und 2009 tendenziell auch die Verteilung der Gesamtwerbekosten abbildet. Die These, dass Parteien mit geringerem Budget ihre Ressourcen noch stärker auf die letzten beiden Wahlkampfwochen fokussieren, bestätigt sich anhand der Daten über die Inseratenschaltungen in den Wahlkämpfen 2006, 2008 und 2009 durchgehend. Ebenso wird die These, dass sich die elektronische Werbung in Österreich weiterhin auf niedrigem Niveau entwickelt, zumindest durch die Tatsache gestützt, dass sich 2008 und 2009 sowohl die Anzahl der produzierten TV- und Radiospots verringert hat, also auch durch die Tatsache, dass sich die Anzahl an Parteien enorm verringert hat, die Spots in elektronischen Medien schalten.

3.2. Werbeausgaben im internationalen Vergleich

Obwohl Österreich im internationalen Vergleich eines der großzügigsten Systeme
staatlicher Parteienfinanzierung besitzt (Plasser und Ulram 2004: 399), liegen die
Werbeausgaben im Wahlkampf gemessen pro Wahlberechtigten oder Wähler lediglich im internationalen Mittelfeld, wenn die beiden klassischen Mutterstaaten
des modernen Wahlkampfmanagements – die USA und Großbritannien – als Vergleich herangezogen werden.

Tabelle 11
**Werbeausgaben pro Wahlberechtigten und pro abgegebene Stimme im internatio-
nalen Vergleich**

	Werbeausgaben aller Parteien	Werbeausgaben pro Wahlberech- tigten + Anzahl Wahlberechtigte	Werbeausgaben pro abgegebene Stimme + Anzahl Wähler am Wahltag
USA Kongresswahl 2006	1,5 Mrd. Euro	205,6 Mio. Wahlberechtigte 7,3 Euro	83 Mio. Wähler 18,10 Euro
USA Präsidentschafts- / Kongresswahl 2008	2,4 Mrd. Euro	212,7 Mio. Wahlberechtigte 11,3 Euro	132,6 Mio. Wähler 18 Euro
USA Präsidentschafts-/ Kongresswahlen 2004	1,3 Mrd. Euro	202,7 Mio. Wahlberechtigte 6,41 Euro	122,3 Mio. Wähler 10,63 Euro
Österreich NRW 2006	22 Mio. Euro	6,1 Mio. Wahlberechtigte 3,6 Euro	4,8 Mio. Wähler 4,59 Euro
Großbritannien Parlamentswahl 2001	16,1 Mio. Euro	45,8 Mio. Wahlberechtigte 0,35 Euro	26,4 Mio. Wähler 0,61 Euro
Großbritannien Parlamentswahl 2005	19,3 Mio. Euro	46 Mio. Wahlberechtigte 0,42 Euro	27,1 Mio. Wähler 0,70 Euro

Quellen: Center for Congressional and Presidential Studies; La Monica (2006); Electoral Commission
(2001 und 2005); International Institute for Democracy and Electoral Assistance.

Die Gegenüberstellung zeigt, dass Österreich zumindest im Verhältnis zu den USA und Großbritannien trotz starker staatlicher Parteienfinanzierung bei Werbeausgaben nur im Mittelfeld liegt (vgl. Tabelle 11). In den USA werden im Schnitt rund 8 Euro pro Wahlberechtigten für Werbung ausgegeben, aufgrund der sehr niedrigen Wahlbeteiligung jedoch bis zu 18 Euro in jede abgegebene Stimme investiert. In Österreich beträgt dieser Wert lediglich ein Viertel und weicht von den Ausgaben pro Wahlberechtigten aufgrund der vergleichsweise hohen Wahlbeteiligung auch nicht stark ab. In Großbritannien hingegen, wo eine Limitierung der erlaubten Wahlkampfausgaben existiert, liegen die Werbeausgaben wesentlich niedriger bei durchschnittlich nur 65 Cent pro abgegebene Stimme.

4. Entstehungskontext: Wie politische Werbung gemacht wird

In einer Interviewserie mit Wahlkampfmanagern sowie Verantwortlichen in den betreuenden Werbeagenturen wurde am Fallbeispiel der Nationalratswahl 2006 der Entstehungskontext von politischer Werbung näher untersucht. Im Zentrum des Interesses standen die Auswahl sowie die konkrete strategische und organisatorische Einbindung der Agentur in den Wahlkampf, der Tätigkeitsbereich sowie der Einfluss der Agentur. Die Detailergebnisse der Untersuchung finden sich in Lederer (2007), im Folgenden werden die wichtigsten Erkenntnisse in verdichteter Form dargestellt.

Der Markt für Politische Werbung in Österreich

Nicht alle Parteien in Österreich lagern die werbliche Konzeption und Umsetzung ihrer Wahlkampagne an externe Agenturen aus. Vor allem BZÖ und FPÖ erledigen das traditionell „in-house" oder durch parteieigene Agenturen. Obwohl sich in Österreich im Bereich der Agenturen kontinuierlich ein kleiner, zunehmend kompetitiver Markt für politische Werbung entwickelt, gibt es keine Agenturen, die sich auf den Bereich Politik spezialisiert haben und einen Großteil ihres Umsatzes in diesem Bereich machen. Beratung von politischen Akteuren bleibt für Agenturen ein kleiner Geschäftszweig unter vielen. Das entspricht auch der subjektiven Wahrnehmung der Agenturen. Kaum eine befragte Agentur erklärte den Markt der Politikberatung für ökonomisch lukrativ genug, um ihn bewusst und systematisch zu entwickeln. Diese mangelnde Motivation, sich auf den Bereich politische Kommunikation zu spezialisieren, hat sich bei der Befragung 2007 auch daran gezeigt, dass keine Agentur wahlkampferfahrene Mitarbeiter rekrutiert hat. Die Entscheidung von Agenturen, im Wahlkampf für eine Partei zu arbeiten, wird nicht nach rein betriebswirtschaftlichen Profitmotiven gefällt, sondern beinhaltet zum Teil ideologische oder Imagegründe.

Wahlkampfplanung und Agenturauswahl

Für den Nationalratswahlkampf 2006 haben die Parteien durchwegs bis zu einem dreiviertel Jahr vor dem Wahltag mit der engeren Wahlkampfplanung und der Auswahl der Werbeagentur begonnen. Agenturwettbewerbe *(Pitch)* sind auch bei der Agenturauswahl der Parteien üblich, wenn auch nicht notwendigerweise immer der Fall. Viele Agenturen hatten bereits Erfahrungen mit Wahlkampagnen, in den allermeisten Fällen bleiben die Agenturen „ihren" jeweiligen Parteien treu, allerdings gibt es davon auch Ausnahmen. Das Mandat der externen Agenturen erstreckte sich meistens über die Konzeption der klassischen Werbelinie hinaus und inkludierte oft auch Bereiche wie Eventorganisation, Zielgruppenmarketing und Mediaplanung bzw. Coaching. Dafür arbeiteten in den diversen Agenturen jeweils zwischen 5 und 10 Personen. Einfluss auf die allgemeine Wahlkampfstrategie oder das Agenturbriefing an sich waren selten und außertourlich. Die Entscheidungshoheit blieb bei den Parteien. Nichtsdestotrotz waren die Agenturen in der Regel sehr eng in den operativen Wahlkampfalltag der Partei z. B. durch Anwesenheit bei täglichen Sitzungen und teilweise auch Strategierunden eingebunden.

Rolle der Marktforschung in der Kampagnenplanung

Bis auf das BZÖ gaben 2006 alle Parteien an, Marktforschung für die Entwicklung der Kampagnenstrategie oder der Werbemittel im Vorfeld verwendet zu haben. Einige Parteien haben Daten der Meinungsforschung auch für die konkrete Gestaltung ihrer Werbemittel verwendet, die meisten haben die Werbemittel vor dem Einsatz auch abgetestet. Regelmäßige, wahlbegleitende Marktforschungsaktivität gab es nur bei den beiden Großparteien.

5. Fazit: Politische Werbung in der österreichischen Wahlkampfarena

Gemessen an der allgemeinen Präsenz von Politikern sind TV-Spots in Österreich das am stärksten *personalisierte* Werbemittel. Der Anteil an TV-Spots ohne Politikerpräsenz hält sich unter 10 Prozent. Im Übergang von mehrminütigen Belangsendungen zu halbminütigen TV-Spots lässt sich auch eine zunehmende Konzentration der in Spots präsentierten Politiker auf wenige Spitzenkandidaten feststellen. Auch auf Wahlplakaten sind Personalisierungsstrategien weit verbreitet, allerdings nur als eine Strategie unter vielen. Je nach Wahlkampf kommen 35 bis 50 Prozent der Plakate gänzlich ohne Personalisierungsstrategie aus und fokussieren vor allem auf Sachthemen. Die Strategie der Verkörperung eines Themas durch Politiker findet sich in jedem der untersuchten Wahlkämpfe jeweils auf ca. einem Viertel der Plakate, auf die Thematisierung der Person eines Kandidaten fokussieren jeweils bis zu einem Drittel der Plakate. Personalisierungsstrategien haben sich auf Plakaten fix etabliert und halten sich über die Wahlkämpfe konstant. Die These, dass die inhaltliche Kompetenzdarstellung zunehmend zugunsten der Darstellung von Personen zurücktritt, kann zumindest für den untersuchten Zeitraum 2006 bis 2009 nicht gestützt werden.

Von allen betrachteten Werbemitteln werden in Österreich insbesondere TV-Spots für die Kommunikation *negativer* Botschaften verwendet. Eine Gegenüberstellung zeigt, dass österreichische TV-Spots im Vergleich zu den amerikanischen und auch im weltweiten Vergleich im Spitzenfeld liegen, was ihre negative Ausrichtung betrifft. Ein Grund dafür kann sein, dass TV-Spots in Österreich nur als (in der Reichweite begrenztes) Nischenwerbemittel zur Ergänzung der restlichen Kampagne verwendet werden, während in den USA TV-Spots den Hauptwerbekanal in der Kampagnenkommunikation darstellen, über den auch die positiven Kampagnenschwerpunkte kommuniziert werden müssen. Für andere Länder gilt das in abgeschwächter Form. Die Analysen zeigen weiters, dass der Nationalratswahlkampf 2006 sowohl in Bezug auf die Qualität als auch auf die Quantität der Höhepunkt negativer und angriffiger Werbekampagnen war. Plakatkampagnen waren hingegen großteils (zwischen 50 und 80 Prozent) rein positiv gestaltet. Direkte Angriffe existierten in diesem Medium kaum (große Ausnahme: Nationalratswahl 2006). Sofern Angriffe oder Kritik auf Plakaten artikuliert wurden, waren sie meist inhaltlich orientiert und sachlich formuliert. In der Regel zielte die Kritik auf Parteien und nur in Ausnahmefällen auf Personen.

Bezahlte Fernseh- und Radiowerbung gewinnt einem internationalen Trend folgend auch in Österreich an Bedeutung (sowohl subjektiv bei den Parteien als auch objektiv gemessen an Werbeausgaben), bewegt sich aber quantitativ noch immer auf sehr niedrigem Niveau. Sie wird strategisch nur sehr selektiv eingesetzt – vor allem für den Transport negativer Botschaften – und auch nur von wenigen Parteien. Die Ressourcen der Werbekampagnen werden – ebenfalls einem internationalen Trend entsprechend – bis zu 80 Prozent auf die letzten beiden Wochen vor der Wahl konzentriert. Je kleiner das Kampagnenbudget einer Partei oder Gruppe ist, desto stärker war diese Fokussierung feststellbar. Eine Entpolitisierung im Sinne einer zunehmenden Thematisierung des Privatlebens von Politikern oder für die Politik irrelevanter persönlicher Eigenschaften lässt sich de facto nicht feststellen, unabhängig davon, welches Werbemittel man betrachtet. Offensichtlich stellt die Privatsphäre von Politikern in Österreich – zumindest in der werblichen Kommunikation – nach wie vor eine respektierte Tabuzone dar.

Literaturverweise

Bentele, Günter (1998). Politische Öffentlichkeitsarbeit. In Ulrich Sarcinelli (Hg.). *Politikvermittlung und Demokratie in der Mediengesellschaft. Beiträge zur politischen Kultur*, Opladen/Wiesbaden, 124–145.

Brader, Ted (2006). *Campaigning for Hearts and Minds.* Chicago.

Brettschneider, Frank (2002). *Spitzenkandidaten und Wahlerfolg: Personalisierung, Kompetenz, Parteien; ein internationaler Vergleich.* Wiesbaden.

Buell, Emmett H. und Lee Sigelman (2008). *Attack Politics. Negativity in Presidential Campaigns since 1960.* Lawrence.

Dörner, Andreas und Christian Schicha (Hg.) (2008). *Politik im Spot-Format. Zur Semantik, Pragmatik und Ästhetik politischer Werbung in Deutschland.* Wiesbaden.

Franz, Michael M. u.a. (2008). *Campaign Advertising and American Democracy.* Philadelphia.

Goldstein, Kenneth M. und Patricia Strach (eds.) (2004). *The Medium and the Message. Television Advertising and American Elections.* Upper Saddle River NJ.

Hanisch, Ernst (2002). Die Sprache der Plakate – Männlichkeit und die Remilitarisierung der österreichischen Gesellschaft in der Ersten Republik. In Oswald Panagl und Robert Kriechbaum (Hg.). *Wahlkämpfe. Sprache und Politik*, Wien, 75–100.

Haunold, Viktor (1997). *Politische Kommunikation am Beispiel Plakat: mit besonderer Berücksichtigung des Plakatwahlkampfes zur Wiener Gemeinderatswahl am 13. Oktober 1996.* Unveröffentlichte Dissertation, Universität Wien.

Hofer, Thomas (2005). *Spin Doktoren in Österreich. Die Praxis amerikanischer Wahlkampfberater. Was sie können, wen sie beraten, wie sie arbeiten.* Wien.

Hofer, Thomas (2006). Der Triumph des Negative Campaigning. In Thomas Hofer und Barbara Tóth (Hg.). *Wahl 2006. Kanzler, Kampagnen, Kapriolen. Analysen zur Nationalratswahl*, Wien, 5–31.

Hofer, Thomas und Barbara Tóth (Hg.) (2006). *Wahl 2006. Kanzler, Kampagnen, Kapriolen. Analysen zur Nationalratswahl.* Wien.

Hofer, Thomas und Barbara Tóth (Hg.) (2008). *Wahl 2008. Strategien. Sieger. Sensationen.* Wien.

Holtz-Bacha, Christina (2001). *Wahlwerbung als politische Kultur. Parteienspots im Fernsehen 1957–1998.* Wiesbaden.

Holtz-Bacha, Christina (Hg.) (2003). *Die Massenmedien im Wahlkampf. Die Bundestagswahl 2002.* Wiesbaden.

Holtz-Bacha, Christina (Hg.) (2005). *Europawahl 2004. Die Massenmedien im Europawahlkampf.* Wiesbaden.

Holtz-Bacha, Christina (Hg.) (2006). *Die Massenmedien im Wahlkampf. Die Bundestagswahl 2005.* Wiesbaden.

Hölzl, Norbert (1974). *Propagandaschlachten. Die österreichischen Wahlkämpfe von 1945 bis 1971.* Wien.

Jarren, Otfried und Patrick Donges (2006). *Politische Kommunikation in der Mediengesellschaft.* Zweite überarbeitete Auflage. Wiesbaden.

Johnston-Cartee, Karen und Gary A. Copland (1997). *Manipulation of the American Voter. Political Campaign Commercials.* New York.

Kaid, Lynda Lee (2006). Political Advertising in the United States. In Lynda Lee Kaid und Christina Holtz-Bacha (eds.). *The Sage Handbook of Political Advertising*, Thousand Oaks, 37–64.

Kaid, Lynda Lee und Christina Holtz-Bacha (eds.) (2006). *The Sage Handbook of Political Advertising.* Thousand Oaks.

Kaid, Lynda Lee und Anne Johnston (2001). *Videostyle in Presidential Campaigns. Style and Content of Televised Political Advertising.* Westport CT.

Kaid, Lynda Lee, John C. Tedesco, Dianne G. Bystrom und Mitchell S. McKinney (eds.) (2003). *The Millennium Election: Communication in the 2000 Campaign.* New York/Toronto/Oxford.

Kaid, Lynda Lee, John Tedesco, Daniela Dimitrova und Andrew P. Williams (2003). Comparing political advertising around the world. Working paper for the 8th political marketing conference. London, September 2003.

Kamps, Klaus (2007). *Politisches Kommunikationsmanagement. Grundlagen und Professionalisierung moderner Politikvermittlung.* Wiesbaden.

Kriesi, Hanspeter, Laurent Bernhard und Regula Hänggli (2009). The Politics of Campaigning – Dimensions of Strategic Action. In Frank Marcinkowski und Barbara Pfetsch (Hg.). *Politik in der Mediendemokratie,* Wiesbaden, 345–365.

Lederer, Andreas (2004). *Politisches Marketing in Österreich und die Implementierung des Markenansatzes in der Politik.* Unveröffentlichte Diplomarbeit, Wien.

Lederer, Andreas (2007). „It's the advertising stupid!" – Werbestrategien im Nationalratswahlkampf 2006. In Fritz Plasser und Peter A. Ulram (Hg.). *Wechselwahlen,* Wien, 39–80.

Lederer, Andreas und Gerald Neugschwandtner (2006). „Das funktioniert hier alles ein bisserl anders" – Politikberatung in Österreich. In Martin Thunert, Svenja Falk, Dieter Rehfeld und Andrea Römmele (Hg.). *Handbuch Politikberatung,* Wiesbaden, 576–589.

Maier, Michaela und Jens Tenscher (Hg.) (2006). *Campaigning in Europe – Campaigning for Europe. Political Parties, Campaigns, Mass Media and the European Parliament Elections 2004.* Berlin und Münster.

o.A. (2007). BZÖ: Orange Finanzsorgen. *Format* 7/07, 16.

Plasser, Fritz (2004). Politische Kommunikation in medienzentrierten Demokratien: Einleitung. In Fritz Plasser (Hg.). *Politische Kommunikation in Österreich. Ein praxisnahes Handbuch,* Wien, 21–35.

Plasser, Fritz (2008). Wahlkommunikation in den USA und Europa: Par et impar. In Gabriele Melischek, Josef Seethaler und Jürgen Wilke (Hg.). *Medien & Kommunikationsforschung im Vergleich,* Wiesbaden, 157–177.

Plasser, Fritz und Günther Lengauer (2008). Television Campaigning Worldwide. In Dennis W. Johnson (ed.). *Routledge Handbook of Political Management,* New York und London, 253–271.

Plasser, Fritz und Günther Lengauer (2009). Wie „amerikanisch" sind europäische Fernsehwahlkämpfe? In Hanna Kaspar u.a. (Hg.). *Politik – Wissenschaft – Medien,* Wiesbaden, 323–346.

Plasser, Fritz und Gunda Plasser (2003). *Globalisierung der Wahlkämpfe.* Wien.

Plasser, Fritz und Peter A. Ulram (2004). Parteienwettbewerb in der Mediendemokratie. In Fritz Plasser (Hg.). *Politische Kommunikation in Österreich. Ein praxisnahes Handbuch,* Wien, 377–430.

Plasser, Fritz, Christian Scheucher und Franz Sommer (1995). Massenmedien und Wahlkampf. Personalisierung, Dethematisierung und Videopolitics. In Wolfgang C. Müller, Fritz Plasser und Peter A. Ulram (Hg.). *Wählerverhalten und Parteienwettbewerb. Analysen zur Nationalratswahl 1994,* Wien, 227–264.

Schaller, Christian und Andreas Vretscha (1995). „Es geht um viel (mehr). Es geht um (ein demokratisches) Österreich!" – Der Nationalratswahlkampf 1994. In Wolfgang C. Müller, Fritz Plasser und Peter A. Ulram (Hg.). *Wählerverhalten und Parteienwettbewerb. Analysen zur Nationalratswahl 1994,* Wien, 167–225.

Sickinger, Hubert (2006). Money matters – Wahlkampf- und Parteienfinanzierung. In Thomas Hofer und Barbara Tóth (Hg.). *Wahl 2006. Kanzler, Kampagnen, Kapriolen. Analysen zur Nationalratswahl*, Wien, 165–184.

Sickinger, Hubert (2009). *Politikfinanzierung in Österreich*. Wien.

Schoen, Harald (2005). Wahlkampfforschung. In Jürgen W. Falter und Harald Schoen (Hg.). *Handbuch Wahlforschung*, Wiesbaden, 501–541.

Schulz, Winfried (2008). *Politische Kommunikation*. Wiesbaden.

Slavik, Angelika und Markus Pühringer (2006). Die sicheren Wahlsieger. *Format 32/06*, 12–14.

Tenscher, Jens (1998). Politik für das Fernsehen – Politik im Fernsehen. Theorien, Trends und Perspektiven. In Ulrich Sarcinelli (Hg.). *Politikvermittlung und Demokratie in der Mediengesellschaft. Beiträge zur politischen Kultur*, Opladen/Wiesbaden, 184–208.

Tenscher, Jens (Hg.) (2005). *Wahl-Kampf um Europa. Analysen aus Anlass der Wahlen zum Europäischen Parlament 2004*. Wiesbaden.

Tenscher, Jens (2007). Professionalisierung nach Wahl. Ein Vergleich der Parteikampagnen im Rahmen der jüngsten Bundestags- und Europawahlkämpfe in Deutschland. In Frank Brettschneider, Oskar Niedermayer und Bernhard Weßels (Hg.). *Die Bundestagswahl 2005. Analysen des Wahlkampfes und der Wahlergebnisse*, Wiesbaden, 65–96.

Wagner, Jochen W. (2004). *Deutsche Wahlwerbekampagnen made in USA?* Wiesbaden.

West, Darrell M. (2010). *Air Wars. Television Advertising in Election Campaigns, 1952–2008*. Washington DC.

Internetquellen

Center for Congressional and Presidential Studies.
http://spa.american.edu/ccps/files/File/csae/csae061109.pdf (Stand 12.01.2006)

Die Grünen (2006). Fairnessabkommen: Offenlegung der Wahlkampfkosten.
http://www.gruene.at/topstories/artikel/lesen/7885/(Stand 12.01.2006)

Electoral Commission (2001). Election 2001 Campaign Spending. Quelle:
http://www.electoralcommission.org.uk/files/dms/Election2001Campaignspendingfinalpdf_7546-6677__E__N__S__W__.pdf (Stand 20.01.2007)

Electoral Commission (2005). Election 2005. Campaign Spending. Quelle:
http://www.electoralcommission.gov.uk/files/dms/CampaignSpendingweb_20371-14985__E__N__S__W__.pdf (Stand: 20.01.2007)

Fachverband Werbung & Marktkommunikation.
http://www.fachverbandwerbung.at/de-service-faq.shtml#4 (Stand: 12.02.2007)

http://elections.gmu.edu/Voter_Turnout_2006.htm (Stand 12.01.2006)

International Institute for Democracy and Electoral Assistance (IDEA).
http://www.idea.int/vt/parl.cfm (Stand: 12.02.2007)

La Monica, Paul (2006). TV political ad spending hits record. Quelle:
http://money.cnn.com/2006/11/02/news/companies/politics_ads/?postversion=2006110213 (Stand: 21.01.2007)

Mediadaten: http://mediaresearch.orf.at

The Campaign Legal Center. Campaign Finance Guide.
Source: www.campaignfinanceguide.org (Stand: 25.01.2008)

Wahlentscheidung in der Boulevard-Demokratie: Die Kronen Zeitung, News Bias und Medieneffekte

Fritz Plasser
Gilg Seeber

Gliederung

In der österreichischen Medienarena werden nicht nur kameragerecht inszenierte Wahlkämpfe ausgetragen, sondern auch Koalitionsregierungen aufgekündigt. So war im Frühsommer 2008 ein Brief von Gusenbauer und Faymann an den Herausgeber der Kronen Zeitung Hans Dichand Anlassfall für die Beendigung der Regierungszusammenarbeit von SPÖ und ÖVP und Auslöser für vorverlegte Nationalratswahlen. Der Absender des Briefes – der Kanzlerkandidat der SPÖ Faymann – wurde im anschließenden Nationalratswahlkampf von der Kronen Zeitung nachhaltig durch explizite und implizite Wahlempfehlungen gefördert und revanchierte sich – nachdem er 2008 trotz schwerer Stimmenverluste der SPÖ knapp den ersten Platz für die Sozialdemokraten verteidigt hatte – mit einer

öffentlichen Danksagung an Hans Dichand.[1] Nachgerade beispiellose Unterstützung von der Kronen Zeitung erhielt im Wahlkampf zur Europawahl 2009 auch
der Europaparlamentsabgeordnete Hans-Peter Martin. Als langjähriger Kolumnist
der Kronen Zeitung durfte er in den Wochen vor der Europawahl täglich an prominenter Stelle eine Seite seines neuesten Buches abdrucken und wurde durch
orchestrierte Wahlempfehlungen in Kommentaren, Glossen, Reimen des Haus-
dichters und euphorischen Leserbriefen des Blattes zu seinem Wahlerfolg geleitet.
Wenig überraschend rekrutierten sich 70 Prozent seiner Wähler und Wählerinnen
aus dem Kreis regelmäßiger Leser der Kronen Zeitung.

In der österreichischen Medienarena werden aber nicht nur Kanzler gemacht
und Wahlsieger gekürt, sondern auch Kandidaten für das Amt des österreichischen
Bundespräsidenten nominiert. Ein lautes Nachdenken des Herausgebers der Kronen Zeitung über bevorstehende Wendungen der österreichischen Innenpolitik und
die Andeutung, dass er sich den niederösterreichischen Landeshauptmann gut als
Bundespräsidenten und dessen Neffen und derzeitigen Vizekanzler auch als Bundeskanzler vorstellen könne, lösten – noch bevor der amtierende Bundespräsident
öffentlich seine Absicht zu einer Wiederkandidatur bekanntgegeben hatte – eine
Welle von Spekulationen über einen möglichen Gegenkandidaten aus. Dutzende
von Kommentaren interpretierten die dunklen Andeutungen des Herausgebers der
Kronen Zeitung auch als Umschattung des bislang harmonisch-wohlwollenden
Verhältnisses zwischen Dichand und Faymann und rätselten über Hintergründe
und Motive einer abgekühlten Beziehung.

Offensichtlich ist die Kronen Zeitung als mit Abstand auflagen- und leser-
stärkste Tageszeitung des Landes ein potenter innenpolitischer Macht- und Einflussfaktor und repräsentiert das Redaktionsgebäude der Kronen Zeitung in der
Muthgasse das *informelle* Gravitationszentrum österreichischer Innenpolitik. Wie
die redaktionelle Berichterstattung der Kronen Zeitung auf Wahlentscheidungen
und den Ausgang von Wahlen Einfluss nimmt, welche Effekte Themensetzung und
Themenbehandlung der Kronen Zeitung auf Einstellungen und Wahlverhalten ihrer Leser haben, steht im Mittelpunkt der folgenden Abschnitte.

---

1 Die Passage des Faymann-Interviews, das in der Tiroler Tageszeitung vom 26. 7. 2009
   auf Seite 11 erschien, lautet: „Ich muss Ihnen ehrlich sagen, dass ich dankbar bin für
   die Unterstützung, die ich in den schweren Stunden des Nationalrats-Wahlkampfes
   erfahren habe; das gilt für Hans Dichand, das gilt für andere Medien, das gilt für
   ORF-Redakteure". Der Redakteursrat des ORF distanzierte sich umgehend von der
   Faymann'schen Danksagung.

1. Medieneffekte auf Wahlentscheidungen

Welche Themen die Medienberichterstattung in den Vordergrund stellt und wie diese Themen redaktionell behandelt werden, beeinflusst indirekt die Entscheidungsfindung der Wähler (McCombs 2004). Nach experimentell bestätigten *Mikro*theorien zur Erklärung des Wählerverhaltens (Pappi und Shikano 2007: 148–152) werden Wahlentscheidungen vielfach *„top of the head"* getroffen und die aktuell verfügbaren Themen als Kriterien zur Beurteilung einer Partei oder eines Kandidaten herangezogen (Brettschneider 2005: 488). Unterstützt wird diese Annahme von der Theorie der beschränkten Rationalität *(bounded rationality)*, die die begrenzte Leistungsfähigkeit der Individuen bei der Informationsverarbeitung in Rechnung stellt (Lau und Redlawsk 2006). Konsequenterweise stützen sich Individuen zur Urteilsvereinfachung vielfach auf *„information short cuts"* (Popkin 1994: 13f.), die sie dem massenmedialen Informationsangebot entnehmen. Da nur eine überschaubare politische Informationselite die Bandbreite massenmedialer Themenbehandlung überblickt, sich die überwiegende Mehrheit der Wähler mit nur wenigen politischen Informationsquellen begnügt, kommt der jeweils *medium*spezifischen Themensetzung und Themenbehandlung der von ihnen intensiv genutzten Informationsquellen entscheidende Bedeutung zu (Nadeau u.a. 2008: 231).

Nach dem *Agenda-Setting*-Ansatz bestimmen die Medien durch die „Häufigkeit und Aufmachung ihrer Berichterstattung über ein Thema die Wichtigkeit dieses Themas für das Publikum" (Brettschneider 2005: 488). Massenmediale Thematisierungseffekte wurden in zahlreichen Studien nachgewiesen und zählen zu den einflussreichsten indirekten Medienwirkungen (Weaver, McCombs und Shaw 2004; Shah, McLeod u.a. 2009). Die Agenda-Setting-Forschung unterscheidet dabei drei Wirkungskonzepte. Nach dem *Awareness*-Modell führt die redaktionelle Aufmerksamkeit, die Massenmedien einem bestimmten Thema widmen, auch zu einer erhöhten Aufmerksamkeit des Medienpublikums für dieses Thema. Das *Salience*-Modell geht davon aus, dass durch die Häufigkeit und Intensität der redaktionellen Behandlung eines Themas auch die Wichtigkeit und Bedeutsamkeit dieses Themas für das Publikum zunimmt. Nach dem *Priority*-Modell übernimmt das Medienpublikum auch die Rangfolge der Wichtigkeit, mit der das Thema in der redaktionellen Berichterstattung behandelt wurde (Schulz 2008: 146–153; Roessler 2008: 205–218). Dass Massenmedien durch selektive Beachtung spezifischer Themen das Problembewusstsein des Publikums bestimmen, bedeutet nicht, dass sich seine Problemsicht in jedem Fall spiegelbildlich nach der Problembeachtung in den Medien orientiert, sondern dass die Berichterstattung mit der vorhandenen Problemsensitivität verschiedener Bevölkerungsgruppen interagiert. Die Medien determinieren nicht das Problembewusstsein, sondern sie „aktivieren latent vorhandene Besorgnisse der Personen, die je nach deren Lebenslage unterschiedlich ausgeprägt sind" (Schulz 2007: 41).

Die redaktionelle Aufmerksamkeit, die Massenmedien bestimmten Themen widmen, kann nicht nur die Problemwahrnehmung des Publikums beeinflussen, sondern auch die Kriterien der Urteilsbildung definieren (Jäckel 2007: 175f.). Unter *Priming*-Effekten wird im weitesten Sinn die Fähigkeit der Massenmedien verstanden, die Kriterien zu beeinflussen, nach denen Parteien und Kandidaten beurteilt werden. Priming-Effekte treten in Wahlkämpfen dann auf, wenn die Massenmedien durch die Häufung der Berichterstattung über einzelne Themen oder Aspekte das „Gewicht festlegen, das diese Themen oder Aspekte bei der Bewertung von Parteien und Kandidaten durch die Bevölkerung haben" (Brettschneider 2005: 488). Konzentriert ein Medium seine Berichterstattung im Wahlkampf überproportional auf ausgewählte Themenfelder, stellt es bestimmte Themen- und Problemlagen durch Aufmacher, Kommentare und sorgfältig selektierte Leserbriefe in den Vordergrund, erhöht sich die Wahrscheinlichkeit, dass das Stammpublikum dieses Mediums die Kompetenz oder Inkompetenz einzelner Parteien und Politiker in diesen Themenfeldern auch als Kriterium für seine Wahlentscheidung heranzieht (Schiffer 2008). Je mehr Aufmerksamkeit das Publikum den redaktionellen Themenschwerpunkten und thematischen Akzentuierungen schenkt, umso höher wird die Wahrscheinlichkeit, dass davon diejenige Partei profitiert, „der in diesem Politikfeld von der Bevölkerung die größte Kompetenz zugeschrieben wird" (Brettschneider 2005: 490).

Noch einen Schritt weiter geht der *Framing*-Ansatz, oft auch als Agenda-Setting auf der zweiten Ebene bezeichnet (Scheufele 2004). *Framing* meint die Art und Weise, *wie* einzelne Themen behandelt werden, wie bestimmte Themenaspekte und Deutungsmuster redaktionell ausgewählt und hervorgehoben werden, welche Problemperspektiven gezeichnet und welche Themenaspekte redaktionell betont werden (Schulz 2008: 148–150; Kepplinger 2008: 192–204). Das Konzept Framing basiert auf der Annahme, dass die „Medien durch Selektion, Hervorhebung, Betonung, aber auch Exklusion, bestimmte Ausschnitte der Realität deutlich machen und dadurch bei den Rezipienten eine bestimmte Sichtweise eines Problems, kausale Interpretation oder Bewertung auszulösen vermögen" (Schenk 2007: 314f.). Die thematischen Rahmungen und Problemdefinitionen der redaktionellen Berichterstattung übertragen sich auf die Problemsicht des Publikums, das diese medialen Schemata im Sinne der Urteilsvereinfachung übernimmt. Durch selektive Problemdeutungen, Zuschreibungen politischer Verantwortlichkeiten, Versäumnisdarstellungen und Ursachenvermutungen bietet die Berichterstattung eines Mediums seinem Publikum einen Interpretations- und Deutungsrahmen (Lengauer 2008).

Die Konzepte Priming und Framing beziehen sich auf die Fähigkeit der Massenmedien, die Aufmerksamkeit des Publikums auf bestimmte Themen und Themenaspekte zu lenken. Steht hinter der Konzentration der Berichterstattung eines Mediums auf ausgewählte Themen und deren spezifischer Aufbereitung ein redaktionspolitisches Konzept bzw. eine verlegerische Absicht, ist die *News Bias*-Forschung gefordert, deren Aufgabe darin besteht „Einseitigkeiten und Unausgewogenheiten in der Berichterstattung zu messen und ihre Ursachen aufzudecken"

(Wagner 2007: 150). Eine häufige Variante des News Bias sind *implizite* Wahlempfehlungen, bei denen eine „Zeitung oder ein Sender eine Partei in der Berichterstattung bevorzugt, ohne dass dies als Wahlempfehlung kenntlich gemacht wird" (Wagner 2007: 148). News Bias in der Wahlkampfberichterstattung, wie er bei der *Bild*-Zeitung und der britischen *Sun* empirisch nachgewiesen wurde, bedient sich mehrerer redaktioneller Strategien (Brettschneider und Wagner 2008: 227–228), die auch in der Berichterstattung der Kronen Zeitung vor der Nationalratswahl 2008 und noch auffallender bei der Berichterstattung vor der Europawahl 2009 zu beobachten waren. Eine redaktionelle Strategie ist das Verleihen publizistischer Prominenz. War es vor der Nationalratswahl 2008 der Spitzenkandidat der SPÖ Werner Faymann, der in der Kronen Zeitung überproportionale und durchwegs positive Beachtung fand, konzentrierte sich die redaktionelle Berichterstattung der Kronen Zeitung vor der Europawahl 2009 auf Hans-Peter Martin, der nicht nur täglich durch den Vorabdruck seines neuesten Buches im Politik-Teil der Kronen Zeitung präsent war, sondern auch in redaktionellen Beiträgen, Kommentaren und Leserbriefen eine hervorgehobene Rolle spielte. Nach den Daten einer Inhaltsanalyse der tagesaktuellen Berichterstattung österreichischer Medien in den Wochen vor der Europawahl 2009 entfielen 95 Prozent der gesamten Medienpräsenz von Hans-Peter Martin auf die Kronen Zeitung. 80 Prozent der Berichte und Erwähnungen Hans-Peter Martins in der Berichterstattung der Kronen Zeitung waren in der Tonalität positiv.[2]

Eine weitere Variante des News Bias ist die selektive Bewertung von politischen Lagern und Politikern, wobei sich implizite Wahlempfehlungen weniger durch positive Bewertungen der redaktionell präferierten Partei, sondern vielmehr durch explizit negative Berichterstattung über deren Konkurrenten manifestieren (Cline 2009). Die redaktionelle Strategie der selektiven Wertung und betonten Negativzeichnung einzelner Politiker war in der Berichterstattung der Kronen Zeitung in der Vergangenheit häufig erkennbar und hat sich in bestimmten Konstellationen zu einem „Angriffsjournalismus" verdichtet, der seine Spuren bei den Angegriffenen hinterlassen hat (Horvath 2006). Beliebtes Instrument des News Bias ist das Einsetzen „opportuner Zeugen" (Wagner 2007; Brettschneider und Wagner 2008), wie sie der Herausgeber der Kronen Zeitung für die von ihm persönlich zusammengestellten Leserbriefseiten sorgfältig auswählt. Die im Blatt an prominenter Stelle platzierten Leserbriefe sind de facto eine Fortsetzung der redaktionellen Berichterstattung mit anderen Mitteln, auf denen – synchronisiert mit dem redaktionellen Tenor – hochgradig wertende Meinungsbilder als *vox populi* präsentiert werden.

Die am häufigsten eingesetzte Strategie ist aber die *instrumentelle Aktualisierung*. Dieses in den achtziger Jahren von Hans Mathias Kepplinger in die Agenda-Setting-Forschung eingeführte Konzept bezieht sich auf das gezielte Hoch- und Herunterspielen einzelner Themen und Themenaspekte in der redak-

---

2   Inhaltsanalytische Daten nach Media Essentials GmbH: MedienMonitor. Der mediale EU-Wahlkampf. Presseunterlage 02.06.2009, 5–6.

tionellen Berichterstattung eines Mediums, was sich bis zur monothematischen Kampagnisierung steigern kann (Dahlem 2001: 359f.). Tatsächlich tendiert die Kronen Zeitung – wie langfristige Inhaltsanalysen mehrfach herausgearbeitet haben – zur Verengung der redaktionellen Aufmerksamkeit auf selektive Themenfelder und Themenaspekte, wie sich insgesamt die Kronen Zeitung phasenweise in ihrer Themenbeachtung von der aktuellen Nachrichten- und Themenlage anderer tagesaktueller Massenmedien abkoppelt, was etwa über Monate bei der Temelin-Berichterstattung der Kronen Zeitung in einem beispiellosen Ausmaß der Fall war. Instrumentelle Aktualisierung als synchronisiertes redaktionelles Programm kann beachtliche Wirkungen auf die Realitätswahrnehmung und das Problembewusstsein der Leser ausüben. Instrumentelle Aktualisierung dient dabei nicht nur der themenspezifischen Mobilisierung der Leserschaft, sondern kann auch zur Schaffung einer Themenplattform für einen redaktionell präferierten Akteur eingesetzt werden, wenn Medien „Themen auf die Agenda setzen, in denen der bevorzugte Akteur von der Bevölkerung Kompetenzen zugesprochen bekommt. Dagegen können die Medien Themen ignorieren, die als Kompetenzthemen der Gegner angesehen werden" (Wagner 2007: 154). Instrumentelle Aktualisierung wird durch orchestrierte *Synchronisation* der redaktionellen Beiträge, Aufmacher, Lead-Meldungen, Karikaturen, Fotos, Glossen und Leserbriefe zur Entfaltung gebracht. Ein konsequentes – dem redaktionellen Programm folgendes – Durchziehen selektiver Themenaspekte, wie es die Kronen Zeitung betreibt, *kultiviert* bei der Leserschaft wertende Einstellungen, die mit den sich wiederholenden und konsistenten Bewertungen der redaktionellen Berichterstattung korrespondieren (Arendt 2008: 17–18).

Mit zunehmender Verengung des redaktionellen Blickwinkels in Richtung monothematischer Schwerpunktsetzung überschreitet instrumentelle Aktualisierung die Grenze zum *Kampagnejournalismus*, womit eine redaktionelle Praxis bezeichnet wird, die „zur Verwirklichung eines übergeordneten, persönlich motivierten Ziels, die Berichterstattung zu einem Thema innerhalb eines bestimmten Zeitraums intensiviert, unter dramaturgischen und strategischen Gesichtspunkten arrangiert und aktiv aufrechterhält, um mit dem Einsatz persuasiver Mittel und Methoden Meinungen und/oder Verhaltensweisen zu beeinflussen" (Boenisch 2007: 113). Tatsächlich zeigen langfristige Inhaltsanalysen, dass die Zyklen der Themenkarrieren und Themenverläufe in der Berichterstattung der Kronen Zeitung sprunghafter und akzentuierter sind als bei anderen Tageszeitungen. In bestimmten Phasen wendet sich die Kronen Zeitung den von ihr ausgewählten Themen intensiver und zugespitzter zu als andere Tageszeitungen und thematisiert ein selektives Thema stärker als andere Tageszeitungen. Phasen massiver selektiver Thematisierung bei monothematischer Schwerpunktsetzung waren etwa Wochen vor und während des „Veto gegen Temelin"-Volksbegehrens in beispielloser Form erkennbar. Die Kronen Zeitung mutierte im Kampagnezeitraum von einer Tageszeitung zu einer redaktionellen Mobilisierungsplattform.

Derartige Zyklen selektiver thematischer Zuspitzung der redaktionellen Berichterstattung sind mit Nachrichtenfaktoren nicht mehr erklärbar, wie auch die verdichtete redaktionelle Aufmerksamkeit der Kronen Zeitung für bestimmte Themen und Themenaspekte nicht mehr auf objektivierbare Nachrichtenlagen und daraus resultierende Nachrichten- und Ereignisfaktoren rückführbar ist. Ähnliches gilt für die redaktionelle Tonalität der Kronen Zeitung (Petry 2008). Was Wertungen bei der redaktionellen Behandlung einzelner Parteien und Politiker betrifft, tendiert die Kronen Zeitung zu einer akzentuierten Zuspitzung, die das Ausmaß an Kritik und negativen Wertungen in anderen Tageszeitungen übertrifft. Auch bei der Berücksichtigung unterschiedlicher Aspekte eines Themas ist die Berichterstattung der Kronen Zeitung erkennbar restriktiver und selektiver als andere Tageszeitungen.

News Bias, instrumentelle Aktualisierung und Kampagnejournalismus gehen vielfach Hand in Hand mit einem politischen *Parallelismus* (Hallin und Mancini 2004: 207–216), worunter eine Bevorzugung bestimmter Positionen und Standpunkte einzelner politischer Akteure oder Akteursgruppen in der redaktionellen Berichterstattung verstanden wird. Parallelstrukturen zwischen einem Medium und einzelnen Parteien oder Politikern können dabei auf informellen Arrangements und Absprachen beruhen, Resultat eines medienpolitischen trade off sein oder auf persönliche politische Präferenzen der Herausgeber rückgeführt werden. Konsequenzen informeller Parallelstrukturen sind in jedem Fall eine taktisch motivierte Themensetzung und Themenbehandlung der redaktionellen Berichterstattung, die Abwertung als nicht opportun angesehener Positionen wie verzerrte Präsenzchancen einzelner politischer Akteure.

Die Wirkungsmacht des News Bias steigt mit der publizistischen Machtposition eines Mediums, die sich nicht nur in Auflagen-, Leser- und Reichweitezahlen begründet, sondern auch auf attribuierte Medienmacht stützt. Im Falle der Kronen Zeitung geht jeder zweite Angehörige der politischen wie journalistischen Elite von einem sehr starken Einfluss der Kronen Zeitung auf die Politik aus. Die Kronen Zeitung wird neben dem Aktuellen Dienst des ORF als spielentscheidender massenmedialer Macht- und Einflussfaktor gesehen, was den Faymann-Brief an den Herausgeber Dichand ebenso miterklären mag wie die reflexartige Bereitschaft zahlreicher österreichischer Spitzenpolitiker, auf redaktionelle Signale der Kronen Zeitung unverzüglich zu reagieren, die publizistische Unterstützung der Kronen Zeitung zu suchen und wohlwollende Kontakte mit dem Herausgeber zu pflegen. Konsequenterweise verleiht der Kronen Zeitung bereits die ihr *attribuierte* Medienmacht einen überproportionalen Einfluss, unabhängig davon, ob sie ihre Macht auch redaktionell ausspielt.

Tabelle 1
Beurteilung der politischen Einflussstärke der Kronen Zeitung durch Journalisten, Politiker und das Medienpublikum

Frageversion: „Medien können einen unterschiedlich starken Einfluss auf die Politik haben. Bewerten Sie den Einfluss der Kronen Zeitung auf einer Skala von 1 = sehr schwach bis 5 = sehr stark."

In Prozent	Journalisten (N=154)	Politiker (N=146)	Medienpublikum (N=500)
1 sehr schwacher Einfluss	1	0	3
2	4	1	5
3	8	12	23
4	41	36	31
5 sehr starker Einfluss	45	51	36
Mittelwert =	4,29	4,37	3,95

Quelle: Befragung innenpolitischer Journalisten und Journalistinnen bzw. Befragung einer Stichprobe von Angehörigen der politischen Elite (2008) bzw. telefonische Befragung eines repräsentativen Querschnitts der österreichischen Bevölkerung (2009).

Die der Kronen Zeitung von Politikern, Journalisten und Medienpublikum unisono zugeschriebene politische Einflussstärke kann nach dem „*Third Person Effect*" bei politischen Eliten zu antizipierten Verhaltensanpassungen führen, was „nicht nur ihr Handeln gegenüber Medienvertretern beeinflusst, sondern auch ihr politisches Verhalten gegenüber anderen Politikern und der Wahlbevölkerung" (Roessler 2009: 470). Die Überschätzung der Medienwirkung auf andere und die daraus resultierenden Konsequenzen für politische Handlungen zeigen sich etwa in Österreich an der Aufmerksamkeit, mit der politische Eliten redaktionspolitische Signale und Positionsvorgaben der Kronen Zeitung registrieren und dechiffrieren.

Agenda-Setting und Priming beziehen sich auf *indirekte,* kognitive Medieneffekte. Realiter ist das Universum politisch relevanter Medienwirkungen variantenreicher (Schulz 2008), was sich in differenzierten Wirkungsannahmen und Effektmodellen niederschlägt (Schenk 2007; Nabi und Oliver 2009). Die *Varietät* politischer Medieneffekte reicht dabei von Lern- und Aktivierungseffekten über Wirkungen auf die Kandidatenbewertung, Verstärkungs- und Konversionseffekten bis zu Mobilisierungs- und Demobilisierungseffekten unter den Anhängerschaften einer bestimmten Partei. Noch komplexere Wirkungsmodelle finden sich, geht es darum, den „*total flow of information*" multi- und crossmedialer Informationsangebote in Beziehung zur Urteils- und Entscheidungsfindung der Wählerschaft zu setzen (Brady und Johnston 2006).

Der vorliegende Beitrag stützt sich auf die Modellannahmen des *Agenda-Setting*-Ansatzes und versucht *Priming*-Effekte der redaktionellen Berichterstattung der mit Abstand reichweitenstärksten österreichischen Tageszeitung – der Kronen

Zeitung – auf die Wahlentscheidung bei der Nationalratswahl 2008 bzw. der Europawahl 2009 durch bivariate und multivariate Analysen empirischer Datensätze nachzuweisen. Als Datenquellen standen drei Datensätze von GfK Austria zur Verfügung: 1. ein kumulierter Datensatz von 10 zwischen 29. Juli und 25. September 2008 telefonisch durchgeführten *track polls* (N = jeweils 500 Befragte), 2. der Datensatz einer repräsentativen telefonischen Wahltagsbefragung von N = 1.800 Wählern bei der Nationalratswahl 2008 wie 3. der Datensatz einer repräsentativen telefonischen Wahltagsbefragung von N = 1.000 Wählern und Nichtwählern bei der Europawahl 2009. Zusätzlich stützen sich die Analysen auf empirische Befunde einer Inhaltsanalyse der redaktionellen Berichterstattung tagesaktueller Massenmedien in den letzten vier Wochen des Nationalratswahlkampfes 2008.[3]

2. Öffnung des Wählermarktes als Randbedingung für Medieneffekte

Die Wahrscheinlichkeit des Auftretens von Agenda-Setting und Priming-Effekten der Medienberichterstattung auf die Entscheidungsfindung der Wähler steigt, schwächen sich traditionelle Partei- und Milieubindungen ab, wie es in Österreich seit den achtziger Jahren der Fall ist. So sorgten noch in den siebziger Jahren strukturelle und institutionelle Stabilisatoren und ein duopolistischer, von zwei Großparteien kontrollierter Wettbewerbsraum für ein weitgehend konsistentes Wahlverhalten. Zwei Drittel fühlten sich einer bestimmten Partei auch gefühlsmäßig verbunden, ein Viertel der Wähler waren eingetragene Parteimitglieder. Der Anteil der Parteiwechsler schwankte zwischen drei und sieben Prozent. Neunzig Prozent waren bereits vor dem Beginn eines Wahlkampfes definitiv auf die Partei ihrer Wahl festgelegt. Wahlkämpfe dienten in erster Linie der Mobilisierung, für die den beiden Großparteien flächendeckende organisatorische Netzwerke zur Verfügung standen. Traditionelle Parteiloyalitäten und die Einbettung in vergleichsweise homogene Sozial- und Berufsmilieus fungierten gleichzeitig als Schutzschilder, an denen dissonante Botschaften abprallten wie kognitive Mechanismen der *selektiven* Wahrnehmung und Interpretation als Filter dissonanter Medienberichte wirkten.

In den folgenden Jahrzehnten wurden die Schutzschilder durchlässiger und die Filter poröser, begannen sich affektive Parteibindungen abzuschwächen. Der Erosionsprozess *(dealignment)* verstärkte sich in den neunziger Jahren. Parteibindungen zerfielen, Stammwählerschichten orientierten sich neu und Wahlkämpfe verlagerten sich nahezu ausschließlich in die Medienarena, die nunmehr die Spielregeln des politischen Wettbewerbs diktiert. Innerhalb von dreißig Jahren hat sich der Anteil von Wählern mit stabiler Parteibindung um mehr als ein Drittel reduziert, der Anteil

---

3 Siehe den Beitrag von Lengauer und Vorhofer für nähere Spezifikationen der Inhaltsanalyse.

konsistenter Stammwähler halbiert, der Anteil faktischer Parteiwechsler vervierfacht. Hatten sich bei der Nationalratswahl 1979 nur 9 Prozent erst in den letzten Wahlkampfwochen definitiv für die Partei ihrer Wahl entschieden, erhöhte sich der Anteil der *Late Deciders* bei der Nationalratswahl 2008 auf 33 Prozent. Jeder dritte Wähler traf seine definitive Wahlentscheidung erst in der Schlussphase des Wahlkampfes. Zwei Drittel der Spätentscheider änderten ihr Wahlverhalten und wählten 2008 eine andere Partei als sie bei der Nationalratswahl 2006 gewählt hatten.

Tabelle 2
Indikatoren der Parteiloyalität, 1975–2008

Jahr	Partei-identifi-kation	Starke Identifi-kation	Stabile Partei-bindung	Konsistente Stamm-wähler	Gelegentl. Wechsel-wähler	Partei-wechsler	Late Deciders	Parteimit-glieder
	a)	b)	c)	d)	e)	f)	g)	h)
1975	65	30	61			3		23
1979	63		56	66	16	7	9	22
1983	61	27	47			10	8	
1986	60	21	39	62	18	16	16	23
1990	49	19	34	58	26	17	14	18
1994	44	12	31	50	34	19	18	15
1995	49	13	28	44	44	22	21	14
1999	51	16	26	43	46	18	20	13
2002	55	22	25	41	53	24	23	15
2006	53	25	24	35	60	26	24	12
2008	44	24	18	33	62	28	33	11

Anmerkung:

a) Prozent der Respondenten mit Parteiidentifikation.

b) Prozent der Respondenten mit starker Parteiidentifikation.

c) Prozent der Respondenten, die angaben, immer dieselbe Partei zu wählen, auch wenn sie nicht vollständig mit ihr zufrieden sind.

d) Prozent der Respondenten, die angaben, immer dieselbe Partei gewählt zu haben.

e) Prozent der Respondenten, die angaben, dass sie gelegentlich ihr Wahlverhalten ändern.

f) Prozent der Exit Poll-Respondenten bzw. der Respondenten von Wahltagsbefragungen, die angaben, eine andere Partei als bei der vergangenen Wahl gewählt zu haben, als Indikator der Brutto-Volatilität.

g) Prozent der Wählerinnen und Wähler, die sich erst in den letzten Tagen vor dem Wahlsonntag definitiv auf die Partei ihrer Wahl festlegten.

h) Prozent der Respondenten, die angaben, Mitglied einer politischen Partei zu sein.

Quelle: Plasser, Ulram und Seeber (2007: 169) bzw. GfK Austria, bundesweite Repräsentativ- bzw. Wahltagsbefragungen (2004–2008).

Bei der Nationalratswahl 2008 wählten 28 Prozent der Wähler eine andere Partei als die, die sie bei der Nationalratswahl 2006 gewählt hatten.[4] Drei Viertel der Wechselwähler trafen ihre definitive Wechselentscheidung erst in der Schlussphase des Wahlkampfes, der nicht zuletzt wegen seiner zeitlichen Verknappung nahezu ausschließlich in der Medienarena geführt wurde. Mit Blick auf die Anteile der Spätentscheider und Wechselwähler unterscheidet sich das österreichische Wahlverhalten nicht mehr vom westeuropäischen Mainstream. So hat sich auch in der Bundesrepublik Deutschland der Wechselwähleranteil in den letzten zwanzig Jahren mehr als verdoppelt (Schoen 2005). Bei der Bundestagswahl 2005 wechselten knapp 34 Prozent die Partei. Der Anteil der Spätentscheider lag bei 29 Prozent (Weßels 2007: 397f.). In Schweden wechselten bei den Reichstagswahlen 2006 mehr als 30 Prozent die Partei. In ähnlicher Größenordnung bewegen sich auch die Wechselraten in Großbritannien und Frankreich (Plasser und Seeber 2007: 264–266).

Von den Wählern bei der Nationalratswahl 2008 neigten 62 Prozent einer bestimmten Partei auch gefühlsmäßig zu. Zwei Jahre vorher identifizierten sich 57 Prozent der Wähler mit einer Partei. Der Anstieg der Wähler mit Parteiidentifikation erhöhte aber nicht die Schranken, die einem Parteiwechsel im Wege stehen. Wählten 2006 90 Prozent der Wähler mit Parteiidentifikation neuerlich die Partei, die sie bei der vorangegangenen Wahl gewählt hatten, waren es 2008 nur 85 Prozent. 15 Prozent der Wähler identifizierten sich zwar gefühlsmäßig mit einer bestimmten Partei, wählten aber eine andere Partei. Damit hat sich auch der Anteil inkonsistenter Parteiidentifizierer dem westeuropäischen Durchschnitt angenähert, wo „one in seven party identifiers who turn out and vote, do vote for another party than the one they identify with" (Berglund u.a. 2005: 123).

Tabelle 3
Parteiidentifikation im Elektorat 2006 und 2008

In Prozent	2006	2008
Wähler mit Parteiidentifikation	57	62
Konsistente Wähler mit Parteiidentifikation	90	85
Inkonsistente Wähler mit Parteiidentifikation	10	15
Wähler ohne Parteiidentifikation	43	38

Anmerkung: Konsistente Wähler = Wähler, die einer bestimmten Partei gefühlsmäßig zuneigen und diese auch gewählt haben. Inkonsistente Wähler = Wähler, die eine andere Partei gewählt haben als die, der sie gefühlsmäßig zuneigen.

Quelle: GfK Austria, Repräsentative Wahltagsbefragung 2006 und 2008.

---

4 Berücksichtigt man nur Wähler, die an beiden Nationalratswahlen teilgenommen haben, erhöht sich der Wechselwähleranteil auf 32 Prozent.

Bei nur mehr der Hälfte der Wähler sorgten intakte Parteibindungen für ein konsistentes Wahlverhalten. 38 Prozent neigten keiner Partei gefühlsmäßig zu. 10 Prozent identifizierten sich zwar mit einer bestimmten Partei, wählten aber schließlich eine andere Partei als die, der sie zuneigen. Inkonsistente Wähler waren in überwiegender Mehrzahl Abwanderer von SPÖ bzw. ÖVP. Zwei Drittel der inkonsistenten Wähler wanderten von den Koalitionsparteien zu einer der Oppositionsparteien, die auch jeden zweiten Wähler ohne Parteiidentifikation an sich zogen. 55 Prozent der Wechselwähler, die sich mit einer bestimmten Partei identifizierten, wanderten zur FPÖ bzw. dem BZÖ, die auch von 60 Prozent der parteiungebundenen Wechselwähler gewählt wurden.[5]

Tabelle 4
Wahlverhalten und Parteiidentifikation 2006 und 2008

In Prozent haben gewählt	SPÖ		ÖVP		FPÖ		BZÖ		Grüne	
	2006	2008	2006	2008	2006	2008	2006	2008	2006	2008
Konsistene Wähler	39	40	42	35	6	10	3	4	9	9
Inkonsistente Wähler	19	7	10	5	20	32	4	23	22	15
Wähler mit Parteiidentifikation	37	35	38	30	8	13	3	7	10	10
Wähler ohne Parteiidentifikation	32	24	28	19	14	23	6	17	10	10

Anmerkung: Konsistente Wähler = Wähler, die einer bestimmten Partei eher zuneigen als anderen Parteien und diese auch gewählt haben. Inkonsistente Wähler = Wähler, die eine andere Partei gewählt haben als die, der sie grundsätzlich zuneigen. Wähler mit Parteiidentifikation = Wähler, die sich mit einer bestimmten Partei grundsätzlich identifizieren. Wähler ohne Parteiidentifikation = Wähler, die sich mit keiner Partei gefühlsmäßig identifizieren.
Quelle: GfK Austria, Repräsentative Wahltagsbefragungen 2006 und 2008.

Auf den ersten Blick waren es vorrangig Enttäuschung und Verärgerung über das *deplorable* Erscheinungsbild der beiden Koalitionsparteien, die in einer großflächigen Absetzbewegung von SPÖ und ÖVP mündeten. Tatsächlich hat die von Gusenbauer und Molterer angeführte Koalitionsregierung vom Start weg einen antagonistischen, kooperationsunwilligen Eindruck vermittelt. Wechselseitige Blockaden, Zweifel an der Pakttreue des Koalitionspartners, Koalitionskrisen und

---

5 Intakte Parteibindungen haben für SPÖ und ÖVP einen substanziellen Stabilisierungseffekt. In Anbetracht der Tatsache, dass sich traditionelle Parteibindungen aber auf die Angehörigen der älteren Wählergenerationen konzentrieren und der Pensionistenanteil an der Wählerschaft der SPÖ beachtliche 47 Prozent, bei der ÖVP immerhin 40 Prozent ausmacht, dürfte die elektorale Verwundbarkeit beider Parteien mit der Zeit noch steigen.

halbherzige Versöhnungen mit drohenden Untertönen wurden von sensiblen Wählern mit der Zeit als Zumutung empfunden. De facto war diese Koalition bereits ein halbes Jahr vor ihrer vorzeitigen Beendigung irreparabel beschädigt. Es bedurfte eines Anlasses, um sie definitiv zu beenden, der sich mit dem Brief von Gusenbauer und Faymann an den Herausgeber der Kronen Zeitung Hans Dichand anbot. Inhalt dieses als öffentlicher Leserbrief gedruckten Schreibens war die erklärte Absicht der SPÖ, bei zukünftigen substanziellen Vertragsänderungen der Europäischen Union eine Volksabstimmung zu initiieren. Damit vollzogen Gusenbauer und Faymann nicht nur eine veritable Änderung der Linie der SPÖ, sondern identifizierten sich demonstrativ mit einer kardinalen Forderung Dichands, die seit Monaten die redaktionelle Linie der Kronen Zeitung dominierte.

Tabelle 5
Beweggründe der Wechselwähler bei der Nationalratswahl 2008

Frageversion: „Und warum haben Sie diesmal eine andere Partei gewählt als 2006?"

In Prozent	Wechselwähler (insgesamt)	Abwanderer von der ÖVP	Abwanderer von der SPÖ
Enttäuschung über die beiden Koalitionsparteien	38	43	44
Protest bzw. Denkzettel	18	19	24
Positionen bzw. Themen der 2008 gewählten Partei	18	12	20
Streitigkeiten zwischen den Koalitionsparteien	12	15	15
Persönlichkeit der Spitzenkandidaten der 2008 gewählten Partei	9	6	4

Anmerkung: Offene Fragestellung. Nachträgliche Codierung der Verbatims.

Quelle: GfK Austria, Repräsentative Wahltagsbefragung 2008.

Für Molterer und die ÖVP war dieser Brief, inhaltlich wie unter Stilfragen betrachtet, inakzeptabel. Wenig überraschend diente der Brief an Dichand als finales Argument für die vorzeitige Beendigung dieser Koalition, deren Ende Molterer bei einer eilig einberufenen Pressekonferenz mit den Worten „Es reicht" öffentlich verkündete. Eine im Streit formierte, streitend regierende Koalition ging im Streit auseinander und eröffnete einen Wahlkampf, der im Kern eine Fortsetzung der wechselseitigen Animositäten und inhaltlichen Positionsstreitigkeiten darstellte. Wenig verwunderlich überschatteten Enttäuschung und großflächige Verärgerung die öffentliche Stimmungslage während des Wahlkampfes, die sich am Wahltag in substanziellen Stimmenverlusten beider Koalitionsparteien manifestierten.

Den Ausgang der Nationalratswahl 2008 ausschließlich mit Enttäuschung und Verärgerung nennenswerter Wählergruppen zu erklären, wäre aber zu kurz gegriffen.

Neben dem Ärger über das deplorable Erscheinungsbild der beiden Koalitionsparteien spielten konkrete Themen und aktuelle Problemlagen wie Einstellungen zur
EU eine ebenso relevante Rolle wie die *redaktionelle* Themensetzung und Deu-
tungsmacht der Kronen Zeitung, die sie während des Nationalratswahlkampfes
2008 und noch offensiver während des Wahlkampfes zu den Europawahlen 2009
in beispielloser Form einsetzte. Die Rolle der Kronen Zeitung im Nationalratswahlkampf 2008 wurde bereits von mehreren Autoren beleuchtet (Toth 2008;
Reitan 2009; Ulram 2009) und in zahlreichen Pressekommentaren und Essays
problematisiert. Der vorliegende Beitrag versucht einen Schritt weiter zu gehen
und die Effekte redaktioneller Themensetzung (Agenda-Setting, Priming) auf die
Wahlentscheidung bei der Nationalratswahl 2008 wie der Europawahl 2009 differenzierter zu untersuchen, was zunächst einen analytischen Blick auf Muster und
Strukturen des Wahlverhaltens erfordert.[6]

3. Turbulenzen im Wahlverhalten

Nach einem für österreichische Verhältnisse zeitlich verknappten und auf wenige
*Mikro*themen verengten Wahlkampf endete der Wahlsonntag 2008 für die beiden
geschiedenen Koalitions- und Regierungsparteien mit einem elektoralen Desaster.[7]

Mit einem Verlust von 6 Prozentpunkten fiel die SPÖ auf nur mehr 29,3 Prozent. Die ÖVP, die die Koalition Anfang Juli aufgekündigt hatte, erlitt Verluste in
der Größenordnung von 8,3 Prozentpunkten und musste sich mit einem Stimmenanteil von nur mehr 26 Prozent begnügen. Beide Koalitionsparteien erzielten bei
der Nationalratswahl 2008 ihre schlechtesten Ergebnisse in der neueren österreichischen Wahlgeschichte. Verfügten SPÖ und ÖVP noch vor dreißig Jahren über
einen gemeinsamen Anteil an den Wahlberechtigten von 84,7 Prozent, summiert
sich ihr Anteil 2008 auf nur mehr 42,6 Prozent. Wenngleich bei der Halbierung
des elektoralen Anteils der beiden Traditionsparteien der Rückgang der Wahlbeteiligung (von 92,2 Prozent 1979 auf 78,8 Prozent 2008) einzukalkulieren ist, verdeutlicht die Maßzahl das Ausmaß der *Erosion* wie elektoralen Verwundbarkeit
der beiden ehemaligen Großparteien.

Konnten die oppositionellen Grünen von den Mobilisierungsschwächen der
Koalitionsparteien aufgrund hausgemachter Probleme nicht profitieren und fielen
mit einem Verlust von –0,6 Prozent unter ihr Ergebnis der Vorwahl auf 10,4 Prozent, blieb auch das revitalisierte Liberale Forum mit nur 2,1 Prozent unter seinen

6   Zu Effekten der Kronen Zeitung auf das Wahlverhalten siehe auch den Beitrag von
    Harald Schoen im vorliegenden Band.

7   Einblicke in das Wahlverhalten 2008 bieten u.a. Ulram (2009); Filzmaier (2009); Filz-
    maier, Hofinger, Perlot und Ptaszynska (2009); Hofinger, Ogris und Zeglovits (2008).

Erwartungen, wie sich auch die Liste Fritz mit einem Stimmenanteil von nur 1,8 Prozent begnügen musste. Unbestrittene wahlpolitische Erfolge konnten hingegen die FPÖ und das BZÖ verbuchen. So erhöhte die FPÖ ihren Stimmenanteil um +6,5 Prozentpunkte und wurde mit 17,5 Prozent neuerlich zur drittstärksten Partei. Das BZÖ – vom damaligen Kärntner Landeshauptmann Haider angeführt – feierte am Wahlabend einen in dieser Größenordnung nur von wenigen Analytikern erwarteten Wahlerfolg und steigerte seinen Stimmenanteil von 4,1 Prozent 2006 auf 10,7 Prozent 2008. Damit überholte das BZÖ die Grünen und wurde zur viertstärksten Partei. Addiert man kontrafaktisch die Stimmenanteile von FPÖ und BZÖ, erzielten diese einen gemeinsamen Anteil von 28,2 Prozent, der über den 26,9 Prozent liegt, die die FPÖ – damals noch von Haider angeführt – bei der Nationalratswahl 1999 erzielte. *Deja-vu*-Erlebnisse stellen sich auch bei der Betrachtung der Muster im gruppenspezifischen Wahlverhalten ein, die Erinnerungen an generations- und berufsbedingte Spaltungen im Wahlverhalten der späten neunziger Jahre wachrufen (Plasser und Ulram 2008).[8]

Die SPÖ hat gegenüber der Nationalratswahl 2006 am stärksten bei der jüngeren Wählergeneration wie unter Arbeitern verloren. Vergleichsweise moderat fielen ihre Verluste nur bei Pensionisten, öffentlich Bediensteten, Gewerkschaftsmitgliedern und Exklusivlesern der Kronen Zeitung aus. Bei den unter 30-Jährigen fiel der SPÖ-Anteil unter 20 Prozent, wie sie auch bei Arbeitern ihr bislang schlechtestes Ergebnis erzielte. Die ÖVP wiederum musste überdurchschnittliche Verluste unter Beamten und öffentlich Bediensteten hinnehmen. Sie hat auch stärker als die SPÖ unter Pensionisten und Lesern der Kronen Zeitung Stimmen verloren. Spiegelbildlich zur Verlustbilanz der SPÖ konzentrierten sich die ÖVP-Verluste auf die jüngeren Wählergenerationen.

Überdurchschnittliche Stimmenzuwächse erzielte die FPÖ insbesondere unter jüngeren Wählern, Arbeitern, öffentlich Bediensteten und Exklusivlesern der Kronen Zeitung (+10 Prozentpunkte), wobei Männer eine deutlich stärkere Tendenz zu FPÖ und BZÖ zeigten als Frauen. Die gruppenspezifischen Stimmengewinne des BZÖ unterscheiden sich in den Mustern nur in Nuancen von denen der FPÖ, konzentrieren sich aber weniger scharf auf die Arbeiterschaft. Unverkennbar konnte das BZÖ im Gegensatz zur FPÖ auch überproportionale Zugewinne unter Selbständigen und Gewerbetreibenden verbuchen, wie sich insgesamt die Gewinnbilanz unter gruppenspezifischen Vorzeichen aufgefächerter darstellt als die elektorale Erfolgsbilanz der FPÖ. Trotz stagnierendem Stimmenanteil waren die Grünen bei der Mobilisierung von Frauen, insbesondere jüngeren erwerbstätigen Frauen, Angehörigen der freien Berufe, jüngeren Wählern wie Wählern aus der oberen Bildungsschicht vergleichsweise erfolgreich.

---

8 Zeitreihen zum gruppenspezifischen Wahlverhalten finden sich im tabellarischen Anhang.

Tabelle 6
Wahlverhalten bei der Nationalratswahl 2008 nach soziodemographischen Gruppen

In Prozent haben gewählt	SPÖ	ÖVP	FPÖ	BZÖ	Grüne	Sonstige
Männer	30	25	20	11	9	5
Erwerbstätige Männer	26	25	21	12	11	4
Pensionisten	40	28	15	11	2	4
Frauen	31	28	14	9	12	6
Erwerbstätige Frauen	27	27	15	9	16	7
Pensionistinnen	39	30	13	8	6	4
Alter						
Bis 29-Jährige	16	20	29	10	16	7
30–44-Jährige	23	24	19	11	17	7
45–59-Jährige	34	26	14	11	10	4
60–69-Jährige	38	30	14	8	5	5
70-Jährige und älter	36	32	14	11	3	5
Beruf						
Selbständige, Unternehmer	17	34	20	15	9	5
Freie Berufe	18	18	15	8	30	12
Beamte, öffentlicher Dienst	36	23	13	7	16	4
Angestellte	28	23	17	11	14	7
Arbeiter	27	19	33	12	6	3
Landwirte	2	90	5	1	1	2
Pensionisten	39	29	14	10	4	1
Schulbildung						
Pflichtschule	40	26	15	11	2	5
Fachschule	32	25	22	12	5	5
Matura, Universität	25	28	11	8	20	7

Quelle: GfK Austria, Repräsentative Wahltagsbefragung 2008.

Wiederum ausgeweitet hat sich die *Gender*-Kluft im Wahlverhalten, wobei sie bei der FPÖ breiter ist als bei der BZÖ-Wählerschaft. Ebenso deutlich sichtbar ist eine generationsspezifische Spaltung im Wahlverhalten: jüngere Wähler tendierten überproportional zu den Oppositionsparteien – insbesondere zur FPÖ –, während SPÖ und ÖVP von der überwiegenden Mehrheit der älteren bis ältesten Wählergeneration gewählt wurden. Schien nach den Turbulenzen der FPÖ und ihrer elektoralen Implosion bei der Nationalratswahl 2002 die Anziehungskraft dieser Partei auf Arbeiter erlahmt, das *Blue-collar-Realignment* als Intermezzo der späten neunziger Jahre bzw. demoskopisches Artefakt, zeichnete sich 2008 im Wahlverhalten der Arbeiterschaft neuerlich eine starke Zuwendung zur FPÖ wie spiegelverkehrt Abwendung von der SPÖ ab.

Wie sehr die ehemaligen Großparteien mittlerweile wahlpolitisch verwundbar geworden sind und welchen Einfluss massenmediale Stimmungslagen und redaktionelle Kampagnen auf das Wahlverhalten ausüben können, zeigte sich eindrucksvoll bei den bundesweiten Europawahlen 2009. Nach einem von beiden Koalitionsparteien zögerlich, halbherzig und ambivalent geführten Wahlkampf, einem zwar proeuropäischen, in der Außenwirkung aber verunglückten Wahlkampf der Grünen, einem an militanter Schärfe und populistischem Ressentiment nur schwer überbietbaren EU-skeptischen Wahlkampf der FPÖ, einem etwas verhaltener argumentierenden Auftreten des BZÖ wie einer beispiellosen, redaktionell *orchestrierten* EU-kritischen Mobilisierungskampagne der Kronen Zeitung für ihren Starkolumnisten und Europaabgeordneten Hans-Peter Martin wurde der Wahlabend neuerlich zu einem Desaster für die beiden Koalitionsparteien.

Bei einer im Vergleich zur Nationalratswahl niedrigeren Wahlbeteiligung von nur 46 Prozent musste die SPÖ gegenüber der Europawahl 2004 einen Verlust von –9,6 Prozentpunkten hinnehmen und sank auf einen historischen Tiefststand von nur mehr 23,7 Prozent ab. Die ÖVP verlor gegenüber 2004 nur –2,7 Prozentpunkte und eroberte mit einem Stimmenanteil von 30 Prozent den ersten Platz. Die proeuropäisch auftretenden Grünen verloren –3,0 Prozentpunkte und blieben mit 9,9 Prozent weit unter ihren hochgesteckten Erwartungen. Der von der Kronen Zeitung durch explizite und implizite Wahlempfehlungen und redaktionelles Agenda-Setting massiv unterstützte Hans-Peter Martin verbesserte hingegen sein Ergebnis von 2004 um +3,7 Prozentpunkte und wurde mit insgesamt 17,7 Prozent zur drittstärksten Partei. Der FPÖ gelang eine Verdoppelung ihres Stimmenanteils von 2004 auf 12,7 Prozent. Das bei Europawahlen erstmals kandidierende BZÖ erzielte 4,6 Prozent.[9] Konnten SPÖ und ÖVP bei der vorangegangenen Nationalratswahl gemeinsam nur mehr 42,6 Prozent der Wahlberechtigten mobilisieren, waren es bei der Europawahl – bei deutlich niedrigerer Wahlbeteiligung – nur 24,2 Prozent. Addiert man die für proeuropäische Parteien (Grüne, ÖVP, SPÖ, JuLis) abgegebenen Stimmen (63,6 Prozent) und vergleicht sie mit der Stimmenzahl für EU-kritische bis EU-gegnerische Parteien (HPM, FPÖ, BZÖ, KPÖ), entfielen auf EU-skeptische Listen bemerkenswerte 35,7 Prozent. Konsequenterweise widerspiegelt sich die *Spaltung* in den Einstellungen zur EU mit der Haltung zur Europäischen Integration auch in den Mustern des gruppenspezifischen Wahlverhaltens (Plasser und Ulram 2009).

---

9 Ergebnisse der Wahlen zum Europäischen Parlament 1996–2009 finden sich im tabellarischen Anhang.

Tabelle 7
Wahlverhalten bei der Europawahl 2009 nach soziodemographischen Gruppen

In Prozent haben gewählt	ÖVP	SPÖ	Grüne	HPM	FPÖ	BZÖ
Männer	31	22	7	19	14	6
Erwerbstätige Männer	33	23	11	15	12	5
Pensionisten	28	19	2	26	17	7
Frauen	29	26	11	17	12	5
Erwerbstätige Frauen	30	22	16	16	15	1
Pensionistinnen	30	32	1	18	10	10
Alter						
Bis 29-Jährige	28	19	20	6	19	7
30–44-Jährige	37	20	18	10	14	–
45–60-Jährige	26	26	10	21	12	4
60–Jährige und älter	30	26	1	22	12	8
Beruf						
Selbständige, freie Berufe	49	11	15	13	5	5
Angestellte, öffentlicher Dienst	29	26	14	15	11	3
Arbeiter	24	25	1	20	29	–
Pensionisten	28	26	1	22	14	9
Schulbildung						
Pflichtschule	19	30	3	21	23	3
Fachschule	29	23	2	23	15	7
Matura, Universität	36	22	19	11	7	3

Anmerkung: HPM = Liste Hans-Peter Martin.
Quelle: GfK Austria, Repräsentative Wahltagsbefragung 2009.

Auffallend ist zunächst eine im Vergleich zum Wahlverhalten bei der Nationalrats-wahl breitere Geschlechter- wie Generationskluft. Männer – insbesondere männ-liche Pensionisten – tendierten stärker zu EU-kritischen Listen als Frauen. Jeder zweite männliche Pensionist gab seine Stimme HPM, der FPÖ bzw. dem BZÖ, während nur jede dritte Pensionistin für eine EU-kritische Liste stimmte. Gegen-über der Nationalratswahl ausgeprägter waren auch die generationsspezifischen Unterschiede im Wahlverhalten. Entschied sich nur jeder vierte unter 45-Jährige für eine der EU-kritischen Parteien, votierten von den älteren Wählergenerationen mehr als 40 Prozent für EU-skeptische Listen. Die stärkste Unterstützung EU-kritischer Parteien findet sich unter männlichen Pensionisten, Arbeitern und Wäh-lern mit Pflichtschulbildung, während Angehörige der oberen Bildungsschichten, der jüngeren Wählergenerationen, Angestellte, Selbständige und Angehörige der freien Berufe überproportional für proeuropäische Parteien ihre Stimme abgaben.

Mit Ausnahme ihres Stimmenanteils bei weiblichen Pensionisten und Wählern der unteren Bildungsschicht fiel die elektorale Bilanz für die SPÖ deplorabel aus. Anders als bei der Nationalratswahl erzielte die ÖVP trotz Verlusten bei erwerbstätigen Männern und Frauen sowie Angehörigen der jüngeren Wählergenerationen vergleichsweise überdurchschnittliche Anteile, wie auch die Grünen unter jüngeren Wählern, erwerbstätigen Frauen und Angehörigen der oberen Bildungsschichten überdurchschnittlich abschnitten. Der von der Kronen Zeitung massiv unterstützte Hans-Peter Martin wiederum erhielt überproportionale Unterstützung von männlichen Pensionisten, Angehörigen älterer Jahrgänge, Personen mit Pflicht- bzw. Fachschulbildung und Arbeitern. Männliche Pensionisten tendierten aber auch ebenso stark zur FPÖ, die aber im Gegensatz zu Martin auch überdurchschnittliche Unterstützung bei unter 30-jährigen Wählern, Arbeitern und Wählern aus der unteren Bildungsschicht fand. Scheinen die Muster im gruppenspezifischen Wahlverhalten auf alters- und bildungsspezifische Einstellungen zur EU und zur Europäischen Integration zu verweisen, die die Wahlentscheidung bei Europawahlen determinieren, überraschen die *auffallenden* Unterschiede im Wahlverhalten zwischen Wählern, die regelmäßig die Kronen Zeitung lesen, und Wählern, die andere Tageszeitungen präferieren, die sowohl bei der Nationalratswahl 2008 wie der Europawahl 2009 empirisch nachweisbar sind.

Tabelle 8
Wahlverhalten bei der Nationalratswahl 2008 nach Zeitungslektüre

In Prozent haben gewählt	SPÖ	ÖVP	FPÖ	BZÖ	Grüne
Kronen Zeitung-Leser	40	19	22	13	2
Leser anderer Tageszeitungen	25	33	11	7	17
Differenz	+15	−14	+11	+6	−15

Quelle: GfK Austria, Repräsentative Wahltagsbefragung 2008.

Tabelle 9
Wahlverhalten bei den Europawahlen 2009 nach Zeitungslektüre

In Prozent haben gewählt	ÖVP	SPÖ	Grüne		HPM	FPÖ	BZÖ	
Kronen Zeitung-Leser	21	21	1	(43)	29	20	7	(56)
Leser anderer Tageszeitungen	37	26	15	(78)	9	8	4	(21)
Differenz	−16	−5	−14		+20	+12	+3	

( ) = In Prozent haben entweder ÖVP, SPÖ, Grüne bzw. HPM, FPÖ, BZÖ gewählt.
Quelle: GfK Austria, Telefonische Wahltagsbefragung 2009.

Hätten bei der Nationalratswahl 2008 nur Wähler, die regelmäßig die Kronen Zeitung lesen, ihre Stimme abgegeben, wäre die ÖVP auf den dritten Platz hinter die FPÖ zurückgefallen. Die Grünen wären nicht mehr im Nationalrat vertreten. Hätten sich hingegen nur Leser anderer Tageszeitungen an der Nationalratswahl beteiligt, wäre die ÖVP die stärkste Partei und die Grünen deutlich vor der FPÖ drittstärkste Partei. Noch schärfer fielen die Unterschiede bei der Europawahl 2009 aus. Wären – fiktiv – nur die Stimmen der sich an der Wahl beteiligenden Kronen Zeitung-Leser gezählt worden, wäre die Liste Hans-Peter Martin mit Abstand stärkste Partei. Die FPÖ läge mit ÖVP und SPÖ gleich auf. Die Grünen wären eine marginale Restgröße. Im Fall, dass sich nur Leser anderer Tageszeitungen an der Europawahl beteiligt hätten, läge die ÖVP noch deutlicher vor der SPÖ am ersten Platz. Die Grünen hätten einen respektablen Wahlerfolg erzielt, während die Liste Hans-Peter Martin und die FPÖ abgeschlagen um den vierten bzw. fünften Rang wetteiferten. In Summe hätte sich der gemeinsame Anteil EU-kritischer Listen mehr als halbiert, die unter Lesern der Kronen Zeitung nahezu 60 Prozent der abgegebenen Stimmen an sich gezogen haben.

Sind dies selbstverständlich nur *fiktive* Szenarien, ist die dominante Vormachtstellung der Kronen Zeitung am Leser- und Wählermarkt Realität. 42 Prozent der Wähler bei der Nationalratswahl 2008 lasen nach eigenen Angaben regelmäßig die Kronen Zeitung. 17 Prozent waren Exklusivleser der Kronen Zeitung und begnügten sich, was Printinformationen betrifft, ausschließlich mit der Lektüre der Kronen Zeitung. 25 Prozent waren Kombileser, die regelmäßig die Kronen Zeitung lesen, daneben aber auch noch eine andere Tageszeitung nutzen. 43 Prozent der Wähler lasen regelmäßig andere Tageszeitungen. 16 Prozent nutzten nach eigenen Angaben nur punktuell Tageszeitungen und hatten keine Präferenz für ein bestimmtes Blatt. Ein vergleichbares Muster findet sich in den Daten der Wahltagsbefragung zur Europawahl 2009. 43 Prozent der Wähler lasen täglich bzw. mehrmals in der Woche die Kronen Zeitung. 48 Prozent präferierten andere Tageszeitungen. Die Daten über das Leseverhalten sind plausibel. Laut Media-Analyse hatte die Kronen Zeitung im Jahresdurchschnitt 2008 eine Reichweite von 41,9 Prozent bzw. 2,9 Millionen Leser. 27 Prozent lesen täglich, 14 Prozent mehrmals in der Woche den Politikteil der Kronen Zeitung. Die publizistische Einflussmacht der Kronen Zeitung wird durch das Faktum verdeutlicht, dass 37 Prozent der Wahlberechtigten die Kronen Zeitung als ihr persönliches Leitmedium, was Informationen über innenpolitische Vorgänge und Ereignisse betrifft, bezeichnen.[10]

Die Kronen Zeitung erreicht knapp die Hälfte der österreichischen Wahlberechtigten, wobei sich das soziodemographische Profil der Kronen Zeitung-Leser vom Profil der Leserschaft anderer Tageszeitungen unterscheidet. So sind die regelmäßigen Leser der Kronen Zeitung im Durchschnitt tendenziell älter, der Arbeiter- und Pensionistenanteil ist höher, wie sich auch regionale Konzentrationen der Marktposition der Kronen Zeitung im Profil ihrer Leserschaft widerspiegeln. Diese Abweichungen

---

10   Daten nach bundesweiten Repräsentativumfragen von GfK Austria (2009).

erschweren bivariate Analysen, können mittels multivariater Analysemodelle aber berücksichtigt und kontrolliert werden. Trotz der erwähnten Unschärfen bivariater Betrachtungen stimmen einige Befunde doch nachdenklich. Etwa das Faktum, dass 70 Prozent der Wähler von Hans-Peter Martin regelmäßige Leser der Kronen Zeitung waren, dass der Anteil expliziter EU-Skeptiker in der Wählerschaft unter Lesern der Kronen Zeitung *doppelt* so hoch ist wie unter Lesern anderer Tageszeitungen, dass jeder zweite Wähler, der bei der Nationalratswahl 2008 zur FPÖ wechselte, ein regelmäßiger Leser der Kronen Zeitung war, wie spiegelbildlich jeder zweite Wähler, der der ÖVP den Rücken kehrte, regelmäßig zur Kronen Zeitung greift. Dies sind nur einige der auffälligsten Zusammenhänge zwischen politischen Einstellungen, Wahlverhalten und Zeitungslektüre, denen in den folgenden Abschnitten mit bivariaten und multivariaten Analysen nachgegangen wird.

4. Themenrelevanz und Wahlverhalten: Bivariate Befunde

Dominantes, den Nationalratswahlkampf 2008 prägendes Thema war die Bekämpfung der im Frühsommer auf ein Rekordniveau angestiegenen Inflationsrate. Die Parlamentsparteien versuchten sich mit Vorschlägen zur Milderung der Konsequenzen der Teuerung für ökonomisch schwächer gestellte Haushalte zu überbieten, was von staatlichen Ausgleichszahlungen, Erhöhung der Familienbeihilfen, vorgezogener Erhöhung der Pensionsbezüge bis zur Forderung nach Abschaffung der Mehrwertsteuer auf Pharmazeutika und Lebensmittel reichte. Zentraler Konfliktpunkt in den Auseinandersetzungen zwischen SPÖ und ÖVP war aber der Termin des Inkrafttretens der von beiden Koalitionsparteien einvernehmlich beschlossenen Steuerreform. Die SPÖ forderte angesichts der Teuerungsrate vehement ein Vorziehen des Termins der Steuerreform, während die ÖVP auf den ursprünglich vereinbarten Termin mit Beginn des nächsten Jahres beharrte. Die Konzentration auf wenige *Mikro*themen, das weitgehende Ausblenden erster Anzeichen einer bedrohlichen Finanz- und Kapitalmarktkrise, ein quälendes Tauziehen um sektorale Maßnahmen zum Teuerungsausgleich, von denen die Mehrzahl in einer turbulenten Sondersitzung des Nationalrats wenige Tage vor der Wahl mit wechselnden Mehrheiten beschlossen wurden, die Empörung der ÖVP-Spitze über den Faymann-Brief an den Herausgeber der Kronen Zeitung und Versuche der ÖVP wie der SPÖ, durch akzentuiertere Positionen in der Kriminalitätsbekämpfung befürchteten Abwanderungen ihrer Wähler zu FPÖ und BZÖ gegenzusteuern, summierten sich zu einem erstaunlich kontur- und themenarmen Wahlkampf (Ulram 2009). Im Gegensatz zur vereinigten Agenda der beiden Koalitionsparteien stand eine aufgefächerte Themenagenda der Wähler. Aus Sicht der Wähler waren mehr Themen für ihre persönliche Wahlentscheidung relevant als sich in den Wahlkampfaussagen der beiden Koalitionsparteien finden. Unverkennbar hatten in erster Linie von der oppositionellen FPÖ wie dem BZÖ forcierte Positionen erhebliches Gewicht für die Urteilsbildung und Entscheidungsfindung der Wähler, wie ihre Einschätzungen, welche Themen für ihre Wahlentscheidung eine sehr wichtige Rolle spielten, zeigen.

Tabelle 10
Relevanz von Wahlkampfthemen für die persönliche Wahlentscheidung
aus Sicht der Parteiwählerschaften bei der Nationalratswahl 2008

In Prozent war sehr wichtig	SPÖ-Wäh-ler	ÖVP-Wäh-ler	FPÖ-Wäh-ler	BZÖ-Wäh-ler	Grün-Wäh-ler
Härtere Strafen für Kindesmissbrauch (69%)	74	64	82	79	36
Steuerliche Entlastung des Mittelstandes (55%)	62	53	60	57	37
Abschiebung straffälliger Asylanten (52%)	48	41	85	72	19
Klimaschutz durch sparsamen Energieverbrauch (49%)	51	47	38	47	67
Gleichbehandlung der Frauen, Frauenförderung (47%)	57	38	44	42	55
Förderung des Wirtschaftswachstums (41%)	44	50	33	47	28
Höheres Pflegegeld (40%)	52	37	40	37	23
Beschränkung der Zuwanderung (39%)	32	30	77	59	6
Erhöhung der Familienbeihilfen (39%)	46	37	38	44	26
Mehr Investitionen in den Umweltschutz (38%)	40	33	34	30	63
Ausmaß der Pensionserhöhung (38%)	54	30	42	36	17
Abbau der Staatsschulden durch Budgetdisziplin (36%)	21	62	39	29	22
Persönlichkeit des(r) Spitzenkandidaten(in) (35%)	41	20	37	53	32
Volksabstimmung über neue EU-Verträge (32%)	33	16	60	42	12
Bessere Integration von Ausländern (28%)	29	19	30	24	46
Folgen der Finanzkrise (27%)	27	27	27	28	18
Senkung der Mehrwertsteuer auf Lebensmittel (21%)	29	14	26	19	9
Abschaffung der Studiengebühren (20%)	35	10	14	11	23

Anmerkung: ( ) = Prozentanteil der Wähler insgesamt, für die das betreffende Thema für die persönliche Wahlentscheidung sehr wichtig war.
Quelle: GfK Austria, Repräsentative Wahltagsbefragung 2008.

Wie sehr Wähler „*top of the head*" reagieren und tagesaktuelle, von den Massenmedien intensiv behandelte Themen als Entscheidungskriterien heranziehen, zeigt sich an der Relevanz der Forderung nach härteren Strafen für Kindesmissbrauch für die persönliche Wahlentscheidung. Sie ist auf ein Gerichtsurteil in einem spektakulären Prozess über eine Kindesmisshandlung mit tödlichem Ausgang zurückzuführen, der in den letzten Wahlkampftagen die redaktionelle und öffentliche Aufmerksamkeit emotional in Anspruch nahm. An zweiter Stelle folgte aus Sicht der Wähler das zentrale Konfliktthema des Wahlkampfes – Termin, Volumen und Nutznießer der avisierten Steuersenkung. Überdurchschnittlich für die persönliche Wahlentscheidung relevant wurde aber auch ein primär von FPÖ und BZÖ variantenreich forciertes Thema angesehen: die Forderung nach Abschiebung straffälliger Asylanten.

SPÖ-Wähler orientierten sich bei ihrer Wahlentscheidung vorrangig am Thema Steuerreform, der Forderung nach Gleichbehandlung, spürbarer Erhöhung der Pensionsbezüge wie des Pflegegeldes. Für ÖVP-Wähler wiederum spielten Themen wie Budgetdisziplin, Förderung des Wirtschaftswachstums wie Maßnahmen zur steuerlichen Entlastung des Mittelstandes eine bedeutsame Rolle. Grün-Wähler betonten die Forderung nach nachhaltigem Klimaschutz, verstärkten Investitionen in den Umweltschutz, engagierterer Frauenförderung und besserer Integration von Ausländern. Relevanteste Themen für die Wähler der FPÖ waren die Forderung nach Abschiebung von straffälligen Asylanten, die Beschränkung der Zuwanderung, steuerliche Entlastung des Mittelstandes wie die von Faymann für die SPÖ bezogene Position und von der Kronen Zeitung über Monate kampagnisierte Forderung nach Volksabstimmungen über zukünftige EU-Verträge. Tatsächlich *unterscheiden* sich die für die Wahlentscheidung relevanten Themen der regelmäßigen Leser der Kronen Zeitung unter den Wählern in ihren Akzenten deutlich von der Agenda der Wähler, die regelmäßig andere Tageszeitungen lesen. Für die Entscheidungsfindung der Kronen Zeitung-Leser hatten Issues wie härtere Strafen für Kindesmissbrauch, Abschiebung straffälliger Asylanten, Beschränkung der Zuwanderung und die Forderung nach Volksabstimmungen über zukünftige EU-Verträge einen deutlich *höheren* Stellenwert als für Leser anderer Tageszeitungen.

Daten einer Inhaltsanalyse der politischen Berichterstattung der Kronen Zeitung verweisen auf eine *Konvergenz* der redaktionellen Themenakzente mit der Relevanz, die Leser der Kronen Zeitung einzelnen Themen und Positionen für ihre persönliche Wahlentscheidung beimessen.[11] Von den vorrangig Sachthemen berührenden Beiträgen der Kronen Zeitung beschäftigten sich 21 Prozent mit der EU und Problemen der Europäischen Integration. 17 Prozent der Issue-orientierten Beiträge widmeten sich dem Themenfeld innere Sicherheit, Ausländer und Asyl. 13 Prozent der Sachberichterstattung setzte sich mit der Steuerreform und Belastungen der Haushalte aufgrund der stark gestiegenen Teuerung auseinander. Die thematische Akzentuierung der redaktionellen Berichterstattung der Kronen Zeitung widerspiegelt sich in den akzentuierten Themenprioritäten der Leser der Kronen Zeitung, die sich deutlich von der Themenrelevanz der Leser anderer Tageszeitungen abhebt.

---

11 Datenbasis der Inhaltsanalyse sind 643 innen- und außenpolitische Berichte der Kronen Zeitung (inklusive Leserbriefe) in den letzten vier Wochen des Nationalratswahlkampfes 2008. Siehe den Beitrag von Lengauer und Vorhofer.

Tabelle 11
Relevanz der Wahlkampfthemen für die persönliche Wahlentscheidung bei der Nationalratswahl 2008 aus Sicht der Leser der Kronen Zeitung und Leser anderer Tageszeitungen

In Prozent war für die Wahlentscheidung sehr wichtig	Leser der Kronen Zeitung (41%)	Leser anderer Tageszeitungen (43%)	PPD
Härtere Strafen für Kindesmissbrauch	79	58	+21
Abschiebung straffälliger Asylanten	66	40	+26
Steuerliche Entlastung des Mittelstandes	53	53	0
Beschränkung der Zuwanderung	51	27	+24
Klimaschutz durch sparsamen Energieverbrauch	48	49	−1
Höheres Pflegegeld	48	34	+14
Gleichbehandlung der Frauen und Frauenförderung	48	47	+1
Ausmaß der Pensionserhöhung	48	31	+18
Erhöhung der Familienbeihilfen	45	36	+9
Volksabstimmung über neue EU-Verträge	44	23	+21
Förderung des Wirtschaftswachstums	43	40	+3
Persönlichkeit des Spitzenkandidaten	40	30	+10
Mehr Investitionen in den Umweltschutz	36	41	−5
Abbau der Staatsschulden durch Budgetdisziplin	33	40	−7
Senkung der Mehrwertsteuer auf Lebensmittel	28	14	+14
Folgen der internationalen Finanzkrise	27	29	−2
Bessere Integration von Ausländern	25	30	−5
Abschaffung der Studiengebühren	19	20	−1

Anmerkung: PPD = Prozentpunktdifferenz.
Quelle: GfK Austria, Repräsentative Wahltagsbefragung 2008.

Hinweise auf *Agenda-Setting*-Effekte der Berichterstattung der Kronen Zeitung auf die Themenwahrnehmung ihrer Leser bieten die Daten einer *Cluster*-Analyse der entscheidungsrelevanten Themen aus Sicht der Wähler. Die Cluster-Analyse ist eine statistische Methode zur *explorativen* Datenanalyse. Der Variablenraum für den clusteranalytischen Suchprozess bestand aus 18 Themen, die von den Respondenten auf einer Skala von 1 = „sehr wichtig" bis 4 = „hat keine Rolle gespielt" nach ihrer Bedeutung für die persönliche Wahlentscheidung bewertet wurden. Aufgabe der Cluster-Analyse war die Zerlegung in möglichst trennscharfe Segmente. Die nach einem statistischen Algorithmus ablaufende Segmentierung erbrachte mehrere Zerlegungen mit einer unterschiedlichen Anzahl von Clustern.[12] Für die Problemstellung der Cluster-Diagnose am geeignetsten erwies sich eine Zerlegung in *fünf* trennscharfe Cluster, von denen einer nur 2 Prozent der Stichprobe erfasste und als Restkategorie für die Interpretation nicht herangezogen wurde.

Tabelle 12
Clusterung nach entscheidungsrelevanten Themen

Cluster	1	2	3	4	5
Anteil	21,9%	36,3%	2,4%	24,2%	15,2%

Quelle: GfK Austria, Repräsentative Wahltagsbefragung 2008, eigene Berechnungen.

Für die Annahme nachhaltiger Agenda-Setting-Effekte der redaktionellen Berichterstattung der Kronen Zeitung steht insbesondere der Cluster 5. Der Anteil dieses Clusters an der Stichprobe beträgt 15 Prozent. In diesem Cluster sind Leser der Kronen Zeitung *über*durchschnittlich vertreten. Überdurchschnittlich ausgeprägt ist auch eine skeptische Einstellung zur EU-Mitgliedschaft Österreichs. Jeder Zweite sieht in der Mitgliedschaft nur Nachteile. Der Anteil derer, die aus der EU-Mitgliedschaft sehr große Nachteile ableiten, ist *sieben* Mal höher als im Durchschnitt der Wähler. In diesem Cluster findet sich auch der höchste Wechselwähleranteil. Für die Wahlentscheidung besonders relevante Themen waren für die Angehörigen dieses Clusters die Forderung nach Beschränkung der Zuwanderung, die Abschiebung straffälliger Asylanten und Volksabstimmungen über zukünftige EU-Verträge. Jeder *zweite* Cluster-Angehörige wählte FPÖ oder BZÖ, nur 18 Prozent die SPÖ und drei Prozent die Grünen. Der ÖVP-Anteil in dieser Gruppe ist leicht überdurchschnittlich.

Ein überdurchschnittlicher Anteil von Kronen Zeitung-Lesern (55 Prozent) findet sich auch im Cluster 2. Sein Anteil an der Stichprobe beträgt 36 Prozent. Bei Angehörigen dieses Clusters herrscht eine ausgeprägte EU-Skepsis, die mit jener der Angehörigen des Clusters 5 vergleichbar ist. Mit einem Anteil von über 40 Prozent *stärkste* Partei ist aber in diesem Wählersegment die SPÖ, was damit in Zusammenhang stehen mag, dass Angehörige dieses Clusters stärkeres Gewicht auf sozialpolitische Ausgleichsmaßnahmen legen. Die FPÖ liegt deutlich über ihrem durchschnittlichen Anteil, ÖVP und BZÖ deutlich darunter. Die Grünen erreichen bei den Angehörigen dieses Clusters nur die Hälfte ihres tatsächlichen Stimmenanteils.

12 Der hier verwendete Algorithmus gründet auf einem endlichen Mischverteilungsmodell für kategoriale Daten; siehe dazu Agresti (2002, Abschnitt 13.1), für die Implementierung siehe Linzer und Lewis (2007).

Ein *Kontrast*programm stellt hingegen die Zusammensetzung des Clusters 1 dar. Sein Anteil an der Stichprobe beträgt 22 Prozent. Nur vier Prozent der Angehörigen dieses Clusters sind Exklusivleser der Kronen Zeitung, weitere 14 Prozent sind Kombileser, die neben der Kronen Zeitung auch eine andere Tageszeitung nutzen. Zwei Drittel lesen regelmäßig andere Tageszeitungen. 90 Prozent dieses Wählersegments haben eine *positive* Einstellung zur EU-Mitgliedschaft Österreichs und sehen für sich und das Land Vorteile in der Mitgliedschaft. Konsequenterweise spielte das Thema Volksabstimmung über zukünftige EU-Verträge für die Wahlentscheidung der Angehörigen dieses Clusters keine nennenswerte Rolle, wie auch polarisierende Themen wie die Forderung nach Beschränkung der Zuwanderung bzw. Abschiebung straffälliger Asylanten für die persönliche Wahlentscheidung nur eine untergeordnete Rolle spielten. Wenig überraschend erhielten FPÖ und BZÖ gemeinsam nur fünf Prozent, hingegen liegt der Grün-Anteil in diesem Wählersegment bei 38 Prozent. Die ÖVP ist bei Angehörigen dieses Clusters tendenziell über-, die SPÖ tendenziell unterrepräsentiert. Der Cluster 4, dessen Anteil an der Stichprobe 24 Prozent beträgt, unterscheidet sich in seinen Merkmalsausprägungen nur in Nuancen von der durchschnittlichen Konfiguration der Stichprobe.

Die Segmentierung der Wählerschaft mittels einer Cluster-Analyse bestärkt Annahmen über eine *Korrespondenz* zwischen Themengewichtung und Lektüre bestimmter Tageszeitungen. Die Merkmalsausprägungen der Cluster 5 und 2 decken sich, was den überdurchschnittlichen Anteil von regelmäßigen Lesern der Kronen Zeitung wie die negativen Bewertungen der Konsequenzen der EU-Mitgliedschaft betrifft. Nach vergleichenden Untersuchungen gelten Einstellungen zur Europäischen Integration im europäischen Wahlverhalten als „*sleeping giant"*, der auch bei nationalen Parlamentswahlen Wahlentscheidungen beeinflussen kann (Van der Eijk und Franklin 2007). Im Falle Österreichs aktiviert und bestärkt die mit Abstand auflagenstärkste Tageszeitung seit einigen Jahren EU-skeptische Einstellungen, was durch Korrespondenzanalysen der redaktionellen Berichterstattung der Kronen Zeitung und den Einstellungen ihrer Leser empirisch nachgewiesen wurde (Arendt 2009).

Tatsächlich ist das von der Kronen Zeitung gezeichnete Bild der EU akzentuiert negativ mit einer starken Konzentration auf Versäumnisdarstellungen, Fehlentwicklungen und Fehlentscheidungen (Brantner 2009). Die politischen Eliten der EU werden als abgehoben und bürgerfern dargestellt. Insgesamt dominiert in der EU-Berichterstattung der Kronen Zeitung eine betont kritische Perspektive. Vier von zehn Berichten behandelten im Langzeitvergleich die EU in Zusammenhang mit internen Streitigkeiten und Konflikten. Jeder dritte Bericht stellte die EU als versagendes politisches System dar und bezweifelte Kompetenz und Handlungsfähigkeit der europäischen Akteure, Zukunfts- und Entwicklungsperspektiven der EU. Jeder vierte Bericht brachte scharfe Kritik an den EU-Eliten zum Ausdruck.[13] Noch EU-kritischere Akzente zeigen Inhaltsanalysen der redaktionellen Berichterstattung der Kronen Zeitung während des Wahlkampfes zur Europawahl 2009. Die Berichterstattung der Kronen Zeitung – wie auch des Boulevardblatts Österreich – konzentrierte sich stärker als die Berichterstattung anderer Tageszeitungen auf negative Themen wie Spesen und Privilegien der Abgeordneten des Europäischen Parlaments, Kritik und Vorbehalte gegenüber EU-Eliten wie Versäumnisse und Fehlentscheidungen der EU. Mehr als 60 Prozent der EU-Berichterstattung der Kronen Zeitung waren in der redaktionellen Tonalität negativ, während in anderen Tageszeitungen nur rund ein Drittel der Beiträge über EU-Themen bzw. den Wahlkampf zur Europawahl negative Wertungsakzente aufwiesen.[14]

Hier setzt der *Kultivierungsansatz* an, der von langfristigen Wirkungen mediumspezifischer Realitätskonstruktionen auf Sichtweisen und Einstellungen der regelmässigen Rezipienten dieses Mediums ausgeht (Signorelli 2009). Explorative Überprüfungen der kultivierenden Wirkung der Berichterstattung der Kronen Zeitung konnten den Nachweis eines signifikanten Zusammenhangs zwischen regelmäßiger Lektüre der Kronen Zeitung und akzentuiert negativen Einstellungen zur Europäischen Union erbringen (Arendt 2008: 15–17). Ausgeprägte Kultivierungseffekte zeichnen sich auch bei einer bivariaten Analyse der vorliegenden Datensätze repräsentativer Wahltagsbefragungen ab. So unterscheiden sich die Einstellungen der Kronen Zeitung-Leser zur EU *deutlich* vom EU-Bild der Leser anderer Tageszeitungen. Die mit Abstand negativsten Wertungen der EU finden sich unter Exklusivlesern der Kronen Zeitung. Der Anteil von Wählern bei der Europawahl 2009, die ausschließlich die Kronen Zeitung lesen und den Beitritt Österreichs zur Europäischen Union ex post für eine falsche Entscheidung ansehen, beträgt das *Fünffache* des Anteils der EU-Skeptiker unter Wählern, die ausschließlich andere Tageszeitungen lesen. Unter Exklusivlesern der Kronen Zeitung findet sich auch ein *dreifach* höherer Anteil von Wählern, die aus der EU-Mitgliedschaft Österreichs nur Nachteile ableiten, wie auch die generelle Unzufriedenheit mit der Europäischen Union unter Lesern der Kronen Zeitung die EU-kritische Sicht der Leser anderer Tageszeitungen deutlich übersteigt. Über 60 Prozent der Kronen Zeitung-Leser wählten eine der EU-kritischen Parteien, die nur 20 Prozent der Stimmen von Lesern anderer Tageszeitungen erhielten.

---

13 Mediawatch, Die EU und die Europapolitik in der österreichischen Berichterstattung. Forschungsbericht. Innsbruck 2005. Siehe auch die inhaltsanalytischen Befunde zur EU-Berichterstattung der Kronen Zeitung im Forschungsbericht des Instituts für Publizistik und Kommunikationswissenschaft der Universität Wien „Europäisierung der österreichischen Öffentlichkeit: Mediale Aufmerksamkeit für EU-Politik und der veröffentlichte Diskurs über die EU-Erweiterung". Wien 2006 (via Internet abrufbar). Siehe dazu auch Brantner (2009).

14 Media Essentials GmbH, Medienmonitor: Der mediale EU-Wahlkampf. Presseunterlage in drei Teilen (18.05., 02.06. und 19.06.2009).

Tabelle 13
EU-Skepsis der Wähler bei der Europawahl 2009 nach Zeitungslektüre

In Prozent	Leser der Kronen Zeitung	Leser anderer Tageszeitungen	Wähler (insgesamt)
Halten den EU-Beitritt Österreichs ex post für eine falsche Entscheidung.	36 (50)	11	22
Sehen in der EU-Mitgliedschaft Österreichs nur Nachteile.	36 (53)	17	27
Sind mit der EU unzufrieden.	68 (74)	45	55
Haben eine EU-kritische Partei (HPM, FPÖ oder BZÖ) gewählt.	56 (61)	21	36

Anmerkung: ( ) = Exklusivleser der Kronen Zeitung.
Quelle: GfK Austria, Telefonische Wahltagsbefragung 2009.

Die Korrespondenzen zwischen Zeitungslektüre, Einstellungen zur EU und Wahlverhalten sind auffallend, wenngleich sich EU-skeptische Einstellungen keineswegs nur auf die Leserschaft der Kronen Zeitung konzentrieren. Offensichtlich bestehen *qualitative* Unterschiede zwischen EU-kritischen Haltungen und expressiver Ablehnung der EU, wie sie unter regelmäßigen Lesern der Kronen Zeitung ungleich häufiger anzutreffen ist als unter Lesern anderer Tageszeitungen. So haben von den Kronen Zeitung-Lesern, die den EU-Beitritt Österreichs retrospektiv als falsche Entscheidung sehen, rund 80 Prozent eine explizit EU-kritische Liste gewählt. Die Stimmen von Lesern, die ausschließlich andere Tageszeitungen nutzen und ebenfalls der EU-Mitgliedschaft Österreichs skeptisch gegenüberstehen, verteilten sich hingegen gleichmäßig auf proeuropäische wie EU-kritische Listen.

Tabelle 14
EU-Skepsis, Zeitungslektüre und Wahlverhalten bei der Europawahl 2009

In Prozent haben gewählt	ÖVP	SPÖ	Grüne		HPM	FPÖ	BZÖ	
Kronen Zeitung-Leser, die den EU-Beitritt Österreichs retrospektiv für eine falsche Entscheidung ansehen (16%)	7	13	3	(23)	40	33	3	(76)
Leser anderer Tageszeitungen, die den EU-Beitritt retrospektiv für eine falsche Entscheidung ansehen (6%)	22	19	7	(48)	20	21	7	(48)

Anmerkung: ( ) = In Prozent haben entweder ÖVP, SPÖ, Grüne bzw. HPM, FPÖ, BZÖ gewählt.
Quelle: GfK Austria, Telefonische Wahltagsbefragung 2009.

Ausgeprägte Zusammenhänge zwischen Zeitungslektüre, Einstellungen zur EU und Wahlverhalten zeigen sich auch in den Datenbildern zur Nationalratswahl 2008. Von den Wechselwählern, die regelmäßig die Kronen Zeitung lasen, sahen zwei Drittel überwiegend Nachteile in der EU-Mitgliedschaft Österreichs. Unter Wechselwählern, die ausschließlich andere Tageszeitungen lasen, bewertete nur knapp ein Viertel die EU-Mitgliedschaft negativ. Wenig überraschend bezeichneten auch mehr als doppelt so viele Kronen Zeitung-Leser, die 2008 eine andere Partei wählten als 2006, den Vorschlag, über zukünftige EU-Verträge eine Volksabstimmung abzuhalten, als sehr wichtig für ihre persönliche Wahlentscheidung. Sahen rund 80 Prozent der Wechselwähler, die ausschließlich andere Tageszeitungen lesen, in der EU-Mitgliedschaft Vorteile, waren es unter Wechselwählern, die regelmäßig die Kronen Zeitung lesen, nur 40 Prozent.

Bei der ausgeprägten EU-Skepsis unter regelmäßigen Lesern der Kronen Zeitung handelt es sich offensichtlich um *habitualisierte* Einstellungen, die durch die EU-kritische redaktionelle Berichterstattung der Kronen Zeitung bestärkt und zyklisch aktiviert werden. Arendt (2009) spricht in diesem Zusammenhang von *Kultivierungseffekten* der Berichterstattung der Kronen Zeitung auf die Einstellungen ihrer regelmäßigen Leser. In Phasen redaktioneller Zuspitzung der EU-Kritik, wie sie in den Monaten vor der Nationalratswahl 2008 und noch schärfer vor und während des Wahlkampfes zur Europawahl 2009 zu beobachten waren, kann die habitualisierte EU-Skepsis ihrer Leser von der Kronen Zeitung auch gezielt als thematische Mobilisierungsplattform verwendet werden. Monothematische Fokussierung der redaktionellen Berichterstattung, zunehmende Schärfe der Wertungen, Dramatisierung selektiver Themenaspekte und *News Bias* verdichten sich in redaktionellen Kampagnisierungsphasen zu *Priming*-Effekten, die die Kriterien von Wahlentscheidungen redaktionell definieren.

Die bivariaten Befunde bieten dichte Hinweise auf redaktionell intendierte Agenda-Setting- und Priming-Effekte der Berichterstattung der Kronen Zeitung. Tatsächlich zeigten sich auffallende Korrespondenzen zwischen der Relevanz einzelner Themen, Einstellungen zur EU, Zeitungslektüre und Wahlentscheidung. Offensichtlich verfügt die Kronen Zeitung nicht nur über *attributierte* Medienmacht, wie sie ihr von Politikern, Pressesprechern und Journalisten übereinstimmend zugesprochen wird, sondern auch über *reale* publizistische Einfluss- und Wirkungsmacht, die sich auf Themenauswahl und Themenbehandlung ihrer redaktionellen Berichterstattung abstützt. Inwieweit die Kronen Zeitung tatsächlich auf Wahlentscheidungen Einfluss nimmt und in welchem Ausmaß sie durch ihre redaktionellen Kampagnen Stimmenveränderungen herbeiführen kann, steht im Mittelpunkt des abschließenden Abschnittes, in dem die Einflussstärke der Kronen Zeitung mittels multivariater, multinomialer Modelle überprüft und quantifiziert wird.

5. Agenda-Setting und Priming: Multivariate Befunde

Dass auflagenstarke Boulevardzeitungen durch News Bias und explizite wie implizite Wahlempfehlungen unmittelbaren Einfluss auf Wahlentscheidungen ihrer Leser nehmen können, wurde am Beispiel der deutschen *Bild*-Zeitung wie der britischen *Sun* empirisch nachgewiesen. So konnten Schmitt-Beck und Mackenrodt mit Blick auf die Rolle der Bild-Zeitung im Bundestagswahlkampf 2005 einen deutlichen Zusammenhang zwischen regelmäßiger Lektüre der Bild-Zeitung und einer erhöhten Wahlbereitschaft für CDU/CSU dokumentieren, wobei die „einseitige Berichterstattung der *BILD*-Zeitung nicht nur in den Einstellungen der Wähler, sondern auch an der Urne einen Niederschlag fand" (Schmitt-Beck und Mackenrodt 2009: 440). Noch stärkere Effekte einseitiger redaktioneller Unterstützung einer politischen Partei auf das Wahlverhalten arbeiteten Ladd und Lenz am Beispiel der Rolle der britischen *Sun* im Unterhauswahlkampf 1997 heraus. Die überraschende und massive Parteinahme der bislang eindeutig konservativ eingestellten Sun für den New Labour Kandidaten Tony Blair bewog zahlreiche Leser, die bei vergangenen Wahlen die Conservatives gewählt hatten, zum Wechsel zu New Labour (Ladd und Lenz 2009). Offensichtlich können Medien „durch wertgeladene Beiträge unmittelbare Einflüsse auf die Orientierung der Wähler ausüben" (Schmitt-Beck und Mackenrodt 2009: 420). Direkte und unmittelbare Effekte der redaktionellen Berichterstattung der Kronen Zeitung auf Wahlabsichten und Wahlentscheidung ihrer regelmäßigen Leser zeichnen sich auch in den multivariaten Analysen der vorliegenden Datensätze ab, die die Befunde bivariater Betrachtungen in einem hochsignifikanten Ausmaß bestätigen.

Zwischen 29. Juli und dem Wahltag am 28. September 2008 führte GfK Austria im Wochenrhythmus insgesamt zehn bundesweite Telefonbefragungen von jeweils N=500 wahlberechtigten Personen durch. Die Daten der zehn Wellen dieses telefonischen *Track Polling* erlauben es, die Dynamik der Entscheidungsfindung und Präferenzbildung der Wähler im Zeitverlauf nachzuvollziehen. Zur statistischen Analyse von potenziellen Agenda Setting- und Priming-Effekten wurde ein multinomiales Logit-Modell herangezogen, wie es etwa Agresti (2002, Kapitel 7) beschreibt[15]. Die abhängige Variable ist die geäußerte Wahlabsicht, wobei „unentschlossen" eine der möglichen Merkmalsausprägungen darstellt[16] und als Referenzkategorie verwendet wird. Die interessierenden Variablen „Zeitungslektüre" bzw. „EU-Einschätzung" sind dichotomisiert, die Befragungswellen fanden als quantitative Variable (mit den Ausprägungen 1 bis 10 für die erste bis letzte Befragung vor der Wahl) Eingang in das Modell. Berücksichtigt wurden die soziodemographischen Variablen Alter und Bildung in geeigneter Kategorisierung (siehe Tabelle 15).

---

15 Die (Maximum-Likelihood) Schätzung erfolgt nach der in Yee und Hastie (2003) bzw. Yee (2008) beschriebenen Methode.

16 Eine Zuordnung („Hochschätzung") der Unentschlossenen auf die kandidierenden Parteien erfolgt in diesem Zusammenhang also nicht.

Tabelle 15
Effekt von regulärer Tageszeitungslektüre und Einstellung zur EU auf die Wahlabsicht

	SPÖ	ÖVP	FPÖ	Grüne	BZÖ
Konstante	-0,395 (0,197)	0,518** (0,201)	-1,582*** (0,265)	-0,223 (0,261)	-2,976*** (0,453)
Tageszeitungen: Krone exklusiv	0	-0,563*** (0,130)	0	-1,449*** (0,284)	0
EU-Einschätzung: Nachteile	0	-0,840*** (0,106)	1,218*** (0,155)	-0,866*** (0,161)	0,686*** (0,255)
Befragungswelle	0,070*** (0,019)	0,046** (0,020)	0,099*** (0,024)	0,069** (0,026)	0,180*** (0,041)

Multinomiales Logit-Modell, angegeben sind unstandardisierte Regressionskoeffizienten (mit Standardfehlern in Klammern), Referenzkategorie für die Wahlabsicht ist „unentschieden". Koeffizienten für Alters- und Bildungsvariablen sind nicht angeführt. Devianz: 7981,8 bei 13259 Freiheitsgraden. Signifikanzniveaus: * $p < 0,1$, ** $p < 0,05$, *** $p < 0,01$.

Quelle: GfK Austria, Track Polls 2008, eigene Berechnungen.

Exklusive Lektüre der Kronen Zeitung und Einstellung zum EU-Beitritt erwiesen sich insgesamt als *hoch* signifikante Effekte auf die Wahlabsicht. Im Vergleich zu den zum jeweiligen Zeitpunkt Unentschlossenen war die Wahrscheinlichkeit von Exklusivlesern der Kronen Zeitung, die ÖVP oder die Grünen zu wählen, signifikant geringer. Eine skeptische Einstellung zum EU-Beitritt wirkte sich – jeweils hoch signifikant – ebenfalls negativ auf die Wahlchancen von ÖVP und Grünen, hingegen positiv auf jene von FPÖ und BZÖ aus. Die Wahrscheinlichkeit einer Wahlentscheidung zugunsten der SPÖ wird im Modell im Vergleich mit den Unentschlossenen weder durch die Lektüre der Kronen Zeitung noch durch die Einstellung zum EU-Beitritt signifikant beeinflusst.

Schaubild 1 zeigt beispielhaft für Teilgesamtheiten die Verschiebungen in der beabsichtigten Wahlentscheidung im Laufe des Wahlkampfes. Die angeführten Wahrscheinlichkeiten sind auf der Basis des in Tabelle 15 berichteten Modells errechnet und müssen deshalb nicht mit den entsprechenden (deskriptiven) Anteilen in der Stichprobe exakt übereinstimmen. Während der Anteil der Unentschlossenen im Zeitverlauf kontinuierlich abnimmt, können mit Ausnahme der ÖVP, die in den Wochen vor dem Wahltag sogar leicht an Zustimmung verlor, alle anderen Parteien Präferenzen an sich ziehen und (potenzielle) Wähler für sich gewinnen. Krone-Exklusivleser haben unabhängig von ihrer Einstellung zum EU-Beitritt eine größere Wahrscheinlichkeit, die SPÖ wählen zu wollen, als Wähler mit anderem Lektüreverhalten, allerdings fällt auf, dass unter Exklusivlesern der Kronen Zeitung mit zunehmender zeitlicher Nähe zum Wahltag die Wahrscheinlichkeiten, die SPÖ zu wählen, unter der EU-Mitgliedschaft Österreichs positiv Gegenüberstehenden stärker anwachsen als jene der EU-Skeptiker.

Schaubild 1
**Wahrscheinlichkeit der Wahlentscheidung für eine bestimmte Partei nach Lektüre-
verhalten im Zeitverlauf**

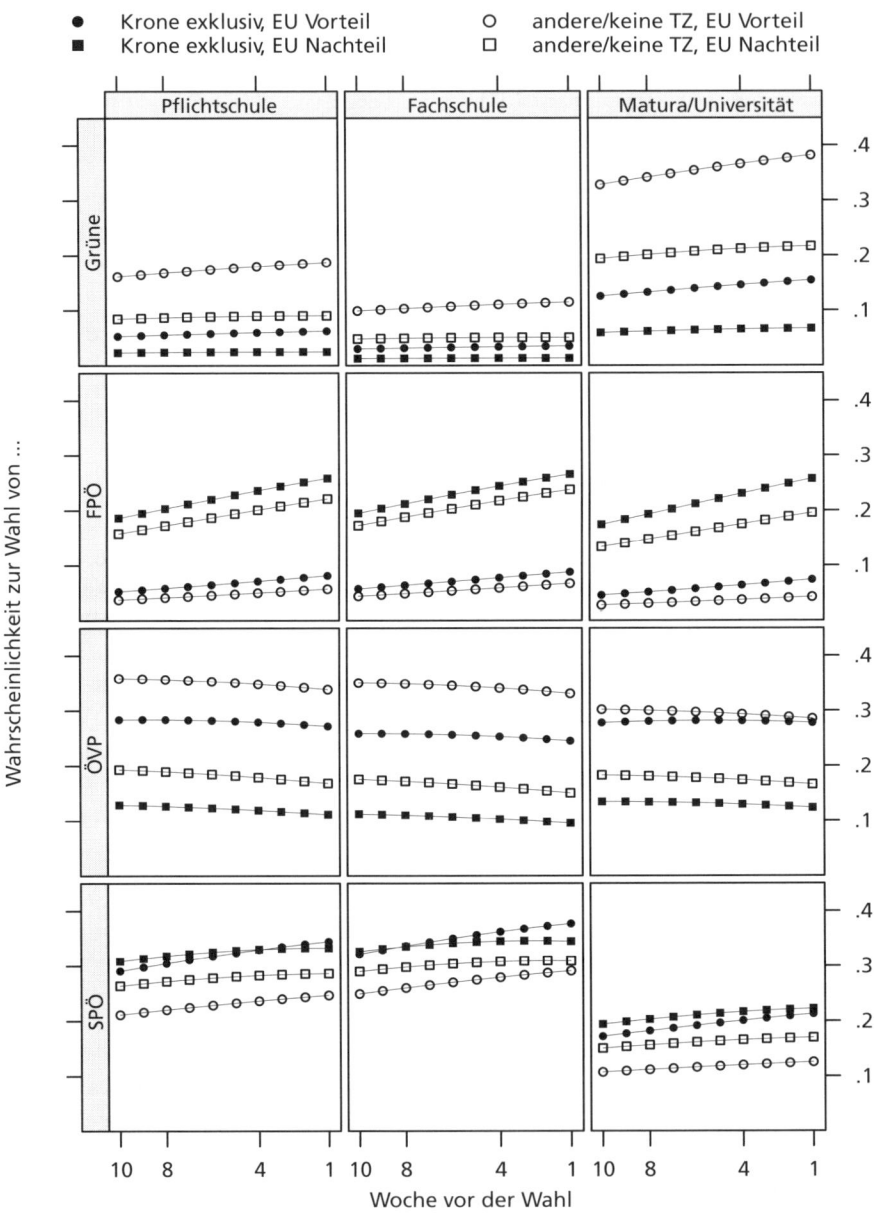

Angegeben sind die Wahrscheinlichkeiten für die Wahl(-absicht), bezogen auf alle Wahlberechtigten
unter 60 Jahre (inklusive unentschlossenen Personen) und berechnet aufgrund des in Tabelle 15 berichteten multinomialen Logit-Modells.

Die im Zusammenhang mit der Cluster-Analyse berichteten Ergebnisse lieferten klare Hinweise auf Agenda-Setting- und Priming-Effekte der Berichterstattung der Kronen Zeitung, ein Befund, der sich in der multivariaten Betrachtung erhärten lässt. In einem multinomialen Logitmodell wurde der Effekt der Themenwahrnehmung der Wähler im Zusammenhang mit der exklusiven Lektüre der Kronen Zeitung auf die Wahlentscheidung beurteilt. Jedes der 18 als relevant eingestuften Themenfelder beeinflusste signifikant die Wahrscheinlichkeiten für die Wahl einer Partei. Als *höchst* signifikant erweist sich die Exklusivlektüre der Kronen Zeitung, ein Effekt, der sich im statistischen Modell differenziert beschreiben lässt.[17] Tabelle 16 listet jene Themen auf, deren Wahrnehmung sich unter Kronen Zeitung-Lesern anders auf die Wahlentscheidung auswirkt als unter Wählern, die andere Tageszeitungen lesen. Angegeben sind die *bedingten Chancen* für die Wahl einer Partei, das ist der Faktor, mit dem die Chancen, wie sie sich aufgrund der übrigen Konstellation ergeben, zu multiplizieren sind. So bedeutet der ÖVP-Wert von 0,432 beim Thema „Beschränkung der Zuwanderung" unter den Krone-Exklusivlesern, dass sich, im Vergleich zur SPÖ, die Chancen für die Wahl der ÖVP um etwa 43% Prozent vermindern, wenn dieses Thema als entscheidungsrelevant wahrgenommen wird. Demgegenüber erhöhen sich die Chancen unter den anderen Wählern um 44%. Für die FPÖ erhöhen sich die Chancen unter Lesern der Kronen Zeitung geringer als bei Wählern mit einem anderen Lektüreverhalten. Dies kann als Indiz dafür gesehen werden, dass die redaktionelle Aufbereitung und Abhandlung dieses Themas in der Berichterstattung der Kronen Zeitung tendenziell eher zur Wahl der SPÖ mobilisierte.

Auch das Thema „Volksabstimmung über zukünftige EU-Verträge" hat unter Exklusivlesern der Kronen Zeitung eine höhere Relevanz für die Wahlentscheidung gehabt als für Leser anderer Tageszeitungen. Gleichzeitig wuchs durch die prominente Thematisierung in der redaktionellen Berichterstattung der Kronen Zeitung die Chance, der SPÖ die Stimme zu geben, stärker als die Absicht, sich für die ÖVP zu entscheiden.

Auffällige moderierende Effekte der redaktionellen Berichterstattung der Kronen Zeitung auf die Wahlentscheidung ihrer Leser lassen sich insbesondere in den Themenfeldern „Zuwanderung" und „Volksabstimmungen über neue EU-Verträge" statistisch in einem hochsignifikanten Ausmaß nachweisen. Die erwähnten Moderationseffekte der Berichterstattung der Kronen Zeitung haben in der Mehrzahl der für die Wähler subjektiv entscheidungsrelevanten Themen die Wahlchancen für die SPÖ eindeutig verbessert, für die ÖVP spiegelverkehrt ebenso eindeutig verschlechtert.

---

17 Die Likelihood-Quotienten Teststatistik hat einen Wert von 347,1 bei 113 Freiheitsgraden, dem entspricht ein p-Wert, der sehr viel kleiner als 1% ist.

Tabelle 16
Themenwahrnehmung und exklusive Lektüre der Kronen Zeitung

	ÖVP		FPÖ		BZÖ	
	Krone	andere	Krone	andere	Krone	andere
Beschränkung der Zuwanderung	0,432	1,442	2,482	5,643	1,371	3,430
Klimaschutz durch sparsamen Energieverbrauch	0,934	1,000	0,495	0,377	3,091	0,847
Volksabstimmung über neue EU-Verträge	0,851	0,532	2,339	3,949	5,700	1,408
Erhöhung der Familienbeihilfe	1,547	1,333	1,583	1,136	4,193	1,149
bessere Integration von Ausländern	2,088	0,499	2,765	1,200	1,497	0,908
steuerliche Entlastung des Mittelstandes	0,759	0,847	1,185	0,804	0,184	0,941
mehr Investitionen in den Umweltschutz	1,628	0,748	3,480	0,969	0,822	0,651
Folgen der internationalen Finanzkrise	1,042	0,926	0,519	1,103	0,292	1,320

Angegeben sind „bedingte Chancen", berechnet auf Basis des in Tabelle 17 berichteten Modells. Ein Wert größer als 1 erhöht die Chancen (und damit die Wahrscheinlichkeit) der Wahl, ein Wert kleiner als 1 schmälert diese. Referenzkategorie ist die Wahl der SPÖ.

Quelle: GfK Austria, Repräsentative Wahltagsbefragung 2008, eigene Berechnungen.

Die redaktionelle Berichterstattung der Kronen Zeitung hat auf den Ausgang der Nationalratswahl 2008 einen nennenswerten und deutlichen Einfluss ausgeübt, der auch an der Urne seinen Niederschlag gefunden hat. Dies betrifft nicht nur das Wahlverhalten, sondern bereits die Entscheidungsfindung und Präferenzbildung der Wähler in den Wochen des Intensivwahlkampfes. Durch ihre redaktionelle Wahlkampfberichterstattung hat die Kronen Zeitung auf die Präferenzbildung ihrer Leser *nachhaltigen* Einfluss ausgeübt. So haben sich im Verlauf der letzten Wahlkampfwochen die Wahlchancen der SPÖ unter regelmäßigen Lesern der Kronen Zeitung kontinuierlich erhöht, während die Bereitschaft regelmäßiger Leser der Kronen Zeitung, die ÖVP zu wählen, ebenso kontinuierlich abgesunken ist. Die am Beginn dieses Beitrags zitierte Danksagung Faymanns an den Herausgeber der Kronen Zeitung war nicht nur ein Akt der Höflichkeit, sondern – wie die Befunde unserer multinomialen Modelle zeigen – wohlbegründet.

6. Conclusio

Die vorhergehenden Abschnitte haben den empirischen Nachweis für nachhaltige Effekte der Berichterstattung der Kronen Zeitung auf Entscheidungsfindung und das Wahlverhalten ihrer Leser geführt. Die Effektstärken sind *hochsignifikant*. Befunde der bivariaten Analysen konnten durch multivariate Modellschätzungen bestätigt und quantifiziert werden. Der prägende Einfluss der Kronen Zeitung auf Themengewichtung, Urteilskriterien und Wahlentscheidung der regelmäßigen Leser der Kronen Zeitung ist empirisch nachweisbar und – was die Stärke der Effekte betrifft – hinreichend, um den Ausgang der Nationalratswahl substanziell zu beeinflussen.

Dass auflagestarke Boulevardzeitungen unmittelbaren Einfluss auf die Wahlentscheidungen ihrer Leser nehmen können, wurde bereits am Beispiel der deutschen *Bild*-Zeitung wie des britischen Tabloids *Sun* empirisch nachgewiesen, wobei diese Befunde aber keineswegs die Konsequenzen der realen Medienmacht der österreichischen Kronen Zeitung relativieren. So übertrifft die tägliche Auflage der Kronen Zeitung die Auflagen von Bild und Sun um das Doppelte, wie auch der Boulevardisierungsgrad des österreichischen Zeitungsmarktes doppelt so hoch ist wie der Boulevardanteil am deutschen Pressemarkt.[18] Weder die deutsche Bild-Zeitung noch die britische Sun oder der Schweizer *Blick* erreichen auch nur ansatzweise eine tägliche Reichweite von 42 Prozent.

Die Marktposition der Kronen Zeitung ist im Vergleich zu anderen auflagenstarken Boulevardzeitungen in Europa beispiellos. Keine andere Tageszeitung kann für sich in Anspruch nehmen, täglich knapp die Hälfte der Wahlberechtigten zu erreichen. Beispiellos ist aber auch die Bereitschaft der Kronen Zeitung, ihre publizistisch-politische Medienmacht gezielt auszuspielen, Themen- und Stimmungslagen der öffentlichen Diskussion vorzugeben, innenpolitische Entscheidungen und Weichenstellungen zu beeinflussen, publizistische Unterstützung konditional anzubieten, politisches Wohlverhalten publizistisch zu belohnen, Widerspruch und Kritik durch redaktionelle Angriffskampagnen zu sanktionieren.

Die Kronen Zeitung stützt sich dabei auch auf die ihr von politischen Eliten attribuierte Medienmacht, die die Bereitschaft mancher Politiker erhöht, sich mit der Kronen Zeitung präventiv zu arrangieren, das Wohlwollen des Herausgebers zu erhalten und redaktionspolitischen Anliegen der Kronen Zeitung zu entsprechen. Die österreichische Variante der Boulevardisierung beschränkt sich nicht nur auf den Pressemarkt, sondern hat auch im Rollen- und Selbstverständnis einzelner Spitzenpolitiker ihren Niederschlag gefunden. Österreich ist nicht nur eine hochentwickelte Mediendemokratie, sondern auch eine höchst problematische *Boule-*

---

18 Zum Boulevardisierungsgrad des österreichischen Pressemarktes und der herausragenden Marktposition der Kronen Zeitung siehe auch den Überblicksbeitrag von Plasser und Lengauer.

vard-Demokratie, in der die auflagenstärkste Tageszeitung durch redaktionspolitische Linien und Themensetzungen innenpolitische Abläufe steuert, auf inhaltliche
Positionierungen der Parteien Einfluss nimmt, öffentliche Stimmungs- und Erwar-
tungslagen redaktionell zuspitzt und mobilisiert.

Der vorliegende Beitrag hat erstmals die reale Einflussmacht der Kronen Zeitung auf Wahlentscheidungen empirisch nachgewiesen und quantifiziert. Die Stärke der Effekte spricht für substanzielle Medienwirkungen der Berichterstattung
der Kronen Zeitung auf den Ausgang von Wahlen. Inwieweit solche unmittelbaren, redaktionspolitischen Absichten entsprechenden Einflussnahmen einer Tageszeitung mit demokratischen Wettbewerbsnormen verträglich sind, ist eine offene
Frage, die das Selbstverständnis der österreichischen Demokratie berührt.

Tabelle 17
Wahlentscheidungsrelevante Themen

	ÖVP	FPÖ	Grüne	BZÖ
Konstante	0,537*** (0,173)	-1,328*** (0,254)	-0,377* (0,213)	-1,227*** (0,251)
Beschränkung der Zuwanderung	0,366* (0,214)	1,730*** (0,231)	-1,031*** (0,381)	1,232*** (0,241)
Klimaschutz durch sparsamen Energieverbrauch	0,000 (0,201)	-0,975*** (0,242)	0,749*** (0,258)	-0,166 (0,244)
Höheres Pflegegeld	-0,297 (0,192)	-0,709*** (0,212)	-0,898*** (0,265)	-0,877*** (0,230)
Abschiebung straffälliger Asylanten	0,035 (0,197)	1,516*** (0,243)	-0,334 (0,277)	0,750*** (0,243)
Förderung des Wirtschaftswachstums	0,340* (0,175)	-0,623*** (0,198)	-0,204 (0,246)	0,165 (0,213)
Volksabstimmung über neue EU-Verträge	-0,631*** (0,222)	1,374*** (0,219)	-0,391 (0,296)	0,342 (0,233)
Erhöhung der Familienbeihilfe	0,287 (0,192)	0,127 (0,225)	-0,300 (0,252)	0,139 (0,233)
Abschaffung der Studiengebühren	-1,275*** (0,217)	-0,975*** (0,239)	-0,547** (0,264)	-1,204*** (0,277)
Senkung der Mehrwertsteuer auf Lebensmittel	-0,378* (0,211)	-0,384* (0,214)	-0,632* (0,329)	-0,492** (0,251)
Abbau der Staatsschulden durch Budgetdisziplin	2,371*** (0,189)	1,124*** (0,209)	0,456* (0,270)	0,474** (0,235)

Fortsetzung Tabelle 17	ÖVP	FPÖ	Grüne	BZÖ
Härtere Strafen für Kindesmissbrauch	-0,248 (0,202)	-0,121 (0,257)	-0,920*** (0,244)	0,188 (0,264)
Bessere Integration von Ausländern	-0,695*** (0,210)	0,183 (0,225)	0,706*** (0,231)	-0,097 (0,239)
Steuerliche Entlastung des Mittelstandes	-0,1667 (0,187)	-0,218 (0,222)	-0,674*** (0,226)	-0,060 (0,233)
Gleichbehandlung der Frauen und Frauenförderung	-0,483*** (0,181)	-0,516** (0,201)	0,303 (0,242)	-0,531** (0,219)
Mehr Investitionen in den Umweltschutz	-0,290 (0,209)	-0,032 (0,243)	1,274*** (0,255)	-0,196 (0,254)
Persönlichkeit des/der Spitzenkandidaten/-in	-0,811*** (0,183)	-0,325 (0,188)	0,178 (0,233)	0,661*** (0,201)
Ausmaß der Pensionserhöhung	-0,754*** (0,189)	-0,629*** (0,204)	-1,071*** (0,276)	-0,819*** (0,222)
Folgen der internationalen Finanzkrise	-0,077 (0,212)	0,098 (0,247)	-0,141 (0,283)	0,278 (0,253)
Krone exklusiv	-0,657 (0,409)	-0,289 (0,506)	0	-0,964 (0,627)
Krone exklusiv : Beschränkung der Zuwanderung	-1,204*** (0,457)	-0,821* (0,470)	0	-0,917* (0,554)
Krone exklusiv : Klimaschutz durch sparsamen Energieverbrauch	-0,068 (0,530)	0,272 (0,488)	0	1,295** (0,603)
Krone exklusiv : Volksabstimmung über neue EU-Verträge	0,470 (0,503)	-0,524 (0,435)	0	1,398** (0,567)
Krone exklusiv : Erhöhung der Familienbeihilfe	0,149 (0,479)	0,332 (0,445)	0	1,294** (0,563)
Krone exklusiv : bessere Integration von Ausländern	1,431*** (0,523)	0,834* (0,463)	0	0,500 (0,591)
Krone exklusiv : steuerliche Entlastung des Mittelstandes	-0,109 (0,482)	0,388 (0,467)	0	-1,634*** (0,569)
Krone exklusiv : mehr Investitionen in den Umweltschutz	0,778 (0,508)	1,279*** (0,478)	0	-0,234 (0,603)
Krone exklusiv : Folgen der internationalen Finanzkrise	0,118 (0,503)	-0,753 (0,477)	0	-1,507** (0,633)

Multinomiales Logit-Modell, angegeben sind unstandardisierte Regressionskoeffizienten (mit Standardfehlern in Klammern), Referenzkategorie ist die Wahl der SPÖ. Interaktionsterme werden mit „:" bezeichnet. Devianz: 3240,3 bei 5921 Freiheitsgraden. Signifikanzniveaus: * $p < 0,1$, ** $p < 0,05$, *** $p < 0,01$.

Quelle: GfK Austria, Repräsentative Wahltagsbefragung 2008, eigene Berechnungen.

Literaturverweise

Agresti, Alan (2002). *Categorical Data Analysis.* Second Edition. Hoboken NJ.

Agresti, Alan und Barbara Finlay (2008). *Statistical Methods for the Social Sciences.* Boston.

Arendt, Florian (2008). Zur kultivierenden Wirkung der Kronen Zeitung. *Medienjournal* 4, 3–21.

Arendt, Florian (2009). Explizite und implizite kultivierende Wirkung der Kronen Zeitung. Eine empirische Untersuchung von Kultivierungswirkungen auf explizite und implizite politische Einstellungen. *Medien & Kommunikationswissenschaft* 57 (2), 217–237.

Berglund, Frode u.a. (2005). Party Identification and Party Choice. In Jacques Thomassen (ed.). *The European Voter. A Comparative Study of Modern Democracies*, Oxford, 106–124.

Boenisch, Vasco (2007). *Strategie: Stimmungsmache. Wie man Kampagnejournalismus definiert, analysiert – und wie ihn die Bild-Zeitung betreibt.* Köln.

Brady, Henry E. und Richard Johnston (eds.) (2006). *Capturing Campaign Effects.* Ann Arbor.

Brantner, Cornelia (2009). *Medien und EU: Europäisierung der österreichischen Öffentlichkeit? Eine Inhaltsanalyse des öffentlichen medialen Diskurses.* Saarbrücken.

Brettschneider, Frank (2005). Massenmedien und Wählerverhalten. In Jürgen W. Falter und Harald Schoen (Hg.). *Handbuch Wahlforschung*, Wiesbaden, 473–500.

Brettschneider, Frank und Bettina Wagner (2008). „And the winner should be…" Explizite und implizite Wahlempfehlungen in der BILD Zeitung und der SUN. In Barbara Pfetsch und Silke Adam (Hg.). *Massenmedien als politische Akteure*, Wiesbaden, 225–244.

Bruck, Peter A. und Günther Stocker (2002). *Die ganz normale Vielfältigkeit des Lesens. Zur Rezeption von Boulevardzeitungen.* Zweite überarbeitete Auflage. Münster.

Cline, Andrew (2009). Bias. In William F. Eadie (ed.). *21st Century Communication: A Reference Handbook*, Thousand Oaks, 479–488.

Dahlem, Stefan (2001). *Wahlentscheidung in der Mediengesellschaft. Theoretische und empirische Grundlagen der interdisziplinären Wahlforschung.* Freiburg und München.

Filzmaier, Peter (2009). Ein Regierungsdesaster: Analyse der Nationalratswahl 2008. *Österreichisches Jahrbuch für Politik 2008*, Wien, 23–38.

Filzmaier, Peter, Christoph Hofinger, Flooh Perlot und Aleksandra Ptaszynska (2009). Die Nationalratswahl 2008. In Peter Filzmaier, Peter Plaikner und Karl A. Duffek (Hg.). *Stichwort Wählen*, Wien, Köln, Weimar, 13–38.

Hallin, Daniel C. und Paolo Mancini (2004). *Comparing Media Systems. Three Models of Media and Politics.* Cambridge und New York.

Hofinger, Christoph, Günther Ogris und Eva Zeglovits (2008). Wie man eine Wahl verliert. In Thomas Hofer und Barbara Toth (Hg.). *Wahl 2008. Strategien. Sieger. Sensationen*, Wien, 160–174.

Horvath, Patrick (2006). Die Feindbilder der Kronen Zeitung. *Medien Impulse* 56, 30–32.

Jäckel, Michael (2007). *Medienwirkungen.* Vierte Auflage. Wiesbaden.

Kepplinger, Hans Mathias (2008). Effects of the News Media on Public Opinion. In Wolfgang Donsbach und Michael W. Traugott (eds.). *The Sage Handbook of Public Opinion Research*, London und Thousand Oaks, 192–204.

Ladd, Jonathan McDonald und Gabriel S. Lenz (2009). Exploiting a Rare Communication Shift to Document the Persuasive Power of the News Media. *American Journal of Political Science* 53 (2), 394–410.

Lau, Richard R. und David P. Redlawsk (2006). *How Voters Decide. Information Processing in Election Campaigns.* New York.

Lengauer, Günther (2008). Framing Campaigns: The Media and Austrian Elections. In Günter Bischof und Fritz Plasser (eds.). *The Changing Austrian Voter*, New Brunswick, 123–149.

Linzer, Drew A. und Jeffrey Lewis (2007). polCA: Polytomous variable latent class analysis. R package version 1.1. (http://cran.r-project.org/web/packages/polCA. Download am 3.11.2007).

McCombs, Maxwell (2004). *Setting the Agenda.* Malden MA.

Nabi, Robin und Mary Beth Oliver (eds.) (2009). *The Sage Handbook of Media Processes and Effects.* Newbury Park.

Nadeau, Richard u.a. (2008). Election Campaigns as Information Campaigns: Who Learns What and Does it Matter? *Political Communication* 25 (3), 229–248.

Pappi, Franz Urban und Susumu Shikano (2007). *Wahl- und Wählerforschung.* Baden-Baden.

Peterson, David A. M. (2009). Campaign Learning and Vote Determinants. *American Journal of Political Science* 53 (2), 445–460.

Petry, Matthias (2008). *Politik im Boulevard – Politikberichterstattung in Boulevardzeitungen: Eine vergleichende Inhaltsanalyse der Politikberichterstattung in Bild, Kronen Zeitung und Blick.* Saarbrücken.

Pfetsch, Barbara und Silke Adam (Hg.) (2008). *Massenmedien als politische Akteure.* Wiesbaden.

Plasser, Fritz (Hg.) (2004). *Politische Kommunikation in Österreich. Ein praxisnahes Handbuch.* Wien.

Plasser, Fritz und Gilg Seeber (2007). Das österreichische Wahlverhalten im internationalen Vergleich. In Fritz Plasser und Peter A. Ulram (Hg.). *Wechselwahlen. Analysen zur Nationalratswahl 2006*, Wien, 255–283.

Plasser Fritz und Peter A. Ulram (2008). Die Wahlanalyse 2008. Wer hat wen warum gewählt? Presseunterlage. Wien, 29. September 2008.

Plasser, Fritz und Peter A. Ulram (2009). Analyse der Europawahl 2009. Wähler, Nichtwähler, Motive. Presseunterlage. Wien, 8. Juni 2009.

Plasser, Fritz, Peter A. Ulram und Gilg Seeber (2007). Was Wähler(innen) bewegt: Parteien-, Themen- und Kandidatenorientierungen 2006. In Fritz Plasser und Peter A. Ulram (Hg.). *Wechselwahlen. Analysen zur Nationalratswahl 2006*, Wien, 155–194.

Popkin, Samuel L. (1994). *The Reasoning Voter: Communication and Persuasion in Presidential Campaigns.* Second Edition. Chicago.

Reitan, Claus (2009). Wollt Ihr den totalen Boulevard? Zur Rolle der Medien, insbesondere der „Kronen Zeitung" im Nationalratswahlkampf 2008. *Österreichisches Jahrbuch für Politik 2008.* Wien, 295–314.

Roessler, Patrick (2008). Agenda-Setting, Framing und Priming. In Wolfgang Donsbach und Michael W. Traugott (eds.). *The Sage Handbook of Public Opinion Research*, London und Thousand Oaks, 205–218.

Roessler, Patrick (2009). Wie Menschen die Wirkungen politischer Berichterstattung wahrnehmen – und welche Konsequenzen daraus resultieren. In Frank Marcinkowski und Barbara Pfetsch (Hg.). *Politik in der Mediendemokratie*, Wiesbaden, 468–495.

Schenk, Michael (2007). *Medienwirkungsforschung*. Dritte Auflage. Tübingen.

Scheufele, Bertram (2004). Framing Effekte auf dem Prüfstand. *Medien & Kommunikationswissenschaft* 52 (1), 30–55.

Schiffer, Adam J. (2008). *Conditional Press Influence in Politics*. Lanham MD.

Schmitt-Beck, Rüdiger und Christian Mackenrodt (2009). Politikvermittlung durch Massenmedien bei der Bundestagswahl 2005: Nutzungsintensität und Einflüsse auf Einstellungen und Wahlverhalten. In Frank Marcinkowski und Barbara Pfetsch (Hg.). *Politik in der Mediendemokratie*, Wiesbaden, 415–446.

Schoen, Harald (2005). Wechselwahl. In Jürgen W. Falter und Harald Schoen (Hg.). *Handbuch Wahlforschung*, Wiesbaden, 367–388.

Schulz, Winfried (2007). Politische Medienwirkungen. In Birgit Krause, Benjamin Fretwurst und Jens Vogelgesang (Hg.). *Fortschritte der politischen Kommunikationsforschung*, Wiesbaden, 35–50.

Schulz, Winfried (2008). *Politische Kommunikation. Theoretische Ansätze und Ergebnisse empirischer Forschung*. Wiesbaden.

Shah, Dhavan, Douglas M. McLeod u.a. (2009). Framing and Agenda Setting. In Robin L. Nabi und Mary Beth Oliver (eds.). *The Sage Handbook of Media Processes and Effects*, London und Thousand Oaks (forthcoming).

Signorelli, Nancy (2009). Cultivation and Media Exposure. In William F. Eadie (ed.). *21st Century Communication: A Reference Handbook*, Thousand Oaks, 525–533.

Toth, Barbara (2008). Wenn man zu viel in die „Krone" schaut. In Thomas Hofer und Barbara Toth (Hg.). *Wahl 2008. Strategien. Sieger. Sensationen*, Wien, 103–116.

Ulram, Peter A. (2009). Ein verspielter Sieg und eine siegreiche Zeitungspartei – zur Analyse der Nationalratswahl 2008. *Österreichisches Jahrbuch für Politik 2008*. Wien, 3–22.

Van der Eijk, Cees und Mark N. Franklin (2007). The Sleeping Giant: Potential for Political Mobilization of Disaffection with European Integration. In Wouter van der Brug und Cees van der Eijk (eds.). *European Elections and Domestic Politics. Lessons from the Past and Scenarios for the Future*, Notre Dame, 189–208.

Wagner, Bettina (2007). „BILD – unabhängig · überparteilich"? Die Wahlberichterstattung der erfolgreichsten Boulevardzeitung Deutschlands. In Frank Brettschneider, Oscar Niedermayer und Bernhard Weßels (Hg.). *Die Bundestagswahl 2005. Analysen des Wahlkampfes und der Wahlergebnisse*, Wiesbaden, 147–170.

Weaver, David, Maxwell McCombs und Donald L. Shaw (2004). Agenda-Setting Research: Issues, Attributes, and Influences. In Lynda Lee Kaid (ed.). *Handbook of Political Communication Research*, Mahwah NJ, 257–282.

Weßels, Bernhard (2007). Re-Mobilisierung, „Floating" oder Abwanderung? Wechselwähler 2002 und 2005 im Vergleich. In Frank Brettschneider, Oscar Niedermayer und Bernhard Weßels (Hg.). *Die Bundestagswahl 2005. Analysen des Wahlkampfes und der Wahlergebnisse*, Wiesbaden, 395–419.

Yee, Thomas W. (2008). The 'VGAM' package. *R News* 8, 28–39.

Yee, Thomas W. und Trevor J. Hastie (2003). Reduced rank vector generalized linear models. *Statistical Modelling* 3, 14–41.

Mehr als ein Auslöser der Neuwahl? Die Europapolitik, die Kronen Zeitung und die Wahlentscheidung 2008

Harald Schoen

Gliederung

1. Einleitung

Entgegen der verbreiteten Auffassung von der geringen Bedeutung der Printmedien in der modernen politischen Kommunikation ist die Nationalratswahl 2008 ohne einen Leserbrief nicht denkbar. Denn am 26. Juni 2008 veröffentlichte die *Kronen Zeitung* einen Brief an den Herausgeber, in dem sich der SPÖ-Bundeskanzler Alfred Gusenbauer und der geschäftsführende SPÖ-Vorsitzende Werner Faymann dafür aussprachen, in Österreich über Änderungen europäischer Vertragswerke künftig Referenden abzuhalten (Gusenbauer und Faymann 2008). Einige Tage später wiederholte Gusenbauer (2008) diese Forderung in einem Namensartikel in der *Frankfurter Allgemeinen Zeitung* unter dem Titel „Warum Europa die Europäer nicht fürchten sollte". Zugleich nutzte er die Gelegenheit, eine ausführliche Begründung zu liefern für den sozialdemokratischen Sinnes-

wandel, der weithin als Kotau vor der europaskeptischen Position der auflagenstärksten Boulevardzeitung des Landes interpretiert wurde. Diese europapolitische
Kehrtwende der SPÖ verfehlte ihre Wirkung nicht: Die ÖVP nahm die Abkehr des
Koalitionspartners vom langjährigen europapolitischen Konsens zwischen ÖVP
und SPÖ zum Anlass, das Regierungsbündnis mit den Sozialdemokraten vorzeitig
zu beenden (Olt 2008). Im Ergebnis führte erstmals in Österreichs Geschichte ein
europapolitischer Dissens zu vorgezogenen Nationalratswahlen.

Da eine europapolitische Streitfrage die Parlamentswahl herbeiführte, stellt
sich beinahe von selbst die Frage, ob die Europapolitik auch das Wahlverhalten
am 28. September 2008 beeinflusste. Auch Gusenbauer (2008) warf diese Frage
zumindest implizit auf. Denn er forderte Referenden als Instrument zur Stärkung
der vermeintlich schwachen Verknüpfung zwischen den Präferenzen der Bürger
und den Entscheidungen der Eliten in der Europapolitik. Eine enge Verknüpfung zwischen Bürgerwünschen und Elitenhandeln setzt freilich nicht zwingend
Referenden voraus, sondern ist auch in einer rein repräsentativen Demokratie
möglich. Dazu müssen die Bürger echte Einstellungen zur europäischen Integration besitzen und sich von diesen bei der Wahlentscheidung leiten lassen.
Anschließend müssen die politischen Eliten auf die so geäußerten Bürgerpräferenzen responsiv reagieren (Carrubba 2001; Hobolt und Klemmensen 2005).
Indem er für Referenden plädierte, unterstellte Gusenbauer (2008), dass diese
Verknüpfung in der österreichischen Europapolitik nicht funktioniere.

Ob der damalige Bundeskanzler mit dieser Einschätzung Recht hatte, lässt
sich auf der Grundlage vorliegender Analysen nur schwer beurteilen. Detail-
studien zur europapolitischen Elitenresponsivität in Österreich sind dem Ver-
fasser nicht bekannt. Was das europapolitische Issuewählen in österreichischen
Nationalratswahlen angeht,[1] erlaubt die vorliegende Evidenz ebenfalls keine
eindeutigen Schlussfolgerungen. Untersuchungen, die sich auf Selbstauskünfte
von Wählern stützen, legen den Schluss nahe, dass EU-Fragen beim Wahlverhalten in Österreich seit dem EU-Beitritt des Landes keine allzu wichtige Rolle
spielten (Plasser, Ulram und Seeber 2003: 138–145; 2007: 181–186; Plasser
und Ulram 2007: 25). Allerdings ist bei Auskünften von Befragten über ihre
Entscheidungsmotive Vorsicht geboten, da solche Angaben erheblich verzerrt
sein können. Daher erscheint es angemessener, die Wirkung von EU-bezogenen
Einstellungen (siehe dazu Palme 2000) auf Wahlverhalten mit Hilfe von Re-
gressionstechniken zu untersuchen. Die einzige derartige Untersuchung scheint
die These vom EU-Issuewählen zu unterstützen (Tillman 2004). Jedoch weist
der Autor selbst auf eine Reihe methodischer Einwände hin, die Zweifel an der
Validität seiner Schlussfolgerungen nähren. Daher muss es als ungewiss gelten,
ob EU-bezogene Einstellungen das Wahlverhalten in Österreich tatsächlich be-

---

[1] Wie Schmitt (2005: 660) zeigt, scheint die Entscheidung über die Beteiligung an der
    Europawahl 2004 in Österreich nicht von europapolitischen Einstellungen beeinflusst
    worden zu sein.

einflussen. Mit anderen Worten, es ist unklar, ob die zentrale wählerseitige Voraussetzung für eine enge elektorale Verknüpfung zwischen Bürgern und Eliten in Österreich erfüllt ist.

Der vorliegende Aufsatz untersucht daher den Einfluss europapolitischer Einstellungen auf das Wahlverhalten bei der österreichischen Nationalratswahl 2008. Gestützt auf eine theoretische Diskussion werden Hypothesen zu den Wirkungen europapolitischer Orientierungen auf das Wahlverhalten formuliert. Diese Hypothesen werden mit Hilfe von Daten aus einer Umfrage unter zufällig ausgewählten Wählern geprüft. Den Aufsatz schließt eine kurze Diskussion zentraler Ergebnisse und Schlussfolgerungen ab.

2. Europäische Integration und Wahlverhalten in Österreich

Aus demokratietheoretischer Sicht gelten Wahlen als Instrumente, die die Policy-Präferenzen der Bürger mit den politischen Entscheidungen der gewählten Repräsentanten verknüpfen (z. B. Powell 2000). Damit diese elektorale Verknüpfung funktioniert, müssen verschiedene Bedingungen erfüllt sein. Zum einen müssen sich politische Eliten responsiv gegenüber den Policy-Präferenzen der Bürger verhalten, da andernfalls die kollektiv verbindlichen Entscheidungen deutlich von den Bürgerpräferenzen abweichen können (z. B. Page und Shapiro 1992; Jacobs und Page 2005). Zum anderen müssen sich Bürger bei der Wahlentscheidung auf pro- oder retrospektive Issueorientierungen stützen. Dementsprechend belohnen oder bestrafen Bürger bei der Stimmabgabe Politiker für deren (Fehl-)Leistungen, oder sie stimmen für diejenige Partei, deren Policy-Angebot ihrer eigenen Vorstellung am nächsten kommt. Sofern policy-bezogene Einstellungen bei der Wahlentscheidung keine Rolle spielen, spiegelt der Wahlausgang nicht die Policy-Präferenzen der Bürger wider. In diesem Fall könnten selbst die Entscheidungen responsivitätswilliger Eliten deutlich von den Präferenzen der Bürger abweichen. Policy-orientiertes Wahlverhalten ist daher von entscheidender Bedeutung für die elektorale Verknüpfung von Bürgerpräferenzen und Elitenentscheidungen (z. B. Adams und Merrill 2005; Alvarez, Nagler und Willette 2000).

Zugleich ist policy-orientiertes Wahlverhalten nicht selbstverständlich, sondern an eine Reihe von Voraussetzungen geknüpft (z. B. Campbell u. a. 1960: 168–187). Erstens geht man davon aus, dass ein Issuewähler eine Policy-Frage wahrnimmt und dazu eine eigene Position entwickelt. Zudem sieht er sich die Policy-Positionen der konkurrierenden Parteien an. Stellt er Positionsunterschiede fest, kann er aufgrund seiner Issuepräferenzen entscheiden. Damit man von echtem Issuewählen sprechen kann, müssen die Issueorientierungen auch unter Kontrolle anderer potentieller Einflussfaktoren das Wahlverhalten beeinflussen. Beispielsweise würde man einen Wähler, der im Einklang mit seiner Issuepräferenz für die Partei votiert, der er sich seit langem verbunden fühlt, nicht als Issuewähler bezeichnen.

Denn langfristige Parteibindungen prägen sowohl die Wahlentscheidung als auch die Issueorientierung.[2]

Die Europäische Integration galt lange Zeit als eine politische Frage, die kaum geeignet schien, das Wahlverhalten zu beeinflussen. Dafür wurden wähler- und elitenbezogene Argumente angeführt. Die Europäische Integration wurde als Teil der Außenpolitik behandelt, die der Regierung vorbehalten sei und über die es deshalb keinen Parteiendissens geben dürfe (van der Eijk und Franklin 2007: 205). Herrscht zu einem Thema ein Allparteienkonsens, können Wähler jedoch anhand dieser Frage schlechterdings nicht zwischen den Parteien entscheiden. Zugleich schien die Europapolitik als Teil der Außenpolitik als zu abstrakt und zu weit vom Alltag der Bürger entfernt, als dass diese sich dazu eine eigenständige Meinung bilden könnten (Inglehart 1970; Lindberg und Scheingold 1970). Vielmehr hätten sie – sieht man einmal von einem kleinen Themenpublikum ab – ihre europapolitischen Standpunkte aus Signalen vertrauter politischer Eliten abgeleitet (siehe Sniderman 1993; Ray 2003). Standpunkte zu politischen Sachfragen, die von Parteibindungen oder Kandidatenorientierungen abgeleitet sind, können aber nicht eigenständig das Wahlverhalten beeinflussen (z. B. Miller und Shanks 1996). Somit trugen Argumente zur Angebots- und zur Nachfrageseite am politischen Markt dazu bei, die Europäische Integration wahlpolitisch irrelevant erscheinen zu lassen.

Es ist jedoch fraglich, ob diese Charakterisierung die Realität auch heute noch zutreffend beschreibt. In vielen Ländern ist an die Stelle eines europapolitischen Elitenkonsenses ein deutlicher Dissens zwischen konkurrierenden Parteien getreten. Vor allem, aber nicht ausschließlich Parteien am linken und rechten Rand der europäischen Parteiensysteme haben Europaskepsis auf ihre Fahnen geschrieben (Taggart 1998; Taggart und Szczerbiak 2008; Kriesi u. a. 2008). Darüber hinaus spielt die Europäische Integration in nationalen Wahlkämpfen durchaus eine gewichtige Rolle. Kurzum, die Wähler scheinen vor einer echten europapolitischen Wahl zu stehen, wenn sie ihre Stimme abgeben (de Vries 2007).

Darüber hinaus hat sich auf Seiten der Bürger einiges geändert. Mit der fortschreitenden ‚Vertiefung' der Europäischen Integration konnten immer mehr Bürger die Erfahrung machen, dass die Europäische Integration ihr Alltagsleben berührt. In der Folge konnten sie sich eigenständige Urteile über die Europapolitik bilden und waren nicht länger (allein) auf Elitensignale angewiesen. Im Einklang damit konnte unter anderem gezeigt werden, dass EU-bezogene Einstellungen von Urteilen über die wirtschaftliche Leistungsfähigkeit und wahrgenommenen kulturellen Bedrohungen beeinflusst werden (Gabel 1998a, b; McLaren 2002; Rohrschneider 2002; Hooghe und Marks 2004, 2005). Somit erscheint die Europäische Integration nicht länger als eine ‚schwierige' Sachfrage, mit der die meisten Wähler alleine nicht zurande kommen.

---

2   Was hier exemplarisch für prospektives Issuewählen dargestellt ist, gilt *mutatis mutandis* für andere Formen issuebezogenen Wahlverhaltens.

Diese Charakterisierungen scheinen auch die politische Landschaft Österreichs angemessen zu beschreiben. Was die Wählerseite angeht, liegen zwar kaum Analysen vor, die die Determinanten europapolitischer Einstellungen allein österreichischer Bürger untersuchen oder die entsprechenden Ergebnisse separat ausweisen. Jedoch hat bislang noch keine der Untersuchungen, die auf elitenunabhängige Faktoren in der europapolitischen Meinungsbildung hindeuten, ihre Gültigkeit für Österreich in Frage gestellt (Hooghe und Marks 2004, 2005; Kritzinger 2005).

Auf der Parteienseite ist seit den neunziger Jahren ein europapolitischer Dissens offenkundig. Damals begannen die vorher europhilen Freiheitlichen die Europaskepsis zu einem ihrer Markenzeichen zu machen (Müller 2000: 33). Das Bündnis Zukunft Österreich (BZÖ) teilt mit seiner Mutterpartei die europakritische Haltung (Müller 2008). Die Grünen entwickelten sich komplementär zur FPÖ von Gegnern des EU-Beitritts (Fitzmaurice 1995) zu entschiedenen Verfechtern der Europäischen Integration. ÖVP und SPÖ hielten seit den neunziger Jahren an einer dezidiert pro-europäischen Position fest, bis die Sozialdemokraten im Jahr 2008 für EU-bezogene Referenden zu plädieren begannen (SPÖ 2008: 36–37). Sie machten sich damit nicht offen europafeindliche Positionen zu eigen, hörten aber doch auf, unabhängig von der öffentlichen Meinung für die Europäische Integration einzutreten. Im Ergebnis hatten Österreichs Wahlberechtigte die Möglichkeit, bei der Nationalratswahl 2008 eine europapolitisch begründete Entscheidung zu treffen.

Sollten die österreichischen Wähler bei der Stimmabgabe tatsächlich die Europapolitik im Sinn gehabt haben, wäre angesichts dieser Parteipositionen ein klares Muster zu erwarten. Eine europafreundliche Haltung sollte eine Entscheidung zugunsten von ÖVP und Grünen wahrscheinlicher werden lassen. Im Gegenzug sollte Europaskepsis für zusätzliche Stimmen zugunsten von FPÖ und BZÖ sorgen. Die SPÖ vertrat nach ihrer europapolitischen Kehrtwende, verglichen mit den anderen Parteien, eine mittlere Position und dürfte daher weder für sehr europafreundliche noch für ausgesprochen europaskeptische Wähler außerordentlich attraktiv gewesen sein.

Wenn man Wirkungen europapolitischer Einstellungen auf das Wahlverhalten postuliert, ist noch nicht gesagt, dass in allen Wählersegmenten gleichermaßen starke Effekte auftreten. Die traditionelle Sichtweise betrachtet die Europäische Integration als eine ‚schwierige‘ politische Frage und nimmt daher an, europapolitische Einstellungen könnten nur in einem kleinen Segment europapolitischer Experten Wahlverhalten beeinflussen (siehe Carmines und Stimson 1980; Newman 1986; Pattie und Johnston 2001). Die revisionistische Position sieht EU-bezogenes Issuewählen dagegen nicht auf eine kleine Gruppe europapolitischer Spezialisten beschränkt. Vielmehr hätten viele Bürger eigene Erfahrungen mit der Integration gesammelt und seien daher in der Lage, sich eigenständige Urteile zu bilden, wie auch die Parteien mit kontroversen europapolitischen Positionen würben (z. B. Kriesi u. a. 2008). Überdies gehe es in der Europapolitik häufig um symbolische Fragen, zu denen man sich auch ohne Fachwissen ein Urteil bilden könne (McLaren 2002). Folglich sollten praktisch alle Bürger an der Wahlurne gleichermaßen stark auf europapolitische Orientierungen reagieren.

Welcher Standpunkt beschreibt die Situation bei der Nationalratswahl 2008 angemessener? Eine europapolitische Kontroverse löste den Neuwahlprozess aus. In dieser Phase stand die Europapolitik im Vordergrund, so dass das Thema kaum als Spezialistenfrage gelten konnte. Allerdings schoben die Parteien im Verlauf des Wahlkampfes die Europapolitik zugunsten innenpolitischer Themen, mit der Teuerung an der Spitze, in den Hintergrund (Olt 2008; Müller 2009: 2). Die steigenden Preise wurden nicht nur von den Parteien diskutiert, sondern sind zugleich für viele Bürger leichter direkt erfahrbar als die Europapolitik. Daher könnte die Europapolitik aus dem Blickfeld einiger, und zwar vor allem der politisch nicht stark involvierten Bürger verdrängt worden sein. Sollte das zutreffen, wäre damit zu rechnen, dass europapolitische Einstellungen zwar nicht nur, aber verstärkt bei politisch hochgradig involvierten Personen die Wahlentscheidung beeinflussten.

Am Ende der theoretischen Diskussion steht damit die Erwartung, dass die Österreicher zur Nationalratswahl 2008 eigenständige Einstellungen zur europäischen Integration besaßen. Diese Einstellungen sollten die Wahlentscheidung beeinflusst haben. Insbesondere sollten europafreundliche Ansichten die Wahlchancen der ÖVP und Grünen begünstigt, jene von FPÖ und BZÖ hingegen beeinträchtigt haben. Schließlich könnte EU-bezogenes Issuewählen verstärkt unter politisch hochgradig involvierten Personen auftreten.

3. Daten und Methoden

Die Analyse beruht auf Daten aus einer Wahltagsbefragung. Am 28. September 2008 wurden 1.778 zufällig ausgewählte Wählerinnen und Wähler mit Computer-Unterstützung (CATI) telefonisch interviewt (siehe zu Details Plasser und Ulram 2008).[3] Gegenstand des Interviews waren das Wahlverhalten und Einstellungen zu politischen Fragen.

Für die vorliegende Problemstellung von zentralem Interesse sind Einstellungen zur europäischen Integration. Sie wurden mit der Frage gemessen, ob die EU-Mitgliedschaft für Österreich mehr Vor- oder Nachteile bringe. Dieses Item erfasst weniger eine Position zu einer spezifischen EU-bezogenen Streitfrage als vielmehr eine recht allgemeine Haltung zur europäischen Einigung.

Im ersten Teil der Analyse wird untersucht, inwieweit die Einstellungen der Österreicher zur europäischen Integration von Elitensignalen beeinflusst wer-

---

3   Ich danke Gilg Seeber und Fritz Plasser herzlich dafür, dass sie mir die Daten sehr unkompliziert zur Verfügung gestellt haben.

den. Sollte sich die Haltung der Bürger vollständig daraus erklären lassen, wäre nicht damit zu rechnen, dass Einstellungen zur europäischen Integration das Wahlverhalten eigenständig beeinflussen. Die Bürger könnten ihre Standpunkte vor allem aus Signalen von aus der innenpolitischen Auseinandersetzung vertrauten Eliten ableiten. Anhänger einer Partei sollten daher deren Standpunkte in der Europapolitik vertreten. Sollte das zutreffen, müssten sich Anhänger von FPÖ und BZÖ durch eine ausgeprägte EU-Skepsis auszeichnen. Anhänger der ÖVP und der Grünen sollten dagegen eine vergleichsweise europhile Haltung an den Tag legen. SPÖ-Anhänger schließlich dürften nach dieser Argumentation der EU ambivalent gegenüberstehen. Denn die Sozialdemokraten hatten lange Zeit eine europafreundliche Position vertreten, doch begann die – neue – SPÖ-Führung im Jahr 2008 damit, eine europaskeptischere Haltung zu kultivieren. Folglich dürften die Anhänger der SPÖ in dieser Frage eine mittlere Position einnehmen.

Die parteipolitische Auseinandersetzung in Österreich wurzelt ganz wesentlich in gesellschaftlichen Konfliktlinien, sogenannten Cleavages (Haerpfer und Gehmacher 1984; Müller 2000; siehe Lipset und Rokkan 1967). Daher sollten sich Angehörige verschiedener sozialer Gruppen ebenfalls in ihrer Haltung zur europäischen Integration unterscheiden. So kann man etwa damit rechnen, dass Katholiken als gleichsam natürliche Klientel der ÖVP dieser in ihrer europafreundlichen Position folgen. Die Arbeiterschaft als klassischer Bündnispartner der Sozialdemokratie dürfte dagegen weniger europhil eingestellt sein.

Eine weitere Quelle für europapolitische Elitensignale stellen Massenmedien dar. Konsumieren Personen regelmäßig ein Medium mit einem bestimmten Standpunkt zur europäischen Integration, könnten sie sich diese Position mit der Zeit zu eigen machen (z. B. Schmitt-Beck 2000). Für die vorliegende Analyse ist der Medienkonsum in erster Linie wegen der *Kronen Zeitung* wichtig. Dieses Boulevardblatt mit erheblicher Reichweite warb für eine dezidiert europaskeptische Position und scheint die SPÖ zu einer europapolitischen Kehrtwende bewegt zu haben. Überdies ergriff sie im Wahlkampf unverhohlen Partei für Werner Faymanns SPÖ (Müller 2009: 2). Die Lektüre der Kronen Zeitung könnte daher eine Hintergrundvariable sein, die die Wahlentscheidung *und* die europapolitische Haltung der Wahlberechtigten beeinflusste. Sie ist deshalb bereits in diesem Teil der Analyse zu berücksichtigen, in dem zu klären ist, inwieweit die Bürger eigenständige und daher potentiell entscheidungsrelevante europapolitische Einstellungen besaßen. Hier ist zu erwarten, dass die regelmäßige Lektüre der Kronen Zeitung einer europaskeptischen Haltung Vorschub leistete.

Im zweiten Schritt ist zu klären, ob und inwieweit die Haltung der Österreicher zur europäischen Integration ihr Wahlverhalten am 28. September 2008 beeinflusste. Der vorliegende Datensatz enthält ausschließlich Wähler, so dass die Wahlenthaltung hier nicht untersucht werden kann. Darüber hinaus beschränkt sich die Wahlentscheidung auf eine Entscheidung zwischen fünf Parteien: SPÖ, ÖVP, FPÖ, Grüne und BZÖ. Die anderen Parteien können wegen zu niedriger

Fallzahlen nicht berücksichtigt werden. So bedauerlich diese Einschränkung ist, dürfte sie die Ergebnisse doch nicht wesentlich verzerren, da die fünf betrachteten Parteien beinahe 95 Prozent der Stimmen auf sich vereinigen konnten.[4]

Um die Wirkung der Einstellung zur europäischen Integration auf die Wahlentscheidung zu prüfen, wird diese in einer multinomialen logistischen Regression auf jene zurückgeführt. Würde man ausschließlich die Haltung zur EU-Integration als unabhängige Variable verwenden, liefe man jedoch Gefahr, deren Einfluss auf die Wahlentscheidung zu überschätzen. Im Extremfall könnte man zu dem Ergebnis gelangen, es gebe eine Wirkung, obwohl überhaupt kein eigenständiger Effekt vorliegt. Um einen solchen Fehlschluss zu vermeiden, wird in der Analyse eine Reihe weiterer Merkmale als unabhängige Variablen einbezogen, insbesondere solche, von denen anzunehmen ist, dass sie das Wahlverhalten beeinflussen und mit der Haltung zur EU-Integration zusammenhängen.

Im Einzelnen werden soziodemographische Merkmale wie Geschlecht, Alter, formale Bildung, Stellung im Beruf, Gewerkschaftsmitgliedschaft, Konfession und Kirchgangshäufigkeit berücksichtigt (siehe etwa Plasser, Ulram und Seeber 2007: 159–166). Darüber hinaus wird die Parteiidentifikation als zentrale Determinante der Wahlentscheidung kontrolliert (vgl. Campbell u. a. 1960).[5]

Daneben werden zwei weitere potentielle Einflussgrößen einbezogen, die speziell bei der Nationalratswahl 2008 von Belang gewesen sein sollten. Zum einen wird untersucht, ob die Teuerung und die daraus resultierenden Beschränkungen in den Lebensgewohnheiten das Wahlverhalten beeinflussten. Die Inflation war in der Schlussphase des Wahlkampfes 2008 das wichtigste Kampagnenthema (Müller 2009: 2). Da öffentliche Auseinandersetzungen zwischen Parteien und Kandidaten über eine politische Streitfrage die Aufmerksamkeit der Wahlberechtigten darauf lenken und zu einem wahlrelevanten Faktor machen können, dürfte die Preissteigerung bei der Nationalratswahl 2008 erheblich ins Gewicht gefallen sein. Soweit die Kampagnenbotschaften der Parteien verfingen, sollten von der Teuerung subjektiv betroffene Personen besonders häufig für SPÖ, FPÖ oder BZÖ votiert haben.

Zum anderen wird untersucht, ob die Zeitungslektüre die Wahlentscheidung beeinflusste. Es ist bekannt, dass von Massenmedien propagierte Parteipräferenzen Wahlverhalten beeinflussen können (Schmitt-Beck 2000). Wie bereits dargestellt, warb die Kronen Zeitung im Wahlkampf 2008 für die SPÖ und deren Spitzenkan-

---

4   Den hier dargestellten Analysen liegen ungewichtete Daten zugrunde. Zwar weichen die Stimmenanteile der Parteien im Datensatz deutlich vom tatsächlichen Wahlausgang ab, doch ändert die Anwendung verschiedener Gewichtungsprozeduren die substantiellen Ergebnisse nicht.

5   Da andernfalls statistische Probleme auftreten würden, können nur Identifikationen mit der SPÖ, der ÖVP und der FPÖ berücksichtigt werden. Die zentralen Ergebnisse dieser Analyse lässt diese Einschränkung allerdings unberührt, wie weiterführende Analysen zeigen.

didaten. In der Kritik des Blattes stand vor allem die ÖVP, dies nicht zuletzt wegen ihrer pro-europäischen Haltung. Sollte diese in der Zweiten Republik beispiellose Medienkampagne nicht vollkommen wirkungslos verpufft sein, müssten Personen, die ausschließlich dieses Blatt lasen, mit deutlich erhöhter Wahrscheinlichkeit für die SPÖ votiert haben.

Im dritten Schritt gilt es schließlich zu untersuchen, ob und inwieweit bestimmte Wählergruppen bei der Stimmentscheidung am 28. September 2008 unterschiedlich stark von EU-bezogenen Einstellungen beeinflusst wurden. Geht man davon aus, dass die Europäische Integration ein abstraktes und vom Alltag der meisten Bürger allzu weit entferntes Thema ist, müsste diese Frage vorwiegend (oder gar ausschließlich) bei den politisch hochgradig involvierten Bürgern die Wahlentscheidung beeinflusst haben. Um die politische Involvierung zu messen, werden üblicherweise Wissensindikatoren oder aber das subjektive politische Interesse verwendet (Zaller 1992). Da der vorliegende Datensatz entsprechende Informationen nicht enthält, wird die formale Bildung als Hilfsindikator verwendet (siehe Pattie und Johnston 2001). Um zu prüfen, ob eine hohe formale Bildung die Stärke des EU-Effekts steigert, werden Interaktionsvariablen aus der formalen Bildung und der Haltung zur EU in die Analyse einbezogen.

4. Empirische Befunde

Die Haltung der österreichischen Wähler zur Mitgliedschaft ihres Landes in der Europäischen Union kann insgesamt als vorsichtig optimistisch bezeichnet werden. Gut fünfzig Prozent der Befragten nahmen Ende September 2008 eher Vorteile als Nachteile wahr, die Österreich aus der EU-Zugehörigkeit erwüchsen. Weitere zwanzig Prozent meinten sogar, dass die Vorteile deutlich überwögen. Deutlich spärlicher besetzt waren die Reihen der EU-Skeptiker: ein knappes Viertel der Respondenten erkannte eher Nachteile als Vorzüge, während fünf Prozent der Befragten sehr große Nachteile mit der EU-Mitgliedschaft Österreichs verbunden sahen. Diese Verteilung EU-bezogener Einstellungen zeichnet ein etwas optimistischeres, aber kein grundsätzlich anderes Bild von den Ansichten der Österreicher über die EU-Mitgliedschaft ihres Landes als die im Herbst 2008 mit etwas anderen Instrumenten und abweichender Stichprobenziehung im Rahmen der regelmäßigen Eurobarometerumfrage gemessenen Werte (Europäische Kommission 2008: 25–26).

Wie lassen sich die Wählerurteile über die österreichische EU-Mitgliedschaft erklären? Könnten sie vollständig auf Elitesignale zurückgeführt werden, wäre nicht davon auszugehen, dass die EU-bezogenen Einstellungen das Wahlverhalten eigenständig beeinflussen. Die Resultate einer Ordered-Logit-Analyse in Tabelle 1 zeigen, dass Parteibindungen die erwarteten Wirkungen entfalten. Die Anhänger der beiden Rechtsaußen-Parteien FPÖ und BZÖ erweisen sich als sehr kritisch gegenüber der EU-Mitgliedschaft Österreichs. Anders die Anhänger der konservativen ÖVP und der linksliberalen Grünen, die überdurchschnittlich europafreundlich eingestellt sind. Die SPÖ-Anhänger schließlich unterscheiden sich in ihrer Haltung zur EU-Mitgliedschaft Österreichs praktisch nicht von den Befragten ohne Parteiidentifikation. Damit stehen sie zwischen den Anhängern von FPÖ und BZÖ einerseits und den Anhängern von ÖVP und Grünen andererseits. Dieses Ergebnis steht im Einklang mit der Annahme, dass der abrupte Kurswechsel der SPÖ-Führung im Sommer 2008 die Anhänger der Sozialdemokraten zu europapolitischer Ambivalenz veranlasst habe. Allerdings wären zusätzliche Daten erforderlich, um prüfen zu können, ob nur diese und keine andere Argumentation mit den empirischen Mustern vereinbar ist.

Informationen über die Zeitungslektüre der Befragten tragen einiges dazu bei, die Urteile über die EU-Mitgliedschaft Österreichs zu erklären. Nimmt man die Respondenten zum Maßstab, die keine Tageszeitung regelmäßig lesen, zeichnet sich folgendes Muster ab. Die Exklusivlektüre der Kronen Zeitung scheint dazu beigetragen zu haben, dass Bürger europaskeptische Haltungen erwarben. Dagegen scheinen Bürger, die dieses Boulevardblatt mieden, vergleichsweise europafreundlich gesinnt zu sein. Vor diesem Hintergrund scheint es plausibel, dass die Lektüre der Krone und wenigstens einer anderen Tageszeitung ohne messbaren Effekt auf die EU-bezogenen Einstellungen bleibt. In gewissem Maße gilt also: Sage mir, welche Zeitung du liest, und ich sage dir, wie du über Europa denkst.[6]

Hält man Parteiloyalitäten und Zeitungslektüre rechnerisch konstant, bleiben viele soziodemographische Merkmale ohne Wirkung auf die Bewertung der EU-Mitgliedschaft Österreichs. Die Konfessionszugehörigkeit ist für diese Einstellung ebenso irrelevant wie eine Gewerkschaftsmitgliedschaft. Anders verhält es sich mit der Kirchgangshäufigkeit, die als Indikator für die Kirchenbindung gilt. Personen, die an Feiertagen oder sogar jeden Sonntag den Gottesdienst besuchen, fallen mit einer vergleichsweise euro-skeptischen Haltung auf. Betrachtet man die verschiedenen Berufsgruppen, sind bei Landwirten, Arbeitern, öffentlich Bediensteten sowie Pensionisten und Rentnern wenigstens tendenziell kritische Einschätzungen zu beobachten. Wie bereits bei der Kirchenbindung entsprechen diese Befunde nur zum Teil den theoretischen Annahmen.[7]

Die dargestellten Wirkungsmuster dürfen jedoch nicht den Blick auf den zentralen Befund verstellen: Die Vermutung, Einstellungen zur EU-Mitgliedschaft

---

6   Die ausgewiesenen Effekte dürften die obere Grenze der Wirkungen der Zeitungslektüre auf die EU-bezogenen Einstellungen markieren. Denn neben dem beschriebenen Effekt ist auch eine umgekehrte Wirkung von der Haltung zur EU auf die Zeitungslektüre nicht auszuschließen. Das hier verwendete Analysedesign erlaubt es nicht, beide Effektrichtungen voneinander zu trennen. Vielmehr wird der statistische Zusammenhang zwischen Zeitungslektüre und EU-Bewertung vollständig als Effekt ersterer auf letztere interpretiert. Soweit empirisch auch umgekehrte Effekte auftreten, wird mit der hier gewählten Vorgehensweise die Wirkung der Zeitungslektüre überschätzt.

7   Kontraintuitive Befunde resultieren in der Regel bereits bei bivariater Betrachtung, sind also nicht das Ergebnis von Drittvariablenkontrolle.

Tabelle 1
Determinanten der Einstellung zu Österreichs EU-Mitgliedschaft
(Ordered-logit-Modell)

	Einstellung zu EU-Mitgliedschaft
Selbständige	0.15
	(0.21)
Öffentlicher Dienst	-0.42*
	(0.17)
Angestellte	0.06
	(0.16)
Rentner	-0.29
	(0.15)
Landwirte	-0.61
	(0.35)
Arbeiter	-0.43*
	(0.20)
Gewerkschaftsmitglied	0.06
	(0.10)
Katholik	0.13
	(0.16)
konfessionslos	0.14
	(0.20)
Kirchgang – unregelmäßig	-0.20
	(0.13)
Kirchgang – feiertags	-0.37*
	(0.15)
Kirchgang – sonntags	-0.35*
	(0.15)
PID SPÖ	0.11
	(0.13)
PID ÖVP	0.66***
	(0.13)
PID FPÖ	-1.36***
	(0.25)
PID Grüne	0.63***
	(0.18)
PID BZÖ	-0.74
	(0.39)
Kronen Zeitung	-0.44*
	(0.17)
Kronen- und andere Zeitung	-0.04
	(0.15)
Nur andere Zeitungen	0.87***
	(0.14)
Cut 1	-2.98
	(0.26)
Cut 2	-0.76
	(0.24)
Cut 3	1.88***
	(0.24)
Korr. Pseudo-R^2	.06
N	1733

Angaben: unstandardisierte Logitkoeffizienten mit Standardfehlern in Klammern.
Signifikanzniveaus: * $p < 0.05$, ** $p < 0.01$, *** $p < 0.001$.

Österreichs seien allein ein Spiegelbild von Parteibindungen, der Position in der gesellschaftlichen Konfliktstruktur oder der präferierten Zeitung, ist unbegründet. Diese Merkmale tragen zwar durchaus dazu bei, die Haltung der Befragten zur EU-Mitgliedschaft ihres Landes zu erklären. Doch ist ihre Erklärungsleistung ausgesprochen niedrig, wie sich an McFaddens Pseudo-R^2 von 0,07 ablesen lässt. Bewertungen der EU-Mitgliedschaft Österreichs scheinen demnach innerhalb sozialer Gruppen, Parteianhängerschaften und Zeitungspublika ganz erheblich zu variieren. Daher gibt es ein beträchtliches Potential für eigenständige Wirkungen EU-bezogener Einstellungen auf das Stimmverhalten bei der Nationalratswahl am 28. September 2008.

Um zu prüfen, ob die EU-bezogenen Einstellungen das Stimmverhalten tatsächlich beeinflussten, wurde das Verfahren der multinomialen logistischen Regression angewandt. Es ist geeignet, die Wirkung mehrerer unabhängiger Variabler auf eine polytome abhängige Variable zu untersuchen. Die abhängige Variable ist die Wahlentscheidung zwischen SPÖ, ÖVP, FPÖ, Grünen und BZÖ. Die zentrale unabhängige Variable ist die Haltung zur EU-Mitgliedschaft Österreichs. Daneben wurden soziodemographische Merkmale, Parteiloyalitäten, wahrgenommene Konsequenzen der Teuerung und die Zeitungslektüre als mögliche Einflussgrößen berücksichtigt. Die Ergebnisse dieser Analyse sind in Tabelle 2 zusammengestellt.

Die Resultate zeigen, dass soziodemographische Merkmale das Stimmverhalten kaum direkt beeinflussen. Dieser Befund kann nicht überraschen, da Wirkungen soziodemographischer Merkmale auf die Wahlentscheidung in der Regel über andere, attitudinale Merkmale vermittelt sind und in der vorliegenden Analyse eine ganze Reihe von Einstellungsgrößen berücksichtigt ist. Gleichwohl scheinen einzelne sozialstrukturelle Merkmale das Wahlverhalten auch unter Kontrolle dieser logisch näher an der Wahlentscheidung liegenden Konzepte zu beeinflussen. Frauen tendieren stärker als Männer zur Wahl der Grünen. Daneben geht mit zunehmendem Alter die Wahrscheinlichkeit, für die Grünen oder die FPÖ zu stimmen, zurück. Ferner steigt mit der Bildung eines Wählers die Wahrscheinlichkeit, dass er sich für die Grünen entscheidet. Während die Zugehörigkeit zu einer Berufsgruppe das Wahlverhalten nur unwesentlich beeinflusst, profitiert die SPÖ-Wahlwahrscheinlichkeit deutlich von einer Gewerkschaftsmitgliedschaft. Analog steigert eine starke Kirchenbindung die Wahrscheinlichkeit, für die ÖVP zu votieren.

Wesentlich stärker als soziodemographische Merkmale beeinflussen Parteiloyalitäten das Stimmverhalten bei der Nationalratswahl 2008. Dieser Befund steht im Einklang mit dem Konzept der Parteiidentifikation als langfristiger Entscheidung für eine Partei, von der eine Person nur dann abweicht, wenn triftige Gründe dafür vorliegen (Campbell u. a. 1960; Miller und Shanks 1996). Insoweit scheinen die österreichischen Wähler jenen in etlichen anderen Demokratien zu ähneln (Schoen und Weins 2005).

Gingen von den wahlspezifischen Faktoren Wirkungen aus? Ließen sich die Wähler am 28. September von der Teuerungsfrage, dem wohl prominentesten Kampagnenthema der heißen Wahlkampfphase beeinflussen? Die Analyse zeigt,

Tabelle 2
Bestimmungsgründe der Wahlentscheidung bei der Nationalratswahl 2008
(multinomiale logistische Regression)

	ÖVP	FPÖ	Grüne	BZÖ
EU-Mitgliedschaft	1.43**	-2.05***	1.50**	-0.86
	(0.47)	(0.49)	(0.49)	(0.49)
Zeitungslektüre				
nur Kronen Zeitung	-0.08	0.11	-1.88***	-0.39
	(0.37)	(0.39)	(0.57)	(0.39)
Kronen- und andere Zeitung	-0.67	0.04	-1.48***	-0.16
	(0.34)	(0.36)	(0.38)	(0.35)
nur andere Zeitungen	0.09	-0.01	0.17	-0.26
	(0.31)	(0.35)	(0.29)	(0.34)
Teuerung	-0.75*	-0.28	-0.14	0.59
	(0.34)	(0.39)	(0.36)	(0.39)
PID – SPÖ	-3.05***	-1.30	-4.83***	-4.44***
	(0.76)	(0.85)	(0.43)	(0.51)
PID - ÖVP	4.81***	3.11***	-1.28*	-0.52
	(0.74)	(0.93)	(0.61)	(0.67)
PID – FPÖ	1.69	6.08***	-1.68	0.64
	(1.55)	(1.31)	(1.49)	(1.18)
keine Parteibindung	0.90	1.27	-2.77***	-1.72***
	(0.62)	(0.80)	(0.39)	(0.42)
Katholik	0.72	0.86*	-0.17	0.84*
	(0.38)	(0.43)	(0.33)	(0.41)
konfessionslos	0.53	1.26*	-0.07	0.72
	(0.50)	(0.52)	(0.40)	(0.51)
Kirchgang – unregelmäßig	0.26	-0.29	0.02	-0.10
	(0.30)	(0.33)	(0.29)	(0.31)
Kirchgang – feiertags	0.44	0.12	-0.27	-0.36
	(0.33)	(0.35)	(0.33)	(0.36)
Kirchgang – sonntags	1.02**	0.04	-0.11	-0.39
	(0.35)	(0.39)	(0.37)	(0.40)
Gewerkschaftsmitglied	-0.84***	-1.22***	-0.70**	-0.45
	(0.23)	(0.26)	(0.23)	(0.24)
mittlere Bildung	0.23	0.35	0.99*	0.39
	(0.29)	(0.31)	(0.40)	(0.31)
hohe Bildung	0.47	0.33	1.67***	0.14
	(0.32)	(0.36)	(0.40)	(0.36)
Angestellte	0.28	0.18	0.07	0.26
	(0.38)	(0.41)	(0.37)	(0.40)
Selbständige	0.43	0.12	0.12	-0.09
	(0.46)	(0.53)	(0.44)	(0.51)
öffentlicher Dienst	0.07	-0.18	-0.10	-0.55
	(0.40)	(0.43)	(0.39)	(0.44)
Rentner/Pensionist	0.44	0.39	-0.43	-0.73
	(0.46)	(0.51)	(0.49)	(0.47)
Landwirt	2.74	1.61	1.54	1.07
	(1.44)	(1.49)	(1.72)	(1.64)
Arbeiter	0.47	0.44	-0.42	-0.57
	(0.43)	(0.44)	(0.51)	(0.48)
Geschlecht	0.15	-0.05	0.39	-0.07
	(0.22)	(0.24)	(0.22)	(0.24)
Alter	-0.01	-0.03**	-0.02*	0.01
	(0.01)	(0.01)	(0.01)	(0.01)
Konstante	-2.19*	0.05	1.87*	0.58
	(0.97)	(1.10)	(0.80)	(0.88)
-2 LL Nullmodell	4630.3			
$\Delta\chi^2$	2169.4			
Korr. Pseudo-R²	0.42			
N	1572			

Angegeben sind unstandardisierte logistische Regressionskoeffizienten mit Standardfehlern in Klammern. Referenzkategorie der abhängigen Variable ist die SPÖ-Wahl. Signifikanzniveaus: * $p < 0.05$, ** $p < 0.01$, *** $p < 0.001$. Der Hausman-Test auf Unabhängigkeit von irrelevanten Alternativen unterstützt die Nullhypothese.

dass die wahrgenommene Teuerung das Stimmverhalten nicht unberührt ließ. Personen, die ihre Handlungsmöglichkeiten durch steigende Preise eingeschränkt sahen, mieden vor allem die ÖVP und wandten sich SPÖ oder BZÖ zu. Um diese Wirkung besser zu veranschaulichen, wurde auf Basis der Ergebnisse in Tabelle 2 berechnet, wie sich die Wahlwahrscheinlichkeiten verändern würden, wenn sich eine Person von minimalen zu maximalen wahrgenommenen Teuerungsfolgen bewegt und gleichzeitig alle anderen Variablen in der Gleichung konstant auf den angemessenen Mittelwert gesetzt sind. In diesem Fall würde die Wahrscheinlichkeit, für die SPÖ zu votieren, bei erheblichen Inflationssorgen um knapp fünf Prozentpunkte ansteigen, im Falle des BZÖ sind es sogar neun Prozentpunkte. Dagegen würde die ÖVP-Wahlwahrscheinlichkeit um beinahe 15 Prozentpunkte absinken.

Auch die Zeitungslektüre scheint das Stimmverhalten bei der Nationalratswahl beeinflusst zu haben. Bei der Einordnung der Ergebnisse in Tabelle 2 ist zu beachten, dass der Pressekonsum mit drei Dummyvariablen gemessen wird und die diesen Variablen zugewiesenen Koeffizienten relativ zur Referenzkategorie „keine Tageszeitungslektüre" zu interpretieren sind. So betrachtet, zeigen die Resultate, dass die ausschließliche Lektüre anderer Zeitungen als der Kronen Zeitung das Wahlverhalten im Vergleich zu vollständiger Zeitungsabstinenz praktisch unverändert ließ. Anders verhält es sich bei den Personen, die nur oder auch die Inhalte der Kronen Zeitung regelmäßig zur Kenntnis nahmen. In beiden Fällen hatten die Grünen mit Stimmeneinbußen zu rechnen, während SPÖ und FPÖ mit Stimmengewinnen rechnen konnten. Die ÖVP musste interessanterweise vor allem bei den Personen mit Stimmenverlusten rechnen, die sowohl die Kronen Zeitung als auch andere Tageszeitungen konsumierten.[8]

Konnte neben diesen Einflussgrößen die Haltung zur EU-Mitgliedschaft Österreichs eine Wirkung auf das Stimmverhalten bei der Nationalratswahl 2008 entfalten? Die Ergebnisse der Regressionsanalyse legen eindeutig eine positive Antwort nahe. Es liegt ein statistisch signifikanter Effekt vor (χ^2 (4) = 59,13, p = 0,0000).[9] Allerdings lassen sich die Ergebnisse multinomialer logistischer Regressionen nicht ohne weiteres so interpretieren, dass die substantielle Relevanz von Effekten ersichtlich wird. Dies gelingt leichter, wenn man aus den Koeffizientenschätzungen – wie bereits demonstriert – Wahlwahrscheinlichkeiten berechnet und Wirkungen in Form von veränderten Wahlwahrscheinlichkeiten darstellt. Um ein möglichst differenziertes Bild von den Wirkungen EU-bezogener Einstellungen zeichnen zu können, wurden in diesem Fall Wahrscheinlichkeiten für eine Reihe von Teilgruppen des Elektorats errechnet. Diese Ergebnisse sind in Tabelle 3 zusammengestellt.

---

8   Diese Ergebnisse markieren insoweit die Obergrenze des Einflusses der Zeitungslektüre, als andere, hier nicht kontrollierte Faktoren – zu denken ist etwa an Wertorientierungen – die Zeitungslektüre und die Wahlentscheidung beeinflussten.

9   Die Effekte der Teuerung (χ^2 (4) = 11,27, p = 0,0237) und der Zeitungslektüre (χ^2 (12) = 49,18, p = 0,0000) fallen merklich schwächer aus.

Die Resultate zeigen, dass bei Wählern ohne Parteibindung die Haltung zur österreichischen EU-Mitgliedschaft die Stimmentscheidung wesentlich beeinflusste. Über die verschiedenen Gruppen parteilich ungebundener Wähler hinweg wird ein Muster deutlich: eine positive Bewertung der EU-Mitgliedschaft ließ die Aussichten der FPÖ, die Stimme eines Wählers zu erhalten, drastisch sinken. Bewegt man sich von einer sehr pessimistischen zu einer sehr optimistischen Haltung zur EU, wird ein Votum für die Freiheitlichen um eine Marge von gut 30 bis beinahe 50 Prozentpunkten weniger wahrscheinlich. Auch die Wahlaussichten des BZÖ verschlechtern sich als Reaktion auf europafreundliche Einstellungen, doch fallen diese Verluste vor allem bei parteilich ungebundenen Arbeitern und Rentnern weniger ins Gewicht. Im Gegenzug profitieren ÖVP und Grüne von einer europhilen Haltung. In der Arbeiterschaft und unter Rentnern sowie Pensionären erscheint die ÖVP als hauptsächliche Profiteurin, während europafreundliche Ansichten unter Angestellten in erster Linie die Wahlchancen der Grünen deutlich begünstigen. Wenngleich sie unter parteipolitisch ungebundenen Wählern insgesamt das Stimmverhalten erheblich beeinflussen, lassen europapolitische Einstellungen in dieser Gruppe die Wahlentscheidung zugunsten der SPÖ praktisch vollkommen unberührt.[10]

Bedenkt man die erhebliche Prägekraft von Parteiloyalitäten auf politisches Verhalten, ist anzunehmen, dass europapolitische Einstellungen das Stimmverhalten von Parteianhängern weniger stark beeinflussen als jenes von parteipolitisch nicht gebundenen Personen. Die Evidenz zu den SPÖ-Anhängern bestätigt diese Vermutung weitgehend. Zwar reagiert die Wahlbereitschaft zugunsten der FPÖ merklich auf EU-Einstellungen, doch fallen die Verschiebungen klein aus. Allein hochgebildete SPÖ-Anhänger scheinen an der Wahlurne relativ sensibel auf europapolitische Fragen zu reagieren. Deutlichere Ausschläge im Wahlverhalten sind unter den – deutlich weniger zahlreichen – FPÖ-Anhängern zu erkennen. Dabei profitieren ÖVP und Grüne zu Lasten der FPÖ von EU-freundlichen Einstellungen. Noch stärker von ihrer Haltung zur EU-Mitgliedschaft Österreichs hängt das Wahlverhalten der ÖVP-Anhänger ab, die darin den parteipolitisch ungebundenen Wählern stark ähneln. In diesem Segment des Elektorats fällt zudem auf, dass die Stimmenanteile von ÖVP und FPÖ wie kommunizierende Röhren erscheinen: Je positiver ein ÖVP-Anhänger die österreichische EU-Zugehörigkeit beurteilt, umso wahrscheinlicher meidet er die FPÖ und umso wahrscheinlicher stimmt er für die ÖVP; die Grünen fallen als Nutznießer europhiler Einstellungen unter den Anhängern der konservativen Volkspartei praktisch nicht ins Gewicht. Insgesamt entsprechen somit die SPÖ-Anhänger am ehesten dem Bild der im Stimmverhalten weitgehend festgelegten und von EU-Einstellungen nicht beeinflussbaren Wähler, während FPÖ-, vor allem aber ÖVP-Anhänger ähnlich stark wie parteipolitisch Ungebundene auf EU-bezogene Einstellungen reagieren. Die elektorale Wirkung

---

10 Betrachtet man die SPÖ-Wahlwahrscheinlichkeit im Detail, wird deutlich, dass diese in vielen Fällen bei Personen mit einer mittleren Position zur Europapolitik minimal erhöht ist.

Tabelle 3
Die Wirkung EU-bezogener Einstellungen auf die Wahrscheinlichkeit, für bestimmte Parteien zu stimmen, in ausgewählten Gruppen der österreichischen Wählerschaft

	SPÖ	ÖVP	FPÖ	Grüne	BZÖ
Rentner, keine PID, mittlere Bildung	1.0	30.5	-46.2	22.6	-8.0
Arbeiter, keine PID, mittlere Bildung	1.4	30.7	-45.7	22.1	-8.7
Arbeiter, keine PID, niedrige Bildung	3.3	35.5	-43.3	12.0	-7.6
Angestellte, keine PID, mittlere Bildung	0.2	20.9	-32.2	30.0	-18.9
Angestellte, keine PID, hohe Bildung	-3.9	16.6	-32.5	37.2	-17.6
Arbeiter, SPÖ-PID, mittlere Bildung	3.5	2.5	-15.6	12.1	-2.6
Rentner, SPÖ-PID, mittlere Bildung	3.0	2.5	-15.2	12.1	-2.2
Angestellte, SPÖ-PID, hohe Bildung	-11.8	1.8	-11.5	26.7	-5.1
Rentner, ÖVP-PID, mittlere Bildung	-1.2	39.2	-36.4	2.7	-4.5
Landwirte, ÖVP-PID, mittlere Bildung	-0.2	21.1	-18.0	1.1	-4.1
Angestellte, ÖVP-PID, hohe Bildung	-1.1	30.2	-26.8	6.5	-8.8
Angestellte, FPÖ-PID, mittlere Bildung	1.3	5.1	-28.2	11.8	9.0
Arbeiter, FPÖ-PID, mittlere Bildung	1.2	7.1	-19.3	6.8	4.1
Rentner, FPÖ-PID, mittlere Bildung	1.3	7.2	-19.3	7.1	3.6

Angegeben sind die Veränderungen der Wahrscheinlichkeit, für eine Partei zu stimmen, wenn man von einer extrem negativen zu einer extrem positiven Bewertung der EU-Mitgliedschaft Österreichs wechselt. Die Effekte wurden auf der Basis der in Tabelle 2 berichteten Ergebnisse berechnet, wobei alle übrigen Variablen auf ihrem Mittelwert (Modus, Median, arithmetisches Mittel) konstant gehalten wurden.

europapolitischer Einstellungen beschränkt sich also nicht allein auf die – wachsende – Gruppe der Österreicher ohne Parteiidentifikation.

Nachdem die Wirkung europapolitischer Einstellungen auf die individuelle Wahlentscheidung in diversen Subgruppen des Elektorats nachgewiesen worden ist, stellt sich beinahe von selbst die Frage nach Wirkungen auf die Stimmenverteilung im Aggregat, also auf Wahlausgänge. Um diese Frage zu beantworten, werden Simulationen für zwei kontrafaktische Szenarien mit dem tatsächlichen Wahlausgang 2008 verglichen. Zum einen wird auf der Grundlage der in Tabelle 2 zusammengestellten Analyseergebnisse ein hypothetischer Wahlausgang ermittelt, und zwar unter der Annahme, dass alle Wähler die EU-Mitgliedschaft Österreichs sehr negativ beurteilen würden. Die zweite Simulation bezieht sich auf ein Szenario, in dem sämtliche Stimmbürger in der Zugehörigkeit ihres Landes zur Europäischen Union sehr große Vorteile sehen. Die Ergebnisse dieser Simulationen sind in Schaubild 1 dargestellt.

Die empirische Evidenz zeigt, dass Verschiebungen in der öffentlichen Meinung zur europäischen Integration – unter den Bedingungen der Wahl 2008 – für beträchtliche Veränderungen in der Stimmenverteilung sorgen würden. Für den Fall, dass die österreichischen Wähler die EU-Mitgliedschaft ihres Landes durchweg kritisch beurteilen würden, wäre die FPÖ mit massiven Stimmengewinnen von knapp 15 Prozentpunkten die Hauptnutznießerin, das BZÖ könnte immerhin noch Zugewinne von fünf Punkten erwarten. Leidtragende wären ÖVP und Grüne mit Verlusten von knapp elf bzw. acht Punkten. Im umgekehrten Fall eines verbreiteten europapolitischen Optimismus könnten diese beiden Parteien mit um gut fünf bzw. vier Punkte höheren Stimmenanteilen rechnen. Hauptverlierer wäre in diesem Fall die FPÖ mit Einbußen von knapp sechs Prozentpunkten. Wie vor dem Hintergrund der Ergebnisse auf der Individualebene nicht anders zu erwarten, würde der Stimmenteil der Sozialdemokraten von Verschiebungen der öffentlichen Meinung zur europäischen Integration praktisch unberührt bleiben.

Schaubild 1
Effekte hypothetischer Verschiebungen der öffentlichen Meinung zur EU-Mitgliedschaft Österreichs auf den Ausgang der Nationalratswahl 2008

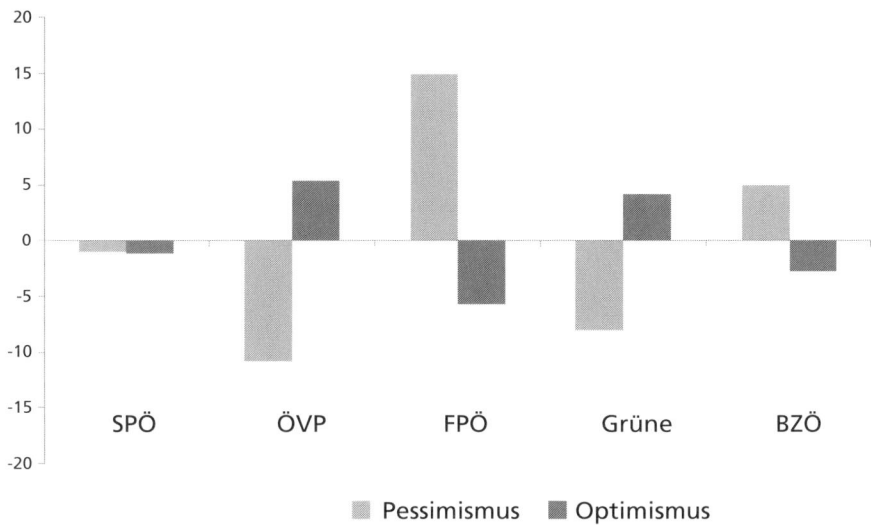

Die Aggregatperspektive erlaubt es zusätzlich, den Einfluss europapolitischer Einstellungen mit der Wirkung der Teuerung und der Zeitungslektüre anschaulich zu vergleichen. Im Vergleich zu den Ausschlägen in der Stimmenverteilung infolge von Verschiebungen in der öffentlichen Meinung zur Europapolitik sind die Aggregateffekte der Teuerungsfrage sehr bescheiden. Würden alle Österreicher die Teuerung als empfindliche Beschränkung ihrer Handlungsmöglichkeiten empfinden, müsste die ÖVP mit gut drei Punkten die größten Stimmeneinbußen hinnehmen. Im umgekehrten Fall wäre sie mit einer ähnlichen Marge die größte Nutznießerin der veränderten öffentlichen Meinung (die Effekte sind nicht tabellarisch oder graphisch ausgewiesen).

Die Zeitungslektüre scheint von größerer Tragweite für die Stimmenverteilung zu sein, doch fällt sie nicht so stark ins Gewicht wie europapolitische Einstellungen. Würden alle Österreicher zu Exklusivlesern der Kronen Zeitung, hätten die Grünen im Vergleich zu ihrem Abschneiden 2008 mit Einbußen von zehn Punkten

Tabelle 4
Die Wirkung von Einstellungen zur EU-Mitgliedschaft auf die Wahlentscheidung in Abhängigkeit vom Bildungsgrad (multinomiale logistische Regression)

	ÖVP	FPÖ	Grüne	BZÖ
EU-Mitgliedschaft	1.21	-1.90*	1.96	-1.28
	(0.96)	(0.97)	(1.32)	(0.96)
EU* mittlere Bildung	0.23	0.44	-0.51	1.17
	(1.17)	(1.17)	(1.54)	(1.16)
EU* hohe Bildung	0.19	-1.27	-0.75	-0.44
	(1.20)	(1.29)	(1.47)	(1.27)
Mittlere Bildung	0.11	0.11	1.35	-0.20
	(0.74)	(0.64)	(1.07)	(0.65)
Hohe Bildung	0.34	1.02	2.17*	0.48
	(0.81)	(0.76)	(1.06)	(0.77)
-2 LL Nullmodell	4630.3			
$\Delta\chi^2$	2174.5			
Korr. Pseudo-R^2	0.42			
N	1572			
EU + EU* mittlere Bildung	1.44*	-1.46*	1.46	-0.11
	(.71)	(.69)	(.81)	(.70)
EU + EU* hohe Bildung	1.40	-3.17***	1.22	-1.72*
	(.76)	(.89)	(.69)	(.87)

Angegeben sind unstandardisierte logistische Regressionskoeffizienten mit Standardfehlern in Klammern. Referenzkategorie der abhängigen Variable ist die SPÖ-Wahl.
Signifikanzniveaus: * $p < 0.05$, ** $p < 0.01$, *** $p < 0.001$.
Die Koeffizienten für die anderen im Modell enthaltenen Prädiktoren (wie in Tabelle 2) sind aus Platzgründen nicht dargestellt.

zu rechnen. Hauptsächliche Nutznießer dieser Entwicklung wären – nach dieser Simulation – SPÖ und ÖVP mit je um rund dreieinhalb Punkten höheren Stimmenanteilen. Läse kein Österreicher die Kronen Zeitung auch nur neben einer anderen Tageszeitung, geschweige nur dieses Boulevardblatt, wären die Grünen die wesentlichen Profiteure mit einem Zugewinn von knapp vier Punkten. Die SPÖ wäre mit zwei Punkten Einbußen die größte Verliererin einer solchen Entwicklung.

Damit ist bislang gezeigt worden, dass das europapolitische Issue bei der Nationalratswahl 2008 erheblich ins Gewicht fiel – und stärker als zwei Faktoren, die bei diesem Urnengang als besonders einflussreich gelten. Nun bleibt abschließend zu klären, ob die Wirkung europapolitischer Einstellungen von der formalen Bildung der Wähler abhängt. Um diese Frage nach der moderierenden Wirkung des Bildungsgrades zu klären, wurde die gleiche Analyse wie diejenige durchgeführt, deren Ergebnisse in Tabelle 2 berichtet sind – mit dem Unterschied, dass zusätzlich Interaktionsterme aus den beiden Bildungsvariablen einerseits und der europapolitischen Haltung andererseits als Vorhersagevariablen einbezogen wurden. Die entsprechenden Ergebnisse sind in Tabelle 4 dargestellt.

Die Evidenz spricht dafür, dass EU-bezogene Einstellungen das Stimmverhalten weitgehend unabhängig von der Formalbildung der Wähler beeinflussten. Zwar sind die Effekte des EU-Issues bei höherer Bildung tendenziell stärker, doch sind diese Unterschiede weit von statistischer Signifikanz und substantieller Relevanz entfernt. Es kommt hinzu, dass Einstellungen zur europäischen Integration das Wahlverhalten auch auf dem niedrigsten Bildungsniveau eigenständig beeinflussen (χ^2 (4) = 13,12, p = 0,0107). Folglich ist die formale Bildung kein starker Moderator des EU-Issueeffekts bei der Nationalratswahl 2008, erst recht ist eine hohe formale Bildung keine Voraussetzung für EU-bezogenes Issuewählen.[11]

5. Zusammenfassung und Diskussion

Ziel des vorliegenden Beitrages war es zu untersuchen, ob Einstellungen zur europäischen Integration das Wahlverhalten bei der Nationalratswahl am 28. September 2008 beeinflussten. Die Analyse zu den Determinanten europapolitischer Einstellungen hat zunächst gezeigt, dass EU-bezogene Einstellungen zwar durchaus von langfristigen Parteibindungen, der Position in der Sozialstruktur und der präferierten Zeitungslektüre geprägt werden, von diesen aber beileibe nicht vollständig determiniert sind. Die Österreicher orientieren sich bei ihrer Meinungsbildung zur Europapolitik also nicht ausschließlich an Signalen vertrauter Partei- und Medieneliten. Folglich gibt es ein Potential für echtes EU-Issuewählen.

---

11   Zu identischen Schlussfolgerungen führt eine Analyse mit einem einzigen Bildungsindex.

Wie die Analyse des Wahlverhaltens im zweiten Schritt zeigte, wurde dieses Potential bei der Nationalratswahl am 28. September 2008 genutzt. Auch wenn man soziodemographische Merkmale, Parteibindungen und zwei wahlspezifische Faktoren kontrolliert, lassen sich erhebliche Effekte europapolitischer Einstellungen auf das Wahlverhalten nachweisen. Diese Wirkungen bestehen darin, dass EU-Skepsis in erster Linie ein Votum für die Freiheitlichen wesentlich wahrscheinlicher werden ließ. Europafreundliche Haltungen begünstigten vor allem die Wahlaussichten der konservativen ÖVP und der linksliberalen Grünen. Diese Befunde deuten darauf hin, dass die Europapolitik bei der Wahlentscheidung 2008 stärker ins Gewicht fiel, als es den Wählern selbst bewusst war (Plasser und Ulram 2008: 15–28). Im Ergebnis reiht sich Österreich unter jene EU-Mitgliedstaaten ein, in denen Einstellungen zur europäischen Integration oder zu europapolitischen Einzelfragen das Wahlverhalten bei nationalen Wahlen beeinflussen (Evans 1998, 1999a, b; Gabel 2000; Pappi und Thurner 2000; Tillman 2004; de Vries 2007; Schoen 2008).

Anders als in einigen dieser Fälle unterscheiden sich österreichische Wähler verschiedener Bildungsschichten in Bezug auf EU-bezogenes Issuewählen nur geringfügig. Die Europapolitik scheint daher keine schwierige Sachfrage zu sein. Eher scheint es sich um ein Thema zu handeln, zu dem sich viele Bürger ein Urteil bilden und auf dieser Grundlage entscheiden können. Nicht zuletzt darin dürfte ein Grund für das beträchtliche Potential der Europapolitik liegen, Wahlen in Österreich entscheidend zu beeinflussen.

Auch in Österreich scheint also der einst schlafende elektorale Riese „Europäische Integration" (siehe zu dem Bild van der Eijk und Franklin 2007) erwacht zu sein. Allerdings lässt sich mangels geeigneter Daten nicht feststellen, ob er erst 2008 erwachte. Auch wird erst die Zukunft zeigen können, ob er schon ganz zu Kräften gekommen ist. Zumindest scheinen noch stärkere Effekte denkbar, wenn die europäische Integration als zentrale Streitfrage die Wahlauseinandersetzung dominierte (de Vries 2007). Bedenkt man die hier aufgezeigten Wirkungspotentiale europapolitischer Einstellungen auf Wahlverhalten und -ausgang, scheinen solche Kampagnen in der Zukunft nicht ausgeschlossen.

Unabhängig von diesen in die Zukunft gerichteten Fragen scheint in Österreich eine notwendige Bedingung für eine funktionierende Verknüpfung von Bürgerwünschen und Elitenhandeln in der Europapolitik erfüllt zu sein (Carrubba 2001). Denn die Wahlbürger stützen ihre Stimmentscheidung auch auf europapolitische Präferenzen und teilen damit den politischen Eliten ihre Vorstellungen mit. Folglich scheinen die Zweifel Alfred Gusenbauers (2008) an der Funktionstüchtigkeit dieser Verknüpfung im Hinblick auf die Wählerseite unbegründet. EU-bezogenes Wahlverhalten ist jedoch nur eine notwendige, aber keine hinreichende Bedingung für eine gelungene Verbindung zwischen Bürgerpräferenzen und Elitehandeln. Dazu bedarf es zusätzlich einer responsiven Elite. Ob Parteien und deren Spitzenpolitiker tatsächlich ein offenes Ohr für die europapolitischen Wünsche der Bürger haben, konnte in dieser Analyse nicht untersucht werden. Sollten sich hier Defizite nachweisen lassen, könnten Referenden durchaus ein geeignetes Instrument sein, den Forderungen der Bürger Nachdruck zu verleihen und die Policy-Responsivität von Parteien und Politikern zu steigern, auch wenn diese natürlich selbst erheblichen Einfluss auf Kampagnen und Stimmverhalten bei Referenden nehmen können (z. B. Trechsel und Sciarini 1998).

Die Europapolitik löste nicht nur die vorgezogene Nationalratswahl 2008 aus, sondern beeinflusste auch das Stimmverhalten am Wahltag. Allerdings ließen europapolitische Einstellungen die Stimmentscheidung zugunsten der SPÖ praktisch unberührt, ironischerweise also derjenigen Partei, deren Kurswechsel in der Europapolitik den Neuwahlprozess in Gang gesetzt hatte. Dieser Befund mag auf den ersten Blick paradox erscheinen, doch lassen sich auf den zweiten Blick wenigstens zwei Argumente finden, ihn zu plausibilisieren. Zum einen thematisierte die SPÖ in der heißen Wahlkampfphase die Europapolitik kaum mehr, sondern konzentrierte sich vor allem auf die Teuerung und andere Fragen (Müller 2009: 2). Zum anderen könnte der europapolitische Kurswechsel der SPÖ dazu beigetragen haben, dass Wähler bei der Entscheidung für oder gegen die Sozialdemokraten die Europapolitik ausblendeten. Manchem Bürger könnte es schwergefallen sein, nach der Kehrtwende der Sozialdemokraten eine eindeutige europapolitische Position dieser Partei auszumachen. Und sofern sie eine solche erkannten, könnten sie Zweifel an deren Verlässlichkeit verspürt haben. Leider können diese Spekulationen mit den vorliegenden Daten nicht auf ihre Gültigkeit hin überprüft werden.

Die vorliegende Analyse weist zugleich auf weitere Desiderate hin, derer sich die künftige Forschung annehmen sollte. Mangels geeigneter Daten konnte eine Reihe wünschenswerter potentieller Einflussfaktoren wie etwa ideologische Orientierungen, Kandidatenbewertungen und zusätzliche Issueorientierungen nicht in die Analyse einbezogen werden. Infolgedessen konnte die Wirkung EU-bezogener Einstellungen auf Wahlverhalten in Österreich zwar besser als vorher, aber nicht vollends befriedigend untersucht werden. Auch sollte die Wahlenthaltung als eine Handlungsmöglichkeit berücksichtigt werden. Ebenso wäre es wünschenswert gewesen, die seitens der Bürger wahrgenommenen europapolitischen Positionen der Parteien in die Analyse einzubeziehen. Auch sollten in künftigen Untersuchungen bessere Indikatoren als die formale Bildung zur Messung politischer Involvierung verwendet werden. Schließlich ergeben sich weitere Verbesserungsmöglichkeiten daraus, dass Daten zu einer einzigen Wahl verwendet wurden, die an einem Tag erhoben wurden. Die Konzentration auf einen Urnengang schließt aus, die Wirkungen mittel- und langfristiger Veränderungen im Parteiensystem und im Kontext auf das Wahlverhalten und dessen Determinanten zu untersuchen. Indem die Daten an einem Tag gesammelt wurden, begibt man sich der Möglichkeit, die Dynamik EU-bezogener Einstellungen und ihrer wahlbezogenen Wirkungen während eines Wahlkampfes zu untersuchen. Der vorliegende Aufsatz hat somit zwar die elektorale Wirkmacht EU-bezogener Einstellungen in Österreich aufgezeigt, weist aber mindestens so deutlich darauf hin, dass weitere Forschungsanstrengungen erforderlich sind, um die Wirkungsbedingungen und -mechanismen genauer zu untersuchen.

Literaturverweise

Adams, James und Samuel Merrill (2005). Candidates' policy platforms and election outcomes: The three faces of policy representation. *European Journal of Political Research* 44, 899–918.

Alvarez, Michael R., Jonathan Nagler und Jennifer R. Willette (2000). Measuring the Relative Impact of Issues and the Economy in Democratic Elections. *Electoral Studies* 19, 237–253.

Campbell, Angus, Philip E. Converse, Warren E. Miller und Donald E. Stokes (1960). *The American Voter*. New York.

Carmines, Edward G. und James A. Stimson (1980). The Two Faces of Issue Voting. *American Political Science Review* 74, 78–91.

Carrubba, Clifford J. (2001). The Electoral Connection in European Union Politics. *Journal of Politics* 63, 141–158.

De Vries, Catherine (2007). Sleeping Giant: Fact or Fairytale? How European Integration affects National Elections. *European Union Politics* 8, 363–385.

Europäische Kommission (2008). Eurobarometer 70. Die öffentliche Meinung in der Europäischen Union. Herbst 2008: *Nationaler Bericht Österreich*. Brüssel.

Evans, Geoffrey (1998). Euroscepticism and Conservative Electoral Support: How an Asset Became a Liability. *British Journal of Political Science* 28, 573–590.

Evans, Geoffrey (1999a). Economics and Politics Revisited: Explaining the Decline in Conservative Support 1992–1995. *Political Studies* 47, 139–151.

Evans, Geoffrey (1999b). Europe: A New Electoral Cleavage? In Geoffrey Evans und Pippa Norris (eds.). *Critical Elections: British Parties and Voters in Long-Term Perspective*, Thousand Oaks, 207–222.

Fitzmaurice, John (1995). The 1994 Referenda on EU Membership in Austria and Scandinavia – A Comparative Analysis. *Electoral Studies* 14, 222–226.

Gabel, Matthew (1998a). Public Support for European Integration: An Empirical Test of Five Theories. *Journal of Politics* 60, 333–354.

Gabel, Matthew (1998b). Economic Integration and Mass Politics: Market Liberalization and Public Attitudes in the European Union. *American Journal of Political Science* 42, 936–953.

Gabel, Matthew (2000). European Integration, Voters and National Politics. *West European Politics* 23, 52–72.

Gusenbauer, Alfred (2008). Warum Europa die Europäer nicht fürchten sollte. *Frankfurter Allgemeine Zeitung*, 10. Juli, 10.

Gusenbauer, Alfred und Werner Faymann (2008). Volksabstimmung für neuen EU-Vertrag. *Kronen Zeitung*, 26. Juni.

Haerpfer, Christian und Ernst Gehmacher (1984). Social Structure and Voting in the Austrian Party System. *Electoral Studies* 3, 25–46.

Hobolt, Sara B. und Robert Klemmensen (2005). Responsive Government? Public Opinion and Government Policy Preferences in Britain and Denmark. *Political Studies* 53, 379–402.

Hooghe, Liesbet und Gary Marks (2004). Does Identity or Economic Rationality Drive Public Opinion on European Integration? *PS: Political Science and Politics* 37, 415–442.

Hooghe, Liesbet und Gary Marks (2005). Calculation, Community and Cues: Public Opinion on European Integration. *European Union Politics* 6, 419–443.

Inglehart, Ronald (1970). Public Opinion and European Integration. In Leon Lindberg und Stuart Scheingold (eds.). *European Integration*, Cambridge, 160–191.

Jacobs, Lawrence R. und Benjamin I. Page (2005). Who Influences U.S. Foreign Policy? *American Political Science Review* 99, 107–123.

Kriesi, Hanspeter, Edgar Grande, Romain Lachat, Martin Dolezal, Simon Bornschier und Timotheus Frey (2008). *West European Politics in the Age of Globalization*. Cambridge.

Kritzinger, Sylvia (2005). European Identity Building from the Perspective of Efficiency. *Comparative European Politics* 3, 50–75.

Lindberg, Leon und Stuart Scheingold (1970). *Europe's Would-Be Polity*. Englewood Cliffs.

Lipset, Seymour M. und Stein Rokkan (1967). Cleavage Structures, Party Systems, and Voter Alignments: An Introduction. In Seymour M. Lipset und Stein Rokkan (eds.). *Party Systems and Voter Alignments: Cross-National Perspectives*, New York, 1–64.

McLaren, Lauren M. (2002). Public Support for the European Union: Cost/Benefit Analysis or Perceived Cultural Threat. *Journal of Politics* 64, 551–566.

Miller, Warren E. und J. Merril Shanks (1996). *The New American Voter*. Cambridge/MA.

Müller, Wolfgang C. (2000). Wahlen und Dynamik des österreichischen Parteiensystems seit 1986. In Fritz Plasser, Peter A. Ulram und Franz Sommer (Hg.). *Das österreichische Wahlverhalten*, Wien, 13–54.

Müller, Wolfgang C. (2008). The surprising election in Austria, October 2006. *Electoral Studies* 27, 175–179.

Müller, Wolfgang C. (2009). The snap election in Austria, September 2008. *Electoral Studies* 28 (doi: 10.1016/j.electstud.2009.03.003)

Newman, W. Russell (1986). *The Paradox of Mass Politics*. Cambridge.

Olt, Reinhard (2008). Österreich wählt vorzeitig ein neues Parlament. *Frankfurter Allgemeine Zeitung*, 27. September, 2.

Page, Benjamin I. und Robert Y. Shapiro (1992). *The Rational Public: Fifty Years of Trends in Americans' Policy Preferences*. Chicago.

Palme, Imma (2000). Issue-Voting: Themen und thematische Positionen als Determinanten der Wahlentscheidung. In Fritz Plasser, Peter A. Ulram und Franz Sommer (Hg.). *Das österreichische Wahlverhalten*, Wien, 243–259.

Pappi, Franz Urban und Paul W. Thurner (2000). Die deutschen Wähler und der Euro: Auswirkungen auf die Bundestagswahl 1998? *Politische Vierteljahresschrift* 41, 435–465.

Pattie, Charles J. und Ron J. Johnston (2001). Routes to party choice: Ideology, economic evaluations and voting at the 1997 British General Election. *European Journal of Political Research* 39, 373–389.

Plasser, Fritz und Peter A. Ulram (2007). Wählerbewegungen und Parteienkampagnen im Nationalratswahlkampf 2006. In Fritz Plasser und Peter A. Ulram (Hg.). *Wechselwahlen. Analysen zur Nationalratswahl 2006*, Wien, 19–37.

Plasser, Fritz und Peter A. Ulram (2008). *Die Wahlanalyse 2008. Wer hat wen warum gewählt?* Presseunterlage, Wien: GfK Politikforschung.

Plasser, Fritz, Peter A. Ulram und Gilg Seeber (2003). Erdrutschwahlen: Momentum, Motive und neue Muster im Wahlverhalten. In Fritz Plasser und Peter A. Ulram (Hg.). *Wahlverhalten in Bewegung. Analysen zur Nationalratswahl 2002*, Wien, 97–157.

Plasser, Fritz, Peter A. Ulram und Gilg Seeber (2007). Was Wähler(innen) bewegt: Parteien-, Themen- und Kandidatenorientierungen 2006. In Fritz Plasser und Peter A. Ulram (Hg.). *Wechselwahlen. Analysen zur Nationalratswahl 2006*, Wien, 155–194.

Powell, G. Bingham (2000). *Elections as Instruments of Democracy: Majoritarian and Proportional Visions*. New Haven.

Ray, Leonard (2003). When Parties Matter: The Conditional Influence of Party Positions on Voter Opinions about European Integration. *Journal of Politics* 65, 978–994.

Rohrschneider, Robert (2002). The Democracy Deficit and Mass Support for an EU-wide Government. *American Journal of Political Science* 46, 463–475.

Schmitt, Hermann (2005). The European Parliament Elections of June 2004: Still Second-Order? *West European Politics* 28, 650–679.

Schmitt-Beck, Rüdiger (2000). *Politische Kommunikation und Wählerverhalten. Ein internationaler Vergleich*. Wiesbaden.

Schoen, Harald (2008). Turkey's bid for EU membership, contrasting views of public opinion, and vote choice. Evidence from the 2005 German federal election. *Electoral Studies* 27, 344–355.

Schoen, Harald und Cornelia Weins (2005). Der sozialpsychologische Ansatz zur Erklärung von Wahlverhalten. In Jürgen W. Falter und Harald Schoen (Hg.). *Handbuch Wahlforschung*, Wiesbaden, 187–242.

Sniderman, Paul M. (1993). The New Look in Public Opinion Research. In Ada W. Finifter (ed.). *Political Science: The State of the Discipline II*, Washington DC, 219–245.

Sniderman, Paul M., Richard A. Brody und Philip E. Tetlock (1991). *Reasoning and Choice. Explorations in Political Psychology*. Cambridge.

SPÖ (2008). *Wahlmanifest der Sozialdemokratischen Partei Österreichs. Nationalratswahl 2008*. Wien.

Taggart, Paul (1998). A Touchstone of Dissent: Euroscepticism in Contemporary Western European Party Systems. *European Journal of Political Research* 33, 363–388.

Taggart, Paul und Aleks Szczerbiak (eds.) (2008). *Opposing Europe? The Comparative Party Politics of Euroscepticism. Vol. 1: Case Studies and Country Surveys*. Oxford.

Tillman, Erik R. (2004). The European Union at the Ballot Box? European Integration and Voting Behavior in the New Member States. *Comparative Political Studies* 37, 590–610.

Trechsel, Alexander H. und Pascal Sciarini (1998). Direct Democracy in Switzerland: Do Elites Matter? *European Journal of Political Research* 33, 99–124.

Van der Eijk, Cees und Mark N. Franklin (2007). The sleeping giant: Potential for political mobilization of disaffection with European integration. In Wouter van der Brug und Cees van der Eijk (eds.). *European Elections and Domestic Politics. Lessons from the Past and Scenarios for the Future*, Notre Dame, 189–208.

Zaller, John R. (1992). *The Nature and Origins of Mass Opinion*. Cambridge.

Anhang: Kodierung der Variablen

Geschlecht:	0 = männlich, 1 = weiblich
Alter:	in Jahren
Mittlere Bildung:	1 = Berufs-/Fachschule mit Abschluss; 0 = andere.
Hohe Bildung:	1 = Matura oder Hochschulabschluss; 0 = andere.
Arbeiter:	1 = Arbeiter, 0 = andere.
Angestellte:	1 = Angestellte, 0 = andere.
Arbeiter:	1 = Arbeiter, 0 = andere.
Selbständige:	1 = Selbständige, 0 = andere.
Öffentlich Bedienstete:	1 = öffentlich Bedienstete, 0 = andere.
Rentner:	1 = Rentner, 0 = andere.
Gewerkschaftsmitgliedschaft:	1 = Mitglied, 0 = andere.
Katholik:	1 = Katholik, 0 = andere.
Kirchgang – sonntags:	1 = Personen, die jeden Sonntag den Gottesdienst besuchen, 0 = andere.
Kirchgang – feiertags:	1 = Personen, die an Feiertagen den Gottesdienst besuchen, 0 = andere.
Kirchgang – unregelmäßig:	1 = Personen, die seltener den Gottesdienst besuchen, 0 = andere.

Parteiidentifikation: „Denken Sie jetzt bitte nicht nur an diese Wahl: Neigen Sie alles in allem einer bestimmten Partei grundsätzlich zu oder ist das bei Ihnen nicht der Fall?" Falls ja: „Und welcher Partei neigen Sie grundsätzlich zu?" Dummy-Variablen für Identifikation mit SPÖ, ÖVP, FPÖ, Grüne und BZÖ.

Zeitungslektüre (Referenzkategorie: keine Tageszeitung):

Kronen Zeitung:	1 = Exklusivleser der Kronen Zeitung, 0 = andere.
Kronen- und andere Zeitung:	1 = Leser der Kronen- und wenigstens einer anderen Zeitung, 0 = andere.
Andere Zeitung:	1 = Leser einer anderen als der Kronen Zeitung, 0 = andere.

EU-Mitgliedschaft: „Bringt die EU-Mitgliedschaft Österreichs für die österreichische Bevölkerung insgesamt (sehr große/eher Vorteile, eher/sehr große Nachteile)?" Viererskala recodiert auf den Wertebereich 0 (sehr große Nachteile) bis 1 (sehr große Vorteile).

Teuerung: „In der letzten Zeit sind die Preise für Energie und Lebensmittel stark angestiegen. Fühlen Sie sich dadurch in Ihrem finanziellen Handlungsspielraum (bereits stark/spürbar/etwas/bis jetzt noch kaum) eingeschränkt?" Viererskala recodiert auf den Wertebereich 0 (bis jetzt noch kaum) bis 1 (bereits stark).

Tabellarischer Anhang

Anhang A: Ergebnisse bundesweiter Wahlen, 1945–2009

A1: Nationalratswahlen 1945–2008 (in absoluten Stimmen, Prozenten und Mandaten)

Jahr	Wahlbe- rechtigte	Abgegebene Stimmen			Abgegebene gültige Stimmen für					sonstige
		insge- samt	un- gültig	gültig	SPÖ	ÖVP	FPÖ	KPÖ	GRÜNE	
1945	3,253.329	3,253.329	35.975	3,217.354	1,434.898	1,602.227	–	174.257		5.972
1949	4,391.815	4,250.616	56.883	4,193.733	1,623.524	1,846.581	489.273	213.066		21.289
1953	4,586.870	4,395.519	76.831	4,318.688	1,818.517	1,781.777	472.866	228.159		17.369
1956	4,614.464	4,427.711	75.803	4,351.908	1,873.295	1,999.986	283.749	192.438		2.440
1959	4,696.603	4,424.658	61.802	4,362.856	1,953.935	1,928.034	336.110	142.578		2.190
1962	4,805.351	4,506.007	49.876	4,456.131	1,960.685	2,024.501	313.859	135.520		21.530
1966	4,886.716	4,583.970	52.085	4,531.885	1,928.985	2,191.109	242.570	18.636		148.528
1970	5,045.840	4,630.851	41.889	4,588.962	2,221.981	2,051.012	253.425	44.750		14.925
1971	4,984.448	4,607.616	50.626	4,556.990	2,280.168	1,964.713	248.473	61.762		1.874
1975	5,019.277	4,662.684	49.252	4,613.432	2,326.201	1,981.291	249.444	55.032		1.464
1979	5,186.735	4,784.173	54.922	4,729.251	2,413.226	1,981.739	286.743	45.280		2.261
1983	5,316.436	4,922.454	69.037	4,853.417	2,312.529	2,097.808	241.789	31.912	ALÖ 65.816	VGÖ 93.798 / ÖP 5.851 / AHB 3.914
1986	5,461.414	4,940.298	88.110	4,852.188	2,092.024	2,003.663	472.205	35.104	GRÜNE 234.028	GAL / VGÖ 6.005 / K.G. / CWG 8.100 / MIR
1990	5,628.912	4,848.741	143.847	4,704.894	2,012.787	1,508.600	782.648	25.685	GRALT 225.081	WGÖ 92.277 / VDS 35.833 / CDP 9.263 / VGÖ 3.996 / Fritz / CWG / NEIN 2.530
1994	5,774.000	4,730.987	97.873	4,633.114	1,617.804	1,281.846	1,042.332	11.919	GRÜNE 338.538	LIF 276.580 / NEIN 41.492 / CWG 9.051 / ÖNP 4.209 / VGÖ 5.776 / BGÖ 2.504 / DBP 581 / NEIN 482 / Fritz
1995	5,768.099	4,959.539	115.291	4,844.248	1,843.679	1,370.497	1,060.175	13.939	GRÜNE 233.232	LIF 267.078 / NEIN 53.184 / ÖNP 1.634 / KPÖ / DU 830 / CWG / NEIN
1999	5,838.373	4,695.225	72.871	4,622.354	1,532.448	1,243.672	1,244.087	LIF 168.612	GRÜNE 342.260	KPÖ 22.016 / DU 46.943 / SLP 19.286 / CWG 3.030 / NEIN
2002	5,912.592	4,982.261	72.616	4,909.645	1,792.499	2,076.833	491.328	BZÖ 48.083	GRÜNE 464.980	KPÖ 27.568 / Dem. 2.439 / SLP 3.906 / NFÖ 2.009
2006	6,107.892	4,793.780	85.499	4,708.281	1,663.986	1,616.493	519.598	BZÖ 193.539	GRÜNE 520.130	KPÖ 47.578 / MATIN 131.688 / NFÖ 10.594 / SAU 1.514 / LIF / IVE 592 / STARK 312 / SLP 2.257 / RETTÖ
2008	6,333.109	4,990.952	103.643	4,887.309	1,430.206	1,269.656	857.029	BZÖ 522.933	GRÜNE 509.936	FRITZ 86.194 / KPÖ 37.362 / RETTÖ 102.249 / LINKE 35.718 / DC 31.080 / TRP 2.224 / LINKE 1.789 / KHK 347 / STARK 237 / Linke 349

Fortsetzung Tabelle A1: Nationalratswahlen 1945–2008 (in absoluten Stimmen, Prozenten und Mandaten)

Jahr	Prozente						Mandate						
	Wahlb.	SPÖ	ÖVP	FPÖ	KPÖ	Sonstige	gesamt	SPÖ	ÖVP	FPÖ	KPÖ	GRÜ	LIF
1945	94,3	44,6	49,8	–	5,4		165	76	85	–	4		
1949	96,8	38,7	44,0	11,7	5,1		165	67	77	16	5		
1953	95,8	42,1	41,3	10,9	5,3		165	73	74	14	4		
1956	96,0	43,0	46,0	6,5	4,4		165	74	82	6	3		
1959	94,2	44,8	44,2	7,7	3,3		165	78	79	8	–		
1962	93,8	44,0	45,4	7,1	3,0		165	76	81	8	–		
1966	93,8	42,6	48,3	5,4	0,4		165	74	85	6	–		
1970	91,8	48,4	44,7	5,5	0,9		165	81	78	6	–		
1971	92,4	50,0	43,1	5,5	1,4		183	93	80	10	–		
1975	92,9	50,4	43,0	5,4	1,2		183	93	80	10	–		
1979	92,2	51,0	41,9	6,1	1,0		183	95	77	11	–		
1983	92,6	47,7	43,2	4,98	0,7	ALÖ 1,4; VGÖ 1,9	183	90	81	12	–		
1986	90,5	43,1	41,3	9,7	0,7	GRÜNE/GRALT 4,8; GAL 0,1; VGÖ 0,1	183	80	77	18	–	8	
1990	86,1	42,8	32,1	16,6	0,6	GRÜNE 4,8; VGÖ 2,0; WGÖ 0,1; CDP 0,1; BGÖ 0,1; ÖNP 0,1; GF 0,1; CWG 0,1	183	80	60	33	–	10	
1994	81,9	34,9	27,7	22,5	0,3	GRÜNE 7,3; VGÖ 0,1; DBP 0,01; DBP 0,01; CWG 0,2; FRITZ 0,01	183	65	52	42	–	13	11
1995	86,0	38,1	28,3	21,9	0,3	GRÜNE 4,8; ÖNP 0,03; – 0,01; –	183	71	53	40	–	9	10
1999	80,4	33,2	26,9	26,9	0,5	GRÜNE 7,4; LIF 3,7; CWG 0,1; –	183	65	52	52	–	14	–
2002	84,3	36,5	42,3	10,0	0,6	GRÜNE 9,5; LIF 1,0; SLP 0,04; SAU 0,03; IVE 0,01	183	69	79	18	–	17	–
2006	78,5	35,3	34,3	11,0	1,0	GRÜNE 11,1; BZÖ 4,1; SLP 0,05; SAU 0,03	183	68	66	21	–	21	– / BZÖ 7
2008	78,8	29,3	26,0	17,5	0,8	GRÜNE 10,4; BZÖ 10,7; LIF 2,1; RETTÖ 0,73; STARK/Linke 0,01; KHK 0,01; LINKE/TRP 0,05; FRITZ 1,8; DC 0,6	183	57	51	34	–	20	– / BZÖ 21

Legende zu Tabelle A1

Kandidierende Parteien bei der **Nationalratswahl 2008:**
In allen 9 Bundesländern:

1. Sozialdemokratische Partei Österreichs – **SPÖ**
2. Österreichische Volkspartei – **ÖVP**
3. Die Grünen - Die Grüne Alternative – **GRÜNE**
4. Freiheitliche Partei Österreichs – **FPÖ**
5. BZÖ – Liste Jörg Haider – **BZÖ**
6. Bürgerforum Österreich Liste Fritz Dinkhauser – **FRITZ**
7. Die Christen – **DC**
8. Kommunistische Partei Österreichs – **KPÖ**
9. Liberales Forum – **LIF**
10. Unabhängige Bürgerinitiative Rettet Österreich – **RETTÖ**

Nur in Tirol:
Die Linke – **Linke**

Nur in Kärnten:
Dipl.Ing. Karlheinz H. Klement – **KHK**
Liste Stark – **STARK**

Nur im Burgenland, Oberösterreich, Salzburg, Wien:
Linke – **LINKE**

Nur in Wien:
Tierrechtspartei earth-human-animals-nature – **TRP**

A2: Wahlen zum Europäischen Parlament (1996, 1999, 2004 und 2009)

	Wahl-berecht. Stimmen	abgeg. Stimmen	Wahl-bet. %	gültige Stimmen	SPÖ Stimmen	%	ÖVP Stimmen	%	FPÖ Stimmen	%	LIF Stimmen	%	GRÜNE Stimmen	%	MARTIN Stimmen	%	SONST. Stimmen	%	SONST. Stimmen	%	KPÖ Stimmen	%
1996	5,800.377	3,928.538	67,7	3,794.145	1,105.910	29,2	1,124.921	29,7	1,044.604	27,5	161.583	4,3	258.250	6,8			N 48.600	1,3	For. 32.621	0,9	17.656	0,5
1999	5,847.660	2,888.733	49,4	2,801.353	888.338	31,7	859.175	30,7	655.519	23,4	74.467	2,7	260.273	9,3			CSA 43.084	1,5			20.497	0,7
2004	6,049.129	2,566.639	42,4	2,500.610	833.517	33,3	817.716	32,7	157.722	6,3	-	-	322.429	12,9	349.696	14,0	LINKE 19.530	0,8			-	-
2008	6,362.761	2,925.132	46,0	2,864.621	680.041	23,7	858.921	30,0	364.207	12,7	-	-	284.505	9,9	506.092	17,7	JuLis 20.668	0,7	BZÖ 131.261	4,6	18.926	0,7

Legende zu Tabelle A2
Kandidierende Parteien:

Europawahl 1996:
Sozialdemokratische Partei Österreichs - SPÖ
Österreichische Volkspartei - ÖVP
Freiheitliche Partei Österreichs - FPÖ
Liberales Forum - Heide Schmidt - LIF
Die Grünen - Die Grüne Alternative - GRÜNE
Die Neutralen - Bürgerinitiative - N
Forum Handicap - Forum (For.)
Kommunistische Partei Österreichs - KPÖ

Europawahl 2004:
Sozialdemokratische Partei Österreichs - SPÖ
Österreichische Volkspartei - Liste Ursula Stenzel - ÖVP
Freiheitliche Partei Österreichs - FPÖ
Die Grünen - Die Grüne Alternative - GRÜNE
Liste Dr. Hans-Peter Martin - Für echte Kontrolle inBrüssel - MARTIN
Opposition für ein solidarisches Europa – Europäische Linke, KPÖ, Unabhängige - LINKE

Europawahl 1999:
Sozialdemokratische Partei Österreichs - SPÖ
Österreichische Volkspartei - Liste Ursula Stenzel - ÖVP
Freiheitliche Partei Österreichs - FPÖ
Liberales Forum - LIF
Die Grünen - Die Grüne Alternative - GRÜNE
Christlich-Soziale Allianz - Liste Karl Habsburg - CSA
Kommunistische Partei Österreichs - KPÖ

Europawahl 2009:
Sozialdemokratische Partei Österreichs - SPÖ
Österreichische Volkspartei - ÖVP
Liste „Dr. Martin – Für Demokratie, Kontrolle, Gerechtigkeit - MARTIN
Die Grünen - Die Grüne Alternative - GRÜNE
Freiheitliche Partei Österreichs - FPÖ
Kommunistische Partei Österreichs - Europäische Linke - KPÖ
Junge Liberale Österreich - JuLis
BZÖ - Mag. Ewald Stadler - BZÖ

A3: Beteiligung an Wahlen und Volksabstimmungen, 1949–2009

In Prozent der Wahlberechtigten	Nationalrats-wahlen	Bundespräsiden-tenwahlen (1. Wahlgang)	Europawahlen	Volks-abstimmungen
1949	96,8			
1951		97,0		
1953	95,8			
1956	96,0			
1957		97,2		
1959	94,2			
1962	93,8			
1963		95,6		
1965		96,0		
1966	93,8			
1970	91,8			
1971	92,4	95,3		
1974		94,1		
1975	92,9			
1978				64,1
1979	92,2			
1980		91,6		
1983	92,6			
1986	90,5	89,5		
1990	86,1			
1992		83,8		
1994	81,9			82,4
1995	86,0			
1996			67,7	
1998		74,4		
1999	80,4		49,4	
2002	84,3			
2004		71,6	42,4	
2006	78,5			
2008	78,8			
2009			46,0	

Quelle: Amtliche Wahlstatistiken.

Anhang B: Empirische Daten zum Wahlverhalten

B1: Stimmenanteile der SPÖ nach soziodemografischen Gruppen, 1986–2008

In Prozent haben gewählt	86	90	94	95	99	02	06	08
Männer	42	39	34	35	31	32	34	30
berufstätige Männer	41	38	34	34	30	30	31	26
Pensionisten	49	46	37	38	41	42	42	40
Frauen	43	44	36	40	35	40	38	31
erwerbstätige Frauen	46	40	32	35	32	37	34	27
Pensionistinnen	48	48	43	50	45	44	40	39
Unter 30 Jahre	39	35	31	30	25	29	32	16
30–44 Jahre	43	40	31	36	32	35	30	23
45–59 Jahre	42	46	37	39	35	38	38	34
60 Jahre und älter	45	46	41	44	39	42	40	37
Landwirte	1	1	8	4	1	2	5	2
Selbständige/freie Berufe	14	10	10	18	10	16	20	17
Beamte	49	40	35	48	33	39	36	23
Angestellte	40	38	29	32	36	37	35	28
Arbeiter	57	52	47	41	35	41	47	27
Pensionisten	49	47	40	45	43	43	41	39
Pflichtschulbildung	47	50	45	45	42	44	50	40
Fachschule/Berufsschule	45	46	50	38	35	39	38	32
Matura/Universität	29	24	19	30	27	28	27	25

Quelle: GfK Austria, Exit Polls (1986–2002) bzw. Repräsentative Wahltagsbefragungen (2006 und 2008).

B2: Stimmenanteile der ÖVP nach soziodemografischen Gruppen, 1986–2008

In Prozent haben gewählt	86	90	94	95	99	02	06	08
Männer	38	29	25	26	26	44	35	25
berufstätige Männer	38	29	24	24	26	44	36	25
Pensionisten	38	29	28	33	27	46	34	28
Frauen	43	33	30	29	27	40	35	28
erwerbstätige Frauen	37	34	27	26	26	40	34	27
Pensionistinnen	44	34	33	31	32	46	37	30
Unter 30 Jahre	33	24	19	18	17	33	30	20
30–44 Jahre	37	32	26	25	23	35	34	24
45–59 Jahre	48	34	30	33	32	38	34	26
60 Jahre und älter	44	34	33	34	33	48	37	31
Landwirte	93	85	73	72	87	95	79	90
Selbständige/freie Berufe	60	51	40	39	41	58	38	34
Beamte	33	30	23	20	30	41	36	36
Angestellte	36	27	25	28	23	37	31	23
Arbeiter	27	19	15	13	12	34	25	19
Pensionisten	41	32	31	32	30	46	36	29
Pflichtschulbildung	42	33	28	27	28	38	31	26
Fachschule/Berufsschule	38	27	24	25	23	42	33	25
Matura/Universität	46	38	32	32	30	44	39	28

Quelle: GfK Austria, Exit Polls (1986–2002) bzw. Repräsentative Wahltagsbefragungen (2006 und 2008).

B3: Stimmenanteile der FPÖ und des BZÖ nach soziodemografischen Gruppen, 1986–2008

In Prozent haben gewählt	86	90	94	95	99	02	06	08	BZÖ 08
Männer	12	20	28	27	32	12	13	20	11
berufstätige Männer	13	20	28	30	33	14	11	21	12
Pensionisten	11	22	29	23	28	9	14	15	11
Frauen	7	12	17	16	21	8	9	14	9
erwerbstätige Frauen	7	13	17	20	22	9	9	15	9
Pensionistinnen	5	12	19	10	19	5	9	13	8
Unter 30 Jahre	12	18	25	29	35	14	9	29	10
30–44 Jahre	11	15	22	24	29	11	11	19	11
45–59 Jahre	6	15	22	10	21	10	10	14	11
60 Jahre und älter	8	16	22	15	23	7	11	14	9
Landwirte	5	9	15	18	10	1	9	5	1
Selbständige/freie Berufe	15	21	30	28	33	17	8	20	15
Beamte	9	14	14	17	20	7	3	13	7
Angestellte	13	16	22	22	22	11	11	17	11
Arbeiter	10	21	29	34	47	16	18	33	12
Pensionisten	8	16	24	16	24	7	11	14	10
Pflichtschulbildung	6	14	21	18	25	10	11	15	11
Fachschule/Berufsschule	11	19	26	27	31	12	13	22	12
Matura/Universität	11	13	19	16	22	7	7	11	8

Quelle: GfK Austria, Exit Polls (1986–2002) bzw. Repräsentative Wahltagsbefragungen (2006 und 2008).

B4: Stimmenanteile der Grünen bzw. des Liberalen Forums nach soziodemografischen Gruppen, 1986–2008

In Prozent haben gewählt	Grün 86	Grün 90	Grün 94	Grün 95	Grün 99	Grün 02	Grün 06	Grün 08	LIF 94	LIF 95	LIF 99
Männer	4	4	5	4	5	7	9	9	5	5	3
berufstätige Männer	4	4	6	4	5	8	13	11	5	4	3
Pensionisten	1	0	1	0	1	1	2	2	1	3	1
Frauen	5	5	9	5	9	10	10	12	6	6	4
erwerbstätige Frauen	7	6	12	7	12	11	16	16	9	8	5
Pensionistinnen	1	2	2	1	2	2	3	6	2	2	1
Unter 30 Jahre	11	9	12	10	13	20	22	16	11	9	4
30–44 Jahre	6	6	11	5	8	9	16	17	7	5	4
45–59 Jahre	1	2	5	2	5	6	11	10	4	5	4
60 Jahre und älter	1	1	2	0	2	1	3	4	1	2	2
Landwirte	1	–	1	1	2	1	1	1	–	1	–
Selbständige/freie Berufe	6	8	9	7	7	10	18	19	10	5	8
Beamte	6	8	18	6	12	12	20	16	9	6	3
Angestellte	7	7	12	7	10	12	16	14	11	8	5
Arbeiter	4	2	4	3	2	3	3	6	2	4	1
Pensionisten	1	1	2	1	1	2	3	4	2	3	1
Pflichtschulbildung	3	1	3	2	1	4	1	2	2	1	1
Fachschule/Berufsschule	3	2	4	3	4	5	5	5	3	4	2
Matura/Universität	11	13	16	9	13	18	20	20	13	11	7

Quelle: GfK Austria, Exit Polls (1986–2002) bzw. Repräsentative Wahltagsbefragungen (2006 und 2008).

B5: Veränderungen im Wahlverhalten der 18–29-Jährigen, 1986–2008

In Prozent wählten	SPÖ	ÖVP	FPÖ	BZÖ	Grüne	LIF
1986	39	33	12	–	11	–
1990	35	24	18	–	9	–
1994	31	19	25	–	12	11
1995	30	18	29	–	10	9
1999	25	17	35	–	13	6
2002	29	33	14	–	20	–
2006	32	30	9	2	22	–
2008	16	20	29	10	16	–

Anmerkung: Fallzahlbedingte Tendenzwerte (N = jeweils durchschnittlich 250–300 Befragte). 2008: 16–29-Jährige.

Quelle: GfK Austria, Exit Polls (1986–2002) bzw. Repräsentative Wahltagsbefragungen (2006 und 2008).

B6: Veränderungen im Wahlverhalten erwerbstätiger Frauen, 1986–2008

In Prozent wählten	SPÖ	ÖVP	FPÖ	BZÖ	Grüne	LIF
1986	46	37	7	–	7	–
1990	40	34	13	–	6	–
1994	32	27	17	–	12	9
1995	35	26	20	–	7	8
1999	32	26	22	–	12	5
2002	37	40	9	–	11	–
2006	34	34	9	4	16	–
2008	27	27	15	9	16	–

Anmerkung: Fallzahlbedingte Tendenzwerte (N = jeweils durchschnittlich 500 Befragte.

Quelle: GfK Austria, Exit Polls (1986–2002) bzw. Repräsentative Wahltagsbefragungen (2006 und 2008).

B7: Veränderungen im Wahlverhalten der Angestellten *(white collar)*, 1986–2008

In Prozent wählten	SPÖ	ÖVP	FPÖ	BZÖ	Grüne	LIF
1986	40	36	13	–	7	–
1990	38	27	16	–	7	–
1994	29	25	22	–	12	11
1995	32	28	22	–	7	8
1999	36	23	22	–	10	5
2002	37	37	11	–	12	–
2006	35	31	11	3	16	–
2008	28	23	17	11	14	–

Anmerkung: Fallzahlbedingte Tendenzwerte (N = jeweils durchschnittlich 600 Befragte).

Quelle: GfK Austria, Exit Polls (1986–2002) bzw. Repräsentative Wahltagsbefragungen (2006 und 2008).

B8: Veränderungen im Wahlverhalten der Beamten bzw. im öffentlichen Dienst Beschäftigten, 1986–2008

In Prozent wählten	SPÖ	ÖVP	FPÖ	BZÖ	Grüne	LIF
1986	49	33	8	–	6	–
1990	40	30	14	–	8	–
1994	35	23	14	–	18	9
1995	48	20	17	–	6	6
1999	33	30	20	–	12	3
2002	39	41	7	–	12	–
2006	36	36	3	4	20	–
2008	36	23	13	7	16	–

Anmerkung: Fallzahlbedingte Tendenzwerte (N = jeweils durchschnittlich 150 Befragte).

Quelle: GfK Austria, Exit Polls (1986–2002) bzw. Repräsentative Wahltagsbefragungen (2006 und 2008).

B9: Veränderungen im Wahlverhalten der Arbeiterschaft *(blue collar)*, 1979–2008

In Prozent wählten	SPÖ	ÖVP	FPÖ	BZÖ	Grüne
1979	65	29	4	–	–
1983	61	28	3	–	–
1986	57	26	10	–	4
1990	52	21	21	–	2
1994	47	15	29	–	4
1995	41	13	34	–	3
1999	35	12	47	–	2
2002	41	34	16	–	3
2006	47	25	18	2	3
2008	27	19	33	12	6

Anmerkung: Fallzahlbedingte Tendenzwerte (N = jeweils durchschnittlich 200–250 Befragte).

Quelle: GfK Austria, Exit Polls (1986–2002) bzw. Repräsentative Wahltagsbefragungen (2006 und 2008).

B10: Wahlverhalten von Gewerkschaftsmitgliedern, 1990–2008

In Prozent wählten	SPÖ	ÖVP	FPÖ	BZÖ	Grüne
1990	62	19	11	–	4
1994	50	19	19	–	7
1995	55	16	18	–	3
1999	49	19	21	–	6
2002	55	29	8	–	7
2006	53	22	8	2	10
2008	50	19	14	7	8

Anmerkung: Fallzahlbedingte Tendenzwerte.

Quelle: GfK Austria, Exit Polls (1990–2002) bzw. Repräsentative Wahltagsbefragungen (2006 und 2008).

B11: Wahlverhalten stark konfessionell gebundener Wähler, 1990–2008

In Prozent wählten	SPÖ	ÖVP	FPÖ	Grüne
1990	22	60	10	5
1994	20	59	14	5
1995	20	59	12	2
1999	20	59	13	4
2002	22	69	3	3
2006	22	53	8	6
2008	18	53	18	7

Anmerkung: Fallzahlbedingte Tendenzwerte. Regelmäßige katholische Kirchgänger. 2006 und 2008: Prozentanteile FPÖ + BZÖ.

Quelle: GfK Austria, Exit Polls (1990–2002) bzw. Repräsentative Wahltagsbefragungen (2006 und 2008).

B12: Geschlechtsspezifisches Wahlverhalten, 1986–2008

In Prozent		SPÖ	ÖVP	FPÖ	BZÖ	Grüne	LIF
1986	Männer	42	38	13	–	4	–
	Frauen	43	43	7	–	5	–
1990	Männer	39	29	20	–	4	–
	Frauen	44	33	12	–	5	–
1994	Männer	34	25	29	–	6	5
	Frauen	36	30	18	–	9	6
1995	Männer	35	26	27	–	4	5
	Frauen	40	29	16	–	5	6
1999	Männer	31	25	32	–	5	3
	Frauen	35	27	21	–	9	4
2002	Männer	32	44	12	–	7	–
	Frauen	40	40	8	–	10	–
2006	Männer	34	35	13	5	9	–
	Frauen	38	35	9	4	10	–
2008	Männer	30	25	20	11	9	–
	Frauen	31	28	14	9	12	–

Quelle: GfK Austria, Exit Polls (1986–2002) bzw. Repräsentative Wahltagsbefragungen (2006 und 2008).

B13: Wahlverhalten der Wechselwähler, 1986–2008

In Prozent der Wechselwähler haben gewählt*	SPÖ	ÖVP	FPÖ	BZÖ	Grüne	HPM
1986	10	24	39	–	22	–
1990	15	11	51	–	9	–
1994	9	10	40	–	15	–
1995	25	21	34	–	5	–
1999	15	16	37	–	17	–
2002	30	48	6	–	13	–
2006	24	15	17	16	11	11
2008	11	8	28	25	12	–

*) Differenz auf 100%: Sonstige Parteien und Rundungsfehler.
Quelle: GfK Austria, Exit Polls (1986–2002) bzw. Repräsentative Wahltagsbefragungen (2006 und 2008)..

**B14: Sektorale Spannungslinien (Cleavages) im Wählerverhalten
(1986–2008): public versus private**

In Prozent haben gewählt		SPÖ	ÖVP	FPÖ	Grüne
1986	im/in öffentlichen Dienst/Unternehmen Beschäftigte	51	34	8	6
	in der Privatwirtschaft Beschäftigte	51	32	12	5
	PPD	0	−2	+4	−1
1990	im/in öffentlichen Dienst/Unternehmen Beschäftigte	44	33	16	8
	in der Privatwirtschaft Beschäftigte	49	26	20	4
	PPD	+5	−7	+4	−4
1994	im/in öffentlichen Dienst/Unternehmen Beschäftigte	37	26	17	14
	in der Privatwirtschaft Beschäftigte	38	19	27	7
	PPD	+1	−7	+10	−7
1995	im/in öffentlichen Dienst/Unternehmen Beschäftigte	44	23	19	5
	in der Privatwirtschaft Beschäftigte	36	20	29	6
	PPD	−8	−3	+10	+1
1999	im/in öffentlichen Dienst/Unternehmen Beschäftigte	36	29	21	9
	in der Privatwirtschaft Beschäftigte	36	19	31	7
	PPD	0	−10	+10	+2
2002	im/in öffentlichen Dienst/Unternehmen Beschäftigte	42	36	11	10
	in der Privatwirtschaft Beschäftigte	37	38	12	10
	PPD	−5	+2	+1	0
2006	im/in öffentlichen Dienst/Unternehmen Beschäftigte	39	33	8	16
	in der Privatwirtschaft Beschäftigte	35	29	18	13
	PPD	−4	−4	+10	−3
2008	im/in öffentlichen Dienst/Unternehmen Beschäftigte	33	23	23	16
	in der Privatwirtschaft Beschäftigte	27	21	34	11
	PPD	−6	−2	+11	−5

Anmerkung: PPD = Prozentpunktdifferenzen. 2006 und 2008: Prozentanteile FPÖ + BZÖ.

Quelle: GfK Austria, Exit Polls (1986–2002) bzw. Repräsentative Wahltagsbefragungen (2006 und 2008).

B15: Parteiidentifikation 2006 und 2008

In Prozent der Wähler und Wählerinnen neigen einer bestimmten Partei grundsätzlich zu	2006	2008
Wähler und Wählerinnen (insgesamt)	57	62
Männer	55	62
Frauen	58	62
unter 30-Jährige	51	49
30–44-Jährige	52	58
45–59-Jährige	55	63
60–69-Jährige	58	68
70-Jährige und älter	70	71
Selbständige, Unternehmer, Freie Berufe	55	56
Beamte, öffentlicher Dienst	49	69
Angestellte	52	59
Arbeiter	44	50
nicht erwerbstätige Frauen	58	55
Pensionisten	64	70
in Ausbildung	57	53
Pflichtschulbildung	57	59
Fachschulbildung	55	62
Maturanten / Akademiker	58	64
Stammwähler	68	76
Wechselwähler	35	42

Quelle: GfK Austria, Repräsentative Wahltagsbefragungen (2006 und 2008).

Anhang C: Daten zur politischen Kommunikationskultur Österreichs

Tabelle C14:   Legitimität von unkonventionellen Recherche-Methoden

Tabelle C15:   Meinungen über politische Meinungsumfragen

C1: Beurteilung der Qualität der Medieninformation

Frageversion: „Wie gut informieren Ihrer Meinung nach die Medien die Bürger in Österreich über politische Angelegenheiten?"

In Prozent	Journalisten	Politiker	Publikum
1 – informieren sehr gut	8	3	10
2	42	23	38
3	34	40	40
4	12	29	9
5 – informieren sehr schlecht	1	3	2
Mittelwert =	2,54	3,06	2,65

Quelle: Befragung von N=154 innenpolitischen Journalisten und Journalistinnen bzw. N=146 Angehörigen der politischen Elite in Österreich (2008) bzw. telefonische Befragung eines repräsentativen Querschnitts von N=500 der österreichischen Bevölkerung (2009).

C2: Einschätzung des Vertrauens der Bevölkerung in die Medien

Frageversion für Politiker und Journalisten:
„Ganz allgemein gesprochen: Glauben Sie, dass die Bürger in Österreich den Medien vertrauen?"

Frageversion für das Publikum:
„Welches Vertrauen haben Sie in die politische Berichterstattung österreichischer Medien wie Fernsehen, Radio und Zeitungen?"

In Prozent	Journalisten	Politiker	Publikum
1 – überhaupt nicht	1	1	7
2	16	13	10
3	50	43	49
4	31	39	28
5 – voll und ganz	2	5	5
Mittelwert =	3,17	3,34	3,14

Quelle: Befragung von N=154 innenpolitischen Journalisten und Journalistinnen bzw. N=146 Angehörigen der politischen Elite in Österreich (2008) bzw. telefonische Befragung eines repräsentativen Querschnitts von N=500 der österreichischen Bevölkerung (2009).

C3: Politische Einflussnahme auf die Medienberichterstattung in Österreich

Frageversion für Politiker und Journalisten:
„Wie stark ist Ihrer Meinung nach die politische Einflussnahme auf die Medienberichterstattung in Österreich?"

Frageversion für das Publikum:
„Wie stark nehmen Ihrer Meinung nach Politiker und Parteien Einfluss auf die Medienberichterstattung in Österreich?"

In Prozent	Journalisten	Politiker	Publikum
1 – sehr schwacher Einfluss	0	3	5
2	18	11	13
3	39	38	40
4	37	42	30
5 – sehr starker Einfluss	6	3	9
Mittelwert =	3,31	3,24	3,26

Quelle: Befragung von N=154 innenpolitischen Journalisten und Journalistinnen bzw. N=146 Angehörigen der politischen Elite in Österreich (2008) bzw. telefonische Befragung eines repräsentativen Querschnitts von N=500 der österreichischen Bevölkerung (2009).

C4: Beurteilung der politischen Einflussstärke einzelner Medien

Frageversion für Politiker und Journalisten:
„Medien können einen unterschiedlich starken Einfluss auf die Politik haben. Bewerten Sie den politischen Einfluss der Medien auf einer Skala von „1 – sehr schwach" bis „5 – sehr stark"."

Frageversion für das Publikum:
„Medien können einen unterschiedlich starken Einfluss auf die Politik haben. Sagen Sie mir jeweils, wie stark Sie den Einfluss dieses Mediums auf die österreichische Innenpolitik einschätzen. 1 würde bedeuten, dass Sie den Einfluss als sehr schwach einschätzen, 5 würde bedeuten, dass Sie den Einfluss als sehr stark einschätzen. Dazwischen können Sie Ihr Urteil fein abstufen."

In Prozent gehen von einem starken Einfluss des jeweiligen Mediums auf die Politik aus (Skalenpositionen 4+5)	Journalisten	Politiker	Publikum
Kronen Zeitung	87	86	67
ORF-Fernsehen	83	85	72
ORF-Radio	47	54	56
Kurier	31	24	33
Profil, News, Format	30	21	40
APA	28	28	35
Regionale Tageszeitungen	22	32	23
Der Standard, Die Presse	17	25	37
Online-Medien	15	20	34
Privat-Radio	1	8	24
Gratiszeitungen	8	28	21
Privat-Fernsehen	1	11	16

Quelle: Befragung von N=154 innenpolitischen Journalisten und Journalistinnen bzw. N=146 Angehörigen der politischen Elite in Österreich (2008) bzw. telefonische Befragung eines repräsentativen Querschnitts von N=500 der österreichischen Bevölkerung (2009).

C5: Politische Zuordnung einzelner Medien

Frageversion: „Wenn Sie an die Medienlandschaft in Österreich denken, inwieweit trifft es Ihrer Meinung nach zu, dass sich die einzelnen Medien bestimmten politischen Richtungen zuordnen lassen?"

In Prozent	Journalisten	Politiker
1 – trifft überhaupt nicht zu	3	1
2	19	9
3	31	27
4	34	47
5 – trifft voll und ganz zu	13	16
Mittelwert =	3,35	3,68

Quelle: Befragung von N=154 innenpolitischen Journalisten und Journalistinnen bzw. N=146 Angehörigen der politischen Elite in Österreich (2008).

C6: Quoten-Druck auf Medienberichterstattung

Frageversion für Politiker und Journalisten:
„Wie stark sind Ihrer Meinung nach kommerzielle Einflüsse wie Profit- und Quoten-Orientierung auf die Medienberichterstattung in Österreich?"

Frageversion für das Publikum:
„Wie stark schätzen Sie den Einfluss des Strebens nach Quoten, Auflagenhöhen und Seherzahlen auf die Medienberichterstattung in Österreich ein?"

In Prozent	Journalisten	Politiker	Publikum
1 – sehr schwach	1	0	5
2	9	5	7
3	17	17	37
4	50	48	25
5 – sehr stark	22	30	24
Mittelwert =	3,84	4,03	3,57

Quelle: Befragung von N=154 innenpolitischen Journalisten und Journalistinnen bzw. N=146 Angehörigen der politischen Elite in Österreich (2008) bzw. telefonische Befragung eines repräsentativen Querschnitts von N=500 der österreichischen Bevölkerung (2009).

C7: Medialer Druck auf die Politik

Frageversion für Politiker und Journalisten:
„Wie würden Sie den Einfluss der Medien auf politische Entscheidungen bewerten? Ist der mediale Druck auf die Politik in den letzten fünf Jahren stärker geworden, gleich geblieben oder ist er schwächer geworden?"

Frageversion für das Publikum:
„Soweit Sie es einschätzen können, was vermuten Sie: Ist der Einfluss von Massenmedien wie ORF oder Kronen Zeitung auf politische Entscheidungen der österreichischen Innenpolitik in den letzten Jahren stärker geworden, gleich geblieben oder insgesamt schwächer geworden?"

In Prozent	Journalisten	Politiker	Publikum
stärker geworden	57	73	51
gleich geblieben	34	25	40
schwächer geworden	9	2	6

Quelle: Befragung von N=154 innenpolitischen Journalisten und Journalistinnen bzw. N=146 Angehörigen der politischen Elite in Österreich (2008) bzw. telefonische Befragung eines repräsentativen Querschnitts von N=500 der österreichischen Bevölkerung (2009).

C8: Medienberichterstattung und politisches Vertrauen

Frageversion: „Allgemein gesprochen, trägt die Medienberichterstattung in Österreich eher zu einer Abnahme oder zu einer Zunahme des Vertrauens in die Politik bei?"

In Prozent	Journalisten	Politiker	Publikum
1 – eindeutig zu einer Abnahme des politischen Vertrauens	17	29	8
2	50	55	32
3	28	15	39
4	6	1	16
5 – eindeutig zu einer Zunahme des politischen Vertrauens	0	0	3
Mittelwert =	2,24	1,87	2,73

Quelle: Befragung von N=154 innenpolitischen Journalisten und Journalistinnen bzw. N=146 Angehörigen der politischen Elite in Österreich (2008) bzw. telefonische Befragung eines repräsentativen Querschnitts von N=500 der österreichischen Bevölkerung (2009).

C9: Einfluss der Medienberichterstattung auf das Funktionieren der Demokratie

Frageversion: „Alles in allem gesehen, hat die Medienberichterstattung insgesamt einen positiven oder einen negativen Einfluss darauf, wie die Demokratie in Österreich funktioniert?"

In Prozent	Journalisten	Politiker	Publikum
1 – sehr positiven Einfluss	11	2	7
2	32	21	27
3	36	40	46
4	16	35	15
5 – sehr negativen Einfluss	6	2	4
Mittelwert =	2,75	3,14	2,82

Quelle: Befragung von N=154 innenpolitischen Journalisten und Journalistinnen bzw. N=146 Angehörigen der politischen Elite in Österreich (2008) bzw. telefonische Befragung eines repräsentativen Querschnitts von N=500 der österreichischen Bevölkerung (2009).

C10: Demokratiezufriedenheit von Journalisten, politischen Eliten und Medienpublikum

Frageversion: „Wie zufrieden sind Sie – alles in allem – mit der Art und Weise, wie die Demokratie in Österreich funktioniert?"

In Prozent	Journalisten	Politiker	Publikum
1 – sehr zufrieden	5	6	4
2	31	44	31
3	33	27	38
4	26	20	18
5 – sehr unzufrieden	5	4	8
Mittelwert =	2,95	2,72	2,95

Quelle: Befragung von N=154 innenpolitischen Journalisten und Journalistinnen bzw. N=146 Angehörigen der politischen Elite in Österreich (2008) bzw. telefonische Befragung eines repräsentativen Querschnitts von N=500 der österreichischen Bevölkerung (2009).

C11: Mutmaßungen über die PR-Motive österreichischer Politiker und Politikerinnen

Frageversion für Journalisten:
„Im Folgenden interessiert uns Ihre Wahrnehmung der Öffentlichkeitsarbeit von Politikern. Wie sehr treffen Ihrer Meinung nach die folgenden Aussagen zu – auf einer Skala von „1 – trifft überhaupt nicht zu" bis „5 – trifft voll und ganz zu"."

Frageversion für Politiker und Pressesprecher:
„Im Folgenden interessiert uns Ihr Selbstverständnis als Politiker, wenn Sie über die Medien kommunizieren. Bitte bewerten Sie die Wichtigkeit der folgenden Aussagen auf einer Skala von „1 – überhaupt nicht wichtig" bis „5 – sehr wichtig"."

Frageversion für das Publikum:
„Ich lese Ihnen nun einige Aussagen über die Öffentlichkeitsarbeit österreichischer Politiker vor. Sagen Sie mir zu jeder Aussage, ob Sie ihr zustimmen oder nicht zustimmen. 5 bedeutet „trifft voll und ganz zu", 1 bedeutet „trifft überhaupt nicht zu". Dazwischen können Sie Ihr Urteil fein abstimmen."

In Prozent trifft zu bzw. bei Politikern persönliche Wichtigkeit und beim Publikum trifft zu (jeweils Skalenpositionen 4+5)	Journalisten (N=154)	Presse-sprecher (N=60)	Politiker (N=86)	Publikum (N=500)
Politiker treten vor allem in den Medien auf, um sich selbst bekannter zu machen.	89	88	60	81
Politiker treten vor allem in den Medien auf, um für die Ansichten ihrer Partei zu werben.	86	81	77	78
Politiker treten vor allem in den Medien auf, um über die Medien politische Entscheidungen zu beeinflussen.	82	81	70	58
Politiker treten vor allem in den Medien auf, um die Bevölkerung umfassend über alle Aspekte ihrer politischen Vorhaben zu informieren.	42	42	91	34

Quelle: Befragung von N=154 innenpolitischen Journalisten und Journalistinnen bzw. N=146 Angehörigen der politischen Elite in Österreich (2008) bzw. telefonische Befragung eines repräsentativen Querschnitts von N=500 der österreichischen Bevölkerung (2009).

C12: Womit Politiker öffentliche Aufmerksamkeit erwecken können

Frageversion: „Politiker versuchen auf unterschiedlichsten Wegen, öffentliche Aufmerksamkeit für ihre Anliegen zu wecken. Aus Ihrer Sicht, für wie wirkungsvoll halten Sie diese grundsätzlich? Verwenden Sie bitte eine Skala von 1 – „überhaupt nicht wirkungsvoll" bis 5 – „sehr wirkungsvoll"."

In Prozent wirkungsvoll (Skalenposition 4+5)	Journalisten	Politiker
Politiker spielen ausgewählten Journalisten gezielt Informationen zu.	82	79
Politiker stellen politische Themen besonders dramatisch dar.	51	55
Auftritte von Politikern in Talk-Shows.	44	50
Eine Rede im Parlament.	7	6

Quelle: Befragung von N=154 innenpolitischen Journalisten und Journalistinnen bzw. N=146 Angehörigen der politischen Elite in Österreich (2008).

C13: Ursachen für Spannungen zwischen Journalisten und Politikern

Frageversion: „Spannungen zwischen JournalistInnen und PolitikerInnen können unterschiedliche Ursachen haben. Bitte geben Sie für jede der folgenden Konfliktursachen an, wie häufig diese Ihrer Meinung nach auftreten."

In Prozent treten Spannungen häufig auf ... (Skalenposition 4+5)	Journalisten	Politiker
Weil Politiker Informationen bereitstellen, die sich als falsch herausstellen bzw. weil Journalisten Informationen nicht korrekt wiedergeben.	29	56
Weil sich Politiker (weil sich Journalisten) nicht an vorher getroffene Absprachen halten.	34	30
Weil Politiker Journalisten (weil Journalisten Politiker) unfair behandeln.	21	21
Weil Politiker (weil Journalisten) die Arbeit von Journalisten (von Politikern) nicht respektieren.	40	19
Weil berufsbedingte Interessengegensätze zu Konflikten führen.	75	40

Quelle: Befragung von N=154 innenpolitischen Journalisten und Journalistinnen bzw. N=146 Angehörigen der politischen Elite in Österreich (2008).

C14: Legitimität von unkonventionellen Recherche-Methoden

Frageversion: „Bitte bewerten Sie die Legitimität der folgenden unkonventionellen journalistischen Recherche-Methoden aus Ihrer Perspektive auf einer Skala von 1 – „unter keinen Umständen gerechtfertigt" bis 5 – „in den meisten Fällen gerechtfertigt"."

„Nicht gerechtfertigt" in Prozent (Skalenposition 1+2)	Journalisten	Politiker
Sich als Wirtschaftstreuhänder/in auszugeben, um an den Steuerakt eines Politikers heranzukommen.	93	94
Durch Geldzuwendungen vertrauliche Informationen zu beschaffen.	90	93
Private Dokumente wie Briefe/Fotos eines Politikers ohne Zustimmung veröffentlichen.	83	95
Versteckte Mikrofone und Kameras zu benutzen.	80	94
Wenn Journalisten eine Meinung oder Einstellung vortäuschen, um einem Informanten, einer Informantin Vertrauen zu vermitteln.	54	66
Vertrauliche politische Informationen oder Unterlagen zu veröffentlichen, ohne die Freigabe dazu zu haben.	46	76
Wenn Journalisten sich auf Quellen berufen, die sie dem Publikum nicht nennen.	21	47
Aus einem unveröffentlichten Rohbericht des Rechnungshofes zu zitieren.	9	34

Quelle: Befragung von N=154 innenpolitischen Journalisten und Journalistinnen bzw. N=146 Angehörigen der politischen Elite in Österreich (2008).

C15: Meinungen über politische Meinungsumfragen

Frageversion: „Es folgen einige Aussagen zu politischen Meinungsumfragen. Geben Sie bitte an, inwieweit jede Aussage Ihrer Meinung nach zutrifft von 1 – „trifft überhaupt nicht zu " bis 5 – „trifft voll und ganz zu."."

In Prozent trifft zu (Skalenposition 4+5)	Journalisten	Politiker
Politiker verlieren innerhalb ihrer eigenen Partei an Ansehen, wenn sie in Meinungsumfragen schlecht abschneiden.	64	56
Für eine Demokratie ist es gut, wenn die Medien regelmäßig über Meinungsumfragen berichten.	34	34
Politische Vorhaben sind nicht durchsetzbar, wenn sie in den Meinungsumfragen abgelehnt werden.	18	21
Journalisten sind glaubwürdiger, wenn sie sich in ihren Berichten auf Meinungsumfragen beziehen.	18	36
Meinungsumfragen haben einen sehr großen Einfluss auf das Wahlverhalten der Bevölkerung.	18	29
Meinungsumfragen geben die tatsächliche Meinung der Bevölkerung wieder.	12	12

Quelle: Befragung von N=154 innenpolitischen Journalisten und Journalistinnen bzw. N=146 Angehörigen der politischen Elite in Österreich (2008).

Register

Die Autoren und Autorinnen

Andreas Lederer arbeitet als Politologe in Wien. Er hat in Wien, Kopenhagen und London Politik, Philosophie und Marketing studiert.

Günther Lengauer ist Principal Investigator der Österreichischen Nationalen Wahlstudie (AUTNES) an der Universität Innsbruck.

Gabriele Melischek ist Senior Scientist an der Kommission für vergleichende Medien- und Kommunikationsforschung der Österreichischen Akademie der Wissenschaften.

Fritz Plasser ist Universitätsprofessor für Politikwissenschaft und Dekan der Fakultät für Politikwissenschaft und Soziologie an der Universität Innsbruck.

Uta Rußmann ist Post-Doc Researcher der Österreichischen Nationalen Wahlstudie (AUTNES) an der Universität Innsbruck.

Harald Schoen ist Professor für Politikwissenschaft und Inhaber des Lehrstuhls für Politische Soziologie an der Universität Bamberg.

Gilg Seeber ist ao. Universitätsprofessor für Statistik am Institut für Politikwissenschaft an der Universität Innsbruck.

Josef Seethaler ist Senior Scientist an der Kommission für vergleichende Medien- und Kommunikationsforschung der Österreichischen Akademie der Wissenschaften und Lehrbeauftragter am Institut für Publizistik- und Kommunikationswissenschaft der Universität Wien.

Hannes Vorhofer ist Geschäftsführer von MediaWatch, Institut für Medienanalysen GmbH, in Innsbruck.

Schriftenreihe des Zentrums für Angewandte Politikforschung

Band 1   **Pensionierung bei geminderter**   Wolfgang Mazal
            Arbeitsfähigkeit   1993, 107 Seiten, € 10,90, ISBN 3-85436-141-6

Band 2   **Transformation oder Stagnation?**   Fritz Plasser und Peter A. Ulram (Hg.)
            Aktuelle politische Trends in Osteuropa   1993, 251 Seiten, € 22,50, ISBN 3-85436-143-2

Band 3   **Europa-Kampagnen. Dynamik**   Holger Rust (Hg.)
            öffentlicher Meinungsbildung   1993, 234 Seiten, € 21,-, ISBN 3-85436-144-0
            in Dänemark, Frankreich und
            der Schweiz

Band 4   **Österreichbewußtsein im Wandel.**   Ernst Bruckmüller
            Identität und Selbstverständnis in   1994, 200 Seiten (vergriffen)
            den 90er Jahren

Band 5   **Europa als Herausforderung.**   Peter Gerlich und Heinrich Neisser (Hg.)
            Wandlungsimpulse für das   1994, 244 Seiten, € 21,-, ISBN 3-85436-159-9
            politische System Österreichs

Band 6   **EU-Referendum. Zur Praxis direkter**   Anton Pelinka (Hg.)
            Demokratie in Österreich   1994, 206 Seiten, € 21,-, ISBN 3-85436-165-3

Band 7   **Effizienz der Gesetzesproduktion.**   Wolfgang Mantl (Hg.)
            Abbau der Regelungsdichte im   1995, 350 Seiten, € 25,50, ISBN 3-85436-166-1
            internationalen Vergleich

Band 8   **Wählerverhalten und Parteienwett-**   Wolfgang C. Müller, Fritz Plasser und
            bewerb. Analysen zur Nationalrats-   Peter A. Ulram (Hg.)
            wahl 1994   1995, 582 Seiten, € 39,-, ISBN 3-85436-167-X

Band 9   **Sozialpartnerschaft und EU.**   Ferdinand Karlhofer und Emmerich Tálos
            Integrationsdynamik und Hand-   1996, 226 Seiten, € 20,20, ISBN 3-85436-185-8
            lungsrahmen der österreichischen
            Sozialpartnerschaft

Band 10   **Kammern auf dem Prüfstand.**   Anton Pelinka und Christian Smekal (Hg.)
            Vergleichende Analysen institutioneller   1996, 196 Seiten, € 18,-, ISBN 3-85436-198-X
            Funktionsbedingungen

Band 22	**Die Zukunft der österreichischen Demokratie. Trends, Prognosen und Szenarien**	Anton Pelinka, Fritz Plasser und Wolfgang Meixner (Hg.) 2000, 487 Seiten, € 43,-, ISBN 3-85436-309-5
Band 23	**Die österreichischen Abgeordneten. Individuelle Präferenzen und politisches Verhalten**	Wolfgang C. Müller, Marcelo Jenny, Barbara Steininger, Martin Dolezal, Wilfried Philipp und Sabine Preisl-Westphal 2001, 571 Seiten, € 43,50, ISBN 3-85114-570-4
Band 24	**Sozialkapital und Demokratie. Zivilgesellschaftliche Ressourcen im Vergleich**	Oscar W. Gabriel, Volker Kunz, Sigrid Roßteutscher und Jan W. van Deth 2002, 283 Seiten, € 25,-, ISBN 3-85114-571-2
Band 25	**Das österreichische Politikverständnis. Von der Konsens- zur Konfliktkultur?**	Fritz Plasser und Peter A. Ulram 2002, 251 Seiten, € 22,-, ISBN 3-85114-684-0
Band 26	**Europäisierung der österreichischen Politik. Konsequenzen der EU-Mitgliedschaft**	Heinrich Neisser und Sonja Puntscher Riekmann (Hg.) 2002, 428 Seiten, € 36,-, ISBN 3-85114-680-8
Band 27	**Globalisierung der Wahlkämpfe. Praktiken der Campaign Professionals im weltweiten Vergleich**	Fritz Plasser (mit Gunda Plasser) 2003, 489 Seiten, € 38,-, ISBN 3-85114-745-6
Band 28	**Wahlverhalten in Bewegung. Analysen zur Nationalratswahl 2002**	Fritz Plasser und Peter A. Ulram (Hg.) 2003, 232 Seiten (vergriffen)
Band 29	**Politische Kommunikation in Österreich. Ein praxisnahes Handbuch**	Fritz Plasser (Hg.) 2004, 501 Seiten (vergriffen)
Band 30	**Wechselwahlen. Analysen zur Nationalratswahl 2006**	Fritz Plasser und Peter A. Ulram (Hg.) 2007, 330 Seiten, € 29,-, ISBN 978-3-7089-0016-2
Band 31	**Politik in der Medienarena. Praxis politischer Kommunikation in Österreich**	Fritz Plasser (Hg.) 2010, 377 Seiten, € 32,-, ISBN 978-3-7089-0501-3

Facultas Verlags- und Buchhandels AG
facultas.wuv
Berggasse 5, A-1090 Wien
T 01-310 53 56 / F 01-319 70 50
office@facultas at / www.facultas.at

Zentrum für Angewandte Politikforschung
(ZAP)
Dannebergplatz 14/6
A-1030 Wien
www.zapol.at